지적·발달장애인의
지역사회 생활과 참여

Amy S. Hewitt, Kelly M. Nye-Lengerman 편저 | 김은하 역

Community Living and Participation for People
With Intellectual and Developmental Disabilities

학지사

역자 서문

　오늘날 지적장애인, 발달장애인의 교육과 복지서비스에서 완전통합이나 지역사회 생활은 상식이 된 기본 개념이라고 할 수 있으나, 특수교육과 장애인 복지 현장의 실제들에서 지역사회 생활을 어떻게 구체화하고 있는지를 살펴보면 그 범위와 의미는 매우 다채롭다. 또한 개념적인 성과로만 회자되며, 매일의 실제는 체감되지 않는 것도 현실이라고 생각한다. 장애의 개념 변화와 더불어 장애를 가진 개인에 대한 교육과 복지의 패러다임이 변화되었음에도 현장에서 접하는 일상적인 모습에는 여전히 전통적인 장애 개념과 실제가 강하게 남아 있음을 부정하기 어려워 보인다. 이러한 이론과 실제의 간극은 구체적 안내와 지침을 제공하고 변화된 실제를 실행하도록 지원하고 격려함으로써 줄여 나갈 수 있으리라 기대한다. 이 책은 미국의 지적·발달장애인의 지역사회 생활과 참여의 실제 사례와 관련 제도의 소개를 통해 구체적인 지역사회 생활과 참여의 의미를 생각해 보도록 안내하고 있다.

　필자는, 과거 정신지체로 명명되었던 지적·발달장애에 관심을 갖고 연구와 후진 양성을 해 오면서 궁극적으로 지향해야 할 방향성에 대한 갈급함은 더욱 깊어져 갔다. 지적·발달장애를 가진 사람들을 위한 교육과 복지의 방향성은 그들을 바라볼 때 알게 되는 것이 아니라, '나 자신'을 포함한 '우리'를 볼 때 더욱 실제적으로 이해할 수 있다는 것을 깨달았다. 일반적인 인간의 행복이나 삶의 질에 대해 논하면 경제적 안정성, 명예와 권력, 즐거움, 건강, 동반자와 같은 다양한 요소를 나열하고 비교하게 된다. 이에 이러한 요소들을 지적·발달장애를 가진 사람들에게도 동일하게 적용하는 데에 동의하는 사람들을 위해 이 책을 번역하게 되었다. 대학 수준의 개론서에서는 지적장애인의 성인기 정도의 이름을 가진 1개의 장으로 간단하게 언급하여 개념적 지도를 그리는 수준에 그쳤다면, 이 책에서는 각각의 영역을 각 장으로 구성하고, 역사적 조망에서 시작하여 현재의 도전과 쟁점들, 실용적인 중재와 제안을 제시하면서 모범적 사례들을 통해 실제적 이해를 돕고 있다. 이 책은 학술적 이해를 높이는 것이 초점이라기보다는 예비전문가와 현장전문가, 중요한 팀원인 가족들의 이해와 실제를 제고하는 데 초점을 둔 실용적인 내용과 구성을 강점으로 갖고 있다.

이 책의 번역을 선택한 가장 큰 이유는 개인중심 철학을 근간으로 하여 집필된 책이라는 점 때문이다. 제1장과 제2장에서는 지역사회 생활과 참여의 포괄적 틀에 대한 설명으로 시작하여 지적·발달장애인의 지역사회 생활과 참여의 실행을 위한 기본적 요소이자 원리로 볼 수 있는 개인중심 실제와 긍정적 지원 실제를 설명하고 있다. 지역사회 생활과 참여의 타당성을 확보하고, 이를 실현하는 기본 원칙으로서 개인중심 철학을 중요하게, 그리고 비교적 구체적으로 공들여 소개하고 있다. 개인중심계획^{PCP}은 대상 개인, 바로 그 사람을 중심에 둔다는 의미이며, 사회적 역량강화이론$^{social\ role\ valorization}$으로 진화된 정상화원리^{normalization}를 근간으로 하고 있다. PCP는 특수교육 분야에서는 개인중심계획으로, 사회복지 분야에서는 사람중심계획, 인간중심계획으로 번역하여 사용되는 경향을 보이고 있다. 그러나 로저스$^{C.\ Rogers}$의 인간중심상담과 같이 인간의 잠재력과 성장 가능성에 대한 신념을 강조한다거나, 신본주의에 대비되는 인간이 모든 것의 중심이 된다거나 인간에게 가치를 부여하는 인본주의^{humanism} 또는 인간존중 사상의 의미로서 사람이 아닌, 지원할 대상을 중심에 두어 개별화하는 지원의 계획과 실행이 보다 명료하게 드러나는 대상으로 개인을 보고 있다는 점에서, 개인중심계획 용어의 타당성을 강조하고자 한다.

이러한 기반 위에 제3장에서 제9장에 걸쳐 지역사회 생활에 포함되어 있는 영역(주거, 직업, 사회적 관계, 자기결정과 자기옹호, 지원된 의사결정, 성인기의 웰니스, 건강하고 참여적인 노년기)을 설명한다. 제10장과 제11장에서는 삶의 질 성과를 촉진하는 실제와 직접 지원 인력의 지원을 소개하면서 미국 지적·발달장애인 복지 서비스의 실제와 한계를 제시하며 이들의 지역사회 생활과 참여를 실제적으로 이해하고, 실용적으로 지원할 수 있는 방법들에 대한 구체적인 아이디어를 제안하고 있다.

　번역을 함에 있어 읽기에 용이한 번역을 추구하였음에도 불구하고, 기본적으로 장문의 문장이 많은 원서의 특성으로 인해 가독성이 낮은 부분이 다소 있을 수 있다는 점을 언급해야 할 듯하다. 기본적으로 가능한 한 원서의 문장을 직역하고자 노력하였으며, 번역 표현이 매우 어색한 부분은 최소한의 의역을 하였다. 또한 수동태 문장들은 가능한 능동태의 서술로 수정하여 의미를 손상시키지 않으면서 가능한 한 편안하게 읽을 수 있도록 노력하였다.

　몇몇 용어의 번역에서도 기본 원칙을 세웠는데, 먼저 우리나라에서는 지적·발달장애intellectual and developmental disabilities를 지적장애intellectual disabilities로만 사용하는 경우가 많다. 사실, 발달장애는 매우 광범한 용어인데 우리나라에서는 특정 장애유형, 즉 지적장애와 자폐성 장애를 포함하여 지칭하는 데 많이 사용되고 있다. 그러나 정신지체의 명칭 변화와 함께 미국의 정신지체협회AAMR가 지적·발달장애협회AAIDD로 그 명칭을 변경하면서 인지적 기능성, 즉 지능지수뿐 아니라 적응행동, 다시 말해 일상적 생활에서의 어려움을 경험하는 부분을 강조하고 있는 점이 우리나라의 명칭에서는 다소 간과되는 경향성이 있는 듯하다. 지적장애의 본질적 의미와 일상생활에서의 광범한 지원 요구를 명시적으로 인식해야 하는 중요성과 필요성에 근거하여 이 책에서는 지적장애가 아닌 지적·발달장애라는 용어로 번역하였다. 또한 발달장애인, 장애인을 지칭하는 표현들은 장애를 가진 사람들people with disabilities과 같이 사람 먼저people first 표현으로 서술되고 있으므로, 이 책에서도 피플 퍼스트people first 관점에 따라 '장애를 가진' 'IDD를 가진' '장애가 없는' '장애를 갖지 않은'과 같이 번역하였다. 마지막으로, 개인중심접근의 관점에서 지적·발달장애인의 지역사회 생활과 참여를 소개하고 있는 원서의 관점에 동의하며, 다소 어색함이 있더라도 의도적으로 한 개인을 의미하는 person은 '사람'이 아닌 '개인'으로 번역하였음을 밝힌다.

　지역사회에서 통합되어 살아가는 것이 지적·발달장애인이 경험하고 있는 모든 문제를 해결해 줄 요술방망이는 아닐 것이다. 이로 인해 더 힘든 경험을 하게 되는 개인과 가족들이 있을 것이고, 인고의 끝에 얻게 되는 당당함과 동등함의 가치에 기쁨을 느끼는, 또는 이에 동의하기 어려운 개인과 가족들도 있을 것이다. 사람들이 '옳다' 한다고 해서 모두에게 옳은 것이 될 수는 없다. 그러나 무엇이 옳고, 왜 옳다고 하는 것인지에 대해서 온전한 이해 없이 터부시하는 것도 적절한 처사는 아닐 것이다. 그 누구라도 자신이 원하는 것을 추구할 권리가 있으며, 그 추구는 성공할 수도, 실패할 수도 있다는 열린 결말을 수용해야 하는 과정도 있다. 맘에 드는 부분까지만 받아들이고 힘든 부분은 거부한다면, 우리가 지금 지향하고 있는 지적·발달장애인의 자기결정이나 당사자주의, 삶의 질 성과와 같은 개념들은 빈 구호에 지나지 않으며, 전문가와 가족들의 허영심을 채워주는 도구에 그칠 뿐이다. 그 누구도 쉽게 이를 판단하거나 비난할 수 없으나, 지적·발달장애를 가졌다는 이유로 모든 인간에게 주어진 권리를 무시당하고 생의 모든 시간과 단계를 타인에게 검열받고 계획되어 관리와 감독을 당한다는 것에 대해서 역지사지하여 재고할 필요가 있다.

우리가 살고 있는, 살아가는 모습 안에서 만족감과 보람을 느끼는 우리의 일상들을 새롭게 바라보고, 지적·발달장애를 가진 사람들은 어떤 차이를 (이 책의 표현에 따르면 차별을) 경험해 왔고, 지금도 경험하고 있는지를 살펴보아야 한다. (전문가로서의, 가족으로서의 자신의 인식을 검토해 볼 때이다.) 어떠한 관계로 만나고 있든지 내 앞에 주어진, 내가 소중하게 생각하는 지적·발달장애를 가진 개인들에게도 각자에게 주어진 권리와 자율성이 있다는 것을, 성공하고 기뻐하거나 실패하고 슬퍼하는 희로애락을 경험하는 삶이 주어졌다는 것을 실제적으로 음미하도록 돕기를 당부하고 싶다.

끝으로, 생각보다 긴 여정이 되었던 번역의 과정을 차분하게 지원해 준 차형근 선생님과 이 책이 번역·출간되도록 기회를 준 학지사 김진환 사장님에게 감사함을 전한다.

2021년 6월

김은하

추천사

우리가 지역사회 생활에 대해 이야기하는 것이 중요한 이유

오늘날, 장애를 가진 사람들과 그들의 지원인은 직장, 병원 진료 그리고 지역사회 행사에도 간다. 1970년대 초와 같은 과거에 그렇게 하는 것은 거의 산을 옮기는 일이나 다름없었다. 이제는 직접 지원 전문가[DSP]가 야구 경기 관람과 같은 일을 하면서 자신이 지원하는 사람들과 동행하는 것이 일반적이다. 우리는 확실히 먼 길을 지나왔다.

이것을 가능하게 한 것은 무엇인가? 장애를 가진 사람들이 자신의 지역사회에서 살기 시작했기 때문에 태도가 변한 것이다.

나는 미니애폴리스에 있는 시설인 아웃리치 센터에서 살았었는데, 그곳에는 거주자가 200명이 있었고 직원은 거의 없었다. 작은 기관 같았지만 도심 바로 한복판에 위치했었다. 나는 매일 3개의 계단을 올라갔는데, 뇌성마비를 가진 나에게는 힘든 일이었다. 센터 디렉터는 그 당시로는 매우 진보적이었다. 우리는 이용자 협의회를 열었는데, 그곳에서 아웃리치에 살고 있는 사람들은 자유롭게 왕래하는 것과 같은 우리만의 규칙을 정할 수도 있었다. 그래도 직원 수가 매우 적어서 일대일로 지원을 받기는 힘들었다. 월로우브룩[Willowbrook]과 같은 초만원 시설에 살고 있는 사람들이 어떤 기분이었을지 상상해 보라.

1970년대에 공동생활가정이 동네에 나타나기 시작했을 때, 많은 사람이 걱정했다. 그들은 범죄가 증가하고 동네 가치가 떨어질 것이라고 생각했다. 그러나 그런 일은 일어나지 않았다. 시간이 걸렸지만 지역사회는 우리를 알게 되었다.

오늘날 사람들은 장애를 가진 사람들에 대해 더 민감하고 더 잘 알고 있다. 우리가 지금 받고 있는 지원들, 특히 잘 훈련된 DSP로부터 받는 지원들은 개인중심적이고 매우 개인화된 것이다. 지역사회에 사는 것은 삶의 질이 훨씬 높다는 것을 의미하며, 기관에서 사는 것보다 비용도 훨씬 저렴하다.

우리는 먼 길을 왔지만, 강인하게 견디면서 이러한 혜택이 줄어들지 않도록 해야 한다. 예를 들어, 메디케이드를 삭감하는 것은 필요한 서비스를 감소시킬 것이고, 이것은 주와 지역 수준에서 혼란을 야기할 것이다. DSP와 자기옹호자는 지역사회 통합 운동이 거꾸로 가는 것을 보면 목소리를 높일 필요가 있다. 더 많이 얘기할수록 월로우브룩의 시대와 사람들을 부양하던 옛 방식으로 회귀하는 것이 더 힘들어질 것이다.

—2018년 미네소타 미니애폴리스에서 클리프 포에츠^{Cliff Poetz}[1]

---

1) 1973년 클리프 포에츠는 에드워드 케네디 상원의원의 초청으로 의회에서 연설했다. 클리프는 이런 차별성을 가진 최초의 지적·발달장애(IDD)를 가진 사람이었다. 그는 미네소타에서 40년 넘게 IDD를 가진 사람들의 옹호자 중 가장 눈에 잘 띄고 목소리를 높이는 한 사람이었고, 전국 자기옹호 운동의 선구자였다. 여러 업적으로 케네디 재단의 국제 자기역량강화상, 트윈시티 아크(The Arc of the Greater Twin Cities) 설립자상, 대학장애센터 연합회 옹호 리더십상 등을 받았으며, 미네소타대학교 지역사회 생활연구 및 훈련센터 지역사회 통합 연구소의 지역사회 섭외자로서 지역사회 통합 옹호자로 남아 정책과 실제에 대한 깊은 지식으로 그들의 일을 알리고 있다.

편저자 서문

IDD를 가진 사람들을 위한 지역사회 생활과 참여의 현실과 이야기는 오늘날 미국에서 IDD를 가지고 사는 430만 명의 사람만큼이나 다양하다. "지역사회란 정말 무엇인가?"라는 질문은 대답하기 어려운 질문이다. 지역사회 생활과 참여는 다양한 사람에게 다양한 것을 의미한다. 지역사회는 우리가 물리적으로 차지하는 공간 그 이상이다. 또한 우리가 공유하는 관계, 활동, 역할, 연결성을 말한다. 역사를 통틀어 IDD를 가진 사람들은 지역사회 생활에서 배제되거나 완전히 혜택을 받지 못하게 되었지만, 지금은 그 어느 때보다도 IDD를 가진 사람들이 우리 지역사회에 활동적으로 기여하는 구성원으로서 정당한 자리를 차지하면서 지역사회 생활에 참여하고 있다.

IDD를 가진 사람들은 사회에서 가치 있는 사회적 역할을 할 수 있고 또 해야 하지만, 특별하거나 다른 것으로서는 아니다. 오히려 IDD를 가진 사람들은 당신이 매일 만나는 사람들, 즉 당신의 급우, 동료, 이웃과 친구로서 중요한 역할을 해야 한다. 지역사회는 IDD를 가진 사람들을 포함한 모든 사람이 포함되어야만 강하고 진정으로 다양해질 수 있다. 장애는 인간 경험의 자연스러운 부분이며, 결코 그 이하를 의미하지 않는다. 대부분의 사람이 삶에서 원하는 것(행복, 사랑, 즐거움, 가정, 직업, 가족, 교육)도 IDD를 가진 사람들이 원하는 것과 같은 것이다. 우리는 그렇게 다르지 않으며, 지역사회에 함께 사는 것은 우리 모두를 연결하는 중요한 활력소이다.

지역사회에서 IDD를 가진 사람들의 통합을 향한 큰 발전과 움직임이 있었지만, 여전히 사회생활의 모든 측면에 IDD를 가진 사람들을 완전히 통합하기 위해 할 수 있는 것과 해야 할 것이 많다. IDD를 가진 사람들을 지원하기 위한 많은 시스템이 존재하지만, 지역사회의 생활과 참여를 증가시키는 유일한 해결책을 시스템에서 찾을 수는 없을 것이다. 해결책은 우리의 연결성, 우리의 일상적인 공간과 장소를 공유하는 것 그리고 IDD를 가진 사람들을 사회의 가치 있는 기여자로 보는 것에서 찾을 수 있다. **다름**은 **모자람**이 아니며, 지역사회 생활과 모든 사람의 참여에 대한 기대를 높이는 것은 중대한 사회 변화를 위한 매개체이다.

 IDD를 가진 사람들의 지역사회 생활과 참여를 촉진하기 위한 이상적인 조건을 어떻게 만들 것인가에 대한 탐구가 이 책의 핵심이다. 지역사회 생활을 위해 '사례를 만드는' 방법에는 여러 가지가 있다. 지역사회 생활을 위한 사회적 사례는 모든 사람의 권리와 존엄성, 가치에 초점을 맞추고 있다. IDD를 가진 사람들은 지역사회에서 생활할 권리가 있고 자신의 삶과 신체, 경험에 대해 선택할 권리가 있다. 지역사회 생활을 위한 입법적·법적 사례는 통합을 의무화하는 많은 주 및 연방 정책과 소송을 강조한다. 분리는 평등이 아니다. 지역사회 생활 경제 사례는 통합적인 서비스와 지원이 제공하는 투자 수익률을 강조한다. 독립과 통합을 지원하는 것은 국민과 납세자들에게 좋은 것이다. IDD를 가진 사람들이 우리 사회에 완전히 통합되기 위한 우리의 지속적인 여정에는 몇 가지 명심해야 할 것이 있다.

분리는 결코 평등이 아니다

 역사적으로 우리는 IDD를 가진 사람들을 위해, 때로는 가장 좋은 의도를 가지고, 구별되거나 분리된 시스템을 구축해 왔다. 그러나 다년간의 연구와 옹호자들이 우리에게 말해 준 것은, 분리가 평등은 아니라는 것이다. 그리고 IDD를 가진 사람들이 원하는 것을 정말로 들어 보면, 그것은 다른 모든 사람이 가지고 있는 것 이상이 아닌 그들과 같은 삶과 선택들이다. 공공 시스템과 기금이 분리를 적극적으로 우선시할 때 진정한 평등과 형평성을 막을 수 있다. IDD를 가진 사람들을 포함하여 모든 사람에 대한 인종차별과 고립의 부정적인 영향은 시간이 지남에 따라 일관되게 입증되어 왔다.

사람과 지역사회에 재투자하라

사람은 우리 사회의 가장 큰 자원이다. 그리고 DSP는 서비스 시스템의 가장 중요한 자산 중 하나이다. 우리가 이러한 정책의 적용과 실행을 지원할 수 있는 인력이 없다면 가장 잘 작성되고 통합적인 지역사회 생활 정책의 포부는 충족될 수 없을 것이다. 노동력 투자는 중요한 인프라의 일부분이다. 우리는 시스템 내의 사람에 대한 투자 외에 지역사회에도 투자해야 한다. 완전한 통합을 위한 해결책이 반드시 전문가 시스템에 의해 제공되지는 않을 것이다. 오히려 장애에 초점을 맞추지 않은 사람들과 조직에서 얻을 수도 있다. IDD를 가진 사람들의 교육, 옹호, 접근과 IDD를 가진 사람들의 높아진 기대를 통해 지역사회에서 IDD를 가진 사람들에게 가능한 것의 현실을 구축하고 보여 주는 것은 매우 중요하다. 우리가 보고자 하는 것에 재투자해야 한다.

항상 높아진 기대를 유지하라

기대는 모든 사람의 고용, 학교, 삶의 성공에 대한 강력한 예측 변수 중 하나이다. 부모, 교사, 전문가, 정책 입안자, 사회가 IDD를 가진 사람들이 지역사회에서 삶을 살 수 있다고 기대하면 상황은 달라질 것이다. 우리는 장애를 가진 개개인에게 낮은 기대치의 편견을 누그러뜨리고, 그들의 가치 있는 사회적 역할과 기여를 인정하고 촉진해야 한다. IDD를 가진 사람들에 대한 더 높은 기대는 변혁을 가져올 수 있다. IDD를 가진 사람들은 지역사회에서 살 수 있고, 일하고, 결혼하고, 세금을 내고, 집을 소유하며, 친구가 되고, 자원봉사를 하며, 코치가 될 수 있고, 그 외에도 훨씬 많은 것을 할 수 있다!

수용능력 구축과 시스템 변화에는 시간이 걸린다

　지역사회 생활과 참여로 계속 나아가려면 공적 투자(자금 조달)가 공공정책과 일치해야 한다. 그 시스템이 자금을 어디에 투자하는지, 그것이 매우 중요하다. 이 시스템은 자금에 대응하고, 지역사회 생활과 참여에 대한 투자는 그 분야에서 성장을 가져올 것이다. 이러한 변화는 납세자를 포함한 모두에게 상당한 가치를 창출할 수 있지만, 결과와 자료로 드러나는 데 시간이 걸릴 수 있다.

　모든 기회와 도전이 있는 지역사회에서의 온전한 삶은 모든 사람에게 해당하는 인간의 경험이 되어야 한다.

2018년 미네소타 미니애폴리스에서

캘리 나이-렝거먼Kelly M. Nye-Lengerman, PhD, MSW,

에이미 휴이트Amy S. Hewitt, PhD, MSW

차례

제**1**장 지역사회 생활과 참여: 포괄적인 틀

Kelly M. Nye-Lengerman & Amy S. Hewitt

선행조직자

• 지역사회 생활은 개인적 선호, 맥락과 문화 및 언어에 의존하는 복잡하고 끊임없이 진화하는 개념이다.

• 지역사회 생활은 장애가 있거나 없는 사람들에게 해당되고 기대되는 인간의 경험이다.

• 호혜성은 지역사회 생활과 참여에서 중요한 요소다.

---

1. 지적·발달장애 이해하기

지적·발달장애를 가진 사람들은 친구, 형제자매, 고용인, 지역사회 구성원, 학생, 그리고 부모이다. 한 개인의 진단명은 지역사회에서 그 사람이 능동적이고, 참여하는 삶을 가질 권리를 감소시키거나 변화시키지 않는다. 과거에 지적·발달장애Intellectual and Developmental Disabilities, 이하 IDD를 정의하는 데 사용된 용어는 **정신지체**Mental Retardation, 이하 MR였다. 이 용어는 많은 지적·발달장애인과 그들의 협력자에게 경멸적이고, 모욕적이며, 해롭기 때문에 더 이상 사용되지 않는다.

IDD의 두 가지 주요한 특징은 다음과 같다. 지적 기능성의 제한성과 적응행동에서의 결손이 그것이다. 그 결과, IDD를 가진 사람은 추론, 문제 해결 및 학습과 관련된 문제를 겪을 수 있으며 생활에서 사회적 · 일상적인 기술이 부족할 수 있다(AAIDD, 2017; Schlock et al., 2010). 또한 **발달**이라는 용어는 어린 시절에 발생하지만 일생 동안 지속되는 다른 신체적 또는 인지적 상태를 의미한다. 자폐범주성장애Autism Spectrum Disorder, 이하 ASD, 다운 증후군, 약체 X 증후군, 레트 증후군, 뇌성마비 등을 포함한 다양한 상태는 IDD의 범주에 있다. IDD는 사람들에게 다양한 정도로 영향을 미치며, 대상에 따라 매우 다르게 보일 수 있음을 기억하는 것이 중요하다. 누군가 IDD를 진단명으로 가질 때, 그것은 의료 전문가가 18세 이전에 지적 · 발달장애가 있는 것으로 진단했다는 것을 의미한다. IDD를 가진 사람을 진단하기 위해 일반적으로 IQ(지능 지수)와 적응행동 평가를 함께 사용한다. 대략 IQ 검사점수 70점은 제한된 지적 기능을 나타낸다. 다른 유형의 적응행동 검사는 사회적 기술, 일상생활 활동들, 문제 해결 등을 살펴보고 IDD의 진단을 보조한다(Schalock et al., 2010). IDD를 가진 개인의 진단명에 관계없이, 그들은 여전히 지역사회 생활을 배우고 성장하며 참여할 수 있다.

미국에서 약 431만 명이 IDD를 가진 것으로 추산된다(Larson et al., 2017). 질병통제 예방센터Centers for Disease Control and Prevention, 이하 CDC는 3세에서 17세 사이의 어린이 중 약 15%가 하나 또는 그 이상의 발달장애를 갖고 있다고 추산한다(Boyle et al., 2011). 발달장애는 21세 이전에 존재하는 반면, 지적장애의 시작은 18세 이전이다. IDD를 가진 대부분의 사람은 지역사회에서 살고, 학교에 다니며 직업을 갖는다. 약 140만 명의 IDD를 가진 사람이 주립 발달장애 프로그램 기관으로부터 서비스를 받거나 공식적으로 대기하고 있다(Anderson et al., 2016). 주립 IDD 기관은 종종 IDD를 가진 사람들에게 건강관리, 주거 및 기타 지원들과 관련된 재정과 서비스를 제공한다.

미국에서는 국가적 중요성을 갖는 다수의 프로젝트가 주 IDD 기관을 통해 정식 서비스를 받고 있는 IDD를 가진 사람들에 대한 정보를 수집한다. 다음은 이러한 지원을 사용하는 사람들에 대해 알아야 할 사항이다.

• IDD를 가진 대부분은 가족과 함께 산다(57%). 그러나 5%는 호스트/ 양육가

족과 함께 살고, 11%는 자신의 집에, 25%는 공동생활가정에, 2%는 요양원이 나 정신과 시설에 살고 있다(Larson et al., 2107). 한 개인이 사는 곳은 지역사회에 얼마나 많이 접근하는가와 관련이 있다.

• 낮 동안 IDD를 가진 대부분의 개인은 일을 하지 않고 대신 시설기반(53%) 및 지역사회기반(44%)의 비노동 지원을 받는다(Butterworth et al., 2016). 그러나 IDD를 가진 많은 사람이 일을 하고 싶어 한다. 유급 직업을 갖는 것이 적극적이고 참여적인 지역사회 구성원이 되기 위한 중요한 부분이기 때문에 최근 IDD를 가진 사람들의 지역사회 유급 고용의 중요성에 대한 관심이 높아지고 있다.

• IDD가 있는 대부분의 성인(42%)은 약간의 행동지원이 필요하며, 이보다 더 많은 성인(76%)에게 일상생활 활동에 대한 지원이 필요하다(Anderson et al., 2016). IDD를 가진 사람들이 지역사회에서 활동적인 시민이 되도록 하기 위해서는 참여, 관계와 지역사회 참여에 초점을 두는 것이 중요하다.

• 시간이 지남에 따라 IDD를 가진 사람들을 위한 장기서비스와 지원에 대한 투자가 증가해 왔다. 2015 회계 연도에는 공공 IDD 서비스에 약 650억 달러를 소비하였는데, 이 중 76%가 메디케이드Medicaid[1] 비용으로 발생했다(Braddock et al., 2017).

미국에는 약 4,310만 명이 IDD를 가지고 있지만, 약 146만 명(31%)만이 IDD 기관에 알려져 있으며, 실제로 121만 명(26%)만이 IDD 기관을 통해 서비스를 받고 있다(Larson et al., 2017). 이는 IDD를 가진 대부분이 주 정부나 연방정부 시스템의 공식적 지원을 받지 않거나 사용하지 않고 있다는 것을 나타낸다. 결과적으로 서비스 제공 시스템의 '외부'에 있는 사람들에 대한 정보는 제한적이다. 그러나 특수교육, 직업재활 및 사회보장 혜택과 같은 공식적인 지원을 받는 시

---

1) 미국의 국민의료지원제도로서 65세 이하의 적격한 저소득 성인, 어린이, 임산부, 노인 및 장애인을 포함하여 수백만 명의 미국인에게 건강보험 혜택을 제공하며 연방정부와 주 정부가 공동으로 자금을 지원하고 연방 요건에 따라 주별로 관리됨.

스템 내 IDD를 가진 사람들에 대해서는 더 잘 알고 있다. 지난 40년 동안 공공 또는 정부 프로그램을 통해 공식적 지원을 사용하는 IDD를 가진 사람들의 경험과 결과를 이해하기 위해 더 많은 연구가 이루어졌다. IDD를 가진 사람들을 위한 서비스의 질과 성과(예: 유급 고용, 건강)를 볼 때, 때로는 낙담하기 쉽다. IDD를 가진 사람들은 장애가 없는 사람들과는 다른 경험과 결과를 가지고 있다. 그들은 고용되거나 집을 소유할 가능성이 적고, 특정 질병의 비율이 높아지며, 종종 빈곤 이하의 수준으로 살아간다. 이러한 차이들이 IDD를 가진 사람들이 양질의 삶을 경험할 수 없다는 것을 의미하는 것은 아니다. 우리는 전국적으로 IDD를 가진 많은 사람이 사회에 공헌하고 지역사회에 적극적으로 참여하고 있다는 것을 알고 있다. 이 책은 IDD를 가진 사람들이 지역사회에 통합되고, 참여할 수 있도록 하는 효과적인 전략들을 강조한다.

2. 지역사회 생활과 참여

지역사회는, 첫째, 같은 장소에 거주하거나 공통된 특성을 가진 사람들의 집단, 둘째, 공통된 태도, 관심사와 목표를 공유한 결과인 다른 사람들과의 유대감으로 정의할 수 있다. 지역사회는 느낌과 장소 모두가 될 수 있다. 우리가 지역사회 생활과 참여에 관해 이야기할 때, 지역사회는 장소와 느낌 모두와 관련하여 복잡하고 진화하는 차원의 집합을 말한다. 이러한 차원들에는 개인 취향, 맥락, 문화와 언어가 포함된다. 지역사회 생활 및 참여의 특징은 다음을 포함한다.

- 개인이 **사는** 장소와 함께 **사는** 사람
- 개인이 **일하는지** 여부와 **일하는** 장소
- 개인이 이용할 수 있는 **재정 자원**
- **낮 동안** 개인이 하는 일
- 개인이 원하는 **관계** 및 다른 사람과 갖는 **관계**

- 개인이 하는, 그리고 다른 사람과 하는 **개인적 흥미**
- 개인의 **건강**과 **웰빙**(신체적 · 정서적)
- 개인의 **신앙** 실천 여부, 실천하는 장소 및 함께하는 사람
- **학습**과 **개인적 성장**에 참여할 사람의 관심과 기회
- 개인이 **정보에 근거한 결정**을 내리고, **자신의 삶을 주도**할 수 있는 기회와 능력
- **시민으로서의 역할과 책임을 맡는 인권**(예: 이웃, 납세자, 유권자)

　지역사회 생활과 참여는 복잡하고 다차원적이다. 지역사회 생활과 참여를 구성하는 요소는 고립되어 있지 않고, 오히려 서로 관련되며 상호의존적이다. 앞에 나열된 지역사회 생활의 차원들은 다음을 포함하는 성공을 위한 다른 핵심적 특성들의 중요성을 강조한다.

[그림 1-1]　다차원적인 지역사회 생활

- 참여: 무언가에 연결되고 참여하는 행위, 시민적 참여를 포함할 수 있음
- 기대: 무언가를 성취할 수 있거나 일어날 것이라는 믿음
- 가치 있는 사회적 역할: 개인을 상호작용에 유능하고 능숙하며 가치 있는 기여자로 보며 존중하는 곳
- 상호성: 상호 이익을 위해 감정, 사물, 경험 및 아이디어를 교환하는 것
- 연결성: 개인, 집단, 소속감을 포함하는 아이디어에 함께하거나 연결된 느낌 혹은 상태
- 자기주도: 자신을 위한 선택, 행동 또는 경험에 대해 결정을 내리고 책임을 지는 권한
- 선택과 통제: 여러 선택 중에서 고르고, 하나 이상의 가능성에 직면했을 때 결정을 내리는 자유
- 기여: 무언가가 일어나도록 하거나 발전시키는 것에서 개인의 역할

지역사회 생활과 참여에 관한 이러한 차원과 특징은 분명해 보일 수 있지만, 실제로 IDD를 가진 많은 사람이 깨닫고 경험하기는 어렵다. 이러한 도전들은 역사적 문제와 장벽들, 시스템의 제한성, 인력 문제, 낮은 기대, 기회의 부족과 같은 여러 요인과 관련이 있다. 이 책은 지역사회에서 살면서 지역사회 생활에 참여하고 있는 IDD를 가진 사람들에 대한 이야기를 포함하고 있다. 각 장은 지역사회 생활의 다른 차원과 특징을 강조한다. 또한 각 장에서는 많은 지역사회 특징에 대한 정보와 IDD를 가진 사람들의 쟁점, 기회와 도전들 그리고 경험들에 대한 개관을 제공한다. 몇몇 장은 개인중심 실제들, 삶의 질적 성과 그리고 직접적 지원 인력과 같은 지역사회 생활의 모든 특징과 차원을 초월하는 중요한 쟁점에 초점을 두고, 다음의 주제를 다루고 있다.

[그림 1-2] 성공적인 지역사회 생활 및 참여의 핵심 특성

1. 지역사회 생활과 참여: 포괄적인 틀

2. 한 번에 한 개인: 개인중심 실제와 긍정적 지원 실제의 활용

3. 주거: 집이라 부르는 곳

4. 일과 진로: 단순한 직업 이상의 것

5. 우정, 사랑 그리고 재미: 사회적 통합과 관계들

6. 자기결정과 자기옹호: 그것은 나의 삶

7. 권리, 선택 그리고 지원된 의사결정

8. 웰니스의 중요성: 성인기 건강과 웰니스 지원

9. 건강하고 참여하는 노년기 계획하기

10. 삶의 질을 위한 성과들: 질적 성과를 촉진하는 실제들

11. 고용, 훈련 그리고 직접 지원 인력 지원하기

3. 뒤돌아보기: 지적 · 발달장애의 간략한 역사

역사적으로 IDD를 가진 사람들은 지역사회에서 환영받지 못했다. 19세기와 20세기에 걸쳐, 더 이상 IDD를 가진 가족을 돌볼 수 없을 때, 가족의 주된 선택은 개인을 대규모 기관에 배치하는 것이었으며, 보통 개인이 그곳을 떠날 기회는 없었다. 이 시기 동안, 의료적 관점에서 장애를 보았으며, 이것은 장애가 '치료되어야' 또는 '고쳐져야' 하는 무언가로 해석된다. 처음에 기관은 사람들을 다시 잘 회복하도록 돕는 치료적 방법으로 여겨졌다. 그러나 시간이 지남에 따라 기관은 사람들이 들어가는 창고이자 잠겨 있는 곳이 되었다. IDD를 가진 사람들은 가족과 지역사회에 들어가지 못하게 되었으며 기관에서는 종종 많은 학대와 방치 그리고 혹사를 경험했다. 많은 상황에서 사람들에게 기본적인 요구(예: 음식, 의복, 안전, 건강)나 인권조차 지켜지지 않았다.

1960년대 사회적 변화는 기관에 살고 있는 개인의 역경을 조명하기 시작했다. 케네디 행정부에서 수행한 과업을 통해 연방정부가 주도한 박람회, 옹호와 연구들이 IDD를 가진 사람들을 연구하고, 지원하며 옹호하기 위한 연방 기금의 기초를 세우기 시작했다. 적극적인 부모 옹호자들은 분리와 교육 기회 부족에 더 많은 관심을 기울였으며, 제공기관 시스템들이 다양한 요일, 고용과 주거 서비스를 제공하도록 개발되기 시작했다. 또한 시민권 운동을 통해 미국에서 일어난 사회적 변화의 물결은 사회적 장애 모델의 발전이 선두에 서도록 도왔다. 이 모델은 장애를 치료가 아닌 지원이 필요한 인간 경험의 자연스러운 부분으로 보고 받아들인다. 여세를 몰아 사회적 변화를 위해 계속해서 성장했으며 교육, 고용, 주거와 건강관리에 관한 중요한 연방법들이 1960년대와 1970년대에 통과되어, 오늘날의 지역사회 생활을 가능하게 하는 많은 정책의 길을 열었다.

이것은 IDD를 가진 사람들에게 과거가 얼마나 암울했는지 보여 주고 있기 때문에 이 역사를 기억하는 것은 중요하다. 이러한 인식을 통해 통찰과 영감을 얻음으로써 우리는 해당 분야에서 계속 변화하고 있는 것을 알 수 있다. 시간이 지나면서 태도가 변화되어 왔고, 법률이 통과되었으며 기본적 인권이 보호되어

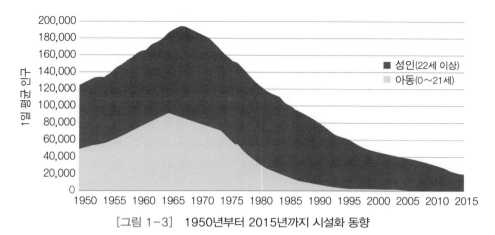

[그림 1-3]   1950년부터 2015년까지 시설화 동향

출처: Larson, et al. (2017).

IDD를 가진 사람들이 장애가 없는 사람들과 마찬가지로 지역사회의 일원이 될 수 있는 기회를 갖게 되었다. 오늘날 IDD를 가진 사람들이 지역사회에서 생활하고 일하고 배우고 사랑하고 즐겨야 한다는 우리의 기대는 그 어느 때보다 높으며, 이것은 진화하고 있는 공공정책을 통해 부분적으로 가능해져 왔다.

1) 정책을 통한 지역사회 생활 지원

다수의 중요한 법률, 소송과 규정은 IDD를 가진 사람들의 지역사회 생활과 참여를 위한 기회를 제공하고 지원해 왔다. 이 중에는 IDD를 가진 개인을 포함하여 모든 사람이 지역사회에 접근하는 것을 보장하는 연방정부의 약속이 포함된다.

연방 및 주 차원에서 정책을 수립함으로써 IDD를 가진 사람들이 시설에 거주하거나, 분리된 교육 서비스를 받고, 보호작업장에서 일하는 대신 지역사회에서 생활하면서 참여할 수 있게 되었다. 미국에는 분리된 비지역사회 서비스가 여전히 존재하지만, 법률, 소송과 정책은 지원 시스템이 가능한 가장 통합적이며 평등한 환경에서 서비스를 제공하도록 하는 데 중요한 역할을 하고 있다.

2) 지역사회 생활과 참여 관련 주요 법률 제정

연방 및 주 정부 법률은 장애를 가진 사람들과 가족을 위한 서비스와 지원을 개발하는 기반을 제공한다. 많은 연방법이 IDD를 가진 사람들의 지역사회 생활과 참여를 안내한다. 일반적으로 이러한 법률들은 장애를 가진 사람들과 그들의 협력자들의 강력하고 계획된 옹호를 따르기 시작했다. 다음은 IDD를 가진 사람들의 지역사회 생활과 참여에 영향을 미치는 가장 중요한 일부 법안들을 강조한다.

(1) 1973년 '재활법'

PL 93-112라고 하는 1973년 '재활법'The Rehabilitation Act은 주의 직업재활 서비스를 개정하고 IDD를 포함하여 심각한 장애를 가진 사람들에게 확대하도록 고안되었다. 이전의 직업재활 프로그램은 주로 장애 재향군인이나 신체적 장애가 있는 사람들에게 서비스를 제공했다. 1973년 재활법에는 다음이 포함된다.

- 501: 연방 기관 고용에서의 차별 철폐 조처와 차별 금지
- 503: 연방 계약자 및 하청 업체 고용에서의 차별 철폐 조처와 차별 금지
- 504: 공공 서비스에서의 차별 금지 ["미국에서 장애를 가진 자격이 있는 개인은 연방 기금을 받는 프로그램이나 활동에서 배제되거나, 혜택을 부정하거나, 차별을 받지 않는다."(29 US Code § 794…1973년 '재활법' 개정)]
- 508: 연방정부가 개발, 유지, 조달 또는 사용하는 전자 및 정보 기술에 대한 접근성 요건

1973년 '재활법'은 지역사회 공간, 장소와 프로그램에서 장애인에 대한 차별을 금지할 뿐만 아니라 가장 중한 장애를 가진 사람들을 포함하는 장애인의 고용과 훈련을 지원하는 주 직업재활 프로그램에 적극적으로 투자하는 중요한 초기 입법이다. 장애에 관계없이 모든 사람에게 직업과 훈련을 제공하는 것은 중요하며 소중한 사회적 역할을 제공한다. 1973년 '재활법'은 장애인을 위한 일과 훈련의

중요성에 대한 기본 지침과 투자를 제공했다.

(2) 2000년 '발달장애지원 및 권리장전법'

2000년 '발달장애지원 및 권리장전법'The Developmental Disabilities Assistance and Bill of Rights Act, DD Act, 이하 DD법 또는 PL 106-402는 1961년 존 케네디 대통령에 의해 시작된 정신지체에 관한 대통령 패널의 과업에 뿌리를 두고 있다. 현재의 'DD법' 은 IDD를 가진 사람들과 그 가족이 지역사회 생활에 접근할 수 있도록 하는 연방정부의 약속과 관심을 공유한다. 현행법에는 "발달장애가 있는 개인과 그 가족이 필요한 지역사회 서비스, 개별 지원과 자기결정, 독립성, 생산성과 통합 그리고 포용성을 촉진하는 기타 형태의 지원에 참여하고 이에 참여할 수 있도록 보장한다. 지역사회 생활의 모든 측면에서⋯."(42 U.S.C 15001 [b] [2006])라고 명시되어 있다. 1984년에 추가된 개정안은 독립성, 생산성과 통합에 대한 초점을 포함하고 있다.

'DD법'은 IDD를 가진 사람들이 직면한 문제를 보호, 옹호 및 연구하는 프로그램과 서비스에 중요한 인프라를 승인하고 있다. 이러한 프로그램은, 첫째, IDD를 가진 사람들에게 영향을 미치는 쟁점 연구, 둘째, 유병률 모니터링 및 서비스 사용, 셋째, 법 집행을 위한 소송 추구, 넷째, 국가 인프라 지원, IDD 서비스 및 지원 역량 개발, 다섯째, 공공정책 수립 지원, 여섯째, IDD를 가진 사람들과 가족의 요구를 옹호한다. 'DD법'의 프로그램은 다음을 포함한다.

- 보호 및 옹호 조직Protection and Advocacy, 이하 P&As
- 발달장애 주협의회State Councils on Development Disabilities, 이하 DD Councils
- 대학 발달장애 센터University Conters for Excellence in Developmental Disabilities, 이하 UCEDD
- 국가 주요 프로젝트Praiect of National Significance, 이하 PNS

(3) 1990년 '미국장애인법'

1990년 '미국장애인법'Americans with Disabilities Act, 이하 ADA은 직업, 학교, 교통수단

및 일반인에게 개방된 공간을 포함하여 모든 공공 생활 영역에서 장애인에 대한 차별을 금지하는 민권법이다. 이 법은 다른 영역들에서의 차별을 방지하는 5개의 장으로 구성된다.

- **I장 고용**: 고용주는 통역사 서비스, 작업대 수정, 작업 또는 일정 제한과 같은 조정을 포함하는 합리적인 조정을 지원자와 직원에게 제공해야 한다. 이 장은 또한 장애로 인한 직장 내 차별을 금지한다.
- **II장 공공 서비스**: 장애인에게 대중교통을 포함한 공공 서비스 이용을 거부할 수 없다.
- **III장 공공 편의 시설**: 장애인은 식당, 상점 등의 공공시설에 접근할 수 있어야 한다. 사업체 또는 기타 공공장소에 대한 새로운 건축 및 수정이 가능해야 한다.
- **IV장 통신**: 전화 서비스를 제공하는 회사는 전신타자기와 같은 통신 장치를 사용하는 개인에게 중계 서비스에 대한 접근 권한을 제공해야 한다.
- **V장 기타**: 장애인에게 ADA에 따라 자신의 권리를 주장한 것에 대해 강요, 위협이나 보복을 할 수 없다.

ADA는 장애인의 요구와 권리를 보호하여 다른 사람이 할 수 있는 것처럼 지역사회에서 삶을 추구할 수 있는 최초의 종합적인 민권법이다. ADA는 사람들이 직업을 갖거나 대중교통을 이용하거나 지역 사업체에 접근하는 것을 포함하여 지역사회의 능동적인 구성원이 되기 위해 필요한 것들에 대한 접근을 보장한다.

(4) 2014년 '노동력혁신 · 기회법'

2014년 '노동력혁신 · 기회법'Workforce Innovation and Opportunity Act, 이하 WIOA 또는 PL 113-128은 1973년 '재활법'의 확장이다. 이 법은 공공 직업재활, 노동센터 및 지역사회의 동반 관계를 더욱 현대화하기 위해 제정되었다. 구직자들에게 자신의 직무 선택권에 대해 보다 많은 정보를 제공하고, 사업체 및 고용주와 더 긴밀한 관계를 구축하며, 직업, 교육 및 지역사회 서비스 간의 협력과 계획을 개선하기 위해서는 추가적인 책임과 고용 성과에 대한 추적이 필요하다(U.S. Department of Labor, 2016).

이 법안의 중요 내용은, 첫째, 증가된 직접 기금 및 고용 전 전환 서비스에 대한 지침, 둘째, 지원고용Supported Employment, 이하 SE 서비스에 대한 추가적 접근, 셋째, 최저 임금과 시설 기반 작업환경의 사용을 줄이고 제한하는 추가적 노력을 통해 장애인을 위한 경쟁력 있고 통합된 고용 경로를 우선시한다(Murthy, V.D., Rast J.E., Roux A.M., 2016).

(5) '장애인교육법'

'장애인교육법'Individuals With Disabilities Education Act, 이하 IDEA은 장애가 있는 모든 아동이 무상의 적절한 공교육을 받을 수 있도록 하기 위한 것이다. 1975년 '전장애아교육법(PL 94-142)'에 뿌리를 둔 이 법률은 수년에 걸쳐 여러 차례 재승인되었다. 이 법은 교육에 접근하고 능력에 관계없이 모든 어린이에게 필요한 지원을 제공하게 한다. IDEA가 주 정부에 특수교육 서비스를 제공하는 자금을 승인한다(이 자금은 특수교육 총 비용의 일부만 지불함). IDEA에는 16세 이전부터 개별화교육계획IEP을 가진 학생들이 교육 프로그램 및 서비스에서 성인으로의 전환을 지원하기 위한 전환 계획 조항을 포함하고 있다. 전환 계획과 IEP는 학생의 강점에 따라 개별화되어야 하며 직장 및 중등교육을 포함하여 지역사회 생활을 위한 기술 개발을 지원해야 한다. 또한 IDEA의 파트 B를 통해 3세에서 21세 사이의 어린이와 청소년은 특수교육 서비스를 받을 수 있으며, 파트 C는 장애가 있는 어린이의 가족을 위한 조기개입을 포함한 프로그램을 다룬다. IDEA는 6개의 핵심개념을 포함하고 있다.

- 개별화교육계획Individualized Education Plan, 이하 IEP
- 무상의 적절한 공교육Free Appropriate Public Education, 이하 FAPE
- 최소제한환경Least Restrictive Envirommnent, 이하 LRE

- 적절한 평가
- 학부모 및 교사 참여
- 절차적 보호

공통적으로, 이 핵심개념들은 접근 가능하고 통합된 공평한 교육에 대한 장애학생의 권리를 보호하고 장려한다. 교육은 취업, 중등 이후 교육 추구, 평생기술 및 지식의 개발, 지역사회의 혜택(예: 주거, 교통, 관계, 참여 등)에 대한 접근을 제공하여 성공적인 성인기에 중요한 역할을 한다.

(6) 2015년 '모든 학생 성공법'

2015년 '모든 학생 성공법'Every Student Succeeds Act, 이하 ESSA은 장애아동을 포함한 모든 학생을 대학 및 직업을 위해 완전히 준비시키는 데 초점을 둔 이전 버전의 '아동낙오방지법'No Child Left Behind, 이하 NCLB을 대체하였다. ESSA는 불우하거나 높은 요구를 가진 학생들에 대한 평등의 중요성, 교육해야 할 학업적 표준의 판별, 연간 주(州) 평가를 통한 자료 수집, 양질의 유치원에 대한 접근성 향상, 지역사회 및 학군의 지역 차원 혁신 구축 등을 포함한다.

ESSA 표준은 장애를 가진 청소년이 공교육에서 공평한 경험을 갖도록 하기 위한 것이다. 장애를 가진 청소년과 그 가족 모두에게 그러한 경험은 학교와 학업 평가에 대한 완전한 참여의 기대를 높이고 결과적으로 성인기에 대한 높은 기대를 유도한다. 다시 말해, 학교에 있는 사람에 대한 더 높은 기대는 직업, 주거 장소, 관계의 실현, 경제적 발전의 기회들과 같은 지역사회 생활 및 참여의 측면들을 지원한다.

3) 지역사회 생활 및 참여 관련 주요 소송

법률 또는 정책을 따르거나 이행하지 않을 때, 준수를 강제하기 위해 법적 조치가 필요할 수 있다. 소송이 발생하기 전에 많은 조치를 취할 수 있지만 때로는 장애를 가진 사람들의 권리가 침해되지 않도록 보장하는 것이 필요하다.

Olmstead v. L.C.(1999): ADA는 1990년에 법으로 서명되었지만 IDD를 가진 사람들은 여전히 차별과 시설수용화에 직면해 있었다. 이러한 차별의 결과로, 조지아주 출신의 장애 여성 2명이 지역사회에서 살기 위해 ADA에 근거한 소송을 제기하여 시설에서 퇴소할 수 있었다. 이 사건은 대법원에까지 올라갔으며 1999년에 정당화되지 않은 분리가 차별이 된다고 판결했다. 법원은 또한 다음과 같이 진술했다.

> 공공 기관은, 첫째, 그러한 서비스가 적절한 경우, 둘째, 영향을 받는 사람들이 지역사회 기반 치료에 반대하지 않을 때, 셋째, 공공기관이 이용할 수 있는 자원과 그로부터 장애 서비스를 받는 다른 사람들의 필요를 고려하여 지역사회 기반 서비스를 합리적으로 수용할 수 있을 때, 장애를 가진 개인들에게 지역사회 기반 서비스를 제공해야 한다(Olmstead v. L.C., 527 U.S. 581 [1999]).

이 판례는 IDD를 가진 사람들의 부당한 분리에 도전하기 위해 사용되었기 때문에 매우 중요하다. 이는 또한 미국 고등법원의 명확한 메시지를 전달한다.

> 지역사회 환경을 다루고 혜택을 누릴 수 있는 사람을 시설에 입소시키는 것은 그렇게 고립된 사람이 지역사회 생활에 참여할 수 없다거나 합당하지 않다는 부당한 가정을 영속시킨다… 시설 감금은 가족 관계, 사회적 접촉, 직업 선택, 경제적 독립성, 교육적 진전 그리고 문화적 풍요를 포함한 개인의 일상생활 활동을 심각하게 감소시킨다(Olmstead v. L.C., 527 U.S. 581 [1999]).

다음은 지역사회 생활과 관련된 소송의 다른 예이다.

• Lane v. Brown(formerly Lane v. Kitzhaber)(2010): IDD를 가진 사람들을 위한 지역사회 기반 고용에의 접근에 관한 미국 법무부와 오리건주 간의 협정이다.

- U.S. v. Rhode Island and City of Providence(2013): IDD를 가진 사람들에게 지원되는 고용 서비스, 통합된 비노동 서비스, 14세에 시작하는 전환 서비스 그리고 통합된 환경에서 서비스를 장려하는 주 정부 재정에의 접근을 보장하는 미국 법무부 대 로드아일랜드주와 프로비던스시의 합의이다.
- U.S. v. State of Mississippi/Mississippi Service System for People With Developmental Disabilities and Mental Illness(2016): 미시시피주가 주립 병원에서 정신 질환 및 발달장애가 있는 사람들을 불필요하게 분리했을 뿐만 아니라, 불필요한 입원이나 배치를 예방하는 지역사회 기반 서비스의 제공에 실패함으로써 ADA Ⅱ장과 Olmstead 판례를 위반했다고 주장하며 미국 법무부에서 제기한 소송이다. 2011년 미시시피주에 미국 법무부로부터 ADA의 통합 명령에 관한 여러 가지 위반을 설명하는 서한이 발행되었다.

소송은 결코 이상적인 방법은 아니지만 장애를 가진 사람들의 권리가 부당하게 억압되고 분리되지 않도록 보호하고 싸우는 데 사용된 중요한 도구였다. 소송은 계속 IDD를 가진 사람들의 시민 권리가 침해되지 않도록 보장하는 데 중요한 역할을 할 것이다.

4) 지역사회 생활 및 참여 관련 규정

규정은 규제 기관이 규정한 규칙 또는 지침이며, 법에 성문화된 정의된 규칙과 기대를 포함할 수 있다. 예를 들어, 연방 법률은 연방 기관의 영구 규칙과 규정을 문서화한 연방정부규정집^{Code of Federal Regulations, 이하 CFR}에 체계화되어 있다. 규정은 연방 또는 주 기관이나 프로그램의 규칙, 세부 사항 및 기대치를 요약하는 데 중요한 역할을 할 수 있다. 지역사회 기반 서비스와 지원 제공 방법에 대한 지침을 설명하는 여러 규정이 있다. 직접 서비스를 제공하는 많은 주와 기관은 이러한 규정을 준수해야 하므로 이러한 규정은 지역사회 기반 서비스에 대한 접근과 IDD를 가진 사람들을 지원하는 또 다른 도구로 기능한다.

(1) 가정 및 지역사회 기반 서비스 메디케어 및 메디케이드 서비스 센터 최종 규정

2014년 메디케어 및 메디케이드 서비스 센터Centers for Medicare and Madicaid Services, 이하 CMS는 가정 및 지역사회 기반 환경Homeddd Communidy Based Sevrvices, 이하 HCBS과 관련된 "최종 규정"(CMS 2249-F 및 CMS 2296-F)을 발표했다. CMS는 IDD를 가진 사람들을 위한 장기서비스와 지원의 가장 큰 기금이기 때문에 이 최종 규정은 IDD를 가진 많은 사람과 대부분의 지역사회 생활 서비스와 지원에 영향을 미친다. 2014 최종 규정은 지역사회 환경들과 서비스에 대한 기대와 요구 사항을 강화하였다(CMS, 2014). 이 법의 1915(c), 1915(i) 및 1915(k) 절에 따라 운영되는 메디케이드 HCBS 프로그램에서 가정과 지역사회 기반 환경들에 대한 요건을 수립하였다(예: 면제 프로그램). 새로운 규정은 HCBS 프로그램을 구성하는 것에 대해 더 많은 성과 기반의 정의들을 제공하고 가장 통합된 지역사회 환경에 참여의 극대화를 추구하여 모든 수혜자가 지역사회에서 생활함으로써 혜택을 얻을 수 있도록 하고 있다. 이것은 2022년까지 주 제공기관과 공급기관에 CMS가 규칙에 따라 변제하고, 그렇지 않은 서비스를 단계적으로 폐지한다는 것을 의미한다. 또한 HCBS 면제 프로그램은 개인의 선호와 목표를 반영하고, 지원계획 과정에서 개별 지원을 받도록 하며 지원을 받는 개인이 과정에 참여할 사람을 선택할 수 있도록 하는 개인중심계획을 반드시 개발하도록 하고 있다. 주 정부들은 2022년 3월까지 제공기관이 새로운 최종 규정을 준수할 수 있도록 돕기 위한 전환 계획을 개발하고 있다.

다음은 지역사회 생활 및 참여와 관련된 규제의 다른 예들을 설명한 것이다.

- 개인중심계획에 대한 지역사회 생활 관리Administration on Community Living, 이하 ACL (2014): '부담적정보험법'Affordable Care Act, 이하 ACA 2402(a) 절은 주 정부에 지역사회를 지원하기 위해 HCBS 서비스가 독립성과 자기주도를 극대화하도록 보장할 것을 요구하고 있다. 이 지침은 모든 HCBS 프로그램에 반드시 개인중심계획과 자기지시를 적절하게 포함시키기 위한 기준을 안내한다.
- 독립적 생활 프로그램을 위한 최종 규정(ILPs; 2016): WIOA하에서, 독립생활 센터는

앞으로 반드시 중도장애를 가진 개인이 시설 환경에서 지역사회 기반 환경으로의 전환을 촉진할 수 있는 새로운 핵심 서비스들을 제공하고, 소비자가 통제하는 지원을 제공하며, 중도장애를 가진 사람들의 시설수용화를 예방하는 서비스들을 지원해야 한다.

규제는 주 정부 프로그램 및 제공기관들에게 그들의 서비스가 장애를 가진 사람들을 위한 지역사회 생활을 지원하고 촉진할 수 있도록 하는 지침과 기대를 제공하는 데 중요한 역할을 한다. 규제가 없으면 이러한 기관들은 법률을 온전하게 이행하지 않거나 서비스나 지원에 대해 불균형한 접근을 제공할 수 있다. 언급된 규제들은 IDD를 가진 사람들이 주거, 고용, 건강관리 및 교통수단을 포함하는 지역사회 기반 서비스에 접근하도록 지원하는 시스템에 대한 기대의 예이다.

5) 성과로서의 지역사회 생활 및 참여

사람들은 일반적으로 지역사회에 살 때 더 나은 삶을 살게 된다. 일반적으로 그들은 더 기회가 많고 친구나 가족과 더 가까우며 더 나은 성과를 경험한다. 이것은 IDD를 가진 사람과 IDD를 갖지 않은 사람 모두에게 동일하다. 주거, 사회적 통합, 관계들, 건강관리와 고용에 관한 연구에서는 IDD를 가진 사람들과 그 가족이 지역사회의 일원이 되기를 원하고 있다는 것을 보고한다(AAIDD, 2015; 2016). 그들은 또한 그들이 지역사회 환경에 있고, 자신의 삶을 통제하고, 매일 스스로 선택할 수 있을 때, 사회적·정서적·신체적 웰빙과 관련하여 더 나은 성과를 보여 준다.

환경의 규모와 위치는 통합과 지역사회 접근에 큰 영향을 미친다. 주간 서비스, 고용 및 주거 서비스와 관련하여, 환경의 규모가 클수록 장애를 가진 사람들의 만족도는 낮아진다. 이것이 IDD를 가진 사람들이 반드시 불행하다는 것을 의미하지는 않지만, 그들이 사는 곳, 일하는 곳, 하는 일, 함께하는 사람에 대해 선택의 폭이 좁고 통제력이 낮을 때, 더 높은 불만족의 수준을 보여 준다. 또한 환경의 규모는 사람들이 지역사회 내에서 얼마나 쉽게 참여하고 상호작용할 수 있는지에 영향을 줄 수 있다.

더 큰 환경에서는 자신의 직업을 갖는 것, 또는 지역사회를 자유롭게 돌아다니는 것이 필요하거나 그렇게 하고 싶은 사람들에게 기회나 지원을 제공할 수 없다. 지역사회 생활과 참여가 사람과 시스템 모두가 달성할 수 있는 성과가 되려면, 지역사회에서 완전하게 통합적인 삶을 지원하는 서비스를 위해 지속적으로 투자하고 이를 우선순위로 하는 것이 필수적이다.

4. 현재의 논쟁과 도전

이 책은 IDD를 가진 사람들이 그들의 지역사회에 완전하게 통합되지 못하게 하는 많은 논쟁과 도전을 다룰 것이다. 이러한 과제를 해결하기 위한 전략과 중재를 개발하려면 먼저 이러한 문제가 존재한다는 사실을 인정하는 것이 중요하다. 지역사회 생활의 각 차원마다 고유한 논란과 도전이 있지만, 일부는 여러 장소, 시스템과 환경을 교차한다.

1) 완전통합에 대한 저항

많은 자기옹호자, 옹호자, 가족, 정책 입안자 그리고 전문가가 지역사회 생활운동을 지지한다. 그러나 여전히 다른 사람들은 (IDD를 가진) 사람들이 분리될 권리가 있거나 분리될 필요가 있다고 생각한다. 이는 개인적 선호, 또는 더 크고 분리된 장소가 더 큰 안전과 보호를 제공한다거나 IDD를 가진 사람들이 다른 사람들처럼 지역사회에 속하지 않는다는 신념에 근거할 수 있다. 어떤 사람들은 (IDD를 가진) 사람들이나 가족들은 그들이 원한다면 분리된 삶을 선택할 수 있어야 한다고 주장할 수도 있다. 최근에 미국에서 점점 늘어나고 있는 주거 프로그램은 IDD를 가진 사람들을 의도적으로 분리시킨다. 또한 더 작고 통합된 프로그램들에는 다양한 수준이 있다.

IDD를 가진 많은 사람이 지역사회에서 살고 있지만 지역사회에 속하지 않는다. 즉, 지역사회 생활에 직접적으로 참여하지 않는다는 의미이다. 이는 일부 사람들(예: 간병인, 직원, 부모/보호자)이 안전에 대한 우려로 IDD를 가진 사람들이 그들 삶의 모든 측면을 선택하고 통제하는 정도의 완전통합을 좋아하지 않기 때문일 수 있다.

또한 미지에 대한 두려움, 대중에 대한 두려움, 당황 또는 수치심에 대한 두려움과 장애를 가진 사람들 자신에 대한 두려움에 지역사회 생활과 참여에 대한 저항이 확고하게 뿌리를 내릴 수 있다. 현재의 시스템과 서비스는 종종 완전하게 통합적인 삶을 지원하기보다는 IDD를 가진 사람들을 보호하도록 설계되어 있다. 그러므로 그들이 권리를 행사할 수 없게 막지 않으면서 그들이 가질 수 있는 두려움을 다루고 존중하는 것이 중요하다. IDD를 가진 사람들은 존엄성을 확장하여 다른 모든 사람과 마찬가지로 위험을 감수하고 실패하고 배울 수 있도록 해야 한다.

2) 정책 준수 및 집행

앞에서 통합과 지역사회 생활의 중요성을 강조하기 위해 다양한 법률과 정책을 확인하였다. 정책들은 하나의 토대를 마련할 수 있지만, 정책이 수용되고 시행되지 않는다면, 아직은 단순히 종이 위에 쓰인 문자일 뿐이다. 진정한 변화는 정책을 구현하고 모니터링하며 시행하도록 보장하는 것에서 비롯된다. 불행히도 법과 정책의 완전한 이행과 집행을 지원하기 위한 자원과 재정은 종종 충분하지 않다.

3) 위치

지역사회 생활과 관련된 질, 접근 및 성과의 가장 중요한 지표 중 하나는 위치

location이다. 개인이 거주하는 도시, 카운티 또는 주(州)는 제공받는 서비스의 유형과 품질뿐만 아니라 그런 서비스에 대한 접근과 관련하여 큰 문제가 된다. 주정부는 메디케이드, 직업재활과 공교육을 포함하여 IDD를 가진 사람들을 위한 프로그램을 지원하기 위해 연방 기금을 어떻게 사용할지에 대해 자율권을 갖는다. 이로 인해 주와 지역사회에 따라 IDD를 가진 사람들의 질, 선택 및 성과에 가변성이 생기므로 위치에 따라 IDD를 가진 사람들과 그 가족들을 위한 지역사회에서 생활하고 일할 수 있는 지원에 대한 접근성 측면을 포함하여 매우 다른 경험들로 귀결된다.

4) 인력 문제

직접 지원 인력은 IDD 기관이 지원하는 서비스를 받는 IDD를 가진 모든 사람을 위한 지원 시스템의 필수적인 부분이다. 직접 지원 전문가들Direct support professionals, 이하 DSP은 IDD를 가진 사람들이 자신의 지역사회에 완전히 통합될 수 있도록 지원하고 있다. 이러한 지원을 통해 IDD를 가진 사람들이 그들의 지역사회 안에서 살고, 일하고, 서비스에 접근하며 지역사회를 돌아다닐 수 있다. 높은 수준의 DSP 없이는 IDD를 가진 사람들의 요구, 선호와 열망의 상당 부분은 충족되지 않는다. 현장에는 상당한 인력 위기가 존재한다. DSP가 충분하지 않을 뿐만 아니라 많은 인력이 DSP를 위한 역량 기반 교육, 지원과 멘토링 부족으로 인해 지역사회 사람들을 지원할 준비가 되어 있지 않다. 또한, 많은 DSP는 저임금을 받고 있으며, 대부분 고용주에게 적절한 보험혜택을 받지 못하고 있다. 결과적으로 직접 지원 직무를 먹고 살 정도가 되는 직업적 선택으로 만드는 길은 제한적이다. 인력이 안정될 때까지 지역사회 접근에 대한 극복할 수 없는 많은 장벽은 지속될 것이다.

5. 실용적 제안과 중재

1) 중재 장소로서의 지역사회

　미국에 있는 대부분의 사람은 자신의 지역사회에 살고 참여한다. 그들은 가족의 일원이고, 친구들이 있고, 클럽, 팀이나 그룹에 참여하고, 동료가 있으며, 성장하고 새로운 것을 배울 수 있는 수많은 기회를 누린다. IDD를 가진 대부분은 서비스 시스템 없이도 지역사회에서 살면서 번성하지만 많은 사람이 장기 지원 및 서비스Long-term Supports and Services, 이하 LTSS2)가 필요하다. LTSS가 필요할 때 종종 전문화된 서비스 제공기관을 통해 서비스를 받는다. 그러한 제공기관들은 때때로 사람들을 가족, 친구, 사회적 관계 및 지역사회로부터 멀어지게 하는 프로그램과 서비스에 연결하기도 한다. 사람들은 장애를 갖지 않은 사람들과 같은 전형적인 지역사회 프로그램과 서비스를 이용하고 참여할 것으로 기대되는 대신, 제공기관이 그들을 위해 개입하고 행동하는 것에 의존하게 될 수 있다. 중요한 질문은 다음과 같다. 서비스 시스템을 만들면서 IDD를 가진 사람들을 통합시키고 지원하는 측면에서 부주의하게 지역사회를 배제시켰는가?

　IDD를 가진 사람들은 지역사회 서비스가 시작된 이래로 820억 달러 규모의 서비스 산업의 초점이 되어 왔다. 지역사회 환경이나 선택한 공간이 아니라 공식적 지원의 '시스템'에 맞도록 사람을 변화시키는 데 초점을 두어 왔다. 정부는 서비스를 구매하고 메디케이드(개인 건강 보험 프로그램)를 통해 자금을 조달하여 IDD를 가진 사람을 지원하도록 전문 IDD 서비스 제공기관에 비용을 지불한다. 개인에 초점을 맞추는 것은 지역사회가 사람들을 변화시키고 통합시키는 것으로 귀결되지는 않는다. 그것은 사람들이 변화하고 사람들이 고립되고 지역사회

---

2) 미국 메디케어 및 메디케이드 서비스 센터(CMS)가 주 정부, 소비자 및 옹호자, 제공기관 및 기타 이해 관계자와 협력하여 독립성, 건강 및 삶의 질과 같은 최적의 결과를 보장하는 모든 양질의 서비스에 접근할 수 있도록 구축한 장애인 및 만성질환을 가진 사람들이 선택하고 통제할 수 있는 지속 가능한 개인중심의 장기지원 시스템.

에 참여하지 않는 결과를 초래한다.

　많은 단체가 미국에서 IDD를 가진 사람들의 지역사회 생활과 참여를 장려하기 위한 시스템을 만들었다. 개인, 서비스 제공기관과 시스템 수준에서 IDD를 가진 취약한 사람들이 피해를 입지 않도록 보호하는 필요성에 초점을 두어야 한다는 낙인은 여전히 존재한다. 이것은 위험을 회피하고 비용과 시간이 많이 소요되는 규정과 규칙으로 가득 찬 서비스들을 장려하고 있다. 이러한 우려에 대한 정당한 이유가 있다. 그들은 한때 IDD를 가진 사람들에게 유일한 선택이었던 해로운 시설 서비스에 근간하고 있다. 그러나 이러한 지속적인 낙인과 태도들은 IDD를 가진 사람들이 지역사회에 참여하고 통합되기 위해서는 전문적인 제공기관이 필요하다는 개념을 야기한다. 간단히 말해 이는 사실이 아니다. IDD를 가진 사람을 바꾸는 데 주력하는 제공기관 대신, IDD를 가진 사람이 선택한 실제로 통합적인 환경에서 사람들을 지원하는 전문적 제공자들이 비용을 받는다면 어떨까?

　서비스와 지원에 대한 우리의 생각을 정부가 예산을 지원하는 IDD 특정 서비스만 제공하는 것에서 가족지원에 초점을 두는 서비스 시스템으로 전환하는 것이 필요한 새로운 방향이다. 이러한 변화는 기업, 신앙 공동체, 여가 프로그램과 주민센터 같은 지역사회 단체들이 자신과 IDD를 가진 사람들 모두에게 통합적이고 높은 기대를 갖도록 장려할 것이다. 이는 개인 보험 프로그램과 별개로, 창의적인 지역사회 개발과 문제 해결을 가능하게 하는 재정 흐름에 따라 지원될 필요가 있다. IDD를 가진 사람들이 지역사회에 참여하고 잘 지내기 위해 다음의 영역들에 초점을 둘 필요가 있다.

- 장소 간 이동을 위해 이용 가능하고, 신뢰할 수 있는 합리적 비용의 교통수단
- 제공기관에 인센티브를 제공하여 사람들이 지역사회에서 일자리와 다른 중요한 역할들을 얻도록 돕고, 자기주도를 허용하는 변경된 정책
- 더 높은 독립성, 더 높은 기대 그리고 향상된 기회를 촉진하는 강력한 테크놀로지 활용 채택

2) 통합적 지역사회 실제의 가치중심 핵심요소

개인중심은 모든 지역사회 복지서비스 시스템의 필수적 구성요소이다. 개인 중심적이라는 것은 각 개인을 각자의 맥락에서 고려하고 그 개인에게to 중요한 것과 개인을 위해for 중요한 것에 초점을 둔 다음, 지원과 서비스의 균형을 유지하는 것을 의미한다. 이것은 단순한 개념처럼 보이지만 IDD를 가진 각 개인이 고유한 요구와 욕구를 가질 때 실제들을 확장하는 것이 어렵기 때문에 시스템과 공급기관은 어려움을 겪는다. 시스템이나 제공기관 또는 직원의 요구보다 앞서 개인을 먼저 둔다는 것은 어려울 수 있다. 민첩하고 유연한 시스템이 요구되는데, 이를 개발하는 것은 종종 어려운 일이다.

각 개인을 전체적인 관점으로 보는 것이 중요하다. 지원과 서비스는 단순히 건강과 안전에 관한 것이 아니다. 그것은 한 개인이 지역사회에서 살고 최대한 참여하도록 지원하는 데 필요한 모든 것에 대한 것이다. 각 개인의 독특함과 그들이 자신을 확인하는 다양한 방법의 상호성을 고려하는 것이 중요하다. IDD를 가진 사람들은 다른 배경과 다른 지역사회 출신이다. 그들은 장애를 가진 사람으로 판별될 수도 있고, 그렇지 않을 수도 있다. 아마도 그들은 그들의 문화적, 언어적 정체성이나 신앙으로 자신을 확인할 것이다. 문화, 언어, 신앙과 가족 맥락의 교차점은 개인중심 접근에 영향을 미친다. IDD를 가진 개인은 자신이 원하는 것과 필요한 것을 지시해야 하며, 가족을 개인중심 지원을 구축하는 데 있어 동맹이자 파트너로 보아야 한다. IDD를 가진 사람들을 위한 정보에 입각한 의사결정과 같은 실제들은 사람들에게 그들이 서비스에서 원하고 필요한 것을 말하는 데 필요한 기술을 가르치는 중요한 방법이다. IDD를 가진 사람들은 자신의 삶에서 중요한 결정을 할 수 있고 (실제로) 결정을 한다. 우리는 서비스 시스템을 개선하여 개인이 어디에, 누구와 살고 있는지, 생계를 위해 무엇을 하고, 누구와 관계를 구축하고 시간을 보내고 싶은지와 같은 큰 결정을 시스템(그리고 그 대리인) 또는 법적 보호자가 아닌 IDD를 가진 사람들 자신이 하도록 해야 한다. 완전한 또는 부분적 후견인의 대안으로 지원된 의사결정supported decision making을 사용하는 것은 IDD를 가진 사람들이 스스로 선택하고 결정할 수 있는 기회들을 증가시킬 수 있는 하나의 접근 방식이다.

6. 생애주기에 따른 기대와 전환

사람들에게 지역사회 생활과 참여가 항상 같은 것은 아니다. 그들의 일생 동안 어느 시점에서든지 지역사회에 참여하는 방법은 변할 수 있고 (실제로) 변한다. 13세의 한 개인에게 중요한 것은 그가 45세 또는 80세일 때와 동일하지 않다. 한 개인의 삶이 어떤지, 지역사회 생활이 어떤지는 그 개인과 그들의 삶의 과정에 따라 달라진다. 이에 대해 생각하는 한 가지 방법은 장기서비스 및 지원^{LTSS}에 생애주기 접근에 대한 이해를 존중하며 적용하는 것이다.

IDD를 가진 사람들과 그들의 가족은 종종 현재 삶의 상황에서 그들 바로 앞에 있는 것에 집중한다. 그러나 그것은 가족들과 다른 협력자들이 앞을 내다보고, 어떤 삶의 경험들과 기대들이 통합된 지역사회 생활로 나아가는 데 유용할 것인지를 예측하는 데 도움이 된다. 우리는 아이들이 인생의 초기에 경험하는 것이 건강, 웰빙, 고용, 사회 경제적 지위 등과 같은 삶의 성과에 크게 영향을 줄 수 있다는 것을 알고 있다. IDD를 가진 더 어린 아동들은 긍정적인 경험을 하고, 도전을 받고 배우고, 적절한 지원과 서비스를 받으며, 나중에 인생에서 긍정적인 성과를 가질 가능성이 높다. 개인과 가족은 생애주기 모델을 사용하여 아동이 경험하고 있는 특정 생애 단계에 초점을 맞출 수 있고, 그 단계와 미래 단계들이 그들의 생애주기에 어떤 영향을 미치는지 알 수 있다.

IDD를 가진 아동과 그 가족은 대개 아동이 아주 어릴 때(출생부터 만 3세 사이) 지원과 서비스 그리고 이들이 속한 시스템을 탐색하기 시작해야 한다. 유아기, 초등학교, 중학교와 고등학교, 청년기와 중년기 그리고 노년기에 이르기까지 계속 그렇게 지속해야 한다. 매년 IDD를 가진 개인과 그 가족에게 새로운 전환과 변화하는 아이디어, 관심사, 기술과 요구들이 나타난다. 아주 어린 나이부터 개인을 가르치고 가족들은 IDD를 가진 사람이 지역사회에 참여하고 살면서 질적인 삶을 만들어가는 방법에 대한 기대와 비전을 갖기를 열망하는 것이 중요하다. 이는 지역사회 생활과 참여를 향한 삶의 궤도를 지시하는 기회, 지원과 생활 경험을 제공하는 것이 필요하다. 이 책 전체에서 지역사회 생활의 차원들과 특징에 대해 논의하면서, 우리는 또한 그러한 차원들이 어떻게 생애 동안 진화하고 변화하는지에 대한 예를 제공할 것이다.

사례   조쉬 해리스

조쉬 해리스^{Josh Harris}는 미네소타주에서 가족과 함께 산다. 현재 25세이고, 이건^{Eagan} 공립학교를 졸업한 그는 야구를 즐기고, 레이철 메도우^{Rachel Maddow} 쇼를 시청하며, 교회에 가고, 가족과 시간을 보낸다. 조쉬는 호흡 튜브를 착용하여 말하는 것이 어렵지만, 뛰어난 수용 언어로 주변에서 일어나는 모든 일을 이해한다.

여러 가지 복잡한 의료 문제로 조기에 출생한 조쉬는 생존할 것으로 생각되지 않았다. 그는 태어난 첫 해에 10번의 수술을 받았고 많은 시간을 소아 집중 치료실에서 보냈다. 조쉬의 어머니인 데비 해리스^{Debbi Harris}는 "조쉬는 길고 힘든 의료적 여정을 겪었지만, 큰 걸음을 내딛었고 나의 영웅이에요."라고 말했다.

데비가 학교에 조쉬를 등록시킬 때, 그녀는 교육구가 제공하지 않는 간호가 필요해서 활동에 참여할 수 없을 것이라는 말을 들었다. "교육구는 말 그대로 멋진 슈트를 입고 서류 가방을 든 대규모의 변호사를 데려왔다. 우리가 간호를 제공받지 않으면 조쉬가 학교에 오지 않았을 것이라는 것을 명확히 하기 위한 특정 IEP 회의에 아마도 27명이 있었을 것이다." 아크^{the Arc}와 함께 일하면서 데비는 이에 맞서 싸우고 조쉬가 정규 학급에 속해 있는지 확인했다. 교육구는 자녀가 간호가 필요한 모든 가족에게 서신을 보내야 한다고 결정하여 그들의 자녀들을 환영하고, 돌봄을 제공하거나 교육청에서 상환할 것이라고 알려 주었다.

사회적 통합은 걱정거리였다. 그러나 조쉬는 지금도 만나고 있는 에릭^{Eric}을 친구로 사귀었다. 조쉬는 자신의 지역사회에서 확실히 존재하게 되었으며, 그의 가족은 그가 확실하게 참여하고 통합되도록 돕는다.

통합으로의 길은 도전이었으며, 어쩌면 너무 빈번하게 직원 수급 위기나 의학적 합병증에 초점을 두었다. 데비는 "내가 실제로 말하지 않는 한 가지는, 나는 아래층으로 내려갈 것이고, 조쉬는 잠을 자게 될 거라는 거예요. 그리고 저는 조쉬를 보면서 생각하겠죠. 나는 전 세계에서 가장 운이 좋은 엄마이고 조쉬는 절대적으로 완벽하다고요. 그게 제가 생각하는 거예요."

7. 결론

지역사회 생활과 참여는 다면적인 구조이다. 지역사회는 장소일 뿐만 아니라 느낌이기도 하다. 그것은 상호주의, 연결성과 참여의 메시지를 전달한다. IDD를 가진 사람들의 경우 지역사회 생활은 다음을 포함한다.

- 개인이 **사는** 장소와 함께하는 사람
- 개인의 **근무 여부와 장소**
- 개인이 이용할 수 있는 **재정 자원**
- **낮 동안** 개인이 하는 일
- 개인이 원하는 **관계** 및 다른 사람과의 **관계**
- 개인적으로 하는 **관심** 있는 일과 함께하는 사람
- 개인의 **건강과 웰빙**(물리적·정서적)
- 개인이 **신앙**을 실천하는지 여부, 장소 및 함께하는 사람
- **학습과 개인적 성장**에 참여할 사람의 관심과 기회
- 개인이 **정보에 근거한 결정**을 내리고 **자신의 삶의 주도**할 수 있는 기회와 능력
- 각 개인에게 주어진 **시민**(예: 이웃, 납세자, 유권자)**으로서의 역할과 책임**을 맡는 인권

IDD를 가진 사람들은 지역사회 생활과 참여의 모든 측면에 포함되어야 한다. IDD를 가진 대부분의 사람이 지역사회의 일원이 되기를 원할 뿐만 아니라 그들은 다른 사람들에게 풍부하고 다양한 관점과 유익한 경험을 제공한다. IDD를 가진 많은 개인이 지원을 위해 공공 서비스에 접근하지만 이러한 서비스가 항상 지역사회에 대한 접근을 촉진하거나 향상시키는 것은 아니다. IDD를 가진 사람들을 위한 지역사회 생활과 참여 및 접근의 평등을 추구함에 있어, 그들은 반드시 장애가 없는 사람들과 마찬가지로 결정을 내리고, 위험을 감수하며 그들의 삶을 살 수 있는 유능한 개인으로 간주되어야 한다. 장애를 가진 사람들의 두려움을 다루고, 기대를 높이고, 시민의 권리를 존중하는 것은 지역사회 생활과 참여로 가는 향상된 길로 이끌 수 있다.

토론 질문

- 지역사회 생활에서 가장 중요한 측면들은 무엇인가? 이러한 측면들은 당신과 상호작용하는 IDD를 가진 사람들의 삶과 어떻게 비교되는가?
- IDD를 가진 사람들을 포함시키고 지원할 때 지역사회의 역할과 책임은 무엇인가? 지역 사업체, 식당, 신앙 공동체, 도서관, 학교, 주민센터 등이 IDD를 가진 사람들의 지역사회 생활 및 참여를 촉진할 수 있는 방법은 무엇인가? 무엇이 이러한 지역사회 장소 통합에 대한 책임을 묻고 그들의 참여를 보장할 수 있는가?
- 지역사회에 있는 것과 지역사회의 부분이 되는 것의 주요한 차이점은 무엇인가?

자원

- [도서] National Goals in Research Policy and Practice. **AAIDD가 발행한 지적·발달장애의 중요한 쟁점: 동시대 연구, 실제 및 정책**은 지적·발달장애에 대한 연구와 실제를 통해 우리가 알고 있는 것과 공공정책, 연구 및 실제를 위한 향후 개발에 대한 지식의 의미에 대한 간결한 리뷰를 제공한다. https://aaidd.org/news-poli cy/policy/national-goals-2015#

- [다큐멘터리 영화] Of the Community. 40년 전, 수천 명의 사람들이 창고에서 지내게 하는 대규모 시설들이 일반적이었다. 오늘날 지적·발달장애(IDD)를 가진 대부분의 사람은 가족들과 함께 살거나 지역사회의 가정과 아파트에 살고 있다. 그러나 그들이 지역사회의 능동적인 구성원인가? 'Of the Community'는 오늘날 지역사회에서 살아가기를 탐색한다. https://rtcmedia.vhx.tv/products/of-the-community
- [웹 사이트] HCBS Advocacy. 이 웹 사이트는 HCBS 서비스와 관련된 CMS의 최종 규정 활동에 대한 최신 정보를 제공한다. 이 사이트에서 개별 주 정부 계획들도 제공한다. https://hcbsadvocacy.org/learn-about-the-new-rules/
- [웹 사이트] Charting the LifeCourse Resources. 이 온라인 도구키트는 개인, 가족, 실무자와 시스템이 생애주기 틀로 실행할 수 있는 자원을 제공한다. http://www.lifecoursetools.com/planning/

참고문헌

Americans With Disabilities Act of 1990, 42 U.S.C.A. § 12101 et seq. (1993).

Anderson, L. L., Larson, S. A., Kardell, Y., Taylor, B., Hallas-Muchow, L., Eschenbacher, H. J., … Bourne, M. L. (2016). *Supporting individuals with intellectual or developmental disabilities and their families: Status and trends through 2014.* (Rep.). Minneapolis, MN: University of Minnesota, Research and Training Center on Community Living, Institute on Community Integration.

American Association of Intellectual and Developmental Disabilities. (2017). *Frequently asked questions on intellectual disability.* Retrieved frhttps://aaidd.org/intellectual-disability/definition/faqs-on-intellectual-disability .

American Association on Intellectual and Developmental Disabilities & Association of University Centers on Disability. (2016). *Community living and participation for people with intellectual and developmental disabilities.* Retrieved from: http://aaidd.org/news-policy/policy/position-statements/community-living-and-participation .

American Association on Intellectual and Developmental Disabilities (2015). *Critical issues in intellectual and developmental disabilities: Contemporary research, practice, and policy.* Washington, DC: Author

Americans With Disabilities Act of 1990, 42 U.S.C.A. § 12101 et seq. (1993).

Butterworth, J., Smith, F. A., Winsor, J., Ciulla Timmons, J., Migliore, A., & Domin, D, (2016). *StateData: The national report on employment services and outcomes.* (Rep.). Boston, MA: University of Massachusetts Boston, Institute for Community Inclusion.

Boyle, C. A., Boulet, S., Schieve, L. A., Cohen, R. A., Blumberg, S. J., Yeargin-Allsopp, M., ⋯ & Kogan, M. D. (2011). Trends in the prevalence of developmental disabilities in US children, 1997-2008. *Pediatrics, 127* (6), 1034-1042. doi: http://dx.doi.org/10.1542/peds.2010-2989d

Braddock, D., Hemp, R., Rizzolo, M. C., Tanis, E. S., Wu, J., & Haffer, L (2017). *The state of the states in intellectual and developmental disabilities* (11th ed). Washington, DC: The American Association on Intellectual and Developmental Disabilities.

Butterworth, J., Smith, F. A., Winsor, J., Ciulla Timmons, J., Migliore, A., & Domin, D, (2016). *StateData: The national report on employment services and outcomes.* Boston, MA: University of Massachusetts Boston, Institute for Community Inclusion.

Centers for Medicare and Medicaid Services. (2014). *Medicaid program; State plan home and community-based services, 5-Year period for waivers, provider payment reassignment, and home and community-based setting requirements for community first choice and Home and Community Based Services (HCBS).* [Sections 1915(k)and 1915(c) Waivers (Section 1915(c) of the Act)]. Retrieved from https://www.federalregister.gov/documents/2014/01/16/2014-00487/medicaid-program-state-plan-home-and-community-based-services-5-year-period-for-waivers-provider

Centers for Medicare and Medicaid Services. (2014). Final Rule for Home and Community Based Services, 42 CFR 430, 431 et al.

Developmental Disabilities Assistance and Bill of Rights Act of 2000. Pub. L. No. 106-402. (2000).

Every Student Succeeds Act., Pub. L. 114-95 U.S.C. (2015).
Individuals With Disabilities Education Improvement Act, Pub. L. 108-446 U.S.C. (2004).

Larson, S. A., Eschenbacher, H. J., Anderson, L. L., Taylor, B., Pettingell, S., Hewitt, A. S., ⋯ Fay, M. L. (2017). *In-home and residential long-term supports and services for persons with intellectual or developmental disabilities: Status and trends through 2014* (Report). Minneapolis, MN: University of Minnesota, Research and Training Center on Community Living, Institute on Community Integration. Retrieved from https://risp.umn.edu/publications.

Missouri Family to Family. (2015). *Charting the lifecourse: Experiences and questions booklet, a guide for individuals, families, and professionals.* Kansas City, MO: University of Missouri-Kansas City Institute for Human Development, University Center for

Excellence in Developmental Disabilities.

Murthy, V.D., Rast J.E., & Roux A.M. (2016) National Autism Data Center fact sheet series: Issue 9. Philadelphia, PA: Life Course Outcomes Research Program, A.J. Drexel Autism Institute, Drexel University.

Patient Protection and Affordable Care Act, 42 U.S.C. § 18001 (2010). *Olmstead v. L.C.*, No. 98-536, 527 581 (1999).

Rehabilitation Act of 1973. 29 U.S.C. § 701 et seq. (1973).

Schalock, R. L., Borthwick-Duffy, S. A., Bradley, V. J., Buntinx, W. H. E., Coulter, D. L., Craig, E. M.Gomez, S. C., Lachapelle, Y., Luckasson, R., Reeve, A., Shogren, K. A., Snell, M. Ed., Spreat, S., Tassé, M. J., Thompson, J. R., Verdugo-Alonso, M. A., Wehmeyer, M. L., & Yeager, M. H. (2010). *Intellectual disability: Definition, classification, and systems of supports*. Washington, DC: American Association on Intellectual and Developmental Disabilities.

U. S. Department of Labor. (2016). *The Workforce Innovation and Opportunity Act final rules: An overview*. Washington, DC: Retrieved from https://www.doleta.gov/WIOA/Docs/Final-Rules-An-Overview-Fact-Sheet.pdf

Workforce Innovation and Opportunity Act of 2014, Pub. L. No. 113-128 (2016).

한 번에 한 개인:
개인중심 실제와 긍정적 지원 실제의 활용

Jody Van Ness, Kelly M. Nye-Lengerman,
Rachel Freeman, Erin Flicker, & Claire Benway

선행조직자

- 모든 사람은 존중받을 권리가 있으며, 그들에게 중요한 것을 경청함으로써 이를 보여 줄 수 있다.
- 긍정적 지원과 개인중심 실제들은 개인중심의 가치를 지니고 있어 시스템이 아닌 개인에 초점을 둔 접근이다.
- 개인중심 실제들은 개인을 지원하는 계획을 세우고 개인에게 통제력을 주도록 하기 위해 자신이 삶에서 원하는 것을 경청하는 데 초점을 둔다.
- '개인에게 중요한' 그리고 '개인을 위해' 중요한 것을 이해하는 것에서 시작하는 것이 중요하다.

개인중심 실제들practices과 다른 긍정적 지원 전략들은 IDD를 가진 사람들과 그 가족들에게 서비스와 지원을 제공하는 방식에서 중요한 변화를 보여 준다. 제1장에서 설명한 것과 같이 역사적으로 서비스는 시스템 중심적이며 조직이나 주 정부 기관에 가장 적합한 것에 중점을 두었다. 시스템은 규정의 준수, 제어와 안전에 대해 우려해 왔고 여전히 우려하고 있다. 결과적으로 사람들은 그들의 삶에 대해 선택의 여지가 거의 없었으며 수동적인 서비스 수혜자로 간주되었다. 시스템은 IDD를 가진 사람들에 대한 학대와 체계적인 비인간화로 가득 차 있었다. IDD를 가진 사람들이나 그 가족들의 선호에는 거의 관심을 기울이지 않았

다. 그러나 1970년대에 장애인 권리운동이 일어나면서, IDD를 가진 사람들을 위한 자기결정의 중요성에 대한 인식이 커졌고 서비스에 대한 가족들의 기대가 높아졌다. 그 결과로 정책, 서비스와 정부 내에서 변화가 일어났다. 오늘날, 그 어느 때보다 IDD를 가진 개인을 염두에 두고 서비스를 설계하며, 서비스는 점점 개인화되고 있다. IDD를 가진 사람들이 사회에 완전히 통합되는 데는 아직 길이 멀지만, 개인중심 실제들과 긍정적 지원이 이 목표의 달성에 필요한 접근 방법을 제공한다.

IDD를 가진 사람들을 포함한 많은 사람은 다른 사람들이 자신에게 영향을 미치거나 자신의 바람을 존중하지 않는 결정을 내릴 때 최적의 삶의 질을 달성하기는 어렵다. 주변 사람들이 그들이 말하고자 하는 것을 경청하지 않으면 달성하기 훨씬 더 어려울 수도 있다. IDD를 가진 사람들은 종종 그들의 차이 또는 추가적 조정의 필요성 때문에 지역사회에서 무시되고 배제된다(O'Brien & Mount, 2015). IDD를 가진 사람들의 개별적인 지원 요구나 취약성을 고려할 때, 이를 지원하는 조직, 가족, 지원 담당자 및 협력자는 의도치 않게 그들을 해당 지역사회에 통합시킬 수 있는 기회로부터 더 멀리 고립시킬 수 있다. 개인중심 실제들과 긍정적 지원 모델들은 개인**에게** 그리고 개인**을 위해** 중요한 것에 기초하여 강점 중심 아이디어를 이끌어 내고, 우려 사항들을 다룰 수 있다.

긍정적 지원들과 개인중심 실제들의 목표는 상호작용을 재구성하여 모든 사람을 지원하는 방식을 바꾸어 최대한의 잠재력을 달성하고, 언제든 가능할 때마다 자신의 삶에 대해 스스로 의사결정을 할 수 있게 권한을 부여하도록 보장하는 것이다. IDD를 가진 삶을 살아가는 것은 어려울 수 있다. 개인중심계획은 가족 구성원, 지원 전문가와 개인의 삶에서 중요한 다른 사람들을 모아 함께 팀을 만들고, 개인의 강점을 축하하며, 삶의 질을 향상시키는 중요한 단서를 파악하기 위해 긴밀하게 경청하고, 개인이 살 가치가 있다고 생각하는 삶을 건설하고 촉진하도록 돕는다.

개인중심 실제와 긍정적 지원이 새로운 아이디어는 아니다. 실제로 오랫동안 주변에 있어 왔다. 그러나 IDD를 가진 사람들의 지역사회 생활을 지원하는 많은 새로운 법률, 제도와 법원의 결정은 시스템과 그 안의 지원 전문가들이 이제 는 IDD를 가진 사람들의 이야기를 듣고, 존중하고, 자신의 삶에 대한 의사결정 을 하게 하며 존엄성을 보장하는 방식으로 서비스에 접근할 수 있는 방법에 대 한 주의를 환기시켰다.

때로는 모든 다른 용어를 바르게 지키는 것이 혼란스러울 수 있다. [그림 2-1] 은 개인중심 실제(개인, 조직 및 시스템)뿐만 아니라 다른 접근 방식(생각하기, 계획 하기, 실행하기)과 관련된 세 가지 수준의 변화를 간략하게 보여 준다. 가장 중요 한 것은 개인중심 실제와 긍정적 지원이 개인에 초점을 맞추고 강점을 기반으로 하며 가치 있는 사회적 역할과 상호성을 지원한다는 것이다.

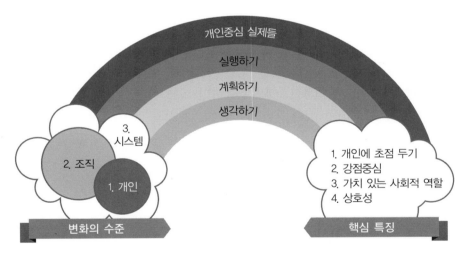

[그림 2-1] 개인중심 실제들과 긍정적 지원의 개관

1. 가치중심 접근

서비스와 지원은 개인의 도전과 약점에 초점을 맞추고 이를 바꾸려고 노력하 는 결손중심의 설계를 해 왔다. 개인중심 실제와 긍정적 지원은 개인의 강점, 선 호 및 긍정적 특성을 출발점으로 할 것을 권장한다. 개인중심적이라는 것은 목

적지가 아닌 여정이다. 개인중심 실제를 위한 학습 공동체(2017)에서 논의된 바와 같이, 다음과 같은 가치를 반영하고 강화하는 기술과 도구의 실제와 적용이 모두 필요하다(The Learning Community for Person Centered Practices, 2017).

- 모든 인간을 위한 일
- 우리가 그들을 고치는 것이 아니라 개인들을 지원도록 돕는 것
- 모든 수준에서 작업
- 학습, 협력과 책임 문화의 구축
- 모두가 배울 수 있다는 신념의 확인
- 서류상이 아닌 실제에서 더 좋은 삶을 누리도록 돕기(O'Brien, 2002; O'Brien & Mount, 2015)

　개인중심성person-centeredness이 개별 전문가나 가족만을 위한 것이 아니라는 점을 명심하는 것 역시 중요하다. 개인중심적이 되는 것에는 개별적인 노력이 필요하지만 IDD를 가진 사람들과 그 가족들을 지원하는 조직들 역시 서비스를 제공하는 방식을 살펴볼 필요가 있다. 조직이 개인중심 실제의 실행에 접근할 수 있는 방식은 명시적인 방식과 미묘한 방식이 있다. 접수intake 회의는 어떻게 수행되는가? 양식에는 어떤 유형의 언어를 사용하는가? 직원은 개인중심적 기술들에 대한 적절한 교육과 역량 점검을 받는가? 대상 개인과 조직은 더욱 개인중심적인 시스템을 구축하기 위해 협력한다. 정책적으로 개인중심적 활동들을 요구할 수 있지만, 실제로는 조직과 개인이 그것들을 수행한다. IDD를 가진 사람들을 개인중심적인 방식으로 지원하기 위해 반드시 모두가 조화롭게 일해야 한다. 이 장의 뒷부분에서 긍정적 지원들과 개인중심 실제에 대한 다양한 조직적 접근 방식들에 대해 논의할 것이다.

　개인중심 실제들은 모든 인간이 가치 있게 여겨질 필요가 있다는 점을 고려한다. IDD를 가진 개인이 가치 있는 사회적 역할, 즉 사회가 가치를 부여하는 역할을 갖는 것이 중요하다. 친구, 교사, 자원봉사자, 간호사, 부모, 이웃, 코치, 직

원 등을 사회적으로 가치 있는 역할의 예로 들 수 있다. IDD를 가진 많은 사람은 가치 있는 사회적 역할을 개발하는 기회나 지원을 받지 못했다. 개인중심적이고 긍정적인 지원 노력은 이를 변화시키고, 서비스들은 고립과 분리가 아닌 IDD를 가진 사람들의 지역사회 내 가치 있는 사회적 역할의 발전을 육성하도록 노력하고 있다. 가치 있는 사회적 역할과 다른 사람들과의 상호성은 다음에 의해 개발된다(O'Brien, 2002; O'Brien, & Mount 2015; The Learning Community for Person Centered Practices, 2017).

- 개인적 관계 갖기
- 장소와 활동 공유하기
- 기여하기
- 선택하기
- 존중받는 대우받기

개인중심적 사고는 개인의 강점에 초점을 맞추는 일련의 가치중심 기술과 개인화된 접근들로 정의된다(Helen Sanderson Associates, 2018; Support Development Associates, 2018). 개인중심적 사고는 IDD를 가진 사람뿐만 아니라 어느 누구에게도 사용할 수 있다. 개인중심적 가치는 개인의 삶의 다양한 측면(예: 주거, 고용, 우정)에 적용된다. 각 영역에서 개인중심적 사고를 사용하는 고유한 방법이 필요할 수 있지만 언제나 동일한 기본적 원칙들, 즉 개인에 초점을 맞추고, 강점중심으로 일하며 가치 있는 사회적 역할과 상호성을 지원하는 원칙들을 적용한다.

개인중심적으로 사고하기 위해서는 우리 모두가 갖고 있는 고유한 편견들을 이해하는 것 또한 중요하다. 모든 팀원은 지원 대상에 대한 자신의 생각과 느낌을 성찰할 시간을 가져야 한다. 개인중심적이 된다는 것은 팀원들이 자신의 신념을 바꾸거나 타협해야 한다는 것을 의미하지는 않지만, 자기편견을 인정하려고 노력한다는 뜻일 수 있고, 개인에게 그리고 개인을 위해 무엇이 중요한지에 대한 자신의 의견만을 고수하지 않는 것을 말한다.

IDD 개인을 지원할 때, 개인중심적이 되는 것이 개인이 원할 때 언제든지, 원하는 것이 무엇이든 얻는다는 것을 의미하지는 않는다는 것을 이해하는 것이 중요하다. 모든 개인을 지원할 때는 반드시 개인의 건강 및 안전 요구를 고려해야 한다. 중요한 고려 사항은 반드시 개인에게 중요한 것과 개인을 위해 중요한 것의 균형을 유지해야 한다.

[그림 2-2] 개인에게 중요한 것과 개인을 위해 중요한 것은 반드시 균형을 유지해야 함

출처: http://tlcpcp.com.

유일한 방법은 아니지만, 개인에게 중요한 것과 개인을 위해 중요한 것의 균형을 유지하는 방법을 더욱 잘 이해하기 위한 하나의 방법은 개인중심계획을 통해서 이루어진다. 개인중심계획은 사실상 개인중심 실제를 행동으로 옮기는 것이다. 개인중심계획은 지원 대상 개인이 선택한 지원팀이나 지원동심원circle of support을 구성하여 지원 계획을 논의하고, 개발하고, 실행하여 자신이 선택한 삶을 영위할 수 있도록 하는 적극적이고 협력적인 과정이다. 개인중심계획은 지원팀 외부의 누군가에 의해 촉진되는 일련의 회의 형태를 취하는 경우가 많다. 이 과정을 지원하기 위해 다양한 개인중심계획 도구를 사용할 수 있다. 이들 중 일부는 이 장의 뒷부분에서 소개할 것이다.

개인중심계획 과정에서 가장 중심이 되는 것은 더 높은 삶의 질을 지원하고, 개인에게 그리고 개인을 위해 중요한 것들의 균형을 유지하기 위해 개인의 강점과 선호에 초점을 두는 것이다. 좋은 개인중심계획 과정은 많은 사람을 지역사회에 더 많이 통합시키고 연결하며 가치 있는 사회적 역할과 관계가 증가하도록 이끌어 준다. 그러나 개인중심계획이 단순하게 재미와 사람들이 좋아하는 것을 찾아내는 것은 아니다. 그들이 선택한 삶을 영위하도록 돕는 동안 그들이 위험, 독립성과 선택을 이해하도록 돕고, 그것들을 지원하는 것은 동등하게 중요하다. 이 개인중심계획 과정의 결과는 선택한 삶을 살도록 지원하기 위한 계획이나 지침이다. 이러한 계획들은 살아 있는 문서이며 정기적으로 검토, 업데이트와 논의가 이루어져야 한다. 실제로 사람들의 삶에서 각기 다른 이정표와 단계들은 확실한 개인중심계획을 필요로 할 수 있다.

점점 더 많은 조직과 서비스 제공기관이 조직 문화의 일부로 개인중심의 가치를 수용하고 있다. 이러한 가치들은 때때로 조직이 운영되었던 기존 방식에서 크게 다른 변화를 나타내지만 때로는 업무수행과 의사결정 방식에서의 미묘한 변화만 요구하기도 한다(Smull, Bourne, & Sanderson, 2009). 개인중심적 가치의 핵심은 개인에 초점을 두고, 지역사회 역량을 개발하고, 사람들 사이의 관계를 심화시키며, 정보에 근거하여 선택하도록 지원하는 것이다. 다음은 조직의 개인중심 가치의 예이다.

- 조직의 사명은 지역사회 협력자와의 관계 구축에 초점을 둔다.
- 직원은 지역사회 촉진자가 되고 자연적 지원의 개발을 돕는 훈련을 받는다.
- 전문가 중심의 조직에서 개인 및 지역사회와 함께하는 협력적 팀 접근 방식으로 전환하려고 노력한다.
- 조직의 접수 과정은 개인과 가족이 조직 지원으로 그들의 요구를 가장 잘 충족시킬 수 있는 방법을 선택할 수 있도록 보장한다.
- '원스톱 서비스' 접근 방식보다는 개별 요구를 충족시키기 위한 서비스 메뉴

를 제공한다.
- 이사회 회원으로 IDD를 가진 사람들 또는 가족구성원을 포함한다.
- 조직은 사람들이 살고 일하는 지역사회에서 서비스를 제공한다.

조직의 전문가, 가족구성원, 직원이나 협력자 모두에게 있어 대상 개인에게 그리고 개인을 위해 중요한 것 사이의 균형을 찾는 것이 과정을 이끄는 원칙이 되어야 한다. 이 목표만으로도 팀원들을 공통 목적으로 연결하고, IDD 개인이 일상적인 삶과 공동체로서 함께 변화를 만들어 가도록 돕는 데 필요한 일관성을 제공해 준다.

2. 현재 쟁점과 도전

1) 개인, 가족 그리고 지원 전문가

일부 사람들은, 개인중심 실제들의 여러 가치와 아이디어를 지지하고 들뜨기 쉽다. 다른 사람들에게 이러한 실제들은 IDD를 가진 사람이 살아온 방식에 중대한 변화와 직접적인 도전으로 나타난다. 그리고 더 많은 사람은 이 두 지점 사이 어딘가에 있다. 실제로 IDD를 가진 사람들이 더 많은 선택과 자유를 가져야 한다고 말하기는 쉽지만 실제 생활 상황에서 적용하기는 어려울 수 있기 때문이다. 개인중심적이라는 것은 IDD를 가진 사람에게 통제권을 주고, 그들이 하는 모든 일에 실제적으로 권한을 행사하지 않는 것을 의미한다.

선택을 제공하고 선택할 수 있도록 양질의 정보를 제공하는 것이 개인중심 실제에서 가장 중요하다. 어디에 살고 싶은가? 무엇을 하고 싶은가? 누구와 시간을 보내고 싶은가? 무엇이 당신을 행복하게 하는가? 이것들은 모두 좋은 질문이다. 이 중 몇 가지 질문에 대답할 수 있는가? 이제 시스템(서비스 제공기관, 가족구성원, 지원 인력)에 의해 선택과 기회가 제한되거나 그들에게 지시를 받는 일부의 IDD를 가진 사람들에 대해 생각해 보자. 만약 당신의 동의 없이 당신에게 살아갈 방식이 주어졌고, 아무도 당신이 원하는 것을 묻거나 들어주지 않았다면, 당신은 앞의 질문에 대답할 수 있겠는가? IDD를 가진 사람들 일부는 이러한 종류의 질문에 대한 정보를 알려 주는 핵심적인 생애 경험이나 선택권을 제공받지 못해 왔다. 우리에게는 우리가 아는 것을 선택하고, 다른 사람들이 우리가 선택하기를 원하는 것을 선택하고, 현실적이라고 느끼는 것을 선택하는 것이 일반적이다. 많은 사람은 이 중요한 질문들에 "모르겠다." 또는 공허한 응시로 답할 것이다. 게다가, 다양한 수준의 지능과 능력이 개인의 이해나 경험을 방해할 수 있다. 예를 들어, 지역사회에서 일하는 것에 대해 알지 못하는데, 누군가가 "지역사회의 경쟁고용 직장에서 일하고 싶은가?"라고 질문했다면 당신은 무엇을 답해야 하는지 알겠는가?

IDD를 가진 사람들의 선택이 증가하고, 통합을 지향하는 시대에도 미지에 대한 두려움, 위험에 대한 두려움, 부상에 대한 두려움, 실패에 대한 두려움, 소송에 대한 두려움과 같은 두려움이 있다. 부모와 보호자는 실패를 조장하는 일에는 참여하지 않으며 지원 전문가는 모든 위험을 완화하고 줄이는 훈련을 받아 왔다. 결과적으로, IDD를 가진 사람들이 자기주도적이고, 자기통제적인 삶의 추구는 다르며, 경우에 따라서는 전례가 없는 경우도 있다. 두려움과 저항이 부모, 보호자와 지원 전문가를 위한 의사결정을 유도할 수 있고, 개인중심 실제는 일상적 업무, **현재 상황**과 직접적인 갈등을 일으킬 수 있다. 부모나 보호자가 IDD를 가진 사람을 대신하여 말하거나 지원 전문가가 대상 개인이 실제로 원하는 것을 알고 있다고 말하는 것은 흔하다. 개인중심 실제가 가족과 지원 전문가에게 요구하는 것은 다양한 대안을 고려하여 개인에게 권한과 통제권을 주거나 공유하면서, IDD를 가진 사람이 필요한 지원을 받으며 그들이 선택한 삶을 살도록 하는 것이다. 어떤 자기주도적인 삶에서와 마찬가지로 위험도 있다. 위험을 감수하는 것은 인간이 되는 것이다. IDD를 가진 사람들에게 위험을 감수할 수 있는 기회를 부정하는 것은 사실상 그들의 인간성에서 결정적 측면을 빼앗는 것이다.

관계에서 힘의 역동은 관련된 사람들에 따라 다양하다. 일부 IDD를 가진 사람들에게는 그들의 장애, 지적능력, 이력 등으로 인해 다른 사람들에게 그들에 대한 권한이 주어진다. 개인중심 실제의 핵심은 권한을 공유하는 것과 공동의 노력으로 의사결정을 할 수 있고 그렇게 해야 한다는 생각이다. 실제로, 언제든 가능할 때마다 IDD를 가진 사람은 자신의 삶, 신체와 환경을 통제해야 한다. 장애가 있거나 없는 대부분의 사람은 의사결정을 위해 다른 사람들의 의견을 구하거나 필요로 한다. 개인중심이 추구하는 것에서 하나의 도전은 권한과 통제권을 재조정하는 것이다. 부모, 보호자나 다른 지원 전문가들이 권한을 갖는 데 익숙하기 때문에 자신들이 IDD 개인에 대해 갖고 있는 통제권을 온전하게 인식하지 못한다. 이러한 역동을 재조정하려면 그 전에 인식하는 것이 필수적이다.

개인중심계획과 같은 개인중심 실제는 다음과 같은 많은 질문을 알아보는 데 도움이 될 수 있다. 개인은 실제로 누구인가? 그들은 자신을 위해 무엇을 원하는가? 그들의 삶과 선호도에 대해 정보에 근거한 의사결정을 하는 방식으로 그들의 경험을 지원하는 방법은 무엇인가? 팀으로서 그들이 위험을 감수하는 것, 더 나아가 안전하게 실패하는 것을 지원하는 방법은 무엇인가? 개인중심계획은 개별화된 여정이므로 이러한 질문 중 어떤 것에도 쉬운 답은 없지만, 이 장의 뒷부분에서 이러한 과제 중 일부에 대한 여러 가지 실질적인 중재와 해결책에 대해 논의할 것이다.

2) 조직과 시스템

장애를 가진 개인을 지원하는 조직은 개인중심적이고 긍정적 지원의 실제를 실행하는 과정에서 여러 논쟁과 도전에 직면한다. 한 가지 중요한 도전은 교육과 복지 서비스에서 증가되고 있는 증거 기반의 실제evidence-base practice를 사용할 것에 대한 압력이다. 복지 서비스에서의 증거 기반 실제는 전문 지식 및 기술과 결합된 과학 기반 지식의 통합을 포함하며, 가정, 직장과 지역사회 환경 내 관련자들의 목표, 관심사, 가치와 선호에 따라 이루어진다(American Psychology Association, 2016). 증거 기반 실제를 효과적인 방법으로 실행하는 것은 상당히 어려울 수 있다. 실제에 대해 배우도록 훈련을 받는다고 개인이 즉각적으로 일상적인 환경에서 새로운 기술을 사용할 수 있는 것은 아니다. 직원들은 바쁘고 종종 복잡한 일상과 작업 일정에 새로운 실제를 포함시키는 방법을 결정하는 직접적 전략을 사용하지 않기 때문에, 새로운 실제를 도입하기 위해 교육과 워크숍을 과도하게 사용하는 것을 '훈련하고 희망하기 모델train and hope model'이라고 한다. 너무 많은 경우 훈련 후의 영향이나 변화를 모니터링하기 위한 평가나 측정은 거의 또는 전혀 이루어지지 않는다. 이것은 특히 자원과 인력이 부족한 상황에서 한 가지 이상의 실제 유형을 시도하는 조직에 해당된다.

현재 논란의 여지가 있는 또 다른 논의는 개인중심적 조직에서 이루어지는 자료 기반 의사결정의 역할과 관련된다. 자료에 근거한 의사결정은 다양한 유형의 증거나 수집된 자료들을 사용한다. 자료는 경험, 의견이나 타성에 의존하기보다는 어떤 문제에 대해 조직이 대응하는 방법의 기초가 된다. 증거 기반 실제를 사용해야 한다는 압력은 자연스럽게 실제practice가 사람들의 삶에 긍정적인 변화를 가져오는지 평가해야 할 필요성을 강화한다. 역사적으로 개인중심 실제의 리더들은 성과중심 측정방법을 사용하여 개인중심 실제를 평가하는 것에 동의하지 않았다(Holburn, 2002; O'Brien, 2002). 개인중심계획의 창립자 중 1명은 이를 개인중심 실제가 "약물처럼 인과관계의 확립을 위한 테스트가 가능한 것인지" 의심스럽다고 압축하여 묘사하였다(O'Brien, 2002). 일부 사람들이 느끼는 위험은 체크리스트, 자료 수집 양식과 기타 관료적 문서에 대한 과도한 의존이다. 개인중심 실제의 다른 선구자들은 일부 기관들이 개인중심계획을 변화를 위한 능동적인 설계도로 보기보다는 연간 준수과정의 일부로서의 문서화라는 것을 강조하고 있다고 설명한다(Smull, Bourne, & Sanderson, 2009). 개인중심계획의 목표는 자동화되고, 사회적 변화라는 창조적인 행위에 대한 생각과 의도는 줄어든다.

성과 자료 수집과 문서화 시스템 사용에 대한 이 논쟁은 개인중심계획이 아직 증거 기반의 실제로 간주되기 어려운 이유를 부분적으로 설명해 준다(Claes, Van Hove, Vandevelde, van Loon, & Schalock, 2010; Ratti et al., 2016). IDD를 가진 사람들을 지원하는 데 개인중심계획과 개인중심 실제가 얼마나 효과적인지 이해하려면 더 많은 연구가 필요하다. 그러나 실제로서 개인중심계획에 내재된 가치는 지식 수집knowledge gathering에 대한 보다 질적이고 유기적이며 비형식적인 접근을 강조할 수 있다.

3. 생애주기 기대와 전환

개인중심 실제의 유형과 긍정적 지원은 시간이 지남에 따라 변화가 요구된다. 어린 아동과 그 가족에게 역량을 강화하기 위해 사용된 개인중심적 전략의 방법들은 IDD 노인을 위한 전략과는 다르다. 생애 동안 사람들의 변화하는 요구를 예상하고 이에 적용하려면 기관 간 협력이 필요하다. 가족, 위탁 양육 부모, 유아 및 유치원 직원, 초등학교에서 고등학교까지 관련 전문가, 특수교육 담당자, 정신건강 임상의, 주거 및 고용 제공자, 청소년 사법 전문가와 지역사회 구성원 모두가 다른 시기에 누군가의 삶에 관여할 수 있다. 지원팀의 각 개인은 고려하는 개인을 위한 선택사항으로 소개할 긍정적 지원 유형에 영향을 미치는 교육 경험, 아이디어, 선호도 및 문화적 관점을 가지고 있다. 발달적 생애 단계에 걸쳐 개인을 역량강화하고 지원하는 팀 기반의 가족중심 전략들은 새로운 도전, 학습 기회와 경험이 이루어지면서 변화되어 갈 것이다.

개인중심계획의 사전 예방적 접근 방식은 지원을 받는 사람들의 요구를 더 잘 충족시키기 위해 삶의 주요 변화를 예측하고, 개인중심적이고 긍정적 지원 방법을 변화시키는 것이다. 어린아이들의 전환은 유치원과 초등학교 환경으로의 전환하는 것이다. 학생들은 초등학교에서 중등교육 환경으로 이동한다. 나이가 더 많은 아이들은 지역사회에서 취업할 준비를 한다. 청년들은 시간이 지남에 따라 가족에게서 더욱 독립하게 되면서 중대한 변화들에 직면하게 된다. 나이가 들어감에 따라 우리의 필요와 우선순위는 변화한다.

어떤 전환은 예상치 못한 것이며 개인중심적이고 긍정적 지원 실제들에 추가하거나 수정하는 것이 필요하다. 가족구성원이 갑자기 사망할 수 있다. 가족에게 새로운 일자리가 생겨서 다른 동네나 지방으로 이주해야 하는 상황도 있다. 중대한 질병이나 다른 건강 문제가 발생하기도 한다. 인생에서 일어나는 삶의 질에서의 변화를 예측하고 조정하기 위해서는 개인중심 실제와 긍정적 지원을 정기적으로 평가해야 한다.

4. 실용적 제안과 중재

1) 변화의 수준

앞에서 언급했듯이 개인중심의 전략들은 모든 사람에게 적용된다. 개인중심적인 것being person-centered은 지원 대상 개인 및 그의 팀과 협력관계를 구축할 것을 요구한다.

개인으로서 우리는 그들이 쌓아올린 가치와 우리가 다른 사람들과 소통하고 듣는 방식을 유념함으로써 우리 자신의 개인중심적 기술을 키울 수 있다. 조직의 일부로서, 우리는 우리의 서비스가 선택권을 존중하는 지원적이고 존중하는 방식으로 제공되도록 할 수 있다. 마지막으로, 시스템의 일부로서, 우리는 선택과 통합을 지원하고 우선시하며, 책임에 대한 구조를 구축하는 정책을 개발할 수 있다. 개인중심 실제를 사용하는 사람은 누구나 의미 있는 변화를 만들 수 있다([그림 2-3] 참조).

개인중심 접근 방식을 생각할 때 고려해야 할 중요한 사항은 변화가 다양한 수준에서 발생한다는 것이다. 우리는 개인적 차원에서 큰 영향을 미치는 일을 할 수 있다. 예를 들어, 존중하는 언어를 사용하고, 적극적으로 경청하고, 통제력과 힘을 공유하며, 자신의 편견을 인식하는 것은 우리가 지원하는 사람들의 삶에 긍정적인 차이를 만든다. 이러한 개별수준 실제들을 수준1 변화라고 한다.

조직 또는 서비스 제공기관은 개인중심 실제를 지원하는 변화를 만들 수도 있다. 예를 들면, 기관 문서를 일반적인 언어로 다시 작성하기, 접수할 때 대안적 평가방법 사용하기, 개인중심 실제에 대한 직원교육 제공하기 및 이에 대한 역량 요구하기, 지원 대상자가 정의한 성과에 대한 직원의 수행 측정 개발하기가 포함된다. 이러한 유형의 변화들을 수준2 변화라고 한다. 조직의 변화는 하나의 여정이지만 소규모 투자는 시간이 지나면서 큰 영향을 줄 수 있다. 이 장의 뒷부분에서 보다 구체적인 조직 접근 방식에 대해 배울 것이다.

　개인과 조직은 시스템의 일부이다. 시스템에는 상위 정부 또는 재정 제공자가 만드는 규정과 제도들이 있다. 수준3 변화의 예시는 많은 사람과 조직에 영향을 미치는 정책과 구조가 변화되는 것이다. 수준3 변화의 예로는 새로운 개인중심계획 지침을 채택한 연방 기관, 긍정적 행동지원에 대한 교육을 제공하는 주립 기관과 개인중심의 서비스 증거를 요구하는 라이선스 기관이 있다. 수준3 변화는 종종 가장 어렵고 시간이 오래 걸린다. 그러나 각 수준의 변화는 IDD를 가진 사람들의 선택, 질적 성과와 지역사회의 모든 혜택을 개선하기 위한 가치 있는 투자다.

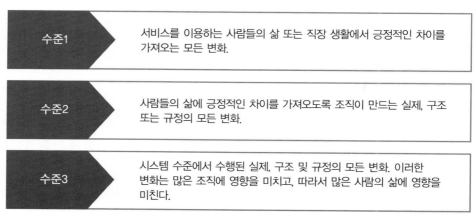

[그림 2-3] 개인중심 실제의 변화 수준

출처: http://tlcpcp.com/

2) 언어로 드러나는 행동

우리가 사용하는 말은 중요하다. 개인, 조직, 시스템이 개인중심적일 수 있는 가장 강력하고 실용적인 방법 중 하나는 언어를 사용하는 것이다. 말은 존경, 존엄성, 선택 그리고 통합을 전달할 수 있다. 또한 의도적으로나 무심코 억압, 분리, 통제를 전달할 수도 있다. 우리가 사용하는 언어는 종종 우리의 행동에 영향을 미치고, 시간이 지남에 따라 이러한 행동들은 습관이 된다. 개인을 **위해** 중요한 것에만 초점을 맞추는 시스템 접근의 순환을 끊으려면 우리의 행동과 습관을 바꿀 필요가 있다. 이 과정은 우리의 말을 통해 촉진될 수 있다.

시스템(정책, 규칙 등)은 고유의 언어 또는 '시스템 말하기 방식systems speak'을 갖는다. **취약한, 궁핍한, 장애인, 도전적, 행동, 프로그램, 장벽**과 같은 단어는 그들의 결손에 따른 것이다. 특정 유형의 서류 작업이나 보고서에 이러한 용어나 단어를

1. 향상된 기대의 언어를 사용하라.

2. 역량이 있다는 가정과 함께 시작하라.

3. 강점에 초점을 두라.

[그림 2-4] 개인중심성을 위한 언어, 생각과 행동들

사용해야 할 수 있지만, 이 용어를 사용하는 방법, 시기, 장소와 이유에 대해 비판적으로 생각할 필요가 있다. 불행히도, 프로그램과 서비스에 대한 적격성은 종종 결함과 취약성을 강조해야 하지만, 그렇다고 해서 그것이 진짜 그 사람이 누구인지를 의미하는 것은 아니다. 우리(및 우리 조직)의 언어를 사용하여 생각을 새롭게 하는 것은 우리가 IDD를 가진 사람들을 보고 접근하고 지원하는 방식을 바꿀 수 있다.

개인의 장점과 긍정적 특성으로 시작하는 언어(창의적인, 다양한, 지원, 기회, 미래, 선택, 강력한 그리고 정보를 제공한)를 통해 우리는 사고를 재구조화할 수 있다. 이것은 본질적으로 강점중심적이고, 존중하며 기여에 대한 높아진 기대를 촉진한다. 모든 상호작용이 기대를 높이고 강점을 공유하는 기회가 된다. 또한 개방형 질문, 확언과 성찰을 하고, 가능한 경우 개인에게 그리고 개인을 위해 중요한 것이 무엇인지 이해하기 위해 요약하여 말하는 것이 도움이 된다.

3) 계획하기 도구와 접근

많은 사람에게 미래를 위한 계획은 일찍부터 시작되는데, IDD를 가진 개인들도 그렇게 해야 한다. 개인에게 무엇이 중요한지 결정하는 것은 어린 시절에 시작된다. 어른들은 그들의 선호를 강력한 동기제로 삼아 아이들이 기술을 쌓도록 하고, 자신의 흥미와 재능을 탐구할 기회를 제공한다. 아이들이 초기 성인기로 이동할 때, 개인중심 도구는 종종 시각적이고 구체적인 방법으로 그들의 여정을 계획하는 데 도움을 줄 수 있다.

많은 조직과 서비스는 사람을 알고, 강점과 선호를 탐구하고, 지원 요구를 이해하는 데 사용할 수 있는 개인중심계획 도구를 개발했다. 이러한 도구는 사람이 삶에서 필요하거나 원하는 것을 얻을 수 있는 강력하지만 다소 비전통적인 방법이 될 수 있다. 지원개발협회(**개인중심적 사고, 계획 및 실제**[2018]), 헬렌 샌더슨 협회(**개인중심적 사고**[2018])와 같은 조직의 도구의 예는 다음과 같다.

- 긍정적인 개인 프로필/한 장 프로필
- 좋은 날/나쁜 날
- 학습 로그
- 관계 지도
- 효과가 있는/효과가 없는 것
- 4 + 1 질문지
- 의사소통 차트
- 도넛

   이러한 도구들의 구조는 정보를 처리하고 해결책을 찾거나 결정을 내리는 데 필요한 추상적인 사고를 돕는다. 이러한 도구는 주거, 고용, 선택, 문제 해결, 의료 결정 그리고 지역사회에 통합된 것을 느끼는 방법 등 여러 가지 환경에서 사용한다. 개인중심계획을 위한 다양한 도구에 대한 링크는 이 장의 끝에 있는 자원 섹션을 참조하라.

   성인기로의 졸업과 같은 과도기 동안, 생애 주요 행사를 다루고 계획하는 것이 중요해진다. IDD를 가진 많은 사람은 18세 또는 21세 이후 세계의 큰 그림이나 **형태**를 이해하려고 애쓴다. 미래계획을 위해 구체적이고 시각적인 도구를 사용하는 것은 개인들이 그들에게 정말 중요한 것을 공유하는 데 도움을 줄 수 있다. 일반적으로 효과적인 방식은 개인이 자신의 가족, 협력자 및 지원 제공자와 함께 행동 팀으로 활동하면서 개인의 기술, 관심과 미래에 대해 알고 있는 것에 대한 질문지나 면담을 완료하는 것이다. 그런 다음, 팀은 만나서 정보를 다루면서 미래에 대한 실행 계획이나 지도를 작성하여 대상 개인을 대화의 중심에 두고, 강점중심 관점에 근거하여 표현도록 한다. 개인중심계획에 관심이 있는 사람의 요구를 충족하기 위해 여러 가지 모델을 이용할 수 있다. 다양한 방법을 숙지하면 촉진자가 삶의 단계를 통틀어 사람들에게 가장 적합한 전략을 확인하는 데 도움이 될 수 있다. 숙련된 촉진자는 여러 개인중심 방법의 요소를 결합하여 각 개인의 고유한 요구에 맞춰 계획을 수립하는 경향이 있다. 〈표 2-1〉에서 정보수집

〈표 2-1〉 개인중심 접근 방법과 예시들

방법	방법 및 주요 특성
개인중심적 사고와 계획 (2일 교육)	개인중심 실제 학습 공동체 기반의 탐색과 발견을 위한 개인중심적 사고방식PCT 도구들이다. 개인에게 중요한 것과 개인을 위해 중요한 것에 대한 1~2페이지의 설명으로 귀결한다. 보다 복잡한 계획 과정이 필요하지 않을 때 유용하다.
인생의 그림 Picture of a Life	개인이 가장 살고, 일하고, 쉬고 싶은 장소를 앞으로 나아가기 위한 실행 계획과 함께 요약한 그래픽과 서술적 설명이 모두 포함된 PCT 도구를 기반으로 한다. 이 방법은 전환 계획에 도움이 된다.
필수적 생활양식 계획 Essential Lifestyle Planning	한 개인의 '필수적' 가치들을 판별하고 그 가치를 존중하기 위해 어떻게 지원할 수 있는지를 포함하면서 개인중심계획이 만들어진다. 원래 심각한 도전행동을 가진 것으로 묘사되는 사람들을 위해 개발되었고, 현재는 모든 사람에게 유용하다고 여겨지는 과정이다.
개인미래계획 Personal Futures Planning	의미 있는 삶을 설계하는 데 있어 개인과 그 개인을 잘 아는 사람들을 보조하는 브레인스토밍 접근법이다. 여기에는 개인이 지역사회에 기여할 수 있는 방법에 대한 정보가 포함된다. 촉진자는 창의적 사고를 격려하고 그림이나 그림을 그리는 방식으로 계획을 나타낸다.
희망찬 대안적 내일 계획PATH	그림이나 그림을 그려서 묘사한 꿈에서 계획하기를 시작한다. 꿈을 실행하는 데 필요한 단계들을 목표 달성을 위해 설정한 목표들과 함께 기록한다.
개인의 재능 발견하기 Discovering Personal Genius (발견의 과정)	지속 가능하고 만족스러운 개인주도 고용의 창출에 전념하는 계획 과정이다. 브레인스토밍은 이미 이용 가능한 기존의 직업 개발 옵션에만 국한되지 않는다.
그룹 행동계획GAP	IDD와 문제 행동의 이력을 가진 가족을 둔 개인중심계획 리더들이 만든 모델이다. 팀 프로세스의 일환으로 지속적인 지원을 제공하고 시간 경과에 따른 목표 모니터링과 목표의 조정을 보조하는 '신뢰할 수 있는 협력자들'을 모집하는 것을 강조한다.
실행 계획 수립MAP	아이들이 일반학교 환경에 통합될 수 있도록 돕기 위해 처음 사용했던 도구이다. 이 방법은 현재 어른과 아이 모두에게 널리 사용되고 있다. 개인의 이력과 꿈, 악몽, 재능, 강점과 재주를 묘사하는 것이 단계에 포함된다. 꿈을 이루고 악몽을 피하기 위한 전략에 대해 논의하며, 실행 계획 단계를 문서화한다.

과 개인중심계획 수립을 위한 여덟 가지 고유 도구를 간략하게 설명한다.

[그림 2-5]는 1차, 2차 및 3차 예방 전략이 점점 더 향상되는 개인중심적이고 긍정적인 지원의 연속체를 형성하는 방법에 대한 모델을 보여 준다.

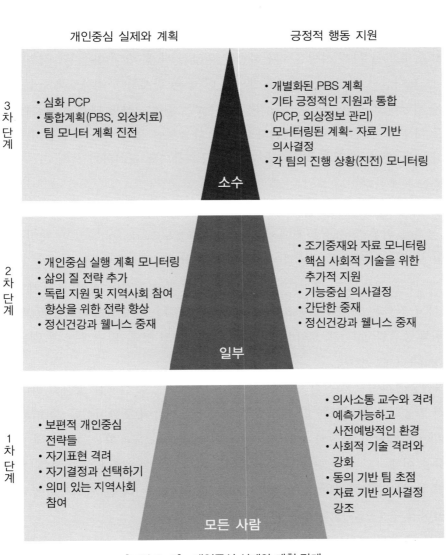

개인중심 실제와 계획　　　　**긍정적 행동 지원**

3차 단계
- 심화 PCP
- 통합계획(PBS, 외상치료)
- 팀 모니터 계획 진전

소수

- 개별화된 PBS 계획
- 기타 긍정적인 지원과 통합 (PCP, 외상정보 관리)
- 모니터링된 계획- 자료 기반 의사결정
- 각 팀의 진행 상황(진전) 모니터링

2차 단계
- 개인중심 실행 계획 모니터링
- 삶의 질 전략 추가
- 독립 지원 및 지역사회 참여 향상을 위한 전략 향상
- 정신건강과 웰니스 중재

일부

- 조기중재와 자료 모니터링
- 핵심 사회적 기술을 위한 추가적 지원
- 기능중심 의사결정
- 간단한 중재
- 정신건강과 웰니스 중재

1차 단계
- 보편적 개인중심 전략들
- 자기표현 격려
- 자기결정과 선택하기
- 의미 있는 지역사회 참여

모든 사람

- 의사소통 교수와 격려
- 예측가능하고 사전예방적인 환경
- 사회적 기술 격려와 강화
- 동의 기반 팀 초점
- 자료 기반 의사결정 강조

[그림 2-5] 개인중심 실제와 계획 단계

출처: Freeman, R. (2016).

(1) 1차 전략

1차 전략은 조직 내 모든 사람에게 적용되는 개인중심 방법을 사용하도록 권장한다. 개인중심의 중요한 가치에 대한 인식을 향상시키고 이를 적극적으로 활용하는 것이 목표이다. 적극적으로 경청하고 성찰하는 것은 보편적인 개인중심 기술이나 전략의 예시이다. 다른 사람의 말을 경청하는 기술은 의사소통을 향상시키고, IDD를 가진 사람을 지원하는 직원과의 관계, 슈퍼바이저와 직원 간, 둘이나 그 이상의 어떠한 상호작용에서도 더 좋은 관계를 구축하도록 돕는다. 선택을 제공하고 개인과의 동맹의식sense of alliance을 형성하면 다른 사람들이 무언가를 하도록 강요하거나 통제한다고 느낄 가능성이 줄어든다. 사람들이 중요하다고 믿는 생각, 감정과 의견을 안전하게 공유하도록 격려하기 위해 비판단적인 반응을 사용한다.

개인중심적 사고person-centered thinking로 언급되는 하나의 주요한 전략은 개인중심 실제를 위한 학습 공동체에서 만들었다(Stirk & Sanderson, 2012). 개인중심적 사고 도구는 사람들이 긍정적인 상호작용에 참여하고 그들에게 효과가 있는 것working과 효과가 없는 것not working을 탐색할 수 있는 기회를 제공한다. 개인중심적 사고 전략은 개인**에게** 중요한 것(기쁨을 주고 삶을 가치 있게 만드는 것)과 개인**을 위해** 중요한 것(건강, 웰니스 및 안전을 위해 필요한 것)을 발견하는 데 도움이 된다(Smull et al., 2009).

개인중심적이고 긍정적 지원의 실제들을 성공적으로 실행한 조직의 리더는 문화적 반응성을 격려하는 학습 기회들 역시 1차 전략에 포함시킨다. 이러한 학습 기회는 사람들이 자신의 문화적 가치관이 다른 사람들과의 상호작용에 미치는 영향을 이해하고 특정 환경 내에서 사람들과 적극적인 대화를 장려한다. 다양성을 축하하는 것celebrations of diversity은 조직 내에서 또는 더 큰 지역사회에서 모두 보편적인 수준으로 발생한다.

다른 긍정적 지원들은 보편적 전략들을 사용할 것을 장려한다. 예를 들어, 보편적인 긍정적 행동지원 전략은, 첫째, 개인중심의 가치를 반영하는 사회적 기술을 가르치고, 둘째, 긍정적인 사회적 기술의 사용을 강화하고 축하하는 긍정적인 환경을 조성하며, 셋째, 사회적 문제가 확대되지 않도록 부정적이거나 문제가 있는 상호작용에 대한 일관성 있는 반응을 설정하고, 넷째, 각 개인의 삶의 중요한 요소에 대한 예측가능성, 선택 및 통제력을 향상시키며, 다섯째, 의사결정을 위한 자료를 사용한다. 긍정적인 행동지원은 개인중심 실제를 중요한 보편적 1차 전략으로 받아들여, 이 두 가지 접근 방식이 다층적 지원 시스템에 적합하게 만든다.

(2) 2차 전략

2차 전략은 삶의 질을 모니터링하여 각 개인이 자신의 개인적 욕망^{desire}과 목표를 달성하는 과정에서의 진전을 보장하기 위해 사용한다. 삶의 질 성과에 대한 지속적인 모니터링은 최적의 삶의 질을 달성하려는 개인의 노력이 1차 전략만으로 성공하지 못했을 때 가능한 한 빨리 개입할 수 있는 방법을 제공한다. 삶의 질을 향상시키기 위해 그룹 또는 개별적 전략을 추가한다. 2차 전략의 예로는 사회적 및 지역사회 기반의 학습 기회, 개인의 직장이나 가정생활이 이상적이지 않은 경우의 문제 해결, 새로운 취미를 찾고 새로운 사람들을 만나고 지역사회 행사에 참석하도록 돕는 것 등이 있다.

긍정적 행동지원에서 2차 전략은 보고된 사건 패턴과 사회적 상호작용 문제가 발생하는 다른 지표들을 모니터링한 다음 분노관리, 감정 판별 학습이나 건강과 웰니스 중재와 같은 집단 또는 개별 중재에 참여하도록 사람들을 초대하는 것이 포함될 수 있다. 긍정적 행동지원의 목표는 행동의 기능, 문제가 발생하는 이유 그리고 이러한 문제들이 만성적이거나 더 심각해지기 전에 사람들이 문제가 있는 상호작용을 긍정적인 사회적 반응으로 대체하도록 돕는 방법을 판별하는 것이다.

(3) 3차 전략

3차 전략은 개별적이며 1차나 2차 전략보다 집중적이다. 목표는 개인중심계획을 원하는 서비스를 대상자가 자신이 선택한 촉진자에 접근할 수 있도록 조직 내에 역량을 구축하는 것이다. 이상적으로, 계획 촉진자는 필수적 생활양식

계획Essential Lifestyle Planning, PATH 또는 MAPS(O'Brien, Pearpoint, & Kahn, 2010)와 같은 한 가지 이상의 개인중심 전략에 익숙하고, 개인의 독특한 요구와 특성을 다루는 계획 과정을 대상 개인에게 맞추어 함께 진행할 수 있다. 3차 전략은 적극적이고 지속적인 계획 과정과 파일로 보관하며 실제로는 사용하지 않는 문서가 되지 않도록 하기 위해 모든 계획을 정기적으로 검토하는 팀 접근 방식을 포함한다. 또한, 이 팀은 정기적으로 만나 문제를 해결하고, 실행 계획을 수립하고, 진행 상황을 검토하고, 시간이 지남에 따라 성공을 축하한다.

개인중심계획의 검토 과정을 통해 다른 긍정적 지원의 필요성을 판별할 수 있다. 이런 경우, 3차 팀은 완전하게 분리된 회의를 구성하지 않고 개인중심계획 과정에 긍정적 지원 전략을 추가적으로 포함한다. 개인은 이를 위해 개인중심계획 팀에 행동 항목을 계획에 추가하도록 안내하는 새 팀원을 추가해야 할 수도 있다. 예를 들어, 긍정적 행동지원은 긍정적인 사회적 상호작용을 장려하기 위해 팀원과 직원이 자신의 행동을 변화시켜야 할 때 도움이 될 수 있다. 개인과 팀은 긍정적 행동지원을 사용하여 개인의 삶에서 문제가 있는 특정한 일상을 검토한다. 해당 일과 동안 문제가 발생하는 이유를 판별하는 데 기능적 행동평가Functional Behavioral Association, 이하 FBA 과정을 사용한다. 개인과 팀은 함께 FBA 정보를 사용하여 계획 과정에 추가적인 중재와 행동 항목을 추가한다.

4) 조직적 접근

IDD 및 다른 장애를 가진 개인을 지원하는 조직은 개인중심 실제와 긍정적 지원과 같은 새로운 절차를 실행할 때 이를 효과적으로 실행하기 위해 반드시 모든 서비스와 시스템을 고려해야만 한다. 조직 내 모든 사람을 과정의 일부로 간주해야 한다(Lohrmann, Forman, Martin, & Palmieri, 2008).

(1) 조직차원 팀 구성하기

이 장의 앞부분에서 언급한 '훈련하고 희망하기 모델'에 지나치게 의존하지 않는 하나의 방법은 새로운 실제를 실행하기 위해 함께 일할 수 있는 조직차원의 팀을 구성하는 것이다. 연구에 따르면 팀 접근 방식은 여러 관점의 경험을 결합하고 리더십과 의사결정에 대한 책임을 공유하기 때문에 보다 효과적이다(Fixsen, Naoom, Blasé, Friedman, & Wallace, 2005; Sindelar, Shearer, Yendel-Hoppey & Liebert, 2006). 이러한 개인은 모두 계획 과정에 대한 지침과 피드백을 제공하는 중요한 관련자로 간주된다(Lohrmann et al., 2008). 팀은 조직의 강점을 체계적으로 평가하고 앞으로 나아가기 위한 행동계획을 개발한다. 교육과 복지 서비스에 대한 연구에 따르면 능동적인 행정 리더십과 지원은 성공적인 실행 노력을 예측하는 핵심 요소의 하나이다(Fixsen et al., 2005; Kincaid, Childs, Blase, & Wallace, 2007).

새로운 실제를 실행할 때 그 과정에 참여할 사람들의 준비도와 관심을 평가하는 것은 중요한 첫 단계이다. 팀은 직원회의나 관련자들을 모으는 행사 중에 특정 실제에 대한 세부적 내용을 공유하는 것으로 시작해 볼 수 있다. 새로운 실제를 실행하려면 1명 이상의 사람이 그 변화 과정에 전념하는 것이 필요하다. 실행의 성공에 기여하는 리더십, 관리 및 감독, 지원을 받는 IDD를 가진 사람들, 직접 지원 인력 등 조직의 각 수준에서 옹호자들이 필요하다. 대다수의 사람이 관심을 보이면 팀은 자체 평가 과정을 시작할 수 있다.

새로운 실제를 실행하기 위해서는 정책과 절차, 온보딩onboarding 교육[1] 및 지속적인 훈련 시스템, 채용 프로세스, 새로운 기술을 배우는 지원 직원을 위한 코칭과 멘토 시스템, 그리고 팀이 실행 과정을 평가하는 데 도움이 되는 정보에 대한 사려 깊은 검토가 필요하다. 실행 계획의 다른 요소들의 리더십을 담당하기 위해 개인중심 실제 또는 기타 긍정적 지원의 옹호자들을 확보해야 한다. 많은 조직이 팀을 구축할 수 있고 시간이 지나면서 확장할 수 있는 혁신자원 및 새로운 실제와 관련된 강점을 갖게 될 것이다.

팀은 자기진단평가를 사용하여 개인중심적 비전을 명확하게 판별하고 이를 조

---

1) 조직 내 새로 합류한 사람이 빠르게 조직의 문화를 익히고 적응하도록 돕는 과정

직의 사명과 비전에 연결한다. 때로는 가치들과 잘 맞추기 위해 원래의 조직의 사명을 변경하기도 한다. 조직, 직원, 조직 자체 및 조직이 존재하는 더 큰 지역사회 내에서 지원받는 IDD를 가진 사람들을 위해 원하는 성과들을 선택하여 이러한 가치를 판별하는 것이 중요하다. 실행 계획은 이 네 가지 목표 영역의 각 성과와 직접 관련이 있다. 성과 진술과 실행 계획을 정렬시키는 것은 개인중심 실제와 긍정적 지원을 실행하는 매일의 노력과 핵심 가치들을 연결한다.

팀은 매년 목표를 설정하여 3년 동안 성과를 어떻게 달성할 것인지 개요를 세운다. 팀이 자체 평가와 실행 계획을 완료하면 기존 회의 및 의사소통 전략을 고려하여 연중 지속되는 회의 일정을 미리 예정한다. 팀은 (가능할 때마다) 새로운 실제를 실행하기 위해 이미 배정되어 있는 회의와 조직 시스템을 사용한다. 요점은 실행 계획의 항목들을 매일의 작업 일과와 시스템에 통합함으로써 '덜 힘들게, 더 똑똑하게 일하는' 것이다.

(2) 직원을 위한 코칭과 지원

연구에 따르면 직원을 위한 코칭과 지원 시스템은 새로운 실제를 실행하는 데 중요한 요소로 간주된다(Joyce & Showers, 2002; Reinke, Stormont, Herman, & Newcomer, 2014). 개인중심 실제들을 실행하는 팀은 직원을 지원하고 코칭과 멘토링 시스템의 전반적인 효과를 평가하는 전략을 수립한다. 직원들이 개인중심적으로 생각하기(Smull et al., 2009)와 같은 보편적 1차 전략을 도입하고 사용하도록 하기 위해 코치들을 활용한다. 코칭은 새로운 전략을 연습하고 다른 업무 상황과 환경에 통합될 수 있는 방법을 성찰하는 기회를 지원하는 역할을 수행한다. 이러한 코칭 시스템은 문서화 직원의 교육 이수, 역량 기반 평가와 피드백 작성, 코칭 진행 상황의 정기적 검토의 방법이 문서화되어 추가될 때 보다 공식화된다.

(3) 자료 기반의 의사결정

조직 차원에서 계획하기의 목표는 자료 기반의 의사결정을 팀 회의로 가져와 더 많은 이해 관계자 그룹이 검토할 수 있도록 하는 것이다. 많은 조직은 정기적으로 다양한 유형의 조직 전체 자료를 수집하여 리더십 수준, 관리 또는 인적자원 내에서 소수의 사람이 검토한다. 조직 전체 팀은 실행을 안내하고 조직에 대한 새로운 실제의 영향을 평가하기 위해 이 정보가 필요하다. 직원의 재직과 유지, 문화적 반응성 평가, 모든 이해관계자(지원 대상자, 가족, 직원)에 대한 만족도 조사, 사건 보고서, 근로자 보상 및 병가는 새로운 실제의 도입 이후 전체 조직 프로세스의 효율성을 평가하는 데 사용될 수 있다. 2차 및 3차 전략은 진전 모니터링의 목적으로 사건 보고서, 삶의 질 및 기타 자료들을 쉽고 효율적으로 요약하는 능력이 매우 중요하다.

자료 기반 의사결정의 최종 목표는 팀이 새로운 실제가 효과적으로 실행되었는지 여부를 평가할 수 있는 방법을 만드는 것이다. 실제가 의도된 방식으로 실행된 정도를 실행충실도라고 한다. 팀은 IDD를 가진 사람들의 삶의 질이 향상되거나 사건 보고서가 감소하거나 다른 긍정적인 결과가 분명하다는 것을 관찰할 수 있을 것이다. 충실한 실행을 보여 주는 증거는 조직 차원의 팀이 성과 또는 변화가 새로운 실제의 실행과 관련이 있는지 여부를 평가할 수 있는 능력을 향상시킨다.

사례 **제임스 굿**

제임스 굿James Good은 21세에 자신의 날개를 펼칠 때가 되었다고 생각했다. 그의 어머니는 그가 지원이 필요하다는 것을 알고 미네소타 덜루스Duluth 소재의 발달장애가 있는 어린이와 성인에게 주거를 제공하고 고용 서비스를 지원하는 트릴리움Trillium Services에 연락했다. 제임스는 한 공동생활가정에 살면서 1년 후 자신의 미래에 대해 진지하게 생각하기 시작했다. 제임스는 이렇게 회상했다. "2008년에 첫 번째 PATH를 했어요."

PATH(희망이 있는 대안적 내일 계획)는 개인중심계획에 사용되는 도구다. 지원받는 개인은 미래에 대한 자신의 꿈을 공유하고, 성취할 수 있고, 현실적인 목표를 개발하고 설명하는 데 그래픽 촉진을 사용한다. 트릴리움의 주거 서비스 담당 이사인 카리 아네손Kari Aaneson은 "PATH를 보면, 실제로 북극성North Star으로 시작하고 이는 그 사람의 희망과 꿈이며, 실제로 장벽은 없어요."라고 말했다.

제임스 PATH의 테마 중 하나는 여행이었다. 2007년부터 제임스와 함께 일한 트릴리움의 직접 지원 전문가인 마이크 몰리터Mike Molitor는 "그가 원한 가장 원했던 것은 축구 경기에 가는 것이었죠."라고 회상했다. "그래서 PATH를 통해 우리는 누구를 초대하길 원하는지, 어디에서 지낼 것인지에 대한 단계들을 도와주었어요." 그러나 더 깊은 경청을 통해 마이크와 지원동심원의 다른 사람들은 축구 경기를 가는 것은 일요일에 아버지와 함께 축구를 보는 제임스의 기억에 2차적이라는 것을 알게 되었다. 마이크는 "그래서 축구 경기에 가는 것이 제임스가 아버지와 연결되는 데 도움이 되었어요."라고 말했다. 2004년에 PATH 촉진자로 훈련받은 마이크는 개인중심계획이 사람들의 삶에 긍정적인 영향을 줄 수 있는 방법을 반복해서 보았다. "제가 해야 하는 첫 번째는 듣는 것, 그리고 깊이 듣는 것이죠. 정말 잘 듣는 사람이 되는 방법은 각 사람과의 관계를 발전시키고 그들을 알아가는 것으로 시작해요."

트릴리움은 시작부터 개인중심적인 문화를 가지고 있었다. 카리는 "소유주들이 기관을 시작했을 때 그들 중 1명은 미네소타 대학교를 통해 코호트 프로젝트에 참여해 다른 주를 돌아다니며 개인중심계획을 가르쳤어요."라고 말했다. 기관은 직원들에게 PATH 외에도, MAPS와 ELP를 교육했다. 그들은 이전의 성과와 재능에 더 중점을 둔 대안적인 개인중심계획 도구인 자유계획Liberty Plan을 사용하고 있다. 카리는 "우리는 현장에서 최신의 것을 따라잡으려고 노력하며, 개인중심 사고가 무엇인지, 얼마나 멀리 갈 수 있는지에 대한 우리의 사고에 도전해요."라고 말했다. 트릴리움에는 직접 지원 전문가들과 함께 현장에서 일하는 코치가 있어서 개인중심적 사고 도구의 사용을 강화한다.

트릴리움의 개인중심적 문화는 92%의 직원 유지율을 자랑하는 에이전시의 질을 확실히 향상시켰다. 카리는 "정말로 사람들이 자신들을 위해 그들이 할 수 있는 최고의 삶, 그리고 자신들을 위해 그들이 선택한 삶을 영위할 수 있도록 돕기 위해 노력하고 있어요."라고 말했다. 개인에 대한 에이전시의 초점은 직원에게 깊은 반향을 불러일으키는데, 이들 중 상당수가 트릴리움에서 경력을 쌓는다.

　트릴리움에서 개인중심적이라는 것은 그들이 지원하는 사람들과 존중하는 관계를 키우는 것을 의미한다. 카리는 "말보다 더 많이 듣는 것을 의미한다고 생각해요."라고 하면서 "그 개인, 그리고 그들의 꿈과 희망이 무엇인지를 듣는 것뿐만 아니라, 그들을 인생에서 가장 잘 알고 있는 사람들의 말을 듣는 것, 그래서 부모들의 말을 듣는 것, 가족의 말을 듣는 것, 특히 자기 자신을 위한 말을 하지 못하는 개인에게는 더더욱 그렇죠."라고 말했다.

　트릴리움은 300명에 가까운 직원이 있고, 180명의 개인에게 서비스를 제공한다. 처음부터 제임스와 함께 일한 마이크는 에이전시 내의 다른 부서로 이동하여 제임스가 자신의 아파트로 이사한 후에도 계속 지원할 수 있었다. 마이크는 "따라할 수 있는 템플릿이 있지만 개인중심으로 가는 길은 사람마다 다르게 보일 거예요. 당신은 정말로 마음을 열어야 하고, 각 개인을 위한 올바른 길을 찾기 위해 마음을 열어야 해요."

　기관으로서 개인중심적이라는 것은 또한 언제 벗어날 수 있는지 아는 것을 의미한다. 카리는 "때때로 제공기관으로서 우리는 사람들을 붙잡을 수 있는데, 이건 매우 방해가 되는 생각이에요."라고 말했다. "21년 동안 현장에서 일해 온 사람으로부터 나온 말인데, 내가 누군가를 제지했다고 생각하는 것은 내가 생각했던 것들 중 가장 좋은 생각은 아니었어요. 그리고 때로는 (개인중심적이라는 것)은 다른 방식으로 사물을 생각할 수 있고, 당신이 할 수 있는 만큼 창의적이고, 상자 밖으로 나가 나머지 팀원들과 함께 일할 수 있다는 것을 의미해요."

　제임스는 몇 년간 공동생활가정에 살면서 자신감과 독립적인 생활기술을 갖게 되었고 스스로 살 준비가 되었다. "저는 저녁을 요리할 줄 알았고, 청소 방법을 알았어요."라고 제임스가 말했다. "저는 모든 것을 하는 방법을 잘 알고 있어서 다른 사람들을 가르치는 대단한 사람인 것 같았어요." 2011년 그의 두 번째 PATH에서 제임스가 그의 선택들을 탐색하고 살기 좋은 곳을 찾도록 돕기 위해 계획을 세웠다. 찾아보는 것에 몇 년이 걸렸지만 제임스는 이제 자신의 집에서 살고 있다.

　제임스는 자신의 아파트로 이사한 후 세 번째 PATH를 시작했다. 제임스는 "이제 운전면허를 받고 차를 가질 것이고, 언젠가는 가족을 가질 거예요."라고 말했다. 제임스가 처음으로 어머니의 집을 떠났을 때 이러한 목표들은 비현실적으로 보였을 수 있다. 이제 그것은 전적으로 그의 손이 닿는 곳에 있다. 제임스는 2017년에 운전 면허시험을 통과한 후 그의 PATH 코치와 함께 수많은 차량을 찾아보고 선루프가 달린 중고 소형차 포드 포커스를 구입했다. 마이크는 "바로 다음 날 아침 제임스의 삶에서 중요한 일이 일어났죠. 제임스가 처음으로 운전해 직장에 갔어요."라고 말했다.

제임스는 자신을 믿는 지원동심원에 있는 사람들에게 감사하게 생각하고, 선행을 나눌 준비가 되었다. "언젠가 내가 함께 살던 사람들 중 한 사람이 밖으로 나가서 자신의 삶을 찾는 것을 생각하는 똑같은 일을 하도록 도울 수 있기를 희망해요. 왜냐하면 그것이 내가 한 방법이니까요."

5. 결론

개인, 조직 및 시스템은 개인중심의 긍정적 지원 실제를 사용하여 IDD를 가진 사람들이 지역사회에 온전하게 참여하고 최적의 삶의 질에 도달하도록 지원할 수 있다. 긍정적 행동지원과 개인중심계획은 이러한 접근법의 두 가지 예일 뿐이다. 이러한 유형의 접근 방식은 새로운 것은 아니지만 IDD를 가진 개인과 그 가족을 위한 많은 서비스와 지원이 지원을 받는 개인보다는 시스템의 요구와 선호에 의해 주도되어 왔기 때문에 매우 필요하다. 개인, 조직 또는 시스템으로서 개인중심적인 것은 우리가 그들의 강점에 초점을 두는 동시에 가치 있는 사회적 역할과 상호성을 지원함으로써 개인을 소중히 여기고 존중한다는 것을 의미한다. 핵심적으로, 개인중심은 IDD를 가진 사람들이 그들을 위해 선택한 삶을 살도록 지원하는 것이다. 비록 그러한 삶과 선택이 가족이나 다른 전문가가 선택한 것과 다르게 보일지라도 말이다.

개인중심성은 단순히 목적지가 아니라 모든 수준에서 지속적인 여정이다. 개인중심 실제와 긍정적 접근들을 배우고 실행하는 다양한 방법과 접근이 있다. 개인, 조직이나 시스템이 IDD를 가진 각 개인이 최적의 삶의 질을 달성할 수 있도록 권한을 부여하는 것의 효과성은 예산, 헌신, 행동과 지표에 따라 달라진다.

노력과 성과는 변화의 수준에 따라 다르게 보이지만 개인중심 실제의 가치는 일정하게 유지된다. 개인중심 실제를 사용하는 모든 사람은 의미 있는 변화를 만들 수 있다.

토론 질문

- 누군가의 삶의 질이 향상되고 있는지 여부를 어떻게 평가할 것인가?
- 개인중심적 조직에서 어떤 가치가 가장 중요하다고 믿는가?
- 팀은 조직 내에서 개인중심 실제와 긍정적 지원을 어떻게 통합할 수 있는가?
- 지원받는 개인과 그 가족 및 협력자가 변화의 정신과 과정 내에서 그들의 역할을 이해하도록 훈련을 받을 수 있을 것인가?
- 조직의 사람들에게 새로운 긍정적 지원 실제를 도입한다고 상상해 보라. 사람들이 새로운 실제를 실행할 준비가 되었는지 평가하기 위해 어떤 전략을 사용할 것인가? 조직에서 지원받는 사람들과 직원들이 참여하기를 원한다는 것을 어떻게 알 수 있는가?
- 다양성은 팀 구성원의 다양한 교육적 배경과 과거의 교육 및 업무 경험으로 인해 발생할 수 있다. 조직 안에서 다양성을 가진 팀이 개인중심 실제와 긍정적 지원의 실행을 향상시키는 데 어떻게 도움이 될 수 있는가?

자원

- The Learning Community for Person Centered Practices(TLC)와 Support Development Associates(SDA)는 개인중심 실제 분야에서 전국적 선두기관이다. 그들의 웹 사이트는 개인중심 실제에 대한 정보, 교육 및 개인중심 실제에 대한 다른 사람들과 연결할 기회를 제공한다. http://tlcpcp.com/ 및 http://sdaus.com/
- Feature Issue on Person-Centered Positive Supports. **IMPACT**의 개인중심의 긍정적 지원 특집호는 개인중심 실제와 긍정적 지원에 대한 다양한 접근법과 관점을 탐구한다. https://ici.umn.edu/products/impact/292/

- Minnesota Positive Support Practices. 이 웹 사이트는 미네소타를 위해 설계되었지만 사람들의 삶을 긍정적 변화를 만들도록 지원하는 긍정적 지원을 향상시키기 위한 다양한 자료와 도구들을 담고 있다. 이 사이트는 모든 유형의 장애를 포함한다. mnpsp.org
- Helen Sanderson Associates. 이 웹 사이트는 개인중심계획과 무료 개인중심계획 도구 및 자료에 대한 개관을 제공한다. http://helensandersonassoci ates.co.uk/person-centred-practice/
- Association for Positive Behavior Support(APBS). APBS는 긍정적 행동지원의 최선의 실제와 실행에 초점을 둔 전국적 협회이다. 긍정적 행동지원은 사회, 행동 및 생물의학의 정보를 결합하고 개인 또는 시스템 수준에서 이 정보를 적용하여 행동문제를 줄이고 삶의 질을 향상시키는 일련의 과정이다. http://www.a pbs.org/

참고문헌

American Psychological Association. (2016). *Policy statement on evidence-based practice in psychology*. Retrieved from http://www.apa.org/practice/guidelines/evidence-based-statement.aspx)

Claes, C., Van Hove, G., Vandevelde, S., van Loon, J., & Schalock, R. L. (2010). Person-centered planning: analysis of research and effectiveness. *IDD, 48*, 432-453. http://dx.doi.org/10.1352/1934-9556-48.6.432

Fixsen, D. L., Naoom, S. F., Blase, K. A., Friedman, R. M., & Wallace, F. (2005). *Implementation research: A synthesis of the literature*. Tampa, FL: University of South Florida.

Freeman, R. (2016). Strategies for implementing positive support strategies in agencies and organizations. *Impact, 29*(2), 12-15.

Helen Sanderson Associates. (2018). *Person centered thinking*. Retrieved from http://helensandersonassociates.co.uk/about/how-can-we-help-you/our-courses/person-centred-thinking/

Holburn, S. (2002). How science can evaluate and enhance person-centered planning. *Research & Practice for Persons with severe Disabilities, 27*(4), 250-260. http://dx.doi.

org/10.2511/rpsd.27.4.250

Joyce, B. & Showers, B. (2002). *Student achievement through staff development*(3rd ed.). Alexandria, VA: Association for Supervision and Curriculum Development.

Kincaid, D., Childs, K., Blase, K. A., & Wallace, F. (2007). Identifying barriers and facilitators in implementing schoolwide positive behavior support. *Journal of Positive Behavior Interventions, 9*(3), 174-184. http://dx.doi.org/10.1177/10983007070090030501

The Learning Community for Person Centered Practices. (2017). *The Learning Community for Person Centered Practices*. Retrieved from http://tlcpcp.com/

Lohrmann, S., Forman, S., Martin, S., & Palmieri, M. (2008). Understanding school personnel's resistance to adopting schoolwide positive behavior support at a universal level of intervention. *Journal of Positive Behavior Interventions, 10*(4), 256-269.

Lucyshyn, J., Dunlap, G., & Freeman, R. (2014). A historical perspective on the evolution of positive behavior support. F. Brown, J. Anderson, & R. De Pry, (Eds.), *Individual positive behavior supports: A standards-based guide to practices in school and community-based settings*(pp. 3-25). Baltimore, MD: Brookes.

O'Brien, J. (2002). Person-centered planning as a contributing factor in organizational and systems change. *Research & Practice for Persons with severe Disabilities, 27*(4), 261-264.

O'Brien, J. & Mount, B. (2015). *Pathfinders: People with developmental disabilities and their allies building communities that work better for everybody*. Ontario, Canada: Inclusion Press.

O'Brien, J., Pearpoint, J., & Kahn, L. (2010). *The PATH & MAPS handbook: Person-centered ways to build community*. Toronto, Canada: Inclusion Press.

Ratti, V., Hassiotis, A., Crabtree, J., Deb, S., Gallagher, P., & Unwin, G. (2016). The effectiveness of person-centred planning for people with intellectual disabilities: A systematic review. *Research in Developmental Disabilities, 57*, 63-84. http://dx.doi.org/10.1016/j.ridd.2016.06.015

Reinke, W. M., Stormont, M., Herman, K. C., & Newcomer, L. (2014). Using coaching to support teacher implementation of classroom-based interventions. *Journal of Behavioral Education, 23*(1), 150-167. http://dx.doi.org/10.1007/s10864-013-9186-0

Sindelar, P. T., Shearer, D. K., Yendol-Hoppey, D., & Liebert, T. W. (2006). The sustainability of inclusive school reform. *Exceptional Children, 72*(3), 317-331. http://dx.doi.org/10.1177/001440290607200304

Smull, M. W., Bourne, M. L., & Sanderson, H. (2009). *Becoming a person-centered system.*, VA: National Association of State Directors of Developmental Disability Services, Alexandria. Retrieved from: http://www.nasddds.org/resource-library/person-centered-practices/becoming-a-person-centered-system-a-brief-overview-smull-bourne-and-sanderson/

Stirk, S. & Sanderson, H. (2012). *Creating person-centered organisations: Strategies and tools for managing change in health, social care, and the voluntary sector.* London, UK: Jessica Kingsley Publishers.

Support Development Associates. (2018). *Person-centered thinking, planning, and practices.* Retrieved from http://sdaus.com/work#pctpp

제3장 주거: 집이라 부르는 곳

A. Larson, Heidi Eschenbacher, & Sandra L.Pettingell

선행조직자

• 미국에서 ISSD를 가진 대부분은 가족들과 함께 산다.

• 메디케이드는 주거 지원을 위한 주요한 재정지원 시스템이다.

• 많은 주가 모든 기관을 폐쇄했지만, 현재 IDD를 가진 사람 약 4만 명은 여전히 기관 환경(예: 요양원, 정신과 시설, 대규모의 중간치료시설[1])에 살고 있다.

• 생애 동안 집이라 부르는 곳을 갖는 것은 중요하다.

1. 역사적 조망

미국에서 IDD를 가진 대부분의 사람은 평생 가족과 함께 산다. 그러나 지난 50년 동안 가족과 함께 살고 있지 않은 사람들의 경우, 삶의 준비와 선택들이 크게 변화되었다. 1967년, IDD를 가진 194,650명(그중 절반은 어린이)이 50개 주와 컬럼비아 특별구에 위치한 주 IDD 기관에 살았다([그림 3-1] 참조). 2015년까지는 20,642명(그중 4%는 어린이)이 대규모 주립 IDD 기관에 남아 있었고, 21,392명

---

1) 중간치료시설(intermediate care facilities) 지적장애인 또는 관련 질환이 있는 사람의 진단, 치료 또는 재활을 위한 기관으로 보호된 주거 환경에서 지속적인 평가, 계획, 24시간 감독, 조정 및 건강 또는 재활 서비스의 통합을 통해 각 개인이 자신의 최대의 능력을 발휘할 수 있도록 지원함.

은 16명 이상의 사람에게 서비스를 제공하는 비주립 IDD 시설에 살고 있었다 (Larson et al., 2017).

(1) 변화를 위한 압력

1940년대와 1950년대에, 가족들은 IDD를 가진 어린이와 성인 기관들이 제공한 보살핌에 있어 인력이 부족하고, 과밀하며, 부적절한 것을 항의하기 위해 힘을 합쳤다. 로버트 케네디 상원의원이 1965년 뉴욕의 윌로우브룩Willowbrook 주립 학교를 방문했을 때, 1966년 블렛과 케플란의 사진 에세이집『연옥에서의 크리스마스Christmas in Purgatory』가 출판되었을 때, 그리고 1972년 제랄도 리베라 Geraldo Rivera의 다큐멘터리〈윌로우브룩: 마지막 위대한 불명예Willowbrook: The Last Great Disgrace〉가 방송되었을 때 그들이 염려하는 것은 전국적인 관심을 받았다 (Blatt & Kaplan, 1966; Minnesota Governor's Council on Developmental Disabilities [MNGCDD], 2016). 사람들을 위한 시설의 생활 조건은 비참했다. 교육 서비스는 제한적이거나 이용이 불가능했고, 시설은 과밀하고, B형 간염과 같은 전염병이 통제되지 않았으며, 많은 사람이 할 일이 거의 없거나 전혀 없는 상태로 보냈다. 일부 사람들에게는 기본적인 음식, 의복과 위생 요구 사항도 충족되지 않았다.

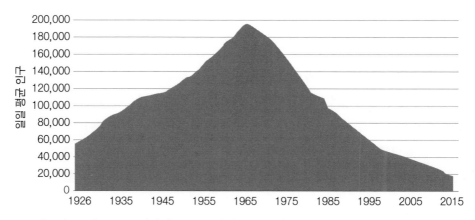

[그림 3-1] 1926년에서 2015년까지 주 정부 운영 IDD 기관의 일일 평균 인구

출처: Larson et al. (2017).

시설은 IDD를 가진 많은 어린이와 성인에게 '세 번의 따뜻한 것(식사)과 간이침대(잠자는 곳)' 이상은 제공하지 않았다.

1963년, IDD를 가진 로즈마리를 여동생으로 둔 존 F. 케네디 대통령은 정신지체에 관한 대통령 패널President's Panel on Mental Retardation을 설립하고 관리시설 대신 지역사회에서 IDD를 가진 사람들을 위한 서비스와 지원을 개발하도록 의회에 촉구했다(John F. Kennedy Presidential Library and Meseun, 2016). 벤트 니르예Bengt Nirje와 울프 울펜스버거Wolf Wolfensberger와 같은 예지력이 있는 사상가는 장애의 유형이나 심각성에 관계없이 모든 사람이 전형적인 이웃에서 신체적으로 접근 가능하고 사회적으로 통합된 환경에서 살아야 한다고 주장했다(Kugel & Wolfensberger, 1969; MNGCDD, 2016). 그들은 IDD를 가진 사람들이 다음을 할 수 있어야 한다고 주장하였다.

- 다른 동년배의 사람들처럼 매일, 매주 및 매년의 일정이 있어야 한다.
- 사람들과 함께 일하고, 놀고, 생활하며, 학교에 다니면서 인간의 모든 능력 범위를 경험한다.
- 남성과 여성 모두와 시간을 보낸다.
- 자신의 필요를 충족하기에 충분한 돈을 버는 직업 고용을 유지한다.
- 삶의 모든 측면에 대해 선택할 권리와 위엄을 갖고, 존중받아야 한다.

(2) 중요한 소송과 법률의 제정

주 법원에 제기된 집단 소송으로 시작된 개혁에 대한 압력은 기관의 상태에 대한 개선을 추구했으며 IDD를 가진 사람들이 기관에서 지역사회 환경에 있는 집으로 이동해야 한다고 주장했다(예시 판례: PARC v. *Commonwealth of Pennsylvania*, 1972; *ARC v. Rockefeller*, 1972; *Wyatt v. Stickney*, 1971; *Welsch v. Likins*, 1972). 연방정부가 지원하는 프로그램에 대해 장애에 근거한 차별을 금지하고(1973년 재활법), 장애에 관계없이 모든 어린이를 위한 인근 학교의 적절한 공교육을 무상으로 제공하는 법안이 통과되었다(PL 94-142; 1975년 전장애아동교육법, 현재 장애인교육법).

(3) 메디케이드 기금

1967년에 지적장애(ICF/IID, 이전 ICF/MR)를 가진 개인을 위해 메디케이드 중간치료시설 프로그램The Medicaid Intermediate Care Facilities program이 승인되었다. 이 프로그램은 과밀한 인원수를 줄이고 생활환경을 개선하며 개별화된 치료를 제공하도록 설계된 엄격한 표준을 충족하는 시설에 IDD를 가진 사람들을 돌보는 시설 돌봄 비용의 절반 또는 그 이상을 보조하는 연방 재정지원을 주에 제공했다. 이러한 사법 및 입법 조치의 효과는 엄청났다. 주 정부는 사람들, 특히 아동을 시설에서 다른 환경으로 옮기고 시설 환경과 서비스를 개선하여 연방 ICF/IID 기금을 받을 자격을 얻었다.

ICF/IID 인증을 받은 주 정부 운영 IDD 시설에 거주하는 사람들의 비율은 1977년에는 59%, 1982년에는 85%였다(Lakin, Hill, & Bruininks, 1985). 21세 이하의 개인 비율은 1965년 49%에서 1982년 22%로 감소했다(Lakin, Blake, Prouty, Mangan, & Bruininks, 1993). 또한 1982년까지, 가족과 함께 살지 않는 IDD를 가진 모든 장기서비스 및 지원LTSS 수혜자 중 거의 절반(49%)이 비주립 시설에서 살았으며 38%는 6명 이하의 인원과 함께 거주하였다.

1981년, 의회는 메디케이드 1915(c) 가정 및 지역사회 기반 서비스HCBS, Home & Community Based Services 면제를 승인하여 시설환경이 아닌 지역사회에서 LTSS에 자금을 지원했다. HCBS 수혜자는 자신의 집, 가족원, 호스트나 위탁 가정 또는 지역사회 공동생활가정에 거주하게 된다. 주택과 서비스를 일체형 패키지로 묶는 ICF/IID 프로그램과 달리 메디케이드 HCBS 면제Medicaid HCBS Waiver 기금은 서비스를 따로따로 제공한다. 사람들은 필요한 금액 내에서 필요한 서비스만 선택한다. ICF/IID 서비스와 달리, 메디케이드 HCBS 기금은 숙식비 지불에는 사용할 수 없다.

주에서는 메디케이드 면제 프로그램에 대한 서비스와 자격 기준을 지정한다. HCBS 서비스는 주마다 다르지만 가족 간병인을 위한 지원, 위탁 간호, 개인 간호, 가사기술 개발, 사례관리, 주거 서비스(예: 공동생활가정), 고용 및 지역사회 참여 지원, 행동지원, 재택 간호 또는 작업치료나 언어와 같은 의료적 지원, 이동 및 환경적 수정을 포함할 수 있다. 많은 메디케이드 면제 프로그램에서 수혜자는 자신의 지원을 주도하여 계획의 과정과 예산 재원들을 관리하거나 지원을 제공받을 기관을 선택할 수 있다. 1982년에서 2000년 사이에 138개의 주에서 운영하는 IDD 시설이 문을 닫았다. 2000년까지 ICF/IID에는 116,411명이 살고 있었고, 291,255명이 메디케이드 면제로 지원하는 LTSS를 받았다. 메디케이드 면제 수혜자 중 36%가 가족과 함께 살고 있었다.

시간이 지나면서 태도, 입법과 재정지원은 IDD를 가진 많은 사람에게 가정이 의미하는 바를 변화시켰다. 되돌아보면 집이라 부르는 장소는 필수적인 것으로 여겨지지 않았지만, 지금은 그 어느 때보다도 IDD를 가진 사람들이 자신을 위한 집의 형태를 선택할 수 있다. 그러나 오늘날에도 IDD를 가진 많은 사람이 주거 환경에서 고립된 상태로 남아 있다. 따라서 통합, 선택과 접근성을 우선순위로 하여 IDD를 가진 사람들이 집이라 부르는 곳을 가질 수 있도록 하는 것이 중요하다.

(4) 현재 상황

2015년 주의 IDD 기관을 통해 장기서비스 및 지원^{LTSS}을 받은 120만 명 중 56%는 가족과 함께, 11%는 자신의 집에서, 5%는 위탁 가족과 함께, 26%는 IDD 그룹 환경에서 살았다. 나머지 2%는 요양원이나 정신과 시설에서 살았다([그림 3-2] 참조). 10%만이 IDD를 가진 7명 이상의 인원을 수용하는 시설에 살았다.

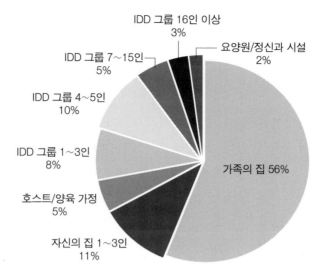

[그림 3-2] 2015년 6월 30일에 주 IDD 기관으로부터 장기지원
또는 서비스를 받는 사람들의 거주 유형 및 규모(예상 총액).

출처: Larson et al. (2017).

2. 오해와 가정

사람들은 집이 어떻게 생겼는지에 대해 여러 가지 생각을 한다. IDD를 가진
사람들의 집에 대한 일반적인 오해는 위치, 재정과 접근성에 관한 것이다. IDD
를 가진 사람들은 우리의 이웃이며 점점 더 자신의 집에서, 그리고 지역사회 환
경에서 살고 있다. 미국에서 IDD를 가진 사람들에게 공개적으로 자금을 지원하
는 LTSS는 복잡하며 때로는 오해를 받기도 한다. 한 가지 일반적인 오해는 미국
에 IDD를 가진 모든 사람이 성인으로서 정부가 지원하는 LTSS를 받을 자격이
있다는 것이다. IDD를 가진 모든 아동은 무상의 적절한 공교육을 받을 자격이
있지만, 메디케이드와 주의 LTSS 수혜자들은 소득, 장애와 지원 요구 수준을 충
족해야만 한다. 시설 메디케이드 ICF/IID 프로그램은 기술적으로 '자격부여 프
로그램'이다. 자격이 있는 모든 사람에게는 ICF/IID에서 서비스를 받을 수 있는

옵션을 제공해야만 한다. 그러나 2015년에는 77,444명만이 이 옵션을 선택했다. 메디케이드 면제 HCBS 프로그램을 포함한 대부분의 다른 메디케이드와 주 정부 지원 프로그램은 적격한 인구의 일부만 지원하고 있다. 실제로, IDD를 가진 774,964명의 사람들이 2015년에 메디케이드 면제 지원을 받았지만, 가족들과 함께 살고 있는 약 199,641명의 IDD를 가진 사람은 서비스를 기다리고 있었다.

　두 번째 오해는 IDD를 가진 대부분의 사람이 가족의 집에서 살다가 성인이 되면 공동생활가정으로 이주한다는 것이다. 실제로 IDD를 가진 대부분의 성인(한 연구에 따르면 53% 이상)은 가족의 집에 살고 있다. 메디케이드 지원 서비스를 받는 성인 중 34%는 가족의 집에 살고 있다(Larson, Doljanac, & Lakin, 2005; Larson et al., 2017). 또한 이 오해는 IDD를 가진 사람들이 혼자서 자신의 집에서 살 수 없다는 생각에 의해 더 나아갔다. 이것은 사실이 아니다. 혼자든, 파트너와 함께든 또는 가족과 함께든 많은 IDD를 가진 사람이 독립적으로 생활하고 있다.

　또 다른 오해는 IDD를 가진 사람들을 위한 서비스가 미국 전역에서 동일하다는 것이다. 실제로는 서비스가 주마다 크게 다르다. 한 주에서 서비스를 받던 개인이 다른 주로 이사한다면, 서비스에 적격하지 않을 수 있다. 만약 한 개인이 새로운 주로 이사하고 적격성이 판명되더라도, 이전 주에서 받은 것과 동일한 서비스를 계속 받을 것이라는 보장은 없다.

　마지막 오해는 IDD를 가진 일부 사람들이 다른 사람들과 매우 다르기 때문에 그들이 살기에 가장 적합한 유일한 장소가 주 정부에서 운영하는 16명에서 수백 명을 수용하는 분리된 시설이라는 생각이다. 모든 주가 20세기 어느 시점에서 주 정부에서 운영하는 IDD 시설을 가지고 있었지만, 현재 15개 주(州)에는 더 이상 대규모의 주립 IDD 시설이 없다. 이러한 주에서는 지원이 필요한 전 범위의 사람들이 가족구성원의 집이나 다른 지역사회 환경에서 서비스를 받는다. 시설을 계속 운영하고 있는 주에서도 매년 입소 인원이 퇴소 인원보다 적다. IDD를 가진 사람들은 지역사회 내 가정에서 생활할 수 있다. 많은 탈시설화 연구는 시설에서 지역사회 가정으로 이사한 사람들이 더 많은 기술을 개발하고 사용하며, 더 많은 사람이 삶에 있어 크고 작은 모든 것을 선택하고, 지역사회의 적극적인 참여자가 된다는 것을 보여 준다(Larson, Lakin, & Hill, 2013; Ticha, Hewitt, Nord, & Larson, 2013).

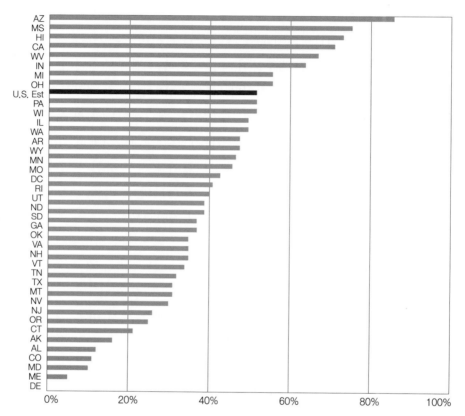

[그림 3-3] 2015년 6월 30일 현재 가족과 함께 생활하는 IDD를
가진 메디케이드 면제 수혜자의 비율

출처: Larson et al. (2017).

3. 현재의 논란과 도전

1) 메디케이드 가정 및 지역사회기반 서비스에 대한 기대치 변경: 2014년 환경 규정

2014년, 메디케이드는 개인중심계획 실제practice를 요구하는 새로운 규정을 설정하고, 메디케이드 자원을 사용할 수 있는 가정 및 지역사회 기반 서비스HCBS의 특성을 정의하며, 거주 또는 비거주 시설 내 서비스에 대한 메이케이드 HCBS 기금 사용을 금지하였다. 이 규칙은 제공기관 소유의 주택에 거주하는 사람들에 대한 보호를 설명하고 있다. 개인중심 실제에 대한 자세한 내용은 제2장에서 읽을 수 있다.

일부 가족들은 가족원이 거주하거나 서비스를 받는 시설의 환경이 더 이상 메디케이드 기금을 받을 자격이 되지 않을까 봐 걱정하고 있다. 그러나 이 규칙은 시설에 메디케이드 기금을 사용하는 것을 금지하는 것이 아니다. 이는 시설 환경에서 제공되는 서비스에 대해서는 메디케이드 HCBS 기금을 사용할 수 없다고 말하고 있다. 메디케이드는 지적장애를 가진 개인들과 요양원을 위한 중개의료시설의 서비스에 지속적으로 기금을 지원한다.

2) 재정모델 변화: 메디케이드 관리형 장기서비스 및 지원 돌봄

메디케이드는 유료 서비스 프로그램으로 시작되었다. 수혜자는 메디케이드 지불을 수락할 어떤 제공기관이든 선택할 수 있다. 제공기관들은 각 서비스에 대해 상환을 받는다. 주 정부는 점점 더 관리의료기관Managed Care Organization, 이하 MCO을 통해 메디케이드 지원 의료, 장기지원과 서비스를 운영하고 있다. 관리형 돌봄계획은 참여자가 특정 제공기관 네트워크로부터 서비스를 받도록 한다. 네트워크에 속하지 않은 서비스 제공기관의 서비스는 제한되거나 전혀 상환받지 못할 수 있다. MCO는 제공받은 서비스의 수나 유형에 관계없이 모든 수혜자에 대해 회원당 월별 요금으로 상환한다.

관리형 LTSS는 서비스 코디네이션을 개선하고 불필요한 서비스 중복을 제거하며, 고가의 서비스를 제공할 때 발생할 수 있는 재정적 위험의 일부를 주 정부 기관에서 MCO로 전환할 수 있다. 그러나 메디케이드 LTSS가 서비스 비용에서 관리형 의료로 전환될 때 LTSS 수혜자는 새로운 도전에 직면한다. 유료 서비스 모델에서 사람들은 각 서비스마다 다른 제공자를 선택할 수 있다. 예를 들어, 자신의 집에 사는 성인은 자기주도적 지원self-directed supports을 사용하여 가족구성원을 고용하고 의료 서비스를 위한 병원 네트워크, 정신건강 전문 서비스 제공기관, 돌봄 코디네이션 서비스를 제공하는 지방 정부기관과 다른 위탁 간호기관, 이동 및 고용 지원과 같은 재택지원을 제공하도록 한다. 관리형 의료에서는 그 개인이 단일 네트워크에서 제공기관을 모두 선택해야 할 수도 있다.

IDD를 가진 사람들은 다양한 형태로 LTSS를 받고 있다. 유료 서비스 모델에서 전환하여 등록한 MCO 참여자들은 수십 또는 수백 개의 주거 서비스 제공기관과 계약을 체결해야 한다. 그렇지 않은 경우, 이전의 유료 서비스 등록자는 다른 서비스 제공기관이 운영하는 집으로 이사하고, 다른 제공기관으로부터 고용 지원을 받으며, 다른 개인의료 간병인 명단을 찾거나 새로운 의료나 치료 전문가들을 선택하여 승인된 제공자로부터 모든 돌봄을 받아야 한다.

3) 탈시설과 가정 및 지역사회기반 서비스

IDD를 가진 사람 중 90%가 가정이나 지역사회 기반의 서비스를 받고 있음에도 불구하고, 2015년에도 IDD를 가진 40,000명 이상의 사람이 계속해서 요양원이나 정신과 시설에서 살았다(Larson et al., 2017). 단일 캠퍼스에서 16명 이상의 인원에게 서비스를 제공하는 145개의 주립 IDD 시설이 있다. 15개 주에서 16명 이상의 인원을 지원하는 모든 주립 IDD 시설을 폐쇄한 반면, 9개 주에서는 하나도 폐쇄하지 않았다. 시설에 거주하는 사람의 수는 계속 감소하고 있지만 지역사회 기반 지원으로 완전히 전환하는 것은 수십 년이 걸릴 수도 있다. 변화의 속도는 연방 메디케이드의 전반적인 지출을 크게 줄이는 의회 제안의 성공이나 실패를 포함하여 여러 가지 요인에 달려 있다. 연방 메디케이드 예산 감소 상황에 직면한 주 정부에서는 고가의 서비스(예: 주립 IDD 시설)를 종료하고, 1인당 서비스 지출 금액을 삭감하거나 모든 예산 삭감에 대응적으로 지원하는 인원수를 축소할 수 있다.

4) 대기자 명단과 대안

거의 20만 명이 메디케이드 면제가 자금을 지원하는 장기서비스 및 지원LTSS을 기다리고 있기 때문에 서비스 수요는 공급을 훨씬 초과하고 있다. 대기 중인 것으로 알려진 사람들의 요구를 충족시키려면 IDD를 가진 메디케이드 LTSS 수혜자의 수가 23% 증가해야 한다(Larson et al., 2017). 졸업, 수료나 특수교육 서비스 자격의 상실로 학교를 떠난 IDD 학생들의 유입으로 인해 충족되지 않은 LTSS 수요는 매년 65,048명 정도 증가하고 있다(미국 교육부, 2016).

메디케이드 면제 LTSS 대기자들은 여러 가지 옵션을 이용할 수 있다. 많은 사람이 성인기에 가족과 함께 살고 있는데, 일부 가족은 함께 생활하는 성인을 위한 분리된 생활 영역을 만들어 주기 위해 집을 리모델링하기도 한다. 다른 사람들은 보조공학을 이용하여 직장에 있는 동안 집에 남아 있는 가족원을 모니터하고 지원하거나, 정기적으로 그 개인을 확인해 줄 수 있는 이웃을 찾기도 한다. IDD를 가진 일부 사람들은 친구나 가족과 집을 공유하면서, 특정한 지원을 제공해 주는 친구나 가족의 집세를 대신 지불하기도 한다.

오랫동안 공공 IDD LTSS 대기자 명단에 올라와 있는 일부 가족들은 아파트 단지나 게이트 커뮤니티gated community[2], 농장, 지원받는 생활 시설이나 IDD를 가진 사람들의 그룹이 지역사회와 물리적으로 분리된 상태에서 생활하며 서비스를

---

[2] 문이 있는 지역사회(또는 벽으로 둘러싸인 지역사회, walled community)는 보행자, 자전거 및 자동차의 출입을 엄격하게 통제하는 주거지역 또는 주택 단지의 형태, 종종 벽과 울타리의 닫힌 경계를 특징으로 하며 안전과 배타성에 대한 인식을 제공하는 것을 목적으로 작은 주거 거리로 구성되며 다양한 공용 시설이 포함되는 것이 일반적이다.

받는 다른 소집단 환경들을 개발했다. 이러한 옵션들은 종종 IDD를 가진 성인이 가족과 함께 있을 때보다 독립적으로 생활하는 것을 목표로 한다. 장애공동체의 옹호자들은 이러한 주거 옵션이 IDD를 가진 사람들을 시설 환경으로 분리시키는 것에 대한 복귀라며 우려를 나타냈다(American Association on Intellectual and Developmental Disabilities & Association of University Centers on Disability, 2016). 이러한 환경의 과제는 환경을 공유하는 모든 사람에게 일상과 생활 패턴이 효과적이어야 한다는 것이다. 환경을 공유하는 사람이 많을수록 각 개인이 자신의 삶을 주도할 기회는 줄어든다. 또한 분리된 환경은 인간 능력의 모든 범위를 관통하여 사람들과 함께 일하고 놀고 생활하며 학교에 가는 데 있어 장벽이 된다.

4. 생애주기 기대와 전환

집이라 부르는 곳을 갖는 것은 평생 동안 중요하다. 어린아이들에게 학대와 방치가 없는 안정된 평생 가정은 최우선 과제이다. 초기의 경험들은 한 개인이 기술과 선호를 개발하도록 촉진할 수 있다. 가족, 교육자와 지원 인력들은 생의 초기에 완전한 참여, 향상된 기대와 의미 있는 선택을 지원할 수 있으며 이는 성인으로서 독립적으로 생활할 수 있는 발판이 될 것이다. 생애에 걸친 활동들이 독립을 촉진하기 위한 전략에 포함될 수 있다.

가족은 동년배의 모든 어린이가 즐기는 모든 활동에 참여할 수 있도록 지원함으로써 학령기 장애 아동의 삶을 향상시킬 수 있다. 장애가 있는 개인이 참여하기 위해 더 많은 도움이 필요하거나 조금 다른 방식으로 참여하게 되더라도 가족과 그들이 살고 있는 지역사회에 완전히 통합되어야 한다.

중등 이후 교육, 훈련과 고용에 참여할 수 있는 기회를 최대화하고 성인이 되어 집으로 여기며 살 곳을 선택하기 위한 재정계획은 학령 초기에 시작해야 한다. 세금우대 혜택이 있는 더 나은 삶의 경험 성취Achieving a Better Life Experience, 이하 ABLE 저축 계좌는 공공재정으로 지원받는 건강관리, 수입, 고용, 교육이나 기타 성인기 지원들에 대한 적격성을 위협하지 않으면서 미래를 위해 돈을 저축하는 데 사용될 수 있다. 특수목적 신탁 또는 공동 신탁과 같은 다른 금융 도구들도 이러한 목적으로 사용할 수 있다.

청소년기에는 장애가 있는 젊은이들이 친구를 사귀고 가족을 벗어나서 지역사회에 참여하는 데 도움이 되는 활동과 행사에 참여하도록 하는 지원이 필요하다. 또한 가족과 가정활동에 참여하고 운전, 대중교통을 이용하거나 가능한 독립적으로 다른 교통수단을 이용하여 한 장소에서 다른 장소로 이동할 기회와 지원이 필요하다. 청소년은 중등 이후 교육과 고용, 그리고 더 넓은 지역사회에 기여하기 위한 계획의 과정에서 적극적인 협력자이어야 한다.

고등학교를 졸업하기 전에 직장이나 인턴십 기회를 가진 청소년들은 성인이 되어 고용될 가능성이 높다. 소득을 얻게 되면, 성인기에 중등 이후 교육에 참여하고 가족의 집이 아닌 다른 환경에서 살 수 있다. 청소년기와 청년기 동안의 강력한 지역사회 인맥은 한 개인의 성인기 삶 전체에 걸쳐 비공식적인 지원을 제공하는 네트워크를 만들 수 있다.

성인기에, IDD를 가진 개인은 재정, 중요한 의사결정, 의료, 일상생활 기술, 가정 관리, 낭만적 관계 탐색, 직업 및 생활 준비와 같은 영역에서 공식적 또는 비공식적 지원이 필요할 수 있다. 가족들은 IDD를 가진 성인이 지역사회에서의 생활을 촉진할 수 있는 자연적 지원이나 서비스를 판별하도록 도울 수 있다. 지원에는 건강관리, 주택, 소득지원이나 지역사회에서의 생활하는 역량을 강화하는 다른 서비스들이 포함될 수 있다. IDD를 가진 성인은 주택과 도시개발 기관을 통해 장애인을 위한 '섹션 8 주거 선택 바우처' 또는 '섹션 811 지원 주택'과 같은 저소득 주택 특별보조금을 받을 수 있다.

5. 실용적 제안과 중재

가족들은 IDD를 가진 사랑하는 사람이 꿈을 이룰 수 있도록 기술, 경험과 관계의 탄탄한 기초를 확립함으로써 꿈을 키우고 성인 역할을 계획하고 준비하도록 도울 수 있다. 가족은 재정, 생활준비, 관계, 고용과 교육 분야에서 목표를 설정하고 추구하기 위해 함께 노력할 수 있다. 그들은 개인이 독립적 생활을 위해 필요로 하는 서비스, 지원과 기술 메뉴를 설명하는 개인중심 주거계획을 개발할 수 있다.

학부모 지원그룹, 옹호단체, 독립생활 센터와 제공기관들은 가족을 위한 소중한 지원을 제공한다. 이들 중 일부는 이 장의 마지막에 목록으로 제시하였다. 이러한 단체들이 후원하는 훈련과 기타 활동들에 참여하는 것은 비슷한 경험이나 요구가 있는 다른 가족과 만나는 좋은 방법이 될 수 있다. 독립생활 센터, (각 주의 주지사에게 조언하는) 발달장애위원회 및 발달장애전문 대학센터University Centers of Excellence in Developmental Disabilities는 소중한 자원을 제공한다.

필요한 지원을 받을 수 없는 경우, IDD를 가진 사람과 그 가족은 서비스 시스템을 바꾸는 위치에 있는 지방, 주 또는 전국에서 선출된 정부 직원들과 자신의 이야기를 공유하도록 권고한다. 개인과 그 가족이 메디케이드와 기타 공공 자금지원 서비스에 익숙해지면서 적경성이 있는 새로운 서비스에 대해 알게 될 수 있다. 개인과 가족은 효과가 좋은 지원을 칭찬하고, 그렇지 않은 지원에 대해서는 개선을 제안할 수 있다. IDD를 가진 사람의 선택, 결정과 꿈이 계획과 서비스를 주도해야 한다는 것을 기억하는 것이 중요하다. IDD를 가진 사람과 그 가족은 중요한 활동과 행사에 더 쉽게 참여할 수 있는 방법에 대한 아이디어가 있을 때 더 적극적으로 말해 주어야 한다.

가족원이나 친구 또는 유급 지원직원이나 지원을 제공하는 사람들은 모든 결정의 중심에 IDD를 가진 사람을 두고, 그들의 목표와 꿈이 무엇인지 배우고, 그들이 그러한 목표들을 달성하도록 지원할 방법들을 찾는 사명을 공유한다. 사생활과 크고 작은 선택을 할 때 적극적으로 참여할 개인의 권리를 존중하는 것은 중요하다. 직접 지원 전문가DSP나 지원을 제공하는 사람은 그것이 누구의 집인지 기억해야 한다! 자기결정, 지원된 의사결정과 개인중심계획 및 실제practice에 대해 더 배움으로써, 개인은 그들의 선호와 욕구를 보다 편안하게 표현할 수 있게 된다. 직접 지원 전문가DSP와 다른 사람들은 우정과 다른 관계들을 발전시키고 유지하도록 개인을 지원해야 한다. 개인과 가족이 가진 옵션과 정보가 많을 수록 그들은 자신이 살 곳과 LTSS에서 필요한 것에 대해 정보에 근거한 의사결정을 더 많이 할 수 있다.

사례   **켈시 피터슨**

고등학교 졸업 몇 년 후, 켈시$^{Kelsey\ Peterson}$는 부모님의 집에서 독립할 준비가 되었다고 결정했다. "그녀는 성인이 되어 아내와 저와 함께 몇 년 동안 살았죠. 그런데 우리는 55년 된 콘도미니엄 건물로 이사했어요. 그녀는 거기서 정말 행복하지 않았어요, 왜냐하면 우리는 은퇴한 사람들이고, 주변에는 젊은이들이 없었기 때문이죠." 켈시의 아버지 스티브 피터슨$^{Steve\ Peterson}$이 말했다. 켈시와 그녀의 가족은 친구들과의 교제가 있는 미네소타주 세인트 폴 교외에 있는 집을 구하면서 다른 방법들을 찾기 시작했다. 켈시는 공동생활가정으로 옮겨서 5년간 살았다. 스티브는 "처음에는 괜찮았지만 그녀는 독립을 원했어요. 그리고 그녀는 일주일, 24시간 내내 직원이 필요하지는 않았죠."라고 말했다.

다코타 카운티 사회복지사의 지원으로 켈시와 그녀의 부모는 다른 방법들을 모색하고 장애를 가진 사람이 최고 수준의 개인적 독립을 달성하도록 돕는 제공자인 주거전환법인$^{Residential\ Transitions\ Incorporated,\ 이하\ RTI}$와 협력하기로 결정했다. 켈시는 현재 아파트에 거주하고 있으며 RTI는 공동생활가정의 생활에서 독립생활로의 전환을 지원한다. RTI는 켈시의 아파트 단지에서 길 건너편에 직원을 여럿 두고 있으며, 청구서 지불과 의료정보의 해석과 같은 독립적인 생활 기술을 돕기 위해 하루에 약 1시간 정도 보조한다. 켈시는 생활비를 함께 내는 1명의 친구와 함께 산다. "정말 재미있어요. 우리는 놀고, 카드놀이를 하고, 요리해요. 우리는 요리하는 걸 많이 즐겨요."

켈시는 "필요할 때만 도움을 받기 때문에 여기가 마음에 들어요."라고 말했다. 간질 때문에 그녀는 샤워할 때 누군가가 있어야 한다. 발작이 있을 경우를 대비해서 직원들은 그녀의 안전을 보장할 수 있는 훈련을 받는다. 삽화는 일반적으로 1분 미만 지속된다. "하지만 그들은 정말 필요한 경우가 아니면 911에 전화하지 않아요.

그것이 제가 좋아하는 것이죠. 공동생활가정에서는 911에 전화를 많이 했었는데 저는 그게 필요한 건 아니었어요."

오늘날 켈시의 지원은 더 개인중심적이다. 그녀는 요청할 때 지원을 받고 자신이 직원을 통제하고 있다는 것을 이해한다. 그녀의 부모는 또한 그녀가 자신의 업무를 더 잘 통제하기를 원한다. "제 아내와 저는 언젠가 우리가 여기에 없을 것이라는 것을 알고 있어요. 그래서 우리는 6개월 정도 마다 그녀에게 조금씩 더 책임을 주고 있어요. 우리는 그녀가 그녀의 재정과 의료적 책임을 관리하도록 돕고 있어요. 그러나 우리는 느리지만 확실하게, 책임을 그녀에게 넘겨 주고 있어요."

많은 장애를 가진 사람들과 마찬가지로 켈시는 구직에 어려움을 겪었다. 지난 여름, RTI의 지원으로 그녀는 웨스트 세인트 폴 도시공원 및 여가 부서에서 일자리를 얻었다. 그녀가 의미 있고 즐거워하는 직업을 갖는 것은 켈시의 독립성을 더욱 성장시킨다. 켈시가 말했다. "저는 어린아이들에게 스포츠를 하는 방법을 가르치는데, 그게 정말 좋아요." 그녀와 그녀의 부모는 계절을 타는 이 직업이 YMCA에서 일하기와 같이 보다 영구적인 일로 이어질 수 있기를 바란다.

스티브는 긍정적이다. "저는 켈시의 미래가 매우 밝다고 봐요. 그녀는 꽤 오랜 기간 매우 좋은 청년과 교제를 하고 있어요. 장기적인 관계의 가능성이 있어요. 그리고 저는 언젠가 그녀가 타운홈에 살면서 애완동물을 키울 것 같아요. 그리고 그녀는 북부의 환경과 고요함을 좋아하기 때문에 아마도 북부에 살 것 같아요."

"가정은 꿈을 찾는 것을 의미해요." 켈시가 말했다. "이 집은 나의 단기적 꿈이에요. 저의 또 다른 꿈은 언젠가 화이트피쉬 체인Whitefish Chain, 미네소타 북부의 호숫가에 사는 거예요." "제 삶이 더 좋을 수는 없을 것 같아요. 당신의 꿈을 계속 따라가세요. 그게 제가 하는 방법이죠."

6. 결론

지금은 그 어느 때보다 IDD를 가진 사람들이 독립적으로 살고, 자신의 집을 소유한다. 그들은 우리의 이웃이다. 개인이 사는 곳과 자신의 집에 대해 그들이 가진 선택은 지역사회 생활과 참여에서 필수적인 요소이다. 집은 사람이 무엇을 하고 누구와 언제, 무엇을 할지 선택하는 장소이다. 개인이 무엇을 언제 먹을지, 공간을 어떻게 장식하고 준비할지를 결정하는 곳이다. 집은 꿈꾸고, 시도하고, 실패하고, 다시 꿈을 꾸는 것이 안전한 장소이다. 지원과 서비스는 그저 그 개인이 원하는 방식으로 생활할 수 있도록 보조하는 도구이다. 현실적으로 서비스가 가정을 만들어 주진 않는다. 가장 큰 의미를 갖는 것은 바로 가정이라는 공간 안의 사람들, 선택과 활동들이다.

토론 질문

- 만약 개인의 목표가 저렴하고 접근 가능한 주택을 얻는 것이라면 직접 지원 직원이 해당 목표를 달성하도록 돕기 위해 무엇을 할 수 있는가?
- 오늘날 기관에 거주하는 일부 사람들의 가족은 그들의 가족구성원이 지역사회 환경으로 이사할 경우 발생할 수 있는 일을 두려워한다. 다른 사람들은 그들의 IDD를 가진 가족구성원을 위한 새로운 분리형 집합 환경을 만들기 위해 열심히 노력하고 있다. 가족이 기관과 지역사회 환경 내의 가정 사이에서 정보에 근거한 선택을 하도록 대안들에 대한 충분한 정보를 얻는 데 도움이 되는 전략은 무엇인가?
- 가족구성원은 어떻게 IDD를 가진 성인이 거주지와 누구와 함께 살 것인지를 선택하도록 도울 수 있는가?
- 집의 위치는 지역사회 내 직장에서, 지역사회 임금을 받고, 다양한 능력을 가진 동료들과 함께하는 고용을 어떻게 촉진하거나 방해하는가?
- 환경과 개인이 선호하는 생활양식(사생활, 의사결정과 활동의 통제수준 포함) 간의 적절한 조화를 이루기 위해 IDD를 가진 사람들을 어떻게 지원할 수 있는가?

자원

- CSH: 주택 솔루션 자원: 연수와 교육, 정책 솔루션, 컨설팅 및 보조, 주택 솔루션 지원을 제공하는 기관이다. http://www.csh.org/

- The Arc: IDD를 가진 개인 및 그 가족을 위한 국가 옹호 및 제공자 단체이다. 이 웹
  사이트는 미국 전역의 지역을 목록화하고 주택문제, 장기지원 및 서비스에 대한 자
  료를 제공한다. http://www.thearc.org/
- Residential Information Systems Project: 미네소타 대학교에 위치한 지적·발달장애관
  리국이 자금을 지원하는 국가적 중요성에 대한 연구 프로젝트이다. 매년 업데이트되
  는 LTSS를 받는 IDD를 가진 사람들의 생활준비에 관한 주 프로필, 기술보고서와 온
  라인 상호작용 자료를 제공한다. http://risp.umn.edu
- Self—Advocacy Online: 장애를 가진 사람들의 이야기를 들려 주는 미네소타 대학교
  의 지역사회 생활연구훈련센터가 호스팅하는 웹 사이트이다. http://www.sel fadvo-
  cacyonline.org
- Technical Assistance Collaborative: 적절한 비용의 주택, 건강관리, 인간 서비스 그리
  고 공공정책 및 옹호에 초점을 맞춘 기술적 보조 제공업체. 이 웹 사이트는 2014년
  Priced Out과 같은 주택에 관한 보고서, 장애인 주택 바우처 데이터베이스와 기타 주
  택 옵션에 관한 자료를 제공한다. http://www.tacinc.org/

참고문헌

Administration on Intellectual and Developmental Disabilities (2016). *Fact sheet: President's Committee for People with Intellectual Disabilities.* Washington, DC: Author. Retrieved from https://www.acl.gov/sites/default/files/programs/2016-11/PCPIDfactsheet.pdf

American Association on Intellectual and Developmental Disabilities & Association of University Centers on Disability. (2016). Community living and participation for people with intellectual and developmental disabilities. Retrieved from: http://aaidd.org/news-policy/policy/position-statements/community-living-and-participation#.WlGS9FQ-d-U

Blatt, B. & Kaplan, F.M. (1966). *Christmas in purgatory: A photographic essay on mental retardation.* Republished in 1974, Syracuse, NY: Human Policy Press.

Centers for Medicare and Medicaid Services (2014). *Final Regulation*: 1915(i) State Plan HCBS, 5-Year Period for Waivers, Provider Payment Reassignment, Setting Requirements for

Community First Choice, and 1915(c) HCBS Waivers–CMS–2249–F/CMS–2296–F 42 CFR § 441. Available at http://www.medicaid.gov/HCBS .

Flynn, R.J. & Nitsch, K.E. (1980). *Normalization, social integration and community services*. Baltimorem MD: University Park Press.

Hill, K. (2012). Permanency and placement planning for older youth with disabilities in out-of-home placement. *Children and Youth Services Review, 34*, 1418-1424.

John F. Kennedy Presidential Library and Museum (2016). *JFK and people with intellectual disabilities*. Retrieved from http://www.jfklibrary.org/JFK/JFK-in-History/JFK-and-People-with-Intellectual-Disabilities.aspx .

Kugel, R. & Wolfensberger, W. (Eds., 1969). *Changing patterns in residential services for the mentally retarded*. Washington, D.C. President's Committee on Mental Retardation.

Lakin, K.C., Hill, B.K., & Bruininks, R.H., (1985). *An analysis of Medicaid's Intermediate Care Facility for the Mentally Retarded (ICF–MR) program*. Minneapolis, MN: University of Minnesota, Department of Educational Psychology.

Lakin, K.C., Blake, E.M., Prouty, R.W., Mangan, T., & Bruininks, R.H., (1993). *Residential services for persons with developmental disabilities: Status and trends through 1991*. Minneapolis, MN: University of Minnesota Center on Residential Services and Community Living, Institute on Community Integration/UAP.

Larson, S.A. & Lakin, K.C. (1991). Parent attitudes about residential placement before and after deinstitutionalization: A research synthesis. *Journal of the Association for Persons with Severe Handicaps, 16*, 25-38.

Larson, S.A., Doljanac, R., & Lakin, K.C. (2005). United States living arrangements of people with intellectual and/or developmental disabilities in 1995. *Journal of Intellectual and Developmental Disability, 30*, 236-239.

Larson, S.A., Eschenbacher, H.J., Anderson, L.L., Taylor, B., Pettingell, S., Hewitt, A., Sowers, M., & Fay, M.L. (2017). *In-home and residential long-term supports and services for persons with intellectual or developmental disabilities: Status and trends through 2015*. Minneapolis, MN: University of Minnesota, Research and Training Center on Community Living, Institute on Community Integration.

Larson, S.A., Lakin, K.C., & Hill, S.L. (2013). Behavioral outcomes of moving from institutional to community living for people with: U.S. studies from 1977 to 2010. *Research and practice for persons with severe disabilities, 37*(4), 1-12.

Larson, S. A., Lakin, K. C., Anderson, L. L., Kwak, N. (2001) Demographic characteristics of persons with MR/DD living in their own homes or with family members: NHIS-D analysis. *MR/DD Data Brief, 3*(2). Minneapolis, MN: University of Minnesota, Institute on Community Integration.

Lightfoot, E., Hill, K., & LaLiberte, T. (2011). Prevalence of children with disabilities in the child welfare system and outcome of home placement: An examination of administrative records. *Children and Youth Services Review, 33*, 2069-2075.

Minnesota Governor's Council on Developmental Disabilities (2016). *V. The reawakening 1950-1080 b. 1950-1970 Improving the institutions.* Video: Senator Robert Kennedy visiting institutions ('snake pits') in New York. St. Paul, MN: Retrieved from http://mn.gov/mnddc/parallels/five/5b/4.html .

Newman, L., Wagner, M., Knokey, A.-M., Marder, C., Nagle, K., Shaver, D., Wei, X., with Cameto, R., Contreras, E., Ferguson, K., Greene, S., and Schwarting, M. (2011). *The post-high-school outcomes of young adults with disabilities up to 8 years after high school. A Report From the National Longitudinal Transition Study-2* (NLTS2)(NCSER 2011-3005). Menlo Park, CA: SRI International. Retrieved from www.nlts2.org/reports/

Rizzolo, M.K., Larson, S.A., & Hewitt, A.S. (2016). *Long-term supports and services for people with IDD: Research, practice and policy implications. Critical issues in intellectual and developmental disabilities: Contemporary research, practice, and policy.* (pp. 89-107). Washington, DC: American Association on Intellectual and Developmental Disabilities.

Scheerenberger, R. (1983). *A history of mental retardation.* Baltimore, MD: Brookes Publishing Co.

Ticha, R., Hewitt, A., Nord, D. & Larson, S.A. (2013). System and individual outcomes and their predictors in services and support for people with IDD. *Intellectual and Developmental Disabilities, 51*, 316-332.

U.S. Department of Education (2016a). *EDFacts Data Warehouse* (EDW): "IDEA Part B Exiting," SY 2014-15. Retrieved from https://www2.ed.gov/programs/osepidea/618-data/static-tables .

U.S. Department of Education (2016b). *EDFacts Data Warehouse* (EDW): "IDEA Part B Child Count and Educational Environments Collection," 2015-16. Retrieved from https://www2.ed.gov/programs/osepidea/618-data/static-tables .

Westcott, H.L. & Jones, D.P.H (1999). Annotation: The abuse of disabled children. *Journal of Child Psychology and Psychiatry, 40*, 497-506.

제4장 일과 진로: 단순한 직업 이상의 것

Amy Gunty, Joe Timmons, & Kelly M. Nye-Lengerman

선행조직자

- 돈을 버는 직업을 갖는 것은 성인의 전형적인 역할의 하나로 간주된다.
- IDD를 가진 사람들은 고용을 통해 여러 가지 혜택을 받는다.
- 가치 있는 사회적 역할은 사람들을 계속 연결시키는 긍정적인 상호작용의 기회를 제공한다. 실업자나 불완전 고용된 사람들은 사회적·경제적·개인적 성장에 있어서 제한된 기회를 갖게 된다.
- 고용에 대한 장벽은 고용주, 옹호자 및 장애 조직과 시스템으로 다루어야 할 필요가 있다.

이 장에서는 지적·발달장애^{IDD}를 가진 사람들의 고용을 지원하는 정책과 법률에 대한 검토 및 완전한 고용 참여를 방해하는 일반적인 장벽을 포함하여 IDD를 가진 사람들을 위한 고용 및 비고용 주간 서비스의 역사를 알아볼 것이다. 지역사회에서 IDD를 가진 개인의 의미 있는 고용을 장려하는 모범 사례, 중재와 전략에 관한 정보를 제공한다.

대부분의 성인에게, 고용인은 많은 사람이 추구하는 가치 있는 사회적 역할이다. 실직 상태이거나 불완전 고용된 사람들에게는 이런 기회가 부족하므로 다음과 같이 직업을 갖는 것을 포함한 삶에서의 좋은 점 몇 가지를 놓칠 수 있다.

- 관계와 우정의 개발
- 존엄성, 존중과 수용의 확대
- 소속감과 목적에 대한 인식
- 기술의 개발과 연습
- 지역사회와 사회에서 일어나고 있는 일에 대한 관점의 공유
- 활동과 관계에 참여할 기회
- 물질적 요구 충족을 위한 수입

　역사를 통틀어 가족, 서비스 제공기관 및 지역사회 구성원과 시스템에서는 IDD를 가진 사람들이 지역사회에서 의미 있는 직업을 갖는다는 것을 기대하지 않아 왔다. 대신, IDD를 가진 사람들은 전문적인 돌봄과 관리 감독이 필요한 것으로 간주하여 왔고, 이는 종종 과잉보호, 그들의 자유와 사회적 통합에서의 제한을 야기해 왔다. 이런 식으로 IDD를 가진 사람들은 보통 대부분의 성인이 직장에서 얻을 수 있는 일반적인 기회들에 대해 조직적으로 거부당해 왔다. 그러나 IDD를 가진 대부분의 사람은 지역사회에서 일하는 것에 대한 관심과 바람 그리고 의지를 가지고 있다(AAIDD and The Arc, 2012).

　IDD를 가진 사람들은 이 장의 뒷부분에서 다루는 다양한 유형의 환경에서 일하면서 그들의 낮 시간을 보낸다. 지난 수십 년보다 오늘날 더 많은 IDD를 가진 사람이 최저 임금을 받으면서 지역사회에서 일하고 있지만, 여전히 상당수의 사람에게 그러한 기회조차 부족하다. 실제로 IDD를 가진 많은 비고용자는 보호된 시설 기반의 환경에서 그들의 낮 시간을 보내고 있으며, 이러한 환경들은 실제 경쟁고용으로 이어지지 않는 직업학교 입학 전 프로그램이나 훈련 프로그램을 포함할 수 있다(Butterworth et al., 2016). 직업을 갖는 것은 지역사회 생활과 참여의 중요한 부분이기 때문에, 최근 IDD를 가진 사람들을 위한 지역사회 기반 고용 옵션을 지원하고 투자하는 정책과 실제들에 초점을 맞추기 위한 노력들이 활기를 띠며 나타나고 있다.

　고용이 사람과 지역사회 모두에 갖는 사회적·경제적 이익을 감안할 때, 모든

사람이 직업을 갖고 통합되며 의미 있는 고용에 접근할 수 있는 길을 열어야 한다. 또한 서비스와 지원은 고용을 예방하는 것보다는 촉진해야 한다. IDD를 가진 사람들에게 고용은 예외exception가 아닌 기대expectation여야 한다. 실제로 이러한 기대가 보편적이 되려는 움직임을 반영하기 위해 정책이 변화하고 있으며, 이러한 변화가 지속되는 것이 중요하다.

1. IDD를 가진 사람들과 고용의 역사

20세기 말까지 IDD를 가진 사람들을 시설에 분리하는 것은 일반적이었다. 이 시설들은 많은 사람에게 주거를 제공하는 것 외에도 IDD를 가진 사람들을 위한 주간 지원의 주요 제공기관이었다(Nielsen, 2013; The Minnesota Covernor's Council on Developmental Disabilities, n. d.). 이러한 분리는 모든 종류의 장애를 가진 사람들이 무력하며 이들을 사회에 들이지 않는 것이 모두에게 최선이라는 신념에 근거한 것이다. 다른 사람들은 장애가 (가족들이 죄가 있거나, 사악하거나, 귀신 들렸기 때문에) 그들의 운명에 합당한 처벌의 한 형태라고 믿었다. 이 무지한 오해들은 IDD를 가진 사람들이 기술이나 사회적 지위를 갖지 못한 것으로 보며 종종 인간 이하의 취급을 받는 현실을 초래했다. 많은 지역사회에서 IDD를 가진 사람들은 조직적인 학대와 함께 학습, 독립이나 모든 유형의 일상적 생활에서의 기회들이 제한되는 것을 경험했다(Nielsen, 2013).

대규모의 자급시설들은 종종 거주자들이 일을 하여 시설 운영을 유지하고, 돈을 거의 받지 않거나 무상으로 토지 관리하기, 주방에서 요리와 청소하기, 세탁하기, 농장 일하기와 같은 일을 하였다. 20세기 후반, IDD를 가진 개인을 시설 외부에서 고용한다면, 그것은 거의 항상 분리된 환경이며, 단조롭고 천한 노동을 하고, 적은 돈을 받거나 돈을 받지 못하는 일이었다.

제1차, 제2차 세계 대전 중에 전쟁 부상으로 더 많은 사람이 장애인이 되었으며, 이에 따라 시설치료와 직업 서비스에 대한 수요가 증가했다. 보호작업장으로 알려진 분리된 프로그램의 수가 증가했다. 이곳은 부상이나 장애 재향군인이 일할 수 있는 장소였으며 낮 동안 사람들에게 할 일을 주는 자선의 방법으로 여겨졌다. 시간이 지남에 따라, 이전에 군대에서 복무하지 않은 거주자들도 보호작업장을 이용할 수 있게 되었다. 미국 노동부(1979)에 따르면 미국의 보호작업장은 1948년 85개에서 1976년에는 약 3,000개로 늘어났다.

장애 아동과 청소년은 일반적으로 1970년대 이전의 공립학교 환경에서는 배울 수 있는 기회가 없었으며, 이는 분리된 주간 프로그램이 활성화되도록 기여하는 상황이 되었다(Nielsen, 2013). 대부분의 사람은 학교가 장애를 가진 아동들에게는 도움이 되지 않으며, 그들의 존재가 다른 학생들의 학습을 방해할 뿐이라고 믿었다. 따라서 장애를 가진 많은 어린이와 청소년을 공립학교에서 제외시켰다. 그러나 그들은 여전히 낮 동안 갈 곳이 필요했다. 이로 인해 IDD를 가진 사람들에게 교육 및 직업학교 입학 전 훈련을 제공하도록 고안된 주간 프로그램 수가 증가하였다. 이러한 많은 프로그램이 처음에 시설과 연결되었지만 일부는 분리된 지역사회 환경에 있었다. 자녀가 배우고, 성장하고, 일할 수 있다는 것을 알았기 때문에 장애를 가진 자녀를 위해 더 많은 것을 원했던 부모들이 이런 주간 프로그램을 많이 만들기 시작했다.

보호작업장과 주간 프로그램은 학습과 목적이 있는 활동 기회를 제공하기 위해 고안되었지만, 시간이 지남에 따라 일반적으로 어디에서 무엇을 하며 낮 시간을 보낼지에 대해 참여자들이 목소리를 낼 수 없는 창고처럼 보이기 시작했다. 일이 있는 경우, 대부분의 장애 근로자에게는 최저 임금 이하의 임금을 지급하였다. 대부분의 경우 이 프로그램들은 훈련으로 간주되었지만, 이러한 훈련은 사회에 통합되거나 지역사회에 통합된 고용으로 연결되지 않고 수년간 지속되었다(Friedman & Rizzolo, 2017).

1) 고용과 교육지원 법안

1970년대에 장애인의 권리를 보호하는 두 가지 중요한 법률의 통과와 함께 변화가 시작되었다. 1973년 재활법은 모든 유형의 장애를 가진 사람들이 고용되거나 훈련을 받기 위한 지원과 자원에 접근할 수 있도록 규정하고 있다. 재활법은 보호작업장을 폐쇄시키지는 않았지만 연방정부와 관련된 활동이나 프로그램에서의 차별을 금지했다(이는 1990년 미국 장애인법의 효시였다). 그것은 장애를 가진 사람들이 고용, 상품과 서비스 구입, 정부 프로그램과 서비스에 참여하는 능력을 포함하여 지역사회 생활에 참여할 수 있는 기회를 보장하는 것을 목표로 하고 있다(The Rehabilitation Act of 1973).

그리고 2년 후, 1975년 '전장애아동교육법'EAHCA이 제정되었다. 전장애아동교육법은 연방 기금을 받는 모든 학교에 장애 아동이 비장애 아동이 받는 교육과 최대한 비슷한 교육을 받을 수 있도록 요구함으로써 장애 아동과 청소년을 보호했다. 또한 장애 아동이 받는 교육에 대한 부모의 우려를 보고할 수 있는 시스템을 만들도록 했다. 교육은 미래 직업능력을 뒷받침하는 기초 지식과 기술을 제공하기 때문에 고용에 결정적인 경로라는 것은 두말할 나위가 없다. 또한 압도적인 증거들이 교육에 대한 접근성이 장기 고용 성과에서 중요한 역할을 한다는 것을 보여 준다. '전장애아동교육법'이 장애 아동에게 교육에 대한 동등한 접근을 제공했기 때문에 그들은 이제 장애가 없는 동료와 같은 방식으로 기초 지식과 기술을 습득할 수 있었다.

이러한 법률의 비준 후에 많은 사람이 IDD를 가진 사람들에 대한 더 많은 권리와 시민의 자유를 주장했다. 1980년대와 1990년대에 교육부는 주 정부에 지원고용 프로그램을 지원하는 주요 연방 보조금을 제공함에 따라 이러한 변화가 분명하게 나타났다. 1988년에 이 프로그램들이 시행되면서 APSEAssociation of People Supporting Employment First를 설립하였다. 이 조직은 모든 장애인을 위한 경쟁력 있는 통합고용을 옹호하며, 장애인이 통합고용을 찾고 유지하며 번영하도록 돕는 기본 원칙과 모범 사례에 대한 정보를 제공한다. 시간이 지나면서 지원고용(이 주 정부 보조금 프로그램에서 처음 개발됨)은 맞춤형 고용을 포함하여 IDD를 가진 사람들을 위한 다른 고용 접근 방식을 포함하도록 확장되었다.

2013년 '노동혁신기회법'WIOA과, 2014년 가정 및 지역사회 기반 서비스HCBS를 위한 의료보험서비스센터 최종 규정^{CMS Final Rule}을 채택하는 등 최근 연방 정책과 법률이 지속적으로 장애인의 시민권을 보호하고 있다. WIOA는 장애 관련 근로자 등 고용에서 실질적인 장벽에 부딪히는 청년과 성인들이 지역사회에서 양질의 의미 있는 일자리를 찾을 수 있도록 지원함으로써 사회 노동력을 강화하는 것을 목표로 하고 있다. WIOA는 청년을 위한 서비스를 우선하고, 청년 최저임금 고용에 대한 접근을 제한하며, 사업 협력단계와 지역사회 협력을 장려하는 1973년의 재활법 개정안도 포함하고 있다. HCBS에 대한 CMS 최종 규칙은 HCBS에 따라 메디케이드가 지불한 프로그램(면제 포함)은 통합된 지역사회 환경(즉, 장애가 없는 사람과 함께 있는 공간)에서 이루어져야 한다고 명시하고 있다. WIOA와 HCBS에 대한 CMS 최종 규칙에 대한 자세한 내용은 제1장에 설명하였다.

변화하는 풍토와 장애인에 대한 고용기대 증가는 고용우선운동^{Employment First movement}으로 발전했다. 이는 고용을 장애인이 선호하는 결과로 파악하고 장애인을 지원하는 사람들(예: 특수교사, 사례관리자, 고용 전문가, 가족)이 대안을 고려하기 전에 고용을 첫 번째 옵션으로 고려하도록 권장한다(APSE, 2017). 시간이 지나면서 많은 주가 행정 명령, 주 입법, 주 부서 정책과 기타 활동을 통해 고용우선 철학을 채택했다(Gunty, Dean, Nord, Hoff, & Nye-Lengerman, 2017). 이러한 노력들은 IDD를 가진 사람들이 지역사회의 풍요와 복지에 기여할 수 있는 기술과 재능을 가지고 있다는 것을 인정한다. 지지자와 자기옹호자는 모든 사람이 가장 우선적으로 선호하는 옵션으로서의 지역사회 기반의 통합된 고용을 위해 계속 일하고 있다. 가족과 옹호자들은 그들의 가족과 장애를 가진 친구들을 위해 고용을 포함한 지역사회 생활과 참여에 더 많은 접근을 원하고, 기대하며, 요구하고, 동등한 권리를 위해 법정에서 계속 싸우고 있다(예: Olmstead v. L. C., 1999).

2) 현재의 고용 환경

IDD를 가진 사람들을 위해 다양한 고용 제공기관과 주간 활동 환경이 존재한다. 그들은 지역사회 재활 제공기관, 일일 훈련과 훈련 프로그램이나 지원고용 제공기관으로부터 서비스를 받을 수 있다. 대부분의 주간 서비스와 고용 서비스는 메디케이드 HCBS(종종 면제 프로그램이라고도 함)를 통해 지불하지만, 재정 지원은 카운티나 주립 기관(예: 직업재활), 학교구 또는 비영리 단체에서 제공할 수도 있다.

사람들이 시간을 보내는 환경은 일반적으로 지역사회 유급 고용, 시설 기반 유급 고용, 지역사회 기반 비근로 및 시설 기반 비근로의 네 가지 유형으로 분류된다. 각 유형의 환경에서 하루를 보낸 IDD를 가진 사람들의 비율은 주마다 다르다(Butterworth et al., 2016).

IDD를 가진 사람들은 지역사회 유급 직종이나 시설 기반 유급 직종에 취업할 수 있으며, 국가 IDD 기관에서 1년간 유급의 복수 고용multiple employment에 참여하는 사람이 많다. 지역사회에서 일자리를 가진 사람(즉, 그들은 장애가 없는 또래들과 함께 일한다)은 지역사회 유급 고용에 참여하며 전국적으로 IDD를 가진 사람의 약 19%를 차지한다(Butterworth et al., 2016). 시설 기반 고용은 개인이 분리형 또는 반분리형 환경에서 일할 때 발생한다. IDD를 가진 사람들은 보통 이 일에 대해 최저 임금을 받는다. 시설 기반 고용은 보호작업장이라고도 할 수 있다. 전국적으로 IDD를 가진 사람의 약 23%가 이러한 고용 유형에 참여하고 있다(Butterworth et al., 2016). 중요한 것은 IDD를 가진 많은 사람이 자영업자이거나, 자신의 사업을 갖거나, 다른 사람들을 고용하고 있다는 것이다. 지난 몇 년 동안, 자영업 기회는 증가해 왔고, 다른 활동이나 환경에 대해 실행 가능한 대안을 제공해 왔다. 게다가, 공식적 고용 지원을 받지 않고 정식 서비스 시스템에 속하지 않는 IDD를 가진 개인은 수백만 명에 이른다(Larson, Salmi, Smith, Anderson, & Hewitt, 2013). 불행히도 공식적인 IDD 서비스 시스템의 일부가 아닌 사람들이 어디에서 일하고, 그들이 얼마나 벌고, 어떤 근로조건에 있는지는 잘 알기 어렵다. 왜냐하면 이러한 사람들을 국민가계 조사 자료에서 식별하기가 어렵기 때문이다(Nord et al., 2016).

IDD를 가진 사람은 임금을 받지 못하는 지역사회 기반 또는 시설 기반 비근로 환경에도 참여할 수 있다(Butterworth et al., 2016). 비근로 프로그램의 활동은 서비스 제공기관에 따라 다르다. 이름에서 알 수 있듯이 지역사회에서 IDD를 가진 사람들이 장애가 없는 사람들과 함께 활동에 참여하는 지역사회 기반의 비근로가 이루어진다. 이러한 프로그램에서는 IDD를 가진 사람의 40%가 이 환경에 접근하고 있다(Butterwort et al., 2016). IDD를 가진 사람들이 다른 장애인과 직원들과만 접촉하는 시설에서 주간 프로그램에 참석할 경우, 시설 기반 비근로에 참여하는 것으로 판별된다. 이는 보호작업장과 유사하지만 참여자들에게 급여를 지급하지 않는다. 2015년 전국적으로 IDD를 가진 사람의 약 53%가 시설 기반 비근로에 참여한 경험이 있다(Butterworth et al., 2016). 중요한 것은 IDD를 가진 사람들이 여러 환경에 참여할 수 있다는 점이다. 예를 들면, IDD를 가진 개인이 지역사회에서 아르바이트로 고용되고 또한 주중 다른 시간에 지역사회 기반의 비근로에 참여할 수 있다.

지원고용과 다른 공공 프로그램 투자에도 불구하고, 시간이 지나면서 고용률은 비교적 일정하게 유지되고 있다. 또한, 실제로 비근로 프로그램에서 지원받는 IDD를 가진 사람들이 증가하고 있다(Butterworth et al., 2016). 미국 전역의 새로운 정책과 혁신에도 불구하고 많은 사람에게 고용은 여전히 힘들다.

고용 성과는 무엇인가?

많은 정책과 실제의 변화에는 IDD를 가진 사람들의 '고용 성과' 개선에 대한 논의가 수반된다. 무엇이 고용 성과를 구성하는가에 대해서는 다양한 의견이 있다. 현재 장애인 고용연구 결과는 임금, 근무시간, 직원 복리후생 여부와 환경 유형이 가장 많이 확인된다. 정책, 실제나 중재가 고용 성과를 증가시키거나 향상시키도록 설계되었다고 할 때, 그것은 통합적인 지역사회 환경에서 소득, 근무시간, 혜택에 대한 접근성 및 직업의 비율을 증가시켜야 한다는 의미가 가장 빈번하다. 그러나 다른 유형의 성과들이 항상 측정되지 않더라도 평가절하하지 않아야 한다. 선택권을 갖는 것, 흥미로운 일에 참여하는 것, 개인적인 만족감을 찾는 것, 독립성을 얻는 것, 이용가능한 지원을 활용하는 것, 사회적 관계와 연결성 개발하는 것 등이 그것이다. 제10장은 삶의 질 성과 측정에 대한 추가 정보를 제공한다.

2. 오해와 가정

IDD를 가진 개인의 고용 성과를 향상시키기 위해서는, 많은 사람이 가지고 있는 몇몇 가정들을 직시하는 것이 중요하다. 오랫동안 지켜온 신념은 극복하기 어려울 수 있다. 우리는 다음과 같은 다섯 가지 일반적인 가정을 다루어야 한다.

(1) 고용주는 IDD를 가진 사람들을 고용하지(또는 고용을 원하지) 않을 것이다

정정: 고용주들은 그들의 사업을 개선하려고 하고 있으며, 이것을 성취하기 위해 도움을 줄 수 있는 재능 있는 사람들을 찾고 있다. IDD를 가진 사람들은 모든 직종의 고용주들에게 가치 있는 기술을 가지고 있다. 고용주들은 성공으로 가는 지원을 제공하는 방법을 반드시 알고 있어야 한다. 시간이 지나면서 IDD를 가진 사람의 성공적인 채용은 다른 사업의 본보기가 되며, 다양한 배경과 기술을 가진 직원을 채용하는 것이 사업에 도움이 될 수 있다는 것을 보여 준다.

(2) IDD를 가진 사람들은 생활임금을 벌 필요가 없다. 그들에겐 다른 혜택이 있다

정정: 평등하고 공정한 소득에 대한 접근성은 종종 최저 임금 이하로 급여를 받아온 IDD를 가진 사람들에게 오랫동안 거부된 시민권이다. IDD를 가진 사람들에게 특정한 정부 혜택이 주어지지만, 그들이 이 시민권을 부정하는 것은 아니다. 시설 기반 작업이나 보호작업장에서 IDD를 가진 사람이 얼마나 긴 시간 동안 일하는가보다 완료하는 횟수에 따라 보수를 받는 반복노동을 수행하는 경우가 많다. 개인별 생산성 비율은 모든 직종의 업무에 따라 다르지만, 더 이상 대부분의 직장에서는 직원 생산성에 따라 지급하지 않는다. IDD를 가진 사람들은 이런 식의 차별을 받을 수 있는 유일한 집단 중 하나이다. IDD를 가진 사람을 포함한 어떤 사람은 그 개인의 흥미와 선호에 맞는 직업에 배치될 때, 더 깊은 참여와 더 높은 생산성 그리고 더 큰 만족을 얻을 것이다.

(3) IDD를 가진 사람들은 지역사회에서 많은 지원이 필요하며 혼자 있을 수 없다

정정: 우리 모두는 상사, 동료, 친구와 가족들로부터 고용에서 일종의 지원을 받는다. 우리가 직장에서 성공할 가능성을 높여 주는 모든 사람이 우리에게 고용 지원을 제공하고 있다. IDD를 가진 몇몇 사람들은 더 높은 지원 요구를 가지고 있지만, 다른 많은 사람은 여러 환경에서 독립적일 수 있다. 만약 어떤 개인에게 자신의 능력을 발휘할 수 있는 기회를 주지 않고, 독립성을 발휘하여 인생에서 다른 기회를 경험할 수 있는 기회를 주지 않는다면, 그들에게 얼마나 많은 지원이 필요한지 여부를 결정하는 것이 매우 어려울 것이다. 올바른 지원은 IDD를 가진 사람들이 자신의 강점과 기술을 증명하고 가능한 한 독립적인 사람이 되도록 한다.

(4) 일부의 IDD를 가진 사람들은 일하기에는 장애가 심하다

정정: 사람들은 종종 그들에게 주어진 기대에 부응한다. 만약 사회가 IDD를 가진 사람들이 일을 할 수 없을 것이라고 기대한다면, 그것은 자기충족적인 믿음이 될 것이다. IDD를 가진 사람들에 대한 기대감을 높이는 것은 고정관념과 차별의 효과와 싸우기 위한 첫걸음이다. 개인은 자신에게 의미 있는 일을 찾을 수 있고 사회에 기여하는 일원으로서 충분히 참여할 수 있는 일을 기대할 수 있어야 한다. 가족들은 사랑하는 사람들이 의미 있는 일과 직업을 가질 것이라고 기대할 수 있다. 지역사회 구성원들은 IDD를 가진 사람들이 사회, 경제, 정치적으로 그들의 지역사회에 기여할 것이라고 기대할 수 있다. 고용주들은 IDD를 가진 사람들이 그들의 사업에 도움이 되는 가치 있는 기술들로 기여할 것이라고 기대할 수 있다. 고용을 통해 IDD를 가진 사람들이 자신의 지역사회에 보다 완전하게 통합되는 것은 높아진 기대감에서 출발하며 한 번에 1명의 개인, 한 번에 하나의 업무를 지원하는 데 초점을 맞춘다.

(5) IDD를 가진 사람들은 성공적인 고용을 위해 공식적 제공기관에서 서비스를 받아야 한다

정정: 대다수의 IDD를 가진 사람은 공식적인 서비스를 받지 않는다. 제공기관

은 일자리를 찾고 유지하는 사람을 지원하는 데 유용할 수 있지만, 그것이 항상 필요한 것은 아니다. 친구, 가족, 고용주와 개인적 인맥도 이러한 유형의 지원을 제공할 수 있다. 이 모든 것에서 가장 중요한 것은 IDD를 가진 대다수의 사람이 일하고 싶어 한다는 것이다.

IDD를 가진 사람들이 스스로 가치 있는 사회적 역할을 개발하도록 지원하는 것은 IDD와 관련된 오명을 줄이는 데 기여하고, 의미 있는 고용을 향한 기회를 개선시키도록 도울 수 있다. IDD를 가진 사람들이 사회적 역할을 중시했을 때, 다른 사람들은 그들을 독특한 개인으로 인식하게 되고 그들이 어떻게 지역사회를 풍요롭게 하는지 보게 된다. IDD를 가진 사람들이 그들의 기여로 인해 존중받는 상호작용은 지역사회의 사람들이 IDD를 가진 사람들에 대한 그들의 가정과 기대를 재평가하도록 자극할 것이다.

앞에서 논의한 가정들의 메시지는 개인에게 평생 동안 미묘하게 전달된다. 이러한 메시지와 낮은 기대치는 내재화될 수 있고, 때로는 IDD를 가진 사람들이 일할 수 없거나 일할 기회를 가질 자격이 없다는 등 자신에 대한 제한된 신념을 만들기도 한다. 위험을 감수하고 점점 더 독립적으로 발전할 기회가 없다면, IDD를 가진 사람들은 항상 자신의 능력에 대한 현실적인 관점을 갖지 못할 것이고, 자신의 삶에 대해 정보에 입각한 선택을 할 수 있는 적극적이고 자기결정적인 개인으로서 권한을 부여받는 것을 느끼지 못하게 될 것이다.

3. 현재 논란과 도전

앞에 열거한 가정들을 바꾸는 것은 IDD를 가진 사람들이 경쟁적이고 통합된 고용에서 일할 수 있는 더 많은 기회를 만들기 위한 투쟁의 한 부분일 뿐이다. 다른 논란과 도전들도 한몫을 하고 있다. 고용과 관련된 과제에 대한 이해관계자들의 인식은 다양하다. 이 절에서는 IDD 분야에서 논의되는 일부 세력과 상황을 다루고, 이러한 문제들 중 일부에 대한 해결 방법을 설명한다.

1) 개인

IDD를 가진 사람들은 직업 경험이나 훈련이 거의 없는 상태에서 학교를 떠나 직장으로 전환하거나 중등교육의 기반을 마련하는 경우가 많다. 장애가 없는 많은 청년이 고등학교 시절 아르바이트나 봉사 경험을 활용해 타인(예: 고객)과의 교류, 문제 해결, 팀워크 등 필요한 취업 능력을 갖고 있다는 것을 예비 고용주에게 입증한다. 그러나 많은 학교가 IDD를 가진 청소년을 위한 아르바이트나 봉사활동을 통해 직무 기반 학습^{work-based learning}을 지원하는 자원들이 제한적이다. 따라서 고등학교를 마친 후 IDD를 가진 청년들은 장애 없는 청년들이 할 수 있는 것과 같은 방식으로 예비 고용주들에게 자신의 역량을 발휘하지 못하게 된다.

나아가, IDD를 가진 청소년과 성인을 위한 현재의 서비스 시스템은 개인으로서가 아니라 집단으로 사람들을 가르치고 지원하도록 구조화되어 있다. 이러한 집단 지원과 서비스는 사람들이 IDD를 가진 사람들을 분리된 집단 환경에 두는 것이 더 쉽고 비용이 덜 든다고 생각했던 수년간의 제도화로부터 연장된 것이다. 맞춤형의 개별화된 훈련과 근무 경험 없이는 IDD를 가진 사람들이 일자리를 찾고 유지하며 지역사회에 더 완전하게 통합되도록 돕는 것이 어렵다.

2) 가족

가족들에게는 IDD를 가진 사랑하는 사람이 장애를 가진 개인이라는 동일한 메시지와 가정이 넘쳐난다. 그들은 종종 IDD를 가진 가족이 돌봄과 보호를 받을 필요가 있다고 생각하도록 사회화된다. 가족들은 사회 구조, 메시지, 신념 때문에 가족원들에 대한 낮은 기대를 형성해 갈 수 있다. 많은 가족이 통합된 고용환경에서 잘 지내고 있는 IDD를 가진 성인을 만나 보지 못했기 때문에 그들의 가족원이 가능한 한 독립적으로 지원받으면서 경쟁적이고 통합된 직장에서 잘 지내는 미래를 그리는 능력이 부족하다.

또한, 고용과 관련해 인식된 위험 때문에 가족원들은 종종 사랑하는 사람들이 일하는 것에 대해 걱정한다. 가족들은 일반적으로 다음의 두 가지 유형의 위험에 대해 걱정한다. 첫째는 재정이다. 개인이 일을 할 경우 현금급여(예: 보충적 보장소득 또는 사회보장 장애보험)와 의료급여(예: 메디케이드)를 포함한 중요한 정부급여를 상실할 수 있다는 것이다. 복리후생과 직업 간 상호작용의 복잡성은 혼란스러울 수 있으며, 가족들이 복리후생을 받기 위해 싸워 왔을 때, 경쟁적이고 통합된 고용으로 인한 잠재적 손실은 너무 위험하게 느껴질 수 있다.

많은 가족이 느끼는 두 번째 위험은 건강 및 안전과 관련된다. 가족들은 그들이 사랑하는 사람이 지지받지 못하고, 이용당하고, 괴롭힘을 당하거나 다른 방식으로 피해를 입을 것을 우려하여 지역사회 기반 고용을 무섭거나 위험하다고 볼 수 있다. 이러한 두려움은 한 개인**에게** 중요한 것과 그 개인**을 위해** 중요한 것의 균형을 맞추기 어려운 일반적인 예이다.

3) 지역사회 구성원

IDD를 가진 사람들의 고용을 고려할 때 당연히, 고용주는 중요한 지역사회 구성원이다. 대부분의 고용주는 이윤을 늘리고 비용을 줄이기 위해 노력하면서 그들의 수익에 초점을 맞춘다. IDD를 가진 사람들을 고용하기 위해 고용주들이 전략적이고 창의적인 사고를 해야 할 수도 있다. 많은 고용주는 IDD를 가진 사람을 고용하는 것이 사업에 무엇이 좋은지 이해하는 것을 어려워한다. 기업 리더들은 종종 IDD를 가진 사람을 고용할 때 더 높은 보험 비용이나 전문 장비에 대한 추가 비용이 들어갈 것으로 예상한다. 그들은 IDD를 가진 개인들을 위한 지원고용의 합리적 조정의 실행 계획을 이해하지 못할 수 있다.

일반적으로 사업주와 경영자는 특정 직무에 대한 설명을 통해 직무와 관련 업무를 판별해 왔다. 개발된 이 직위들은 IDD를 가진 사람에게 적합하지 않을 수도 있다. 기업이 조정과 지원에 대해 배우고, IDD를 가진 사람들의 강점과 기술, 관심이 필요한 과제를 찾기 위해 직무개발자와 기꺼이 협력할 때, IDD를 가진 사람들을 고용하는 것이 여러 면에서 그들의 사업을 향상시킨다는 것을 알게 될 것이다.

지역사회와 직장에서 IDD를 가진 사람들에 대한 태도는 서서히 변하고 있다. 안타깝게도, 몇몇 사람들은 여전히 IDD를 가진 사람들이 독특한 강점을 가지고 있다고 보는 것에 어려움을 겪고 있다. 이 중 상당수는 경험이 부족하고, IDD를 가진 사람들과의 제한된 개인적 관계에서 비롯된 것이다. IDD를 가진 사람들과 함께 시간을 보낼 기회가 없다면, 사람들은 그들이 어떻게 지역사회의 복지에 기여할 수 있는지 알지 못한다. IDD를 가진 사람들이 지역사회에 있을 기회를 가지면, 다른 지역사회 구성원들은 그들과의 개인적인 경험과 관계를 발전시킬 것이고, 이것은 그 지역사회 구성원들이 IDD를 가진 사람들에게 수행할 수 있는 가치 있는 사회적 역할을 더 잘 반응하고 받아들일 수 있게 해 줄 것이다.

4) 제공기관

IDD를 가진 사람들을 지원하기 위해 급여를 받는 제공기관들은 개인, 가족 및 기업들로부터 저항과 신뢰 부족의 형태로 앞에서 언급된 모든 과제에 직면하고, 그들은 입법, 정책, 예산 그리고 때로는 소송으로 인해 끊임없이 변화하는 시스템에서 과제에 부딪힌다. 제공기관을 지원하는 재정 조달은 최선의 성과 도출을 위해 필요한 지역사회 내의 개별화된 서비스를 제공할 만큼 충분하거나 유연하지 않은 경우가 많다. 경우에 따라, 사업자는 지역사회 기반 고용 서비스의 사기를 꺾는 비근로 또는 비지역사회 환경에서 IDD를 가진 사람들을 지원할 때 더 많은 재정을 지원받는다. 높은 수준의 스트레스와 극복해야 할 많은 장벽은 높은 전문가 이직률을 초래한다. 이것은 종종 현장이나 기관에 오래 머물면서 IDD를 가진 사람들이 경쟁적이고 통합된 고용을 찾고 유지하기 위해 지원하는 진정한 전문지식을 개발할 수 있는 사람이 거의 없다는 것을 의미한다.

4. 생애주기 기대와 전환

누구에게나 학교에서 직장으로의 전환은 만만치 않은 과제가 될 수 있고, IDD를 가진 청소년과 청년들에게 이러한 전환은 특히 스트레스가 될 수 있다. 지금은 개인이 학교의 보호와 구조(대부분의 경우, 개별화교육계획[IEP] 또는 504 계획)에서 벗어나 미지의 환경으로 가는 시기다. 이러한 전환은 학교구에서 제공하던 의무적인 서비스에서, 성인 서비스 구조에서 제공하는 보다 제한된 서비스로 이동하는 것을 포함하고 있다. 이 시기를 흔히 전환절벽이라고 부르는데, 청년과 가족이 낯선 다수의 서비스 기관 속으로 떨어지고, 상호 간 뚜렷한 연관성이 없는 사일로[1]에 있는 경우가 많다. 고등학교 졸업 후 개인이 이용할 수 있는 장기 지원이 없는 경우도 있다. 그러나 이러한 전환기에 내재된 스트레스와 어려움을 해소하기 위해 장애 청소년과 청년들 그리고 이들을 지원하는 사람들이 할 수 있는 일들이 있다.

고용을 목표로 삼고 우선순위를 정하는 전환 계획은 가능한 한 빨리 시작해야 한다. 이는 구직자의 능력과 선호도에 초점을 두는 맞춤형 개인중심의 IEP[person-centered IEP] 과정을 통해 달성할 수 있으며, 이는 취업 적성[employment fit]을 잘 지원할 것이다. IEP 목표는 직업 기술 개발, 선호와 관심의 탐구, 유급 및 무급 업무 경험에의 참여를 목표로 할 수 있다.

IDD를 가진 학생이 진로 탐색, 기술과 선호도 개발, 개인적 탐색, 직무체험[job shadowing], 정보수집 인터뷰와 같은 자원들을 활용하기 때문에 공식적 및 비공식적 도구들 모두 이 과정을 지원할 수 있다. 이 자원들은 다양한 목적으로 사용된다. 예를 들어, 다양한 역할과 환경에서 일하는 사람들을 관찰하거나 체험하는 것은 학생들에게 특정한 직업이 어떤 것인지에 대해 현실적인 관점을 갖게 한다. 학생의 관심사에 맞는 봉사 활동이나 유급 직무경험에 참여하면 취업에 필요한 기술을 발굴하고 개발하는 데 도움이 되는 동시에 그러한 역할들에서 성과

---

1) 큰 탑 모양의 곡식 저장고(또는 핵무기 등 위험 물질이나 가축 사료 지하 저장고)

를 향상시키는 지원을 파악할 수 있다.

이 기간 동안 가족과 그들의 인맥은 필수적이다. 학교는 지역사회에서 실제 업무와 자원봉사의 기회를 얻는 데 한계가 있다. 14세부터 가족은 자신의 사회적 인맥을 활용해 IDD를 가진 사랑하는 사람을 지원하고 자원봉사와 취업 기회를 최대화하는 것이 좋다. 이러한 네트워킹을 오로지 학교에만 의존하는 것은 종종 막다른 골목으로 이어진다. 가족들은 IDD를 가진 가족을 위한 성공적인 과정을 구축할 수 있는 많은 옵션을 가지고 있고, 그들은 이러한 기회들의 중요성을 이해하도록 학교 시스템을 밀고 나갈 수 있다. 또한 그 개인이 직업에 고용되거나 중등학교에 입학한 후에 필요한 교통, 혜택 그리고 지원 같은 성공적인 성인기의 다른 중요한 요소를 일찍 계획하기 시작하고 이를 위해 대화를 나누는 것이 중요하다.

5. 실용적 제안과 중재

1) 개인

지역사회 환경에 취업하고자 하는 IDD를 가진 사람들의 역량을 강화하기 위해서는 그들이 자신의 삶에서 능동적인 역할을 수행하는 능력을 기르고, 자신의 삶의 모습을 정보에 근거하여 선택함으로써 자기결정권을 행사하도록 지원하는 것이 필요하다. 개개인에게 취업의 의미와 취업 및 유지에 필요한 기술을 습득할 기회를 주는 것이 필수적이다. 개인이 질문을 할 수 있고, 멘토를 찾고, 비슷한 환경의 다른 사람들을 관찰하며, 실제 직장 경험을 할 수 있을 때 이러한 지식과 기술이 개발된다.

서비스 제공기관은 이러한 기회를 일부 제공하지만, 가정과 협력자들이 추가적 기회를 제공함으로써 경험을 향상시킬 수 있다. 개인과 함께 일하면서 알려지고, 살아 있는 지식과 기술을 얻을 수 있는 경험에 연결시켜 주는 사람은 많을 수록 좋다. 게다가 대부분의 사람은 인맥과 네트워크를 기반으로 일자리를 찾는데, 이것은 IDD를 가진 사람들에게도 해당된다. 개인의 인맥을 개발하고 확장하는 것은 그들을 고용하거나 고용할 수도 있는 다른 사람들과 개인적으로 네트워킹할 수 있게 해 주기 때문에 중요하다.

직장을 찾고 고용을 유지하는 전 과정을 통해, 관련된 모든 사람들은 고용할 사람이 IDD를 가진 개인이고, 이 고용이 그 개인 삶의 한 측면이라는 것을 기억해야 한다. 따라서 IDD를 가진 개인이 스스로 결정하도록 지원하는 것은 고용 성과뿐만 아니라 전반적인 삶의 만족도, 웰빙well-being과 성장해 가는 능력에도 가장 강력하고 지속적인 영향을 미칠 것이다.

2) 가족

(1) 기대 설정하기

가족들이 IDD를 가진 사랑하는 사람이 통합된 환경에서 일할 것이라고 기대하는 것은 IDD를 가진 사람들의 지역사회 생활 핵심 요소인 고용을 지원하기 위해 필수적이다. 이러한 기대를 키우는 가장 좋은 방법은 가족들이 그들 자신의 지역사회에서 고용되어 일하고 있는 다른 IDD를 가진 사람들을 보는 것이다. 이것은 가족들에게 그들의 사랑하는 사람이 고용된다면 어떤 모습일지, 그리고 그 궁극적인 성과를 준비하기 위해 그들이 사랑하는 사람이 필요한 기술과 경험에 대해 생각할 수 있는 참고자료가 될 것이다.

(2) 위험 지원하기

한 개인의 삶이 진행되는 동안, 가족구성원들은 사랑하는 사람이 적절한 위험을 감수하도록 허용하고 그 과정에서 도움을 줄 수 있다. 당연히 가족들은 IDD를 가진 개인의 안전에 대해 걱정하지만, 반(反)직관적으로 보일지라도, 개인의 삶에서 위험을 감수하도록 지원하는 것은 실제로 그들 자신을 안전하게 지키는 능력을 향상시킨다. 시간이 지나면서 개인이 적절한 위험에 처하게 되면, 그들은 처한 위험의 결과로부터 배우게 되며, 이는 위험(가능 비용)과 보상(가능 이익)의 균형을 맞추는 기술을 함양할 수 있게 될 것이다. 더욱이, 개인이 위험을 감수하도록 지원하는 것은 그들에게 위험의 존엄성을 경험할 기회를 제공하는데, 이를 통해 그들은 자신감을 쌓을 수 있고 (위험한 것을 포함한) 결정을 내릴 때 생기는 역량 강화를 경험할 수 있다. 위험의 존엄성과 그에 수반되는 강화된 통제력은 IDD를 가진 개인이 지역사회 직장에 내재된 위험과 보상을 탐색하는 데 필요한 기술을 가지고 통합 고용에 들어갈 수 있는 역량을 강화하고 직위를 조절한다.

가족들은 IDD를 가진 사람들이 일자리를 찾는 과정에서 가장 강력한 지지자가 될 수 있다. 가족들은 질문을 하고 현재 상황에 도전할 수 있으며, 취업에 대한 정보를 찾고, 지역사회 환경에 취업할 개인을 위한 지원을 찾도록 밀어붙일 수 있다. 가족들이 이를 수행하는 한 가지 방법은 지역사회 환경에 고용된 다른 IDD를 가진 사람들의 가족을 찾는 것이다. 이러한 연결고리를 통해 가족들은 잠재적 장벽과 이용 가능한 지원을 포함하여 다른 가족들이 겪었던 과정에 대해 배울 수 있다. 그것은 또한 가족들이 함께 단결하여 고용인을 통해 IDD를 가진 사람들을 지역사회에 완전히 통합시키는 것을 추진하는 집단적 목소리가 될 수 있다.

지역사회 전체가 항상 IDD를 가진 개인이 고용 가능하다고 가정하지는 않을 것이다. 가족들은 IDD를 가진 사람들이 능력과 지식을 가진 숙련된 사람으로 보이도록 요구함으로써 이 간극을 메울 수 있다. 가족들이 가정과 고정관념으로 인한 취업 장벽에 직면할 때 무엇이 가족원이 취업하지 못하게 하는지를 물어보며 그 가정에 도전할 수 있다. 뒤이은 대화는 가족이 개인의 흥미와 기술을 명확하게 표현할 수 있을 때(또는 개인이 명확하게 표현할 수 있도록 지원할 때), 그리고 그것이 다른 사업이나 고용 상황의 맥락에서 어떻게 들어맞을 수 있을지를 설명할 수 있을 때 향상된다.

IDD를 가진 사람이 지역사회에서 일자리를 찾을 수 있도록 돕는 공식적인 지원이 없을 때, 가족들은 그들 자신의 인맥과 기술을 활용하여 그 과정을 용이하게 할 수 있다. 가족들은 구직자를 가장 잘 알기 때문에 그 개인이 지역사회에서 변화를 일으킬 수 있는 장소를 볼 수 있는 독특한 위치에 있다. 언급했듯이, IDD를 가진 사람을 포함한 대부분의 사람은 개인 대 개인 네트워킹person-to-person networking을 통해 일자리를 찾는다. 가족들이 아는 사람들과 연결되면서 IDD를 가진 사랑하는 사람이 잘하는 것과 관심 있는 것에 대해 대화를 나눌 수 있고, 이 대화를 통해 사랑하는 사람이 특정 욕구를 충족할 수 있는 지역사회의 장소를 탐색할 수 있다.

이러한 모든 면에서 가족은 IDD를 가진 사람들을 위한 의미 있고, 경쟁적이고, 통합된 고용을 찾는 과정에 내포된 부분이다. 가족의 작업은 결국 IDD를 가진 사람들을 위한 통합된 직업을 지지하는 지역사회에 의해 촉진될 수 있다.

3) 지역사회 구성원

지역사회는 다방면으로 IDD를 가진 사람들의 고용을 지원할 수 있다. 지역사회의 구성원들, 특히 기업 리더와 인적자원 전문가는 IDD를 가진 개인을 고용한다는 것의 의미에 대한 교육을 받고, 그들의 사업에서 어떤 일이 IDD를 가진 사람들에게 잘 맞을 수 있는지를 고려할 수 있다. 다양한 기업이 IDD를 가진 사람을 고용할 수 있게 되면, 이는 구직자와 고용주 모두에게 더 만족스러운 일자리 매칭 기회를 만들어 줄 것이다.

기업 리더들은 더 나은 연결을 위해 IDD를 가진 구직자들을 알고 있는 사람들을 찾을 수도 있다. 기업 리더는 IDD를 가진 사람들을 위한 통합된 고용을 위해 일하고 지원하는 전문기관에 가입할 수 있다. 그러한 전문기관의 회원 기반은 종종 기업계 대표들 없이 서비스 제공기관들로 구성된다. 그러나 IDD를 가진 사람들의 고용 지원에 관한 논의에서 기업 관점을 공유하기 위해 기업 리더들이 솔선수범할 수 있다.

더 나아가, IDD를 가진 사람을 일단 채용한 후에는 그 개인에 대한 높은 기대를 갖는 것이 중요하다. IDD를 가진 사람들은 전문적인 기준에 따라야 한다. 기업과 고객이 그러한 기대를 가질 때, 그것은 역량의 가정을 전달하여 IDD를 가진 직원이 기대에 부응하여 자신의 모든 능력을 발휘할 수 있게 한다. 단순히 장애를 가졌다고 해서 전문가답지 못한 행동을 해서는 절대 안 된다. IDD를 가진 사람들은 전문적인 수행에 대한 기대에 부응하기 위해 추가적인 지원이 필요할 수도 있고, 일반적으로 '상식'이라고 여겨지는 기대에 대한 명시적인 설명을 요구할 수도 있지만, 그들은 전문성에 대한 기대를 충족시킬 수 있고, 그렇게 할 수 있는 기회를 얻어야 한다.

다면적인 지역사회 지원은 IDD를 가진 사람들이 지역사회의 중요한 구성원일 뿐만 아니라 가치 있게 받아들여지는 환경을 조성한다. 이러한 관점은 지역사회 내의 각 개인이 독특한 관점과 기술, 폭넓은 관심사를 가지고 있으며, 모든 사람이 지역사회에 통합되면 지역사회 자체가 더욱 풍요로워진다는 개념을 지지한다.

4) 제공기관

IDD를 가진 사람들의 개선된 고용 성과를 지원하기 위해 제공기관이 참여할 수 있고, 또 참여해야 하는 특정한 실제들practices이 있다. 이러한 실제들은 어느 정도 조직의 변화를 요구할 수 있다. 변화의 과정은 반드시 관련인들에게 정기적으로 전달되는 명확하고 일관된 조직 목표에 초점을 두고, 과정 전반에 걸쳐 서로 다른 주체(구직자, 가족, 기업)가 참여하며, 한 번에 한 구직자에게 하나의 일자리 매칭을 집중하기 위한 전략을 개발해야 한다(Timons & Lyons, 2016).

포괄적 고용 지원모델([그림 4-1])은 IDD를 가진 구직자의 성공적인 고용 성과를 달성할 가능성을 높이기 위해 사업자가 활용하는 활동과 지원전략의 개요를 제공한다(Migliore, Nye-Lengermen, Lyons, Bose, & Butterworth, 2018). 이 모델은 구직과정의 기초가 되는 구직자의 요구, 선호도와 강점을 기반으로 한다. IDD를 가진 구직자와 일자리를 연결하는 것이 이 모델에서 가장 중요하다. 이 모델은 구직자를 지원하는 것이 신뢰 구축, 구직자 파악, 취업이나 직무 발굴, 지원 계획 수립 등을 포함하는 순환적이고 지속적인 과정이라는 것을 보여 준다. 제공기관이 IDD를 가진 구직자에게 이 모델에서 강조된 활동에 지속적으로 참여하여 구직활동을 지원할 경우, 일자리 매칭을 보다 용이하게 할 수 있다.

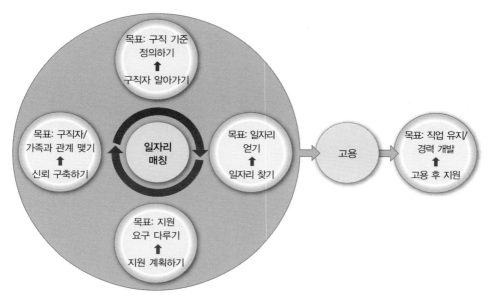

[그림 4-1] 포괄적 고용 지원 모델

출처: ThinkWork

제공기관들이 구직자 및 그의 가족들과 신뢰를 쌓는 것은 중요하다. 언급한 바와 같이, 가족(및 다른 협력자)은 궁극적으로 사랑하는 사람의 안전과 웰빙에 대해 걱정하기 때문에, 제공기관이 경쟁적이고 통합된 고용을 찾는 전 과정을 통해 사랑하는 사람의 웰빙을 유지해 줄 것이라고 신뢰할 필요가 있다. 신뢰를 쌓기 위해, 제공기관들은 구직자들과 그들의 가족을 포함한 모든 사람을 알아가는 데 시간을 할애해야 한다. 이는 제공기관이 개인의 강점, 흥미와 지원 요구를 진정으로 이해하기 위해 구직자와 비공식적인 시간을 보내도록 요구하기 때문에 제공기관에 상당한 변화가 될 수 있다. 그러나 이러한 시간의 투자는 IDD를 가진 개인에게 적합한 위치를 판별하기 위해 고용주와 협상할 수 있는 더 큰 능력을 갖게 될 것이다. 또한 제공기관이 강점 기반의 관점에서 구직자를 보다 잘 대표하고 논의할 수 있도록 하는 한편, 구직자가 자신의 강점과 재능을 논의하는 기술을 개발할 수 있도록 할 것이다.

제공기관들은 또한 사업체 및 그 리더들과 인맥을 만들고, 관계를 형성할 필요가 있다. IDD를 가진 사람이 취업한 기존 직위의 일자리는 게시되지 않는 경우가 종종 있다. 오히려 제공기관은 기업을 알아가면서, 고용주와 구직자 모두의 요구를 충족시키기 위해 일자리를 맞춤화할 기회를 발견한다. 창의적 사고는 IDD를 가진 사람들을 위해 고용을 맞춤화하고 일자리를 찾는 열쇠가 된다. IDD를 가진 사람들과 사업에도 도움이 되는 맞춤형 일자리를 만들기 위해 직무를 나눌 수 있고(직무 공유), 직무를 수정하고 조정할 수 있다.

이러한 모든 역할을 고려하여 지역사회 고용을 촉진하는 제공기관은 IDD를 가진 개인이 자신의 직위에서 성공하기 위한 지원계획도 수립한다. 이것은 사업이나 직책의 기존 구조 안에서 자연적이거나 비공식적인 지원을 찾는 것을 포함한다. 필요한 경우, 직원이 가능한 한 자립하면서 성공할 수 있도록 보다 공식적인 지원을 제공할 수 있다. 공식적인 지원에는 직무지도job coaching, 보조공학, 직접 지원 전문가가 제공하는 서비스, 이동 서비스 등이 포함된다. 일부 공식적인 지원은 고용 초기(예: 교육 기간 동안)에 잠시 지속되는 반면, 다른 것들은 더 오래 지속되기도 한다. 대부분의 공식적인 지원에 대한 재정은 정부 기관에서 나오는데 때때로 기업들이 이를 제공하기도 한다. 일단 일자리가 제공되면 제공기관은 IDD를 가진 개인을 도와 장기적 지원을 평가하고, 필요할 때 수정계획을 세워 그 개인이 일자리를 유지하고 승진하기 위한 최선의 기회를 갖도록 해야 할 것이다.

강점, 기술, 흥미와 선호도를 갖춘 구직자가 이러한 모든 활동에서 가장 중요하다. 제공기관은 기업의 요구, 목표와 목표의 맥락 안에서 구직자에게 중요한 것과 그들을 위해 중요한 것이 균형을 이루도록 하기 위해 개인중심적 사고person-centered thinking와 계획을 지속적으로 적용해야 한다. 이러한 임계 균형critical balance은 개인을 건강하고 안전하게 유지하는 맥락에서 무엇이 개인을 행복하게 하고, 몰입시키며, 활력을 주는가를 고려한다. 구직자 삶의 일부인 각 개인은 개인중심적 사고와 그것이 성공적인 구직 및 이후 고용에 어떻게 기여하는지에 대해 이해하고 있어야 한다.

제공기관이 개인중심적 사고방식을 채택할 때 궁극적인 일자리 매칭은 구직자와 기업 모두에게 잘 맞을 가능성이 높다. 이는 결국 개인이 직원과 동료로 가치 있는 사회적 역할을 수행함으로써 지역사회의 참여 구성원이 될 수 있게 한다.

5) 진로계획 및 평가

구직활동을 적극적으로 시작하기 전에 일반적으로, 구직자가 경험과 흥미, 기술을 바탕으로 취업목표를 정할 수 있도록 지원하는 진로계획평가 활동을 하는 것이 유용하다. 평가는 결함이나 약점을 파악하는 데 초점을 맞추지 말고 개인이 잘하는 것을 밝히는 데 초점을 두어야 한다. 강점과 선호도, 성장을 위한 영역을 발굴하는 것이 우선되어야 한다. 진로계획은 평가 중에 수집된 정보를 가지고 이용 가능하거나 새로 개발된 직책에 대한 개인의 흥미, 기술, 강점과 적성에 매칭한다. 개인중심적 진로계획은 시스템에 존재하거나 시스템에 가장 손쉬운 것이 아니라 한 번에 한 개인에게 초점을 맞추는 창의적인 과정이다. 몇 가지 개발된 모델은 발견 과정을 포함한 이러한 유형의 탐색적 평가 또는 개인재능발견Discovering Personal Genius[2]을 지원하는 구조를 제공한다(Griffin & Hammis, 2011).

평가 과정의 결과를 바탕으로 구직자는 구직에 대해 현실적인 선택을 하면서 새로운 흥미와 능력을 발견할 수도 있다. 성과의 질적 평가는 강점을 기반으로 하기 때문에 그들이 하지 않았거나 배우지 않은 것에 대해 IDD를 가진 사람들을 평가해서는 안 된다. 오히려 최선의 실제best practice는 사람들이 자신이 할 수

---

2) Discovering Personal Genius™ (Discovery). 구직자의 일상생활에서 구직자와 상호작용하여 지역사회에서 고용 기회와 결합할 수 있는 기존 기술이나 떠오르는 기술과 재능을 드러내는 6~8주의 구조화된 방법. 디스커버리는 더 개인적인 방법으로 구직자를 알고 그들의 독특한 기술, 흥미, 학습 양식, 지원 요구, 개인적 선호 등 고용에 가장 중요한 요소들을 '발견'하게 한다. 디스커버리는 지필평가나 다른 유형의 작업 테스트를 완료하기보다는, 그들이 일반적으로 시간을 보내는 장소에서 각 구직자와 함께 활동에 참여하는 것을 포함한다 (출처: https://standup-inc.com/discovery/).

있고, 알고 있는 것에 근거하여 고용을 고려할 것으로 기대하는 기초에 기인한다. 평가에서는 직무에 필요한 지원을 판별하기 위해 사람들이 공식적·비공식적 업무 경험에서 최고의 수행을 하도록 하는 지원 역시 검토해야 한다. 여기에는 감독자 피드백, 동료 교육과 지원, 직장 내 절차와 일과, 가족이나 이웃으로부터의 이동 지원과 같은 자연적 지원뿐만 아니라 직무지도, 직접 지원 전문가, 보조공학과 같은 공식적 지원이나 유료 지원을 포함할 수 있다.

6) 지원고용과 지원고용 서비스

지원고용^{SE}은 "가장 심각한 장애를 가진 개인들을 위한 맞춤형 고용을 포함한 경쟁적이고 통합된 고용…… 관련된 개인의 강점, 능력, 흥미와 정보에 입각한 선택에 따라 개인화되고 맞춤화된 고용"으로 정의된다(WIOA, 2013). 장애를 가진 구직자를 위한 SE의 효과에 대한 증거들이 존재한다(Wehman, Chan, Duckman, & Kang, 2014). 맞춤형 고용은 구직자가 도움을 받아 고용주와 고용주 요구를 모두 충족하는 직책의 의무를 조정하기 위해 협상할 때 일어난다. 자영업은 구직자가 사업주이자 고용인이 될 수 있도록 고안된 맞춤형 고용의 한 형태이다. SE 접근에는 다음과 같은 공통적인 원칙이 있다(Drake, Bond, & Becker, 2012; Wehman, 2012).

- **경쟁고용 목표:** 구직자가 지역사회에서 경쟁적이고 통합된 고용을 찾도록 돕는 것이다.
- **개인선택의 중심성:** 구직자와 그의 강점 및 기술이 구직의 중심에 있으며 구직자들은 자신의 직업과 경력에 대해 정보에 근거한 선택을 할 수 있다.
- **혜택 상담의 중요성:** 진로계획에는 이용 가능한 혜택에 대한 탐색과 고용이 이러한 혜택에 어떤 영향을 줄 수 있는지가 포함된다.
- **신속한 직업탐색:** 구직자들은 구직 초기 단계에서 수년을 소비할 필요는 없지만, 합리적인 시간 내에 실제로 적합한 매칭을 찾을 수 있다.

- **맞춤형 직무**job carving **이용 가능 여부**: 구직자를 지원하는 사람들은 개인에게 적합한 직업을 찾는 것을 목표로 하고 있는데, 그것은 구직자를 위한 맞춤형 직무 설명을 만들기 위한 기업과의 협력을 포함할 수 있다.
- **시간 무제한적 지원**: 지원은 필요한 만큼 오래 지속할 수 있도록 계획하며, 자연적 · 공식적 지원을 모두 포함한다.

7) 조정

조정은 개인이나 집단을 위해 상황을 더 단순하게 만드는 적용이다. 이것은 동그란 손잡이 대신 긴 손잡이의 레버를 문에 설치하는 것과 같이 기술적으로 간단할 수도 있고, 말하는 컴퓨터나 점자프린터처럼 기술적으로 더 복잡할 수도 있다. 합리적인 조정은 다음과 같다.

적격한 신청자나 장애를 가진 고용인이 필수적인 직무 기능을 수행하는 직업이나 작업 환경에 대한 모든 수정이나 조정… 또한 합리적인 조정에는 적격한 장애를 가진 개인이 비장애 고용인과 동등한 권리와 특권을 갖도록 하는 조정사항이 포함된다 (EEOC, 2002).

조정은 지원 및 맞춤형 고용과 결합하면 협상 과정의 일부가 될 수 있다. 더 비용이 많이 드는 조정의 재정은 고용주나 직업재활청과 같은 정부기관에서 조달할 수 있다. 진로계획과 평가, SE와 조정은 추가적 중재를 개발할 수 있는 근본적인 접근 방식이다.

8) 시스템

시스템은 IDD를 가진 사람들을 위한 경쟁적인 통합된 고용을 지원하는 데 있어 다면적인 역할을 한다. 그들은 제공기관 교육, 기대되는 실제, 서비스에 필요한 문서화와 재정조달구조를 위한 기반을 설정하는 정책의 개발을 통해 이를 수행한다. 예를 들어, 국가 기관이 고용우선정책Employment First policy을 채택할 때 경쟁적이고 통합된 고용은 IDD를 가진 사람들이 가장 먼저 선호하는 결과로 판별될 것이다. 이것은 IDD를 가진 사람들이 경쟁적이고 통합된 고용을 찾을 수 있도록 제공기관들이 돕는 방법을 알고, 그들이 지원하는 각 개인과 함께 이 지식을 사용할 것이며, 그들이 그렇게 한 방법을 문서화할 것이라는 기대를 갖게 한다.

시스템은 또한 제공기관이 지역사회에 있을 것이라는 기대를 높임으로써 제공기관-지원고용과 기업 간의 의사소통을 촉진할 수 있고, 구직자와 기업을 보다 심층적으로 알 수 있다. 이것은 그들이 구직자와 고용주 모두의 만족도를 높이는 잠재력이 있는 일자리 매칭을 촉진하게 할 것이다. 또한 취업전문가들이 지역사회에서 더 많은 시간을 보낼 때, 기업들이 추가 지원이 필요한 사람들을 고용하는 것을 덜 위협적으로 인식할 수 있는 자연적 지원이 필요하거나 지원이 더 적게 필요한 일들을 잘 파악할 수 있다.

또한 정책은 지역사회 기반 고용에 초점을 맞춘 프로그램과 서비스에 대한 재정을 지원함으로써 IDD를 가진 사람들의 고용을 지원하는 시스템의 단계를 설정한다. 정책을 통해 시설 기반 환경보다 경쟁적이고 통합된 고용을 지원하는 프로그램과 서비스에 대한 인센티브를 제공하는 우선순위 및 지침의 윤곽이 드러날 수 있다. 그렇다면 재정조달 구조가 경쟁력 있는 통합된 고용의 바람직한 성과에 맞추어 조정되어야 하며, IDD를 가진 사람들을 위한 경쟁적이고 통합된 고용을 지원하는 서비스 제공기관, 개인과 기업에 인센티브를 제공할 필요가 있다. IDD를 가진 대다수의 사람이 지역사회에서의 고용을 원한다고 보고하고 있다(Butterworth et al., 2015; Nye-Lengerman, Pettingell, Nord, & Hewitt, 제출). 그러므로 이러한 욕망의 실현을 뒷받침하도록 재정조달이 가능하다면 IDD를 가진 사람들이 그것을 이용하게 될 것이다.

이 모든 수준의 조치는 IDD를 가진 사람들이 지역사회의 웰빙에 의미 있게 기여하는 통합된 고용을 통해 가치 있는 사회적 역할을 갖게 됨으로써 지역사회에 기여할 것이다. 이 고용은 IDD를 가진 사람들을 위한 지역사회 생활로 훨씬 더 깊은 통합의 기둥이자 조력자가 될 것이다.

사례 | **타미르 토그바타**

타미르 토그바타Tamir Tsogbaatar는 테크놀로지에 열정을 갖고 있다. 직업훈련과 SE를 제공하는 기관인 프로액트ProAct, Inc.의 맞춤형 고용 전문가 바브 맥거번Barb McGovern은 이렇게 회상한다. "저는 그가 테크놀로지 트렌드 전문가라는 것을 매우 빨리 알아차렸어요."

몽골의 작은 마을에서 태어난 타미르는 어머니가 설립한 학교에서 교육을 받았다. 타미르는 "저는 뇌성마비와 편마비를 갖고 태어났고 저에게 도움이 되는 보조공학은 없었어요. 장비가 없었고, 휠체어도, 저를 도와줄 의사도 없었죠."라고 말했다. 다행히도 타미르와 다른 장애를 가진 아이들을 지원하는 보육교사들이 있었다. 그는 11세에 미네소타로 이사했고, 고등학교와 전환 프로그램을 마쳤다.

바브가 타미르를 만났을 때, 그의 직업은 재활용으로 시간당 37센트를 버는 일이었다. 이동과 의사소통의 어려움으로 인해 타미르에 대한 기대는 희망적이지 않았다. 바브는 "그는 그가 할 수 있는 일, 자신의 진정한 직무 기술이 무엇인지 잘 몰랐어요."라고 말했다.

타미르의 꿈은 테크놀로지에 중점을 두어 베스트바이Best Buy[2]에서 일하는 것이었다. 바브는 타미르와 함께 온라인 지원서를 작성하고 면접 기술을 훈련했다. 바브는 "그는 자신의 모든 강점과 동기, 베스트바이 팀에 합류하고 싶은 바람에 대해 이야기할 수 있었어요. 그들은 지역의 여러 베스트바이 매장을 방문했을 때 대부분의 관리자가 타미르를 고객으로 보는 것에 놀랐죠."라고 말했다.

바브는 미네소타의 애플밸리Apple Valley에 있는 베스트바이 매장에서 타미르를 위한 회의를 주선했다. 총지배인 론 즐락Ron Szelag은 타미르의 테크놀로지에 대한 열정에 깊은 인상을 받았다. 론은 "타미르는 게임을 좋아해요. 테크놀로지를 좋아하는 점이 그를 차별화시켰어요."라고 말했다. 공식 면접 후 타미르는 상품 전문가의 직위

---

2) 베스트바이(Best Buy). 미국의 전자제품 전문매장

를 제안받았다.

론은 "그를 고용했으며 여러 분야에 걸쳐 교육을 했어요."라고 말했다. "그는 TV 판매, 재고, 상품, 가격 책정을 할 수 있어요. 그는 1년 동안 함께 있었고, 환상적인 직원이었죠." 타미르는 업무, 협업 분위기와 신제품을 접하는 것을 즐긴다. 타미르는 "제가 가장 좋아하는 것은 새로운 테크놀로지가 나올 때 사람들에게 테크놀로지 사용법을 알려 줄 수 있는 거예요."라고 말했다.

타미르의 말은 때때로 이해하기 어렵다. 새 직업을 시작한 후 몇 가지 음성출력장치들을 조사한 후 현재 그의 음성 패턴을 파악해서 고객과 보다 효과적으로 의사소통하는 데 도움이 되는 액티브 보이스Active Voice 앱을 사용하고 있다. 그가 매일 고객과 대화하는 위치에 있게 되면서 발음이 향상되었다. "타미르의 말하기는 크게 향상되었어요."라고 바브가 말했다. "대부분의 사람은 그를 이해하는 데 전혀 어려움이 없어요." 론은 곧 타미르의 말을 다른 직원들이 이해하는 데 어려움이 없어질 것이라고 언급하면서 동의하였다. 론은 "공식적인 조정으로 실제로는 아무것도 해줄 필요가 없었어요."라고 말했다.

이전의 재활용 직업에서 타미르의 임금은 신체적 숙련도와 생산성에 달려 있었다. 베스트바이에서는 다른 상품 전문가와 동일하게 시간당 11달러를 받는다. "타미르는 임금이 3,000% 증가했어요!"라고 바브가 말했다. 급여 인상 외에도 타미르는 자신이 선택한 업계에서 경력을 쌓는 데 도움을 받았다.

베스트바이에서 직업을 갖는 것은 타미르가 자신의 꿈을 실현하게 했다. 바브는 "타미르는 처음부터 이 일을 자신의 꿈의 직업으로 알고 있었어요"라고 말했다, "고객들과 소통하며 테크놀로지에 대한 열정을 나눌 수 있어요." 그리고 그 일은 타미르의 능력에 대한 그의 신념을 향상시켰다. 그는 "여기서 일하면 제가 더 독립적이 될 수 있어요."라고 말했다. 론은 테크놀로지에 대한 열정을 공유하는 열정적인 직원이 있다는 것에 감사한다. "그건 당신의 고객들에게 좋고, 믿을 수 있으며, 수익에도 좋지요."

6. 결론

직업을 갖는 것은 가치 있는 사회적 역할^{valued social role}이다. 고용은 독립, 경제적 자급자족, 존중, 목적, 존엄성, 완전한 지역사회 참여로 가는 길이다. 장애를 떠나 거의 모든 사람이 직업을 갖는 것으로부터 이익을 얻을 수 있다. IDD를 가진 사람들을 고용하면 다른 사람들이 IDD를 가진 사람들에 대해 가지고 있는 많은 오명과 오해를 줄일 수 있다. 고용은 고정관념과 싸우는 강력한 방법이다. IDD를 가진 사람들이 더 많아지면서, 다른 지역사회 구성원들은 그들과 의미 있는 상호작용을 경험하고 그들의 강점과 기술을 보게 된다. 이것은 지역사회에서 모든 사람에게 가치에 대한 감각을 키워 주고, IDD를 가진 사람들이 지역사회에서 의미 있는 부분이 될 수 있는 더 많은 기회를 개발할 수 있게 할 것이다.

IDD를 가진 대부분의 사람이 지역사회에서 일하고 있지 않지만, 최근 들어 개인, 가족, 제공기관, 정책 수준에서 경쟁적이고 통합된 고용에 초점을 두는 것에 대한 관심은 급증하고 있다. IDD를 가진 사람들이 많이 활용하기 때문에 시스템과 제공기관 모두 고용 지원에 투자하고 우선순위로 하는 것이 중요하다. 서비스와 지역사회의 모든 수준에서 높은 기대의 메시지는 IDD를 가진 사람들의 고용 성과를 향상시키는 데 매우 중요하다. IDD를 가진 사람을 노동력에 포함시키는 것은 사회의 사회적 · 경제적 · 문화적 구조 전반에 걸쳐 유익하다.

토론 질문

- 다양한 연령대의 IDD를 가진 개인에 대해 긍정적인 메시지를 촉진하고 취업을 준비할 수 있는 활동이나 기대의 예는 무엇인가?
- 장애를 가지거나 갖지 않은 사람들이 취업할 수 있도록 지원하는 지역사회 자원은 무엇인가? IDD를 가진 사람들은 이러한 지원을 어떻게 활용할 수 있는가?
- 가족들이 일하기 위해 IDD를 가진 가족원이 낮 동안 할 일이 있어야 할 때, 만약 주간 프로그램이나 다른 서비스를 선택할 수 없다면 무슨 일이 일어나겠는가?

- IDD를 가진 개인이 지역사회에서 유급 일자리를 구하거나 구하지 않기로 결정하는 데 어떤 인센티브와 의욕 저하 요인이 영향을 미치는가?

자원

- Association of People Supporting Employment First: 1988년 설립된 APSE는 장애인 개개인의 통합된 취업과 진로진출 기회를 전담하는 유일한 국가기관이다. APSE는 3,000명 이상의 회원을 보유하고 있으며 성장하는 국가 비영리 회원제 기관이다. 그들의 회원은 장애인, 가족, 장애인 전문가, 사업체 등이다. www.apse.org/
- LEAD Center: 리드센터는 모든 장애인의 개인과 시스템 차원의 변화를 진전시키기 위한 정책, 고용, 경제 선진화의 혁신을 촉진하는 데 중점을 두고 있다. 기존 시스템의 저장고를 타파하기 위해 고안된 시범사업뿐만 아니라 정책연구와 권고, 교육, 기술 지원 등을 제공한다. http://www.leadcenter.org/
- Office of Disability Employment Policy(ODEP): ODEP는 비규제적 연방기관으로, 장애인의 직장성공률을 높이기 위해 고용주와 모든 수준의 정부정책과 조정을 촉진한다. ODEP의 임무는 고용 기회의 수와 품질을 높이는 정책과 실제들을 개발하고 영향을 미치는 것이다. www.dol.gov/odep
- ThinkWork: ThinkWork는 보스턴 매사추세츠 대학교 지역사회통합연구소에서 IDD를 가진 사람들의 고용과 관련된 기회와 과제에 관한 일련의 자원들을 위한 중심지다. www.thinkwork.org
- Social Security Administration Red Book: 레드 북은 장애인을 위해 봉사하는 교육자, 옹호자, 재활전문가, 상담사를 위한 사회보장 장애보험 및 보충적 보장 소득 프로그램의 고용 관련 조항에 대한 일반적인 참고 자료의 역할을 한다. https://www.ssa.gov/redbook/

참고문헌

AAIDD and The Arc. (2012). Employment: Joint position statement of AAIDD and the Arc. Retrieved from https://aaidd.org/news-policy/policy/position-statements/employment#

Americans with Disabilities Act of 1990, Pub. L. No. 101-336, 104 Stat. 328 (1990).

Association of People Supporting Employment First (APSE). (2017). Defining Employment First. Retrieved from http://apse.org/employment-first/https://www.cdc.gov/ncbddd/disabilityandhealth/disability-barriers.html.

Butterworth, J., Smith, F. A., Winsor, J., Ciulla Timmons, J., Migliore, A., & Domin, D, (2016). *StateData: The national report on employment services and outcomes.* Boston, MA: University of Massachusetts Boston, Institute for Community Inclusion.

Butterworth, J., Hiersteiner, D., Engler, J., Bershadsky, J., & Bradley, V. (2015). National core indicators: Data on the current state of employment of adults with IDD and suggestions for policy development. *Journal of Vocational Rehabilitation, 42*(3), 209-220. doi:10.3233/JVR-150741

Centers for Medicare and Medicaid Services (2014). *Final Regulation*: 1915(i) State Plan HCBS, 5-Year Period for Waivers, Provider Payment Reassignment, Setting Requirements for Community First Choice, and 1915(c) HCBS Waivers-CMS-2249-F/CMS-2296-F 42 CFR § 441. Available at http://www.medicaid.gov/HCBS

Drake, R. E., Bond, G. R., & Becker, D. R. (2012). *Individual placement and support: An evidence-based approach to supported employment.* Oxford University Press.

The Education for All Handicapped Children Act of 1975, Pub. L. No. 94-142 (1975).

Friedman, C. & Rizzolo, M. C. (2017). "Get us real jobs:" Supported employment services for people with intellectual and developmental disabilities in Medicaid Home and Community Based Services Waivers. *Journal of Vocational Rehabilitation, 46*(1), 107-116. doi: 10.3233/JVR-160847

Griffin, C. & Hammis, D. (2011). Discovering personal genius: Self-employment for transition-age youth. *National Gateway to Self-Determination, September*(2), 13-16.

Gunty, A. L., Dean, K., Nord, D., Hoff, D., & Nye-Lengerman, K., (2017). *Employment First: An update on national progress.* Policy Research Brief, 26(2), Minneapolis, MN: Research & Training Center on Community Living at the University of Minnesota.

Larson, S. A., Salmi, P., Smith, D., Anderson, L., & Hewitt, A. (2013). *Residential services for persons with intellectual or developmental disabilities: Status and trends through 2011.* Minneapolis, MN: Institute on Community Integration, University of Minnesota.

Migliore, A., Nye-Lengerman, K., Lyons, O., Bose, J., & Butterworth, J. (2018). A comprehensive model of employment supports for job seekers with IDDIDD. *Journal of Rehabilitation*.

Minnesota Governor's Council on Developmental Disabilities. (n.d.). *Parallels in time: A history of developmental disabilities*. Retrieved from https://mn.gov/mnddc/parallels/index.html

National Association of Workforce Boards and the Public Consulting Group (2014). *The Workforce Innovation and Opportunity Act-Driving innovation, collaboration, and performance*. Retrieved from http://www.nawb.org/documents/Publications/WIOA_Overview.pdf

Nielsen, K. E. (2013). *A disability history of the United States*. Boston, MA: Beacon Press.

Nord, D., Butterworth, J., Carlson, D., Grossi, T., Cohen Hall, A., & Nye-Lengerman, K. (2016). *Employment for people with IDD: What do we know and where are we going? in National goals for research for people with IDDIDD*. Washington, DC: American Association on IDDIDD.

Nye-Lengerman KM, Pettingell SL, Hewitt AS, & Nord DK. (submitted Apr 2018). Utilization of employment services by people with intellectual and developmental disabilities: An analysis of National Core Indicator data. *Research and Practice Persons with Severe Disabilities*.

Rehabilitation Act of 1973, Pub. L. No. 93-112, 87 Stat. 355 (1973).

Timmons, J., & Lyons, O. (2016). Essential elements in organizational transformation: Findings from a Delphi Panel of experts. *Bringing Employment First to scale, Issue 8*. Boston, MA: University of Massachusetts Boston, Institute for Community Inclusion.

U.S. Department of Labor. (1979). Summary of major findings of the US Department of Labor sheltered workshop study. *Amicus, 4* (5,6).

U.S. Equal Employment Opportunity Commission (EEOC) (2002). *Enforcement guidance: Reasonable accommodation and undue hardship under the Americans with Disabilities Act*. Retrieved from https://www.eeoc.gov/policy/docs/accommodation.html

Wehman, P., Chan, F., Ditchman, N., & Kang, H. (2014) Effect of supported employment on vocational rehabilitation outcomes of transition-age youth with IDDIDD: A case control study. IDDIDD, 52 (4), 296-310. doi:10.1352/1934-9556-52.4.296

Wehman, P. (2012). Supported Employment: What is it? *Journal of Vocational Rehabilitation 37*, 3. 139-142. doi:10.3233/JVR-2012-0607

Workforce Innovation and Opportunity Act of 2013, Pub. L. No. 113-128 (2013).

제5장 우정, 사랑 및 즐거움: 사회적 통합과 관계

Angelra N. Amado, Jody Van Ness, Jennifer Hall-Lande & Rebecca Dosch Brown

선행조직자

- 나이와 상관없이 친구를 사귀는 것은 중요한 일이다.
- IDD를 가진 사람들은 다른 사람들과 사회적 관계를 맺는 데 어려움을 겪을 수 있다.
- 통합은 단순히 공간을 공유하는 것 그 이상이다.
- 지원서비스와 시스템은 때때로 친구를 사귀고 유지하는 데 방해가 될 수 있다.

장애를 가진 사람들에 대한 사회적 태도는 시간이 지나면서 달라져 왔다. 과거보다 더 많은 장애를 가진 사람들이 그들의 지역사회에서 활동적인 구성원이다. 장애인을 '미만' 또는 위험하다고 보는 것에서 많은 공헌을 하는 온전한 시민으로 인식하는 쪽으로 태도가 바뀌었다. IDD를 가진 사람들과 친구가 된 지역사회 구성원들은 기쁨, 유머, 사랑, 친절, 인생에서 중요한 것을 상기시키는 것과 같은 그들의 친구로부터 받는 선물에 주목했다. IDD를 가진 사람들은 그들의 기술과 재능으로 직장, 종교단체, 학교, 지역사회 조직에서 기여한다. 태도 역시 강력한 지역사회의 중요한 요소로서 다양성에 가치를 두는 쪽으로 변화하고 있다. 다양성이 증가한다는 것은 지역사회 생활의 모든 측면에 IDD를 가진 사람들을 통합시키는 것을 포함한다.

이제 기업, 동네, 모임에서 장애를 가진 사람들의 물리적 실재를 수용하는 것은 흔한 일이다. 그러나 IDD를 가진 사람들이 다른 지역사회 구성원들과의 친밀한 관계와 지역사회 소속감을 포함한 완전한 지역사회 통합을 누리려면 여전히 상당한 변화가 필요하다. IDD를 가진 사람들은 풍부한 사회적 인맥을 쌓을 수 있고, 지역사회의 가치 있는 사회적 역할을 할 수 있다. 지역사회가 진정으로 통합적이고, IDD를 가진 시민과의 관계와 그들의 기여를 가치 있다고 여길 때, 모두에게 일상적 지역사회 생활은 한 단계 향상될 것이다.

1. 관계의 중요성

우리의 첫 번째 관계는 가족과의 관계이다. 우리는 성장하면서 또래들과 우정을 키우고 어릴 때는 학교 친구, 성인이 되면서는 동료와 같이 다른 환경에서 관계를 형성해 간다. 우리는 또한 동네, 우리가 속한 모임의 친구, 동료 모임 및 직장 동료들과 더 넓은 지역사회에서 관계와 우정을 발전시킨다. 사춘기 동안 대부분의 사람은 남자 친구나 여자 친구와 같은 친밀한 협력관계를 발전시킨다. 최근에는 많은 사람이 '페이스북 친구'나 다른 온라인 친구들과 의사소통을 하지만 직접 만나지는 못했을 수 있다.

관계는 상호작용 빈도와 깊이에 따라 분류될 수 있다. 장애를 가진 사람들에게 사용되는 많은 개인중심계획 접근법에서 지지자들은 '관계 지도relationship maps'를 작성한다. 일반적으로 가장 안쪽에 있는 가장 깊은 관계와 바깥쪽에 있는 지인이 있는 동심원이다. 제2장에서 개인중심 접근 방식에 대해 자세히 알아볼 수 있다.

관계는 신체적 · 정신적 · 정서적 건강에 영향을 미친다. 관계가 적은 사람들은 평균 이상의 우울증이나 다른 신체적 또는 정서적 문제를 경험할 수 있다. 시카고 대학의 연구는 우정이 사람들에게 회복탄력성resilience을 기르고 역경 후에 회복할 수 있는 능력을 익히도록 도와줌으로써 건강에 도움이 된다는 것을 발견했다(Perry, 2014).

미국 간호사의 한 연구에 따르면 친한 친구가 없는 사람들은 친구가 많은 여성보다 암으로 사망할 확률이 4배 높았다(Kroenke, Kubzansky, Schernhammer, Holmes, & Kawachi, 2006). 질적인 관계와 친밀한 우정도 심리적 건강의 필수 요소이다. 우리의 생각, 행동과 감정은 다른 사람들과 의미 있는 관계를 형성하려는 동기에 의해 추진된다. 결과적으로, 질적인 관계를 개발하고 유지하는 데 있어 지속적인 도전을 경험하는 개인은 만성적인 사회적 고립감과 외로움에 취약하다.

건강과 우정으로부터 얻을 수 있는 다른 혜택들 외에도, 여가 전문가들은 우리가 가지고 있는 즐거움의 정도가 우리가 활동을 하는 사람들과 관련이 있다고 기록했다. 우리가 자전거를 타든, 외식을 하든, 영화를 보러 가든, 우리가 좋아하는 사람들과 이러한 경험을 함께하는 것이 더 재미있다.

2. 가치 있는 사회적 역할

관계와 사회적 인맥을 검토할 때, IDD를 가진 개인이 경험하는 사회적 역할의 다양한 유형을 이해하는 것이 중요하다. '사회적 역할'은 친구, 배우자, 직장 동료, 상사, 신도, 동료 그리고 많은 다른 사람과 관계가 있는 역할이다. 이러한 역할은 종종 그들에게 사회적 가치를 부여한다. 사람들은 주로 그들의 사회적 역할이 평가절하되었다고 느낀다. 고립의 역사적 패턴은 더 많은 대중이 장애인에 대한 평가절하를 반영하고 동시에 그에 기여한다. 울프 울펜스버거는 IDD를 가진 사람들의 삶의 질에 변화를 주는 가장 강력한 방법 중 하나가 그들이 더 가치 있는 사회적 역할을 하도록 돕는 것이라는 생각을 개발한 핵심 개발자였다(Wolfensberger, 2000). 최근 몇 년간, 다운증후군, 뇌성마비, 자폐증을 가진 많은 배우들이 영화와 텔레비전에서 주요 역할을 해 온 것을 예로 들 수 있다. 미국장애인법Americans with Disabilities Act, 이하 ADA은 장애인가 직장에서 평범한 직업을 가질 수 있는 길을 닦았고, 그곳에서 그들이 독특한 기술과 재능을 기부한다는 것을 알 수 있다. IDD를 가진 많은 사람이 교회의 안내자, 키와니스Kiwanis나 로터리 클럽^{Rotary club}의 회원, 공직 후보자와 같은 다른 중요한 사회적 역할을 맡아 왔다. 이러한 사회적 가치 있는 역할을 촉진하는 것은 IDD를 가진 사람들과 더 넓은 지역사회 간의 관계를 형성하는 것의 중요한 부분이다.

3. 친밀감 개발하기

친밀한 개인적 관계는 지적장애를 가진 사람들을 포함한 모든 사람에게 삶의 질에 중요한 요소이다(Wolfensberger, 2000). 동시에, IDD를 가진 사람들은 종종 친밀한 관계를 발전시키고 의미 있는 우정을 유지하는 데 상당한 도전을 경험한 다는 연구 결과가 있다(Friedman & Rizzolo, 2018). IDD를 가진 아이들은 전형적 으로 친구들과의 사회활동에 훨씬 더 적게 참여하고 장애가 없는 또래 친구들 에 비해 상호적인 우정의 수가 더 적은 것으로 보고된다(Solish, Perry, & Minnes, 2010). IDD를 가진 성인들은 장애가 없는 사람들보다 우정관계가 적은 것이 지 속적으로 확인되며, 확인된 관계들은 종종 IDD를 가진 다른 사람들과의 관계들 이다(Emerson & McVilly, 2004; Gilmore & Cuskely, 2014). IDD를 가진 노인들은 유급의 지원직원, 가족 그리고 IDD를 가진 다른 개인들과 가장 가까운 관계를 갖는 것으로 보고된다(Bigby & Knox, 2009).

연구에 따르면 서비스 시스템의 사람들 사이에서 빈번한 고립과 외로움, 인맥 에서의 다양한 관계가 부족하다는 증거들이 발견되었다. 한 연구에 따르면 IDD 를 가진 개인의 인맥은 평균 3명이며, 이 3명 중 1명은 직원인 것으로 밝혀졌다 (Verdonschot, de Witte, Reichraft, Buntinx, & Curfs, 2009). 이러한 연구 결과는 일 반 대중의 소셜 네트워크에 약 125명의 사람이 있다는 연구와 대조된다(Hill & Dunbar, 2003).

현재의 연구에 따르면 외로움과 고립감은 IDD를 가진 성인에게는 일반적인 경험이다. 이전 연구에서는 IDD를 가진 사람의 절반에 이르는 사람들이 자주 외 로움을 느끼는 것으로 나타났다(예: Stancliffe et al., 2007). 다시 말해, IDD를 가진 많은 사람이 그들의 지역사회에 통합되고 지역사회의 사회적 활동에 참여하고 있음에도 불구하고, 그들은 여전히 지역사회에서 친한 친구와 의미 있는 사회적 관계가 거의 없다고 보고한다(Bogenschutz & Amado, 2016).

4. 역사적 관점

장애를 가진 사람들에 대한 태도의 역사적 패턴에는 상당한 평가절하 패턴이 포함되어 있다. IDD를 가진 사람들을 고립시킨 제도화와 '특별한' 프로그램은 더 큰 지역사회에서 많은 부정적인 태도를 극복해야 할 필요성에 기여했다.

IDD를 가진 사람들의 물리적 통합이 크게 확대되었음에도 불구하고, 그들은 여전히 특별한 도움이 필요하고, 가치가 없는 사회적 역할을 하며, 종종 다른 시민들과 동등하지 않은 것으로 여겨진다. 또한, 공식적인 지원은 장애를 가진 사람들을 돕기 위해 고안되었지만 많은 복지 서비스 프로그램은 실질적으로 인구를 장애 세계와 지역사회 세계의 두 '세계'로 분리해 왔다. 데이비드 피토낙David Pitonyak(2014)은 "외로움이 유일한 장애"라고 기술하였다. 테이Tay와 디에너Diener(2011)는, 사람들이 기본적인 음식이나 쉴 곳이 부족할 때에도 친구가 있으면 행복할 수 있다는 것을 발견했다. 돈이 많지 않은 사람들(IDD를 가진 많은 사람에게 해당)도 목적의식이 있고, 사랑하는 사람들과 친구들의 네트워크가 튼튼하다면 여전히 행복을 느낄 수 있다. 비록 서비스가 기술 개발과 신체적 돌봄을 다루어 왔지만, '지속되는, 자유롭게 선택된 관계들'을 발전시키는 데 있어 사람들을 지원해야 하는 필요성은 많이 남아 있다(O'Brien & O'Brien, 1987). 전문가들이 한 개인에게 재미와 행복과 같은 혜택을 주는 관계를 만들도록 지원하기 전에 다른 것들이 '정렬'되기를 기다릴 필요는 없다. 연구들에서는 참여자들이 강한 소속감을 얻을 수 있는 보다 통합적인 공간을 만들 간단하고 실용적인 방법을 보여 주었다.

5. 오해와 가정

장애를 가진 사람과 그렇지 않은 사람 사이의 관계와 IDD를 가진 개인에 대한 완전한 시민으로서의 가치를 부여하는 것에는 많은 장벽이 있다. 오해와 가정이 두 가지 장벽이다. IDD를 가진 사람들에 대해 흔히 다음과 같은 진술을 듣게 된다.

(1) 그들은 자신의 부류와 함께 있기를 원한다

IDD를 가진 개인과 일반적 지역사회 구성원의 역사적 분리는 시설화에서 시작되었으며, 많은 서비스 설계에서 IDD를 가진 개인을 그룹화와 회합하는 것으로 현 시대에 영속되고 있다. '자신의 부류their own kind'에 속하는 사람들에 대한 이러한 개념은 종종 회합, 지역사회 교육 프로그램 그리고 일부 서비스 기관과 같은 지역사회 단체들로 하여금 장애를 가진 사람들을 위한 '특별한' 프로그램을 시작하게 만들었다. 이러한 설계들은 장애를 가진 사람들이 더 넓은 지역사회에 기여하는 것을 허락하지 않았으며, 지역사회 구성원들은 IDD를 가진 개인들을 그저 아는 사람이나 피상적인 수용 수준 정도로만 알게 된다.

(2) 과정이 자연스럽게 이루어져야 한다

장애를 가진 사람과 그렇지 않은 사람 사이의 관계를 증진시키는 것은 종종 주요한 태도의 차이를 극복하는 것을 요구한다. 비록 사람들이 자연스럽게 서로를 알아가는 것이 이상적이지만, 장애 세계와 지역사회 세계를 연결하기 위해서는 더 많은 의식적인 노력과 의지가 필요하다.

(3) 그들은 '특별한' 사람들이 필요하다

지난 세기의 서비스 설계는 지역사회 구성원들로 하여금 종종 장애를 가진 사람들이 서비스 시스템 내에서 '돌봄을 받는다'고 생각하게 만들었다. 일반적인 견해는 장애를 가진 사람들에게 그들을 부양하는 '특별한' 사람들이 필요하다는

것이다. 일반 대중들은 종종 지역사회를 통합적으로 만드는 데 있어 그들 자신
의 역할의 중요성을 인식하지 못한다. 복지 서비스는 종종 일반적인 사람들에
게서 IDD를 가진 그들의 동료 시민들을 알고, 친구가 되며, 지원할 수 있는 지
식을 빼앗아 왔다.

(4) 존재는 참여와 같고, 지역사회 활동은 관계와 같다

비장애인들이 살고, 일하고, 놀고, 예배를 드리는 곳에서 장애를 가진 사람들
이 물리적으로 존재하고 수용 받는 것은 완전한 지역사회 생활을 위해 매우 중
요하다. 하지만 관계와 기여를 쌓기 위해서는 더 많은 노력이 필요하다. 서비스
규정에서 '지역사회 참여'를 요구할 때, 복지 서비스 기관들이 종종 사람들을 식
당, 영화, 쇼핑, 교회 예배 같은 곳으로 데려가는 형태를 취하는데, 이는 물리적
인 통합에 불과하다. '지역사회 활동'이 진정한 호혜적 관계, 진정한 우정, 소속,
멤버십과 같은 것이 아니다. 개인중심계획 접근법을 구현하기 위해 상당한 노력
을 기울였던 4개의 지역사회를 대상으로 한 영국의 주요 연구에서 개인은 선택
과 지역사회 활동의 증가를 경험했지만 개인 사회적 인맥의 통합은 그렇지 않았
다(Green, Moore, & O'Brien, 2006). 그것은 일반적인 실제[practices]를 넘어서서 그
러한 향상을 실현하기 위해 더 많은 노력을 기울여야 할 것이다.

(5) IDD를 가진 사람들은 친밀한 관계를 가질 수 없다

IDD를 가진 사람들은 성적이지 않다는 믿음은 종종 더 친밀하고 애정적 관계
를 촉진하는 것을 방해한다. IDD를 가진 많은 개인은 자신이 성적인 존재가 아
니며, 준비가 되어 있지 않고, 섹스는 그들에게 너무 위험하다는 등의 다른 사람
들의 태도로 인해 친밀한 관계를 발전시키는 것을 주저하게 된다. 많은 가족에
게 그들의 자녀가 이용당하거나 학대를 당할지도 모른다는 현실적이고 합법적
인 두려움이 있다. 취약성은 중대한 관심사이지만, IDD를 가진 사람들은 성적으
로 자신을 표현할 권리가 있고, 사랑스럽고 친밀한 동반자가 있다는 인식과 두
려움이 균형을 이루어야 한다.

6. 현재의 논란과 도전

중요한 세력들이 현재 IDD를 가진 사람들을 위한 보다 의미 있는 지역사회 통합과 사회적 통합 운동을 지지하고 있으며, 더 큰 통합이 가능하도록 기존의 장벽과 쟁점을 해결하고 있다. ADA(1993)와 같은 입법과 Olmstead v. L.C. 결정 (1999)과 같은 소송은 IDD를 가진 사람들을 동네, 직장, 기업, 여가 프로그램, 모임으로 불러들였다. 근로혁신 및 기회법(2014), 주 정부의 고용우선정책, 메디케이드 면제 서비스를 받는 사람에 대한 규제는 이전에 분리되어 있는 생활과 직장 환경에 있었던 개인들의 지역사회 내 존재감을 증가시켰다. 제1장에서 이러한 법안에 대해 더 많이 설명했다. 지역사회 통합은 물리적 존재하기로부터 시작되며, 이들 법안과 같은 시스템 동인은 그러한 존재를 가능하게 했다. 그러나 주요한 도전 중 하나는 사회적 통합이 지역사회의 물리적 존재를 훨씬 넘어선다는 것이다. 사회적 통합은 물리적 · 정서적 · 문화적 · 경제적으로 IDD를 가진 사람들이 장애가 없는 사람들과 같은 방식으로 지역사회에 참여하고 기여하는 것을 의미하기도 한다.

1) 태도의 도전

태도는 IDD를 가진 사람들과 다른 지역사회 구성원들을 함께 모으는 데 있어 중요한 도전을 보여 준다. 앞서 언급했듯이 오해와 가정은 논란이나 두려움을 악화시킬 수 있다. 부모나 보호자가 가진 사랑하는 사람의 안전에 대한 두려움은 충분한 안전장치를 제공하면서 실질적인 기회를 제공하는 위험의 존엄성과 균형을 이루어야 한다. 책임에 대한 기관의 우려를 고려하는 동안 가족과 전문 지원 제공기관 모두 사회적 통합 촉진과 IDD를 가진 사람들에 대한 위해나 학대를 예방하는 것 사이에서 반드시 균형을 이루어야 한다.

2) 기관 및 시스템 지원의 쟁점

그들이 지원하는 개인의 사회적 통합 확대에 전념하는 기관들은 장벽을 야기할 수 있는 더 큰 정책적 쟁점을 포함하여 해결해야 할 많은 과제를 안고 있다. 더 많은 개인적 관계에 대한 중요한 장벽은 집합 프로그램(예: 공동생활가정이나 주간 프로그램)에 있는 사람들이 집단으로 지역사회 장소에 가야 할 때다. 지역사회 구성원들이 IDD를 가진 사람들의 집단을 볼 때, 그러한 사람들은 '그들만의 부류'에 속한다거나 '특별한' 사람들의 도움이 필요하다는 견해가 강화된다. IDD를 가진 사람들은 IDD를 가진 다른 사람들과 항상 집단화되어 개인으로 알려질 기회가 없다. 복지 서비스 시스템은 이 과제를 해결하기 위해 더 개별화된 지원을 제공하는 방법을 찾아야 한다.

한 개인이 지역사회 모임에 들어갈 때 독특한 개인으로 자신을 알릴 수 있는 기회가 최대화된다. 그러나 이는 소규모 공동생활가정이나 주간 프로그램과 같은 집단 상황, 개인이 자신의 장소와 연결하는 데 있어 일대일 지원을 받을 수 있을 만큼 충분한 인력이나 유연성이 없는 경우에는 어렵다. 예를 들어, 공동생활가정은 오후 9시에 직원이 2명에서 1명으로 줄어들 수 있다. 만약 어떤 행사가 정말 밤 10시에 진행된다면, 늦게까지 있고 싶어 하는 개인은 어떻게 그렇게 할 수 있겠는가? 기관들이 IDD를 가진 사람들을 개별적인 방식으로 지원하려고 할 때 직면하는 어려운 유형의 문제들이다.

또 다른 정책 쟁점은 비밀유지에 관한 것이다. 일부 직원들은 비밀유지 규정 때문에 지역사회 구성원들에게 사람들을 소개할 수 없다고 생각한다. 동시에, 사회복지 프로그램의 자금 지원을 규제하는 규정은 지역사회의 참여와 자연적 지원의 촉진을 필요로 하는데, 이것은 지역사회 구성원이 서비스를 받는 사람들에게 소개될 필요가 있다는 것을 의미한다. 실제로 직원들은 보호자의 동의를 받으면 사람들을 널리 소개할 수 있다는 것을 이해할 필요가 있다. 기관들은 그러한 동의를 받고 IDD를 가진 사람들 및 그들의 보호자들과 사회적 통합 계획을 논의할 필요가 있다. 기관들은 그들이 지원하는 사람들, 특히 그들 자신을 대변할 수 없는 사람들에 대해 어떻게 소개하고 무엇을 말해야 하는지를 다루기 위해 그들의 실제와 정책을 평가하고 심지어 변경이 필요할 수 있다. 또 연애, 성적인 관계, 결혼 등을 적절히 지원하는 정도에 대해서도 대행 정책과 실제를 평가할 필요가 있다. 기관 규정은 이러한 관계들을 자주 방해한다.

이동과 같은 물리적 도전도 쟁점이 될 수 있다. 예를 들어, 가족과 함께 사는 사람이 화요일 밤에 노래방에 가고 싶다면 가족 외에 누가 데리고 갈 수 있겠는가? 3~4명의 사람들이 직원 1명과 함께 공동생활가정에 살고 있고, 다른 사람들도 클럽에 가고 싶어 하지 않는다면, 클럽에 가고 싶은 사람은 어떻게 그곳에 갈 것인가? 또한 이동은 더 친밀한 관계를 지원하기 위해 다루어야 할 중요한 사안이기도 하다. 예를 들어, 서로 사귀고 싶어 하는 사람들은 종종 서로 다른 장소에서 살고 있다. 어떻게 그들이 함께 시간을 보낼 수 있도록 지원할 수 있겠는가?

소규모 지역사회에서 여가 기회는 종종 대중교통 종료 시간을 지나서까지 운영되기도 한다. 장애를 가진 청년들은 가족이나 직원이 데려가지 않으면 지역사회단체 모임이나 기회에 참여하지 못하는 경우가 많다. 교통수단을 이용한 창의적인 접근은 종종 같은 장소에 가는 다른 사람들을 찾아서 요청하고, 모임이나 서비스 기관에 태워 줄 것을 요청하거나, 더 큰 규모로는 대중교통의 확대를 옹호하는 것을 포함한다.

정부 차원에서는 여러 가지 정책적 쟁점이 사회적 관계를 저해한다. 의미 있는 사회적 통합의 기회는 보다 개인화된 환경에서 강화될 수 있기 때문에 생활과 작업환경에서 더 개인화된 지원을 향한 움직임은 계속 증가될 필요가 있다. 제1장에서 거주하는 지역사회에 IDD를 가진 사람을 완전히 통합시키는 데 영향을 미치는 정책과 법률에 대해 자세히 설명하였다. 또한 몇몇 주는 그들의 서비스 시스템에서 더 큰 사회적 통합의 필요성을 다루기로 약속했다(예: 2014년 켄터키 주). 주 차원의 조직들은 통합적인 지역사회가 다음 단계로 이동하기 위한 활동, 시책과 투자에 대해 약속하고 계획해야 할 필요가 있을 것이다.

7. 생애주기 기대와 전환

　IDD를 가진 사람의 사회생활에 대한 기대는 장애를 갖지 않은 사람에 대한 기대와 동일한 생애주기를 따라간다. 어린 시절의 아이들에게 가장 강력한 관계는 가족과의 관계이다. 아이들이 유치원과 학교에 입학하면서 동네 친구, 놀이 친구 등 동갑내기 친구들과 관계가 발전한다. 스포츠, 연극, 스카우트 등 관심사를 공유하는 사람들과의 우정은 더욱 발전한다. 10대 초반에는 성적 감정과 로맨틱한 관계가 시작될 수도 있다. 청년기와 성인기에는 취업이 중요해지고 직장 동료들과의 관계가 발전한다. 사람들은 데이트하고, 결혼하고, 아이를 가지면서 더 친밀한 관계를 발전시킨다. 나이가 들면서 사회적 관계의 유지, 외로움의 회피, 타인에 대한 공헌의식이 활력과 장수에 더더욱 중요해진다.

　IDD를 가진 사람들에게도 다양한 연령대의 일반적인 관계에 대한 이러한 기대를 적용한다. 가족, 협력자와 제공기관은 IDD를 가진 사람들을 위한 건강한 관계와 경계를 각 성장의 단계에 적합하게 모델링할 수 있고 그렇게 해야 한다. 그러한 모델링은 사회적 기술 개발과 관련된 광범위한 사람들을 찾는 것이 포함되어야 한다. 특히 IDD를 가진 사람이 학교 프로그램, 거주지, 직장 환경에 있을 경우, 자신의 관심사를 추구할 다른 장소를 찾고 소속감을 찾으며 재미, 우정, 사랑을 경험하기 위한 지원이 필요할 것이다. 개인이 말로 의사소통하지 않거나 의사소통 능력이 제한되어 있다면, 그들은 특히 그들의 독특한 재능과 성격을 더 넓은 지역사회에 소개하기 위한 지원이 필요할 것이다.

　많은 가족은 아이가 학교를 졸업하면 사회적 통합이 하락한다는 것을 정확하게 알고 있다. 학생이 중등 이후 활동postsecondary activities으로 전환되는 동안, 학교와 가정은 새로운 취업과 여가활동 기회를 판별하는 것뿐만 아니라 졸업 후에도 관계를 지속하도록 지원할 수 있다. 학생들이 성인 프로그램으로 전환을 시작할 때, 졸업 후의 사회생활을 계획하는 것이 중요하다. 학교 친구들과의 관계는 유지될 것인가? 그들은 또 흥미를 공유할 사람들을 어디서 찾을 것인가?

　가정에서 계속 생활하는 청소년과 성인의 경우 가족의 인맥을 통해 매개되는 관계를 지원하는 것뿐만 아니라, 대부분의 성인이 전형적으로 갖는 폭넓은 관심사와 개인적 관계의 함양을 지원하는 것이 중요하다. 이러한 지원은 가족원이 다른 생활환경으로 이사할 경우 특히 중요할 것이다. 사람들이 노년기로 전환함에 따라 기존의 사회적 관계 유지, 새로운 사회적 관계 개발과 사회활동 참여로 직업을 대체할 필요가 있다.

8. 실용적 제안과 중재

이 절은 IDD를 가진 사람들을 위한 사회적 통합, 관계와 우정을 함양하는 데 있어 개인, 가족, 기관과 지역사회를 위한 실용적인 제안을 제공한다.

1) 관계를 강화하는 환경

종교단체, 학교, 직장, 지역사회 조직과 같은 장소는 분리되거나 통합된 관계의 기회를 조성할 수 있다. 예를 들어, 많은 복지 서비스 프로그램과 환경은 분리되어 있다. IDD를 가진 개인은 주로 다른 IDD를 가진 개인, 유급 직원들과 상호작용한다. 그러나 장애를 가진 사람들을 위한 주일학교 수업, 지역사회 서비스 기관의 '특별한' 부서, 낮에 장애를 가진 사람들이 많이 모이는 지역사회 장소(예: 재활용센터, 도서관, 주민 센터) 등 분리형 지역사회 장소도 있다. IDD를 가진 사람들이 '지역사회 야유회'나 '지역사회 활동'에 방문하거나 관광지를 방문하는 다른 형태의 분리도 있지만, 실질적인 관계, 회원 자격, 소속감은 발생하지 않는다.

이와는 대조적으로 더 넓은 관계와 소속감을 촉진하는 지역사회 환경이 있다. 이러한 환경에서 장애를 가진 사람과 갖지 않은 사람들이 의미 있게 교류하고 서로를 알아갈 수 있다. 만약 그들이 그곳에 존재하지 않는다면 누군가가 그리워질 장소들이 있다. 분리된 학급이나 학교가 아닌 통합학교 프로그램은 그러한 관계를 조성할 수 있다. 통합된 작업장에서 개인은 단순히 장애를 가진 '특별한' 직원의 일부로서가 아니라 그들의 기여와 기술로 알려질 수 있다. 많은 지역사회 봉사단체에는 IDD를 가진 회원들이 소속되어 있다. 많은 신앙 공동체는 장애를 가진 회원이 단순히 예배에 참석하는 수준을 넘어 남성단체, 여성단체, 기도단체, 봉사모임 등 다른 교인과의 참여를 보다 의미 있게 보는 수준까지 나아갔다(Carter, 2007).

2) 관계 발전 지원하기

장애를 가진 많은 사람은 환경과 기회가 허락된다면 그들의 관계를 발전시킬 수 있다. 부모와 교사는 건강한 관계와 경계를 모델링하는 데 중요한 역할을 한다. IDD를 가진 일부 사람들은 관계와 연결에 대한 욕구가 너무 강해서 만나는 모든 친근한 사람과 관계를 발전시키고, 결과적으로 바람직하지 않은 상황에 이르게 될 수도 있다. 위험에 처한 개인에게는 적어도 두 가지 방법이 있는데, 그것은 그들이 잠재적으로 폭력적인 사람이나 문제가 있는 상황을 조심하는 법을 배우기 위한 훈련과 지원을 받도록 보장받는 것과 안전하고 건강한 관계를 증진하기 위한 기회와 노력을 추구하는 것이다.

특히 장애의 특성상 IDD를 가진 사람이 호혜적 관계를 발전시키는 것이 어려운 경우, 다른 사람이 충분한 지원을 할 경우에만 기회가 발생할 것이다. 이것은 가족, 직원, 다른 지지자들이 관계를 위한 기회를 찾고 지역사회 구성원들에게 요청하는 것이 필요할 수도 있다.

가족과 함께 사는 사람들에게 관계는 종종 가족에 의해 중재된다. 가족은 오랜 가족의 친구나 친척들의 기존 인맥에 있는 사람들이 IDD를 가진 가족원과 그들만의 별개의 관계를 발전시키도록 격려할 수 있다. 그러나 가족들도 IDD를 가진 가족원이 그들 자신의 사회적 관계를 발전시킬 장소와 기회를 그들의 네트워크 밖에서 살펴볼 필요도 있을 것이다.

사람들에게 거주지, 주간 프로그램이나 고용 지원을 제공하는 직원은 관계를 촉진하는 데 있어 그들이 수행하는 주요 역할을 인식할 필요가 있다. 지역사회 프로그램에서 지원을 받는 대부분의 개인은 자신의 지원 기관과 직원이 이러한 방향으로 노력한다면 사회적 통합과 타인과의 더 깊은 관계를 경험하게 될 것이다. 직원들은 방해하는 역할이 아닌 촉진적인 역할을 할 필요가 있다. 예를 들어, 지원고용이나 경쟁고용 상황의 직원들은 때때로 동료와의 관계에서 그들이 장애물이 된다는 것을 인식할 필요가 있다. 만약 직원이 IDD를 가진 근로자와 지속적으로 함께한다면, 동료들은 IDD를 가진 동료와 친해질 수 있다고 생각하지 않거나 개입하기를 원치 않을 수도 있다. 그 대신, 직무지도원은 동료들에게 IDD를 가진 사람을 어떻게 알아 갈 수 있는지 안내함으로써 더욱 촉진적인 역할을 수행할 수 있다. 학교 상황에서도 마찬가지다. 장애 학생에게 준전문가가 지속적으로 함께할 때, 그것은 다른 학생들이 그 학생을 알고 교류하는 것을 방해할 수 있다. 직원은 장벽보다는 촉진자가 되는 데 중요한 역할을 한다.

3) 실용적 중재의 핵심

사회적 통합 수준을 높이기 위한 다음 네 가지 핵심은 사람들이 어떻게 친구를 사귀는지 이해하는 데 있다.

(1) Key 1: 재능의 측면에서 보기

초기 관점은 장애나 결손 대신 개인의 재능, 능력, 기여에 초점이 맞춰지도록 누군가가 가져오는 선물을 판별하고 보는 것을 능가할 수 있다. 솝시Sobsey(2002)는 장애를 가진 아이가 가족에게 주는 진정한 기쁨과 혜택에 대해 썼다. 대부분의 복지 서비스 직원과 전문가는 월급 때문이 아니라 서비스를 받는 사람들을 알고 지원함으로써 받는 혜택과 선물 때문에 현장에서 계속 일한다. 직원들은 기쁨, 무조건적인 사랑, 인생에서 정말로 중요한 것을 상기시키고, 새로운 것을 성취하도록 누군가를 돕는다는 성취감을 느낀다. 이러한 선물을 확인하게 되면 다른 사람들이 자신의 공헌을 위해 누군가를 알게 되거나 통합시키는 것이 가치가 있다는 것을 알 수 있다.

(2) Key 2: 정기적이고 의미 있는 상호작용 장소 찾기

IDD를 가진 대부분의 사람은 상점, 식당, 영화관과 같이 더 넓은 지역사회의 장소에 간다. 그러나 사람들은 일반적으로 그러한 장소에서 관계를 개발하지는 않는다. 현재 친구인 사람들을 어디에서 만났는지 물어보면 대답은 대개 학교, 직장, 교회, 동네와 공통 관심사가 있는 장소(예: 바느질 모임, 스포츠 모임, 자녀의 어린이집 등)이다. 대부분의 사람이 친구를 사귀는 장소에는 두 가지 공통점이 있다. 첫째, 이러한 상호작용은 일회성 만남이 아니라 반복적이고 정기적인 상호작용을 허용한다. 그것들은 단순히 상업이나 교류의 장소가 아니다. 둘째, 의미 있는 상호작용과 공유된 활동이 이루어지는 곳이며, 시간이 지나면서 서로를 알아 갈 수 있는 기회가 있는 곳이다. IDD를 가진 사람을 위해 지역사회 연결 기회를 모색할 때 이런 유형의 장소들을 찾아야 한다.

예를 들어, 지원고용이나 경쟁고용의 장소에 있는 동료들이 업무 환경 밖에서 사회적 관계를 갖도록 지원할 수 있다. 정기적인 자원봉사 장소는 동료 자원봉사자들을 알아 갈 수 있는 안전한 장소다. 정원 가꾸기, 퀼트, 크리비지[cribbage1)], 스포츠 등 관심사에 기반한 지역사회 단체나 동호회도 지인이 우정으로 발전할 수 있는 좋은 기회를 제공한다.

지역사회에는 특정한 관심을 추구할 수 있는 곳이 많지만, 다음 두 가지 질문을 고려하는 것이 중요하다. 같은 사람들이 지속적으로 참여하며, 이러한 '정규 참여자'와의 상호작용이 의미가 있는가? 음악에 관심이 있는 사람은 동네 커피숍에서 열리는 정기 공연에 갈 수도 있고, 그곳에는 다른 '정규 참여자'들이 있을 수도 있다. 하지만 의미 있는 교류와 다른 참석자들과의 공유 활동 기회가 없다면, 음악 애호가들이 친구를 사귈 수 있는 더 좋은 장소가 있을 것이다. 지역사회나 교회 합창단에서 함께 노래를 부르거나, 고등학교나 대학교의 밴드나 오케

---

1) 포켓 당구의 일종. 총점으로 15점 정도 되는 1회에 2볼을 포켓에 넣어 크리비지하거나 점수를 올리는 경기다(체육학사전, 2012. 5. 25., 스포츠북스 체육학연구회).

스트라와 함께 자원봉사를 하거나, 대면하여 자주 만나는 팬클럽에 가입하는 것을 선택할 수 있다. 또는 볼링을 좋아하는 사람은 '특수한special' 리그보다는 일반 볼링 팀과 리그에 가입하도록 지원받을 수 있다.

⑶ Key 3: 기술과 기교 요청하기

앞에서 언급했듯이, 대부분의 사람은 정기적으로 만나는 장소에서 만남을 통해 친구가 된다. 그러나 우리는 보통 학교나 직장, 또는 많은 사람을 보는 다른 장소에서 모든 사람과 친구가 되지는 않는다. 우리가 특정한 사람들을 더 잘 알고 싶을 때, 우리는 보통 그들에게 커피나 음료수를 마시거나 저녁을 먹거나, 그들을 초대하거나, 영화를 보러 가거나, 쇼핑하거나, 스포츠 행사에 가는 것과 같은 다른 일을 하자고 요청한다. 이 요청은 원래 환경 바깥으로 관계를 확장시키자는 것이다. 하지만 장애 세계와 지역사회 세계 간의 큰 차이 때문에, 그러한 경계를 넘어 사람들을 함께 모이게 하는 것은 종종 가족이나 제공기관들이 지역사회 구성원들에게 참여하도록 요청해야 한다는 것을 의미한다.

요청하는 것은 지극히 중요한 기술이지만, 대개는 어느 정도의 '기교'가 필요하다. 어떤 사람들은 자연스럽고, 사람들에게 요청하는 것을 두려워하지 않는다. 그러나 많은 사람이 수줍어하거나 요청하기를 꺼린다. 거절에 대한 두려움은 인간의 공통된 특성이다. 물어볼 것을 미리 파악하고 요청하는 연습을 하는 것은 매우 유용할 수 있다. 더 많이 연습하고 요청하는 데 몰두할수록 더 잘하게 된다. 지역사회 구성원에게 IDD를 가진 사람을 더 잘 알도록 요청하는 것은 모든 사람(IDD를 가진 사람, 지역사회 구성원, 그리고 요청을 하는 지지자들)이 그들의 안전지대comfort zone를 넘어서는 것을 의미할 수 있지만, 결국 그것은 모두에게 충분히 가치가 있을 수 있다.

거절을 당했을 때, 다른 접근법을 고려하는 것도 중요하다. 뭔가 다른 말이 나올 수 있는가? 다른 누군가가 그 요청을 하는 것이 더 나은가? 가족과 직원들은 종종 긍정적인 반응에 놀라곤 한다. 그들이 요청할 때까지 지역사회 구성원들이 IDD를 가진 누군가와 친구가 될 의향이 있다는 것 모르고 있었던 것이다.

(4) Key 4: 이전 관계와 재결합하기

한 개인의 일생 동안, 많은 사람을 만나게 되는데, 그중 몇몇은 우리에게 매우 중요해진다. 하지만 때때로 삶은 우리를 다른 방향으로 인도하고 연락이 끊어지기도 한다. 그러므로 관계를 촉진하는 또 다른 길은 개인의 과거로부터 중요한 사람들을 판별하는 것이다. 그 사람에게 의미 있는 직원이 있었는가? 아니면 그들을 진정으로 사랑하는 직원이 있었는가? IDD를 가진 사람과 연락이 끊긴 가족이나 오래된 학교 친구들이 있는가?

한 기관은 '교우 모임'을 시작해서 전 직원을 그들이 깊이 아끼던 개인들과 지속적으로 연결시켰다. 현재 시설에 살고 있는 사람들은 가족관계를 잃을 가능성이 있다. 그러한 경우 직원들은 종종 기꺼이 다시 연결되고자 하는 친척들을 찾을 수 있다. 어떤 경우에는 시설에 수용된 개인의 부모나 형제자매가 아니라, 오히려 조카나 가족을 만나거나 다시 연결하기를 원하는 다른 사람들과 재결합이 이루어지는 경우도 있다.

4) 친밀한 관계

아마도 인생에서 가장 중요한 것은 우리가 얼마나 많은 사랑을 경험하느냐 일 것이다. 한 연구에서는 IDD를 가진 사람들 사이에 보고된 외로움의 빈도를 조사했을 때 친밀한 파트너, 즉 여자 친구나 남자 친구의 부족과 관련이 있다는 것을 발견했다(McVilly, Stancliffe, Parmenter, & Burton-Smith, 2006). IDD를 가진 개인이 친밀한 관계를 갖고자 할 때, 그렇게 하도록 지원을 받아야 한다. 적절한 데이트 기술, 안전한 성관계, 학대 피하기, 만족스러운 친밀한 관계, 결혼, 자녀 갖기 등을 지원하는 많은 프로그램이 있다. 사람들이 연결되고 나면 로맨스나 결혼생활에 기복과 어려움이 있기 때문에 관계를 계속 유지하는 것이 중요하다.

5) 테크놀로지: 장애물과 자산

테크놀로지technology는 많은 사람에게 큰 자산이지만, 또한 관계를 지원하는데 장애가 될 수 있다. 다른 사람처럼 IDD가 있는 사람도 그렇다. 우선, 어떤 사람들은 컴퓨터, 이메일이나 접근 가능한 테크놀로지에 접근할 수가 없다. 또 다른 예로, 일반 대중들 사이의 많은 '사회적' 관계는 대면적 상호작용을 하기보다는 서로 주고받는 문자 메시지로 발전해 왔다. 예를 들어, 1,000명의 '페이스북 친구'를 갖는다고 해서 한 개인이 풍부한 사회생활을 하고 있거나 많은 사람에게 사랑받는 것은 아니다.

반면에, 테크놀로지는 관계를 촉진하는 데 자산이 될 수 있다. 웹은 비슷한 관심사를 공유하는 다른 사람들을 찾기 위한 풍부한 자원이다. meetup.com과 같은 웹 사이트와 다른 네트워킹 사이트들은 상호 이익을 중심으로 사람들을 하나로 모을 수 있다. 또한, 어떤 사람들은 이메일이나 소셜 네트워킹 사이트를 사용하여 가족이나 친구들과 더 쉽게 더 자주 연락할 수 있다는 것을 알게 된다.

6) 기술 개발 지원하기

다른 기술skills과 마찬가지로, 사회 발전은 우리 주변의 사람들과 교류할 수 있는 기회와 양육으로부터 이익을 얻는 예측 가능한 궤적을 따른다. IDD를 가진 사람들은 적절한 일상적 사회 행동을 배울 때 자신감을 얻는다. 직접교수direct instruction 없이 '힘든 방법'을 배우도록 강요당하는 경우가 있어 굴욕과 당혹감, 자신감 상실을 초래하기도 한다. 사람들을 만나고, 친구를 사귀고, 또래들과 존중하는 관계를 발전시키기 위한 도구와 지원을 제공하는 것은 가족과 서비스 제공기관에 달려 있다.

학령 초기 학생들은 또래들로부터 배우고 경계를 시험하기 시작한다. 다른 성별의 아이들과 노는 것을 포함하여 일반적인 동료들과 함께하는 놀이, 그룹 활동, 독립적으로 성장할 수 있는 기회, 공유된 놀이가 모두 중요하다. 이것은 우정이 무엇을 의미하는지, 다른 사람에게 어떻게 접근하고 놀 것인지, 호혜적인 대화를 어떻게 할 것인지, 성별의 차이에 대한 대화들이 필요한 시점이기도 하다.

아이들은 청소년기에 가까워질수록 비언어적인 단서에 더 의존하는 법을 배운다. 많은 어린이가 시간이 지남에 따라 이러한 의사소통을 직관적으로 이해하는 반면, IDD를 가진 사람들은 가족과 친구들의 직접교수에 더 많이 의존한다(Canney & Byrne, 2006) 몸짓 수수께끼charades와 같은 상호작용적 게임을 통해 놀면서 코칭하거나 지역사회 텃밭, 종교단체나 지역사회 연극 프로그램과 같은 공동 환경에서 지역사회와 함께하는 것은 중요한 기술을 연습할 수 있는 풍부한 환경을 제공한다.

중학교와 고등학교 때, 청소년들은 가족으로부터 멀어지기 시작하고 자신의 정체성을 개발하기 시작한다. 또래 집단은 좁고, 다른 친구들은 어리석고 호기심이 많을 수 있지만 이기적이고 무례할 수도 있다. 이 단계에서는 친구들과 동료들의 의견을 중요시한다는 점에서 다른 사람들의 관점을 보려고 애쓰는 청소년들에게 특별히 어려운 일이다. 당혹감, 변덕스러움, 고조된 좌절감과 새로운 행동들은 동일시에 들어갈 수 있다. 가족이나 협력자들이 감정을 터놓고 대화하고, 문제가 있는 교류에 대해 성찰하며 앞으로 도전할 상황에 대해 예행연습을 하는 시간이다.

성인기에 접어든 청년들은 복잡하고 다면적인 문제들을 폭넓게 경험한다. 청년들이 성, 출산, 정체성 형성, 감정 조절, 직업 결정 그리고 친밀한 사회적 관계에 대한 결정을 내릴 때 사회적 요인들은 훨씬 더 미묘한 차이를 보인다(Newman, Wagner, Cameto, & Knokey, 2011). 성인기에 대한 새로운 접근과 지원이 모색되면서, 이러한 새로운 사회적 역할은 IDD를 가진 많은 사람의 고유한 취약성과 균형을 이루어야 한다.

IDD를 가진 청년들은 장애를 가진 사람을 위해 특별히 고안된 사회활동과 여가활동에 참여하는 경향이 있으며, 종종 그들의 사회적 상호작용과 여가생활 상호작용을 가족들로 제한한다. 그러나 성인이 되면 주로 주류 사회와 분리되어 생활하는 IDD를 가진 사람들은 전형적인 사회적 역할을 달성하는 능력이 제한된다(Bigby, Fyffe, & Ozanne, 2007; Crane, 2002; Lemay, 2006). 그들의 사회적 인맥을 장애를 가진 친구들과 그들의 직계 가족 이상으로 확장할 수 있는 기회는 완전한 사회적 통합을 위해서 아마도 그 어느 때보다도 더 중요할 것이다.

7) 지원하는 다른 중재

지지자(예: 직접 지원 전문가, 친구, 협력자, 부모, 사회복지사)는 타인을 만나고 연계를 높이기 위한 세 가지 광범위한 전략을 통해 더 많은 사회적 통합을 촉진할 수 있다. 다음의 접근 방식은 대부분의 사람이 어떻게 친구를 사귀고 그들의 사회적 인맥을 형성하는가에 기초한다.

(1) 관심과 재능을 통해 연결하기

우리 중 많은 사람은 관심사를 공유하는 다른 사람들과 친구가 된다. 장애를 가진 개인의 관계를 지원할 때는 그 개인의 관심사 목록과 함께 출발해야 한다. 그들이 가장 흥분하는 것은 무엇인가? 그들이 가장 크게 반응하는 것은 무엇인가?

개인의 재능을 찾아라. 첫번째 유형의 재능은 그 개인이 잘하는 일, 즉 능력과 관련이 있다. 이것들은 볼링, 퀼트, 소리 지르기screaming, 독특한 언어, 사람들을 흥분하게 만들기와 같은 광범위한 것들이다. 이것들은 각각 적절한 상황에서 기여가 될 수 있다. 이 재능들을 인정할 다른 사람들을 찾아라. 그리고 그 재능이 가치 있게 여겨지거나 문제가 되지 않을 장소들을 찾아라. 예를 들어, 소리를 지르는 재능과 공으로 하는 게임을 좋아하는 한 남자(또한 사지마비 중세를 보이며 중증장애로 분류)는 한 남성 노인 배구팀의 팬으로서 소중한 사회적 역할을 발견했다. 배구 선수 중 1명은 "그는 이기는 사람뿐만 아니라 모두를 위해 응원해요. 코트에서 형편없는 하루를 보내고 있다면, 그는 여전히 당신의 기분을 좋게 만들어 줄 거예요."라고 말했다.

두 번째 유형의 재능은 한 개인을 아는 것으로부터 얻는 혜택이다. 이것은 상호주의인데 IDD를 가진 사람들에게는 매우 애매할 수 있다. 다른 사람들은 그들로부터 무엇을 알게 되는가? 앞에서 지적했듯이, 유급 직원과 전문가들은 보통 그들이 받는 보상 때문에 복지 서비스에 계속 종사하는 것이 아니라, 오히려 그들이 지원하는 사람들이 그들에게 기쁨, 유머, 사랑, 수용, 성취감 같은 무형의 선물을 주기 때문이다. 게다가, 가족원들은 종종 장애가 있는 가족원이 온 가족에게 가져다주는 선물에 대해 깊이 알고 있다. 관계를 지원하는 데 성공하는 한 가지 중요한 요소는 다른 지역사회 구성원들도 이 사람을 알 때 직원이나 가족이 받는 같은 선물로부터 이익을 얻을 것이라는 믿음이다.

(2) 일대일 관계

많은 우정은 일대일 관계이다. 서비스를 받는 개인의 경우, 특정 프로그램은 공식적인 일대일 관계를 설정하는 것을 중심으로 설계된다. 예를 들어, 학교의 또래나 친구 프로그램에서, 비대학생은 멘토나 친구로서 특별한 학생과 짝을 이룬다. 다른 일대일 관계는 공식적인 여가 프로그램이나 레저 프로그램, 자원봉사 기회, 또는 시민 옹호 같은 프로그램에서 확립된다.

일대일 연결을 위한 공식적인 방법 역시 많지 않다. 이 개인을 알게 되거나, 아니면 그들을 더 잘 알게 될 기회를 고맙게 여기는 사람을 어디에서 찾을 수 있는가? 볼 만한 곳은 개인이 이미 가 본, 사람들이 친근한 곳, 그리고 그들을 더 잘 알기 위해 초대받을 수 있는 지역사회 환경이다. IDD를 가진 사람을 더 잘 알기 위해 그들은 무엇을 해야 하는가? 예를 들면, 중도장애를 가진 개인에 대해 꽤 따뜻한 편이었던 이발사는 그를 더 잘 알기 위해 그 남자와 점심을 먹자는 초대를 수락했다.

또 다른 예로, 자폐를 가진 한 청년은 3차원 그림 그리기와 측정에 관심이 많았고, 복잡한 지하 교통시스템에 매료되어 지도를 탐색하고 암기하는 재주가 있었다. 그의 가족은 최근 건축 프로그램을 졸업한 사람을 찾았고, 두 청년은 매주 모임을 통해 실제 건물을 측정하고 이러한 측정을 3D 디자인 소프트웨어에 입력하여 미니어처 모델을 만들었다.

또 다른 접근법은 개인의 과거로부터 그의 삶으로 다시 초대할 수 있는 사람들을 생각해 보는 것이다. 몇몇 실제 사례들을 보면, 전직 직원들은 IDD를 가진 사람을 정기적으로 방문하여 산책을 하고 커피를 마신다. 예전 학교 친구들은 정기적으로 방문하기 위해 다시 연락하기도 한다. 다른 잠재적 친구들은 어디서 찾을 수 있는가? 지원 동심원 중 이 개인을 좋아할 누군가가 있는가? 또한 그들을 더 잘 알 수 있는 기회를 좋아하는 사람이 있는가? 그러한 개인들은 종교단체, 직원의 지인 사이 그리고 다른 사람들과의 브레인스토밍을 통해서 찾을 수 있다.

(3) 멤버십과 소속의 장소

또 다른 접근 방식은 IDD를 가진 개인이 그룹의 일원이 되거나 소속된 장소를 찾을 수 있는 멤버십 장소를 고려하는 것이다. 탐색할 수 있는 한 가지 다면적인 자원은 지역사회 동아리와 모임들이다. 이러한 단체 목록은 상공회의소나 시의 웹 사이트에서 찾을 수 있다. meetup.com과 같은 신문과 웹 사이트들에서도 모임 정보를 제공한다. 제이시스Jaycees, 로터리Rotary, 라이온즈Lions 및 기타 서비스 기관과 같은 국가 기관의 웹 사이트에는 일반적으로 지역 연락처를 제공하고 있다. 공식적인 모임들은 거의 항상 그들의 회의에서 '새로운 회원 모집'을 의제로 포함하고 있다. 단체들은 단순한 취미를 넘어 남성단체나 여성단체, 정치적 자선 및 문화적 관심사 단체 등의 다양한 범주로 형성되어 있다.

회원과 소속 다른 장소는 '정규참여자'가 있고, 개인이 단순히 방문만 하는 것이 아니라 의미 있는 역할을 찾는 지역사회 장소이다. 또한 그중 일부는 '도전적'으로 보이는 행동을 가진 개인이 속할 수 있는 장소로서, 그 행동이 문제가 되지 않을 수도 있고, 다른 사람들이 최소한 어느 정도는 동일한 행동을 하는 장소다. 예를 들어, 종종 머리를 찧는 자폐성 장애를 가진 한 청년이 자신의 고등학교에서 대표 축구팀과 규칙적으로 연습했다. 반향어가 있고, 말을 이해하기 어려운 청년은 대부분이 영어를 알아듣지 못하는 가족이 운영하는 빨래방에 취직했다.

9. 지역사회차원 중재

더 넓은 수준의 접근법은 지역사회 역량을 높이고 환영받는 분위기를 조성한다. 이 접근 방식을 채택하는 지역사회는 단순히 장애를 가진 사람의 물리적 존재physical presence를 수용하는 것 이상을 넘어 진정한 환영을 추구한다. 다음의 프로젝트와 시책이 이러한 접근 방식을 보여준다.

- 시애틀 지역사회 부서의 모든 이웃 참여시키기(Carlson, 2000)
- 시카고 인근 지역사회 생활 프로젝트(O'Connell, 1990)
- 여러 주의 다양한 지역사회에서 개최된 지역사회 회원 포럼(Amado & Victorian-Blaney, 2000)
- 개인이 보호 작업장에서 요리, 고양이 구조와 지역사회 텃밭과 같은 관심사를 중심으로 지역사회 단체에 참여하도록 지원하는 호주의 퇴직 전환 프로젝트(Stancliffe, Wilson, Gambin, Bigby, & Balandin, 2013)

이 예시에서 채택한 접근법들은 장애를 가진 사람들을 다른 사람과 동일하게 보는 힘을 강조한다. 이 프로그램들은 돌보거나 '특별한' 것으로 취급하기보다는 IDD를 가진 사람들의 관심과 기여에 초점을 맞추고 그룹의 다른 사람들과 동일하게 취급했다. 이 단순하면서도 강력한 접근 방식은 관련된 모든 사람에게 극적인 변화와 경험을 줄 수 있다.

지역사회는 '특별한' 프로그램과 달리 학교, 교회, 여가 활동에서 통합적인 프로그램을 개발하는 것이 중요하다는 것을 인식할 수 있다. 또한 지역사회 모임과 단체들은 IDD를 가진 사람을 그룹에 포함시키고, 그들이 확실하게 완전히 통합되도록 할 것을 약속할 수 있다. 이웃들은 IDD를 가진 이웃을 알게 되거나, IDD를 가진 자녀를 둔 가정을 지원하거나, 자신의 블록에 있는 공동생활가정 거주자나 아파트 주민들과 친해지기로 약속할 수 있다. 그들은 그들을 개인으로 알아 가고, 그들의 관심사를 알아 가며, 흥미와 활동을 공유하기 위해 약속할 수 있다.

> **사례**　**토드 린퀴스트**

토드 린퀴스트^{Todd Lindquist}는 자동차에 대해 안다. 지난 5년 동안 세인트폴 공원-뉴 포트 라이온스 클럽의 회원인 토드는 여름철 목요일 저녁마다 자동차 쇼에서 자원봉사를 하며 음식을 준비하고 방문객을 맞이한다. "저는 클래식을 좋아해요. 오래된 빈티지 자동차도 좋아하죠. 사람들에게 음식을 대접하고 그들의 자동차에 대해 이야기를 나누며 어울리고, 지역사회에서 사람들을 만나요."

토드는 대부분의 자동차 생산년도와 제조사를 판별할 수 있고, 모든 소유주의 이름을 기억하고 있다. 라이온스 클럽 회원인 앤디 푸앤핑거^{Andy Fuenffinger}는 다음과 같이 회상했다. "어느 날 경연 대회가 있었는데, 그는 60명의 이름을 기억했어요. 그는 그들의 이름, 몇 명은 중간 이름도 그리고 대부분의 성을 맞췄어요. 매우 인상적이었죠."

미네소타의 장애인과 그 가족을 지원하는 비영리 단체 라이프웍스 서비스^{Lifeworks Services}의 직무지도원 척 앨리엇^{Chuck Elliott}이 토드를 라이온스 클럽에 초대했다. 척은 직업적으로 지난 12년 동안 토드가 근무한 앤더슨 윈도우즈^{Andersen Windows}의 창문 교체 부서인 리뉴얼^{Renewal}에서 토드를 지원한다. 척은 토드가 자신의 직업을 좋아하고 가치를 인정받았지만 직장 밖에서 깊은 개인적 관계는 없다는 것을 알 수 있었다. "그는 항상 바빴지만 실제로는 단순하게 일과에 따라 일하고 퇴근하면 집으로 갔어요."

척은 "직장 밖에서 토드를 위해 해 줄 수 있는 일이 있는지 동료가 물어봤어요."라고 말했다. "그래서 여기 라이온스 클럽에서 열리는 몇몇 행사에 그를 초대했죠." 토드는 모든 사람의 이름을 기억하는 사람이다. "그는 모든 사람을 알고 있어요. 그는 매우 친절하고 사람을 좋아해요. 그리고 모두가 토드를 좋아하죠. 한 번 만나면 그를 절대 잊지 않아요."

빈티지 자동차에 대한 열정을 넘어, 토드는 자신의 지역사회에서 사람들을 돕는 사회적 조직의 소중한 구성원이 되는 것에서 의미와 만족을 찾는다. "우리는 푸드쉘프^{food shelf} 기금 마련을 위해 스파게티 저녁식사를 준비해요."라고 토드는 말했다. "명절에는 도움이 필요한 사람들을 위해 음식 바구니를 준비해요. 그리고 우리는 추수감사절, 크리스마스, 부활절을 위해 그렇게 하죠." 토드는 거의 모든 클럽 행사에 참석하지만, 운전을 하지 않기 때문에 교통수단이 문제가 될 수 있다. 보통은 도와줄 사람이 있다. 앤디 푸엔핑거는 "내 말은, 그는 클럽에 있는 사람들 중 1명일 뿐이라는 거예요."라고 말했다. "그래서 그가 필요로 하는 것이 무엇이든 우리가 그를 도울 수 있죠."

임무 중심의 소셜 클럽에 가입함으로써 토드의 세계가 넓어져 수십 명의 새로운 친구들과 지인들에게 토드를 소개하고 토드가 사회에 환원할 수 있는 재미있고 의미 있는 방법을 제공하게 되었다. 척이 보듯이, 그것은 상호 간에 보람 있는 관계였다. "라이온스 클럽이 그를 위해 해 준 것보다 그가 라이온스 클럽을 위해 더 많은 일을 한 것 같아요."

10. 결론

의미 있고, 상호적이고, 재미있는 관계는 행복한 삶의 핵심 요소이다. IDD를 가진 사람들은 가치 있는 사회적 역할을 개발하고, 우정을 유지하고, 지역사회에 적극적으로 기여하고 받을 수 있는 충분한 기회를 가져야 한다. 가족, 친구, 지원 직원은 IDD를 가진 사람이 자신의 관심과 능력에 맞는 지역사회 활동에 의미 있게 참여하고, 사회적 행사에 관여하며, 의미 있는 관계를 맺는 데 도움을 줌으로써 사회적 통합을 육성할 수 있다. 가족원과 전문가들은 장애를 가진 사람들이 소중한 동료 시민과 친구로 느낄 수 있는 상호 유익한 기회를 만들어, 사회가 IDD를 가진 사람들이 완전히 통합되고 환영받을 때마다 가져오는 다양하고 많은 선물에 대해 더 많이 이해하고 감사할 수 있다.

또한 IDD를 가진 개인들을 만나고, 친구가 되고, 함께 즐기고, 사랑할 수 있는 기회를 보장함으로써 지역사회 구성원의 사회적 경험을 향상시킬 수 있다. 이를 위한 전략들은 성공적이라는 것이 입증되었지만, 이것들은 주로 시범사업에 적용되었다. 이제 그러한 방법들은 복지 서비스와 더 큰 사회의 구조에 포함시킬 필요가 있다. 장애 세계와 지역사회 간의 벽이 허물어졌을 때, 우리는 모든 시민들에 대한 강화된 중요한 소속감을 발견할 것이다.

토론 질문

- IDD를 가진 사람들을 위한 더 큰 사회적 통합을 지원하기 위해 제공기관과 전문가는 개인적으로, 조직적으로 무엇을 할 수 있는가?
- 가족, 제공기관과 전문가가 장벽을 해결하고 극복하여 보다 확실한 관계와 우정을 증진하기 위해 취할 수 있는 실질적인 조치는 무엇인가?
- 가족이 지역사회 생활에 사회적으로 참여할 것으로 기대하고 IDD를 가진 가족원에게 그러한 참여를 지원하도록 어떻게 지원할 수 있는가?
- 지역사회 생활에 더 큰 사회적 통합을 향하기 위해 해결하고 변경해야 하는 시스템, 정책 문제와 장벽은 무엇인가?
- IDD를 가진 사람과 개인적인 친구 관계를 가진 직원이나 전문가인 경우, 당신과 당신의 친구는 그 관계에서 무엇을 얻는가?

자원

- Friends: 장애를 가진 사람들과 지역사회 회원들을 연결한다. 이 안내서는 관계를 지원하기 위한 기술, 도구 및 전략을 다루는 안내서이다. www.umn.edu/friends
- The Importance of Belonging. 관계와 소속의 힘과 가치에 대한 도구, 자원과 정보를 다룬다. http://www.dimagine.com/Belonging.pdf
- Quality Mall에는 자기옹호자와 가족에게 중요한 다양한 주제에 대한 많은 도구, 자료 및 아이디어를 포함하고 있다. www.quality-mall.com
- Pathfinders: 발달장애를 가진 사람들과 협력자들은 모두에게 더 나은 지역사회를 구축한다. 이 책은 존 오브라이언John O'Brien과 베스 마운트Beth Mount가 저술했으며 인클루전 출판사Inclusion Press를 통해 제공된다.

참고문헌

Amado, A. N., & Victorian-Blaney, J. (2000, May). Requesting inclusion from the community: The necessity of asking. *TASH Newsletter*, 15-17.

Americans With Disabilities Act of 1990, 42 U.S.C.A. § 12101 et seq. (1993).

Bigby, C., Fyffe, C., & Ozanne, E. (Ed.) (2007). *Planning and support for people with intellectual disabilities: Issues for case managers and other professionals.* Philadelphia, PA: Jessica Kingsly.

Bigby, C. & Knox, M. (2009). "I want to see the queen:" Experiences of service use by ageing people with an intellectual disability. *Australian Social Work, 62*(2) 216-231. http://dx.doi.org/10.1080/03124070902748910

Bogenschutz, M. & Amado, A. N. (2016). Social inclusion for people with IDD: What we know and where we go from here. *In Critical issues in intellectual and developmental disabilities: Contemporary research, practice and policy*(pp. 19-36). Washington, DC: American Association on Intellectual and Developmental Disabilities.

Canney C. & Byrne A. (2006). Evaluating circle time as a support to social skills development-reflections on a journey in school-based research. *British Journal of Special Education*, 33 (1), 19-24. http://dx.doi.org/10.1111/j.1467-8578.2006.00407.x

Carlson, C. (2000). *Involving all neighbors: Building inclusive communities in Seattle.* Seattle, WA: Department of Neighborhoods.

Carter, E. W. (2007). *Including people with disabilities in faith communities: A guide for service providers, families, and congregation.* Baltimore, MD: Brookes.

Crane, L. (2002). *Mental retardation: A community integration approach.* Belmont, CA: Wadsworth/Thomson Learning.

Emerson, E. & McVilly, K. (2004). Friendship activities of adults with intellectual disabilities in supported accommodation in Northern England. *Journal of Applied Research in Intellectual Disabilities, 17*(3), 191-197. http://dx.doi.org/10.1111/j.1468-3148.2004.00198.x

Friedman, C. & Rizzolo, M. C. (2018). Friendship, quality of life, and people with intellectual and developmental disabilities. *Journal of Developmental and Physical Disabilities, 30* (1), 39-54. http://dx.doi.org/10.1007/s10882-017-9576-7

Gilmore, L. & Cuskelly, M. (2014). Vulnerability to loneliness in people with intellectual disability: An explanatory model. *Journal of Policy and Practice in Intellectual Disabilities, 11*(3), 192-199. http://dx.doi.org/10.1111/jppi.12089

Green, M., Moore, H. & O'Brien, J. (2006). When people care enough to act: Asset based community development. Toronto: Inclusion Press.

Green, M., Moore, H. & O'Brien, J. (2006). When People Care Enough to Act: Asset Based Community Development. Toronto: Inclusion Press.

Hill, R. A. & Dunbar, R. I. M. (2003). Social network size in humans. *Human Nature, 14*(1), 53-72. http://dx.doi.org/10.1007/s12110-003-1016-y

Kroenke, C. H., Kubzansky, L. D., Schernhammer, E. S., Holmes, M. D., & Kawachi, I. (2006). Social networks, social support and survival after breast cancer diagnosis. *Journal of Clinical Oncology*. Retrieved from http://jco.ascopubs.org/content/24/7/1105.full

Lemay, R. (2006). Social role valorization insights into the social integration conundrum. *Mental Retardation, 44*(1), 1-12. http://dx.doi.org/10.1352/0047-6765(2006)44%5B1:SR VIIT%5D2.0.CO;2

McVilly, K. R., Stancliffe, R. J., Parmenter, T. R., & Burton-Smith, R. M. (2006). "I get by with a little help from my friends:" Adults with intellectual disability discuss loneliness. *Journal of Applied Research in Intellectual Disabilities, 19*, 191-203, http://dx.doi.org/10.1111/j.1468-3148.2005.00261.x .

Newman, L., Wagner, M., Cameto, L., & Knokey, A.M. (2011). *The post-high school outcomes of young adults with disabilities up to 6 years after high school: Key findings from the National Longitudinal Transition Study-2 (NLTS2)*. Washington, DC: U.S. Department of Education, National Center for Special Education Research.

O'Brien, J. & O'Brien, C. L. (1987). *Framework for accomplishment*. Atlanta, GA: Responsive Systems Associates.

O'Connell, M. (1990). *Community building in Logan Square*. Evanston, IL: Northwestern University Center for Urban Affairs and Policy Research.

Perry, P. (2014). Loneliness is killing us-We must start treating this disease. *The Guardian*. Retrieved from http://www.theguardian.com/commentisfree/2014/feb/17/loneliness-report-bigger-killer-obesity-lonely-people

Pitonyak, D. (2014, January). *The importance of belonging* [Version 01]. Retrieved from www.dimagine.com

Sobsey, D. (2002, September). The positive effects of children with disabilities on their families. Paper presented at the Early Years Cconference conducted at the meeting of Alberta Early Years, Edmonton, Alberta, Canada.

Solish, A., Perry, A., & Minnes, P. (2010). Participation of children with and without disabilities in social, recreational and leisure activities. *Journal of Applied Research in Intellectual Disabilities, 23*(3), 226-236. http://dx.doi.org/10.1111/j.1468-3148.2009.00525.x

Stancliffe, R. J., Lakin, K. C., Doljanac, R., Byun, S., Taub, S., & Chiri, G. (2007). Loneliness and living arrangements. *Intellectual and Developmental Disabilities, 45*(6), 380-390. http://dx.doi.org/10.1352/1934-9556(2007)45%5B380:LALA%5D2.0.CO;2

Stancliffe, R. J., Wilson, N. J., Gambin, N., Bigby, C., & Balandin, S. (2013). *Transition to retirement: A guide to inclusive practice.* Sydney, Australia: Sydney University Press.

State of Kentucky. (2014). *Community belonging training initiative.* Louisville, KY: Kentucky Department of Developmental and Intellectual Disabilities.

Tay, L. & Diener, E. (2011). Needs and subjective well-being around the world. *Journal of Personality and Social Psychology, 101*(2), 354-365. http://dx.doi.org/10.1037/a0023779

Verdonschot, M. M. L., deWitte, L. P., Reichraft, E., Buntinx, W. H. E., & Curfs, L. M. G. (2009). Community participation of people with an intellectual disability: A review of empirical findings. *Journal of Intellectual Disability Research, 53*, 303-318. http://dx.doi.org/10.1111/j.1365-2788.2008.01144.x

Wolfensberger, W. (2000). A brief overview of social role valorization. *Mental Retardation, 38*(2), 105-123. http://dx.doi.org/10.1352/0047-6765(2000)038%3C0105:ABOOSR%3E2.0.CO;2

Workforce Innovation and Opportunity Act of 2014, Pub. L. No.113-128 (29 U.S.C. Sec. 3101, et. seq.), (2016).

제6장 자기결정과 자기옹호: 그것은 나의 삶

Brain H. Abery, Mark R. Olson, Clifford L. Poetz, & John G. Smith

선행조직자

• 자기옹호와 자기결정은 같은 것이 아니다.

• 지적·발달장애[IDD]를 가진 사람들이 스스로 옹호하기 위해 필요한 기술을 가르치는 것이 중요하다.

• 자기결정을 위한 기회는 IDD를 가진 사람들에게 중요하다.

• 자기옹호와 자기결정은 IDD를 가진 사람들의 삶의 질에 영향을 미친다.

자기옹호와 자기결정의 구성은 종종 상호 교환적으로 사용된다. 그러나 자기옹호는 개인이 스스로 말할 수 있는 능력(다시 말해, 자신을 옹호하는 것)인 반면, 자기결정권은 개인이 자신의 삶을 결정하고 통제하는 것이다. 과거에 일부 저자(예: Zubal, Shoultz, Walker, & Kennedy, 1997)는 자기결정을 자기옹호의 구성요소로 간주했다. 다른 저자들(예: Abery & Stancliffe, 2003; Algozzine, Browder, Karvonen, Test, & Wood, 2001; Wehmeyer & Abery, 2013)은 자기옹호 기술을 자기결정의 필수 요소로 간주한다. 자기옹호와 자기결정 모두 지역사회에 거주하는 IDD를 가진 사람들이 경험하는 삶의 질 향상에 결정적인 기여를 했다.

이 장에서는 사람들이 삶에서 무엇을 원하는지 결정하는 데 있어서 사람들을 지원하는 요소와 방법을 탐구한다. 우리는 자기결정과 IDD를 가진 사람들이 어떻게 자기 삶의 원동력이 될 수 있는지에 대한 정보를 공유한다. 우리는 또한 자기옹호의 진화와 자기옹호 운동에 대해 논의할 것이다.

IDD를 가진 사람들이 항상 선택을 하고, 통제력을 가지며, 자신을 표현하는 데 도움을 받은 것은 아니다. 오히려 다른 가족원이나 전문가들은 종종 그를 포함하지 않고 선택과 결정을 내리는 경우가 많다. 그 결과 IDD를 가진 많은 사람이 자신의 결정과 선택, 의견을 존중해 줄 것을 주장하고 요구해 왔다. 스스로 결정한 삶을 영위하는 것은 모든 사람에게 기본적인 인권이다.

자기결정이 처음 개념화된 이후 여러 가지 정의가 제시되어 왔다. 웨마이어 Wehmeyer(1992)는 처음에 자기결정의 기능적 모델에서 "자신의 삶에서 일차적인 원인주체의 역할을 하고 자신의 행동에 대해 과도한 외부의 영향이나 간섭으로부터 자유로운 선택을 하기 위해 요구되는 태도와 능력(p. 305)"이라 언급했다. 웨마이어와 그의 연구 팀이 이 구조를 연구해 가면서, 그들의 정의는 그들의 학습을 반영하고 자기결정이 수반하는 사상을 강조하기 위해 "자신의 삶에서 일차적인 원인주체로서 활동할 수 있도록 하고, 부당한 외부의 영향이나 간섭으로부터 자유로운 삶의 질을 유지하거나 향상시키는 의식적인 선택을 하는 행위"로 바뀌었다(Wehmeyer, Kelchner, & Richards, 1996, p. 632). 가장 최근 저술에서 웨마이어와 그의 동료들은 '기능적 모델Functional Model'을 확장하여 원인주체이론 Causal Agency Theory, CAT을 접목시켰으며, 이제 자기결정권의 정의는 "자신의 삶에서 원인주체 역할을 하는 것으로 나타나는 성향적 특징이다. 자기결정적인 사람들(즉, 원인주체)은 자유롭게 선택한 목표를 실천하는 역할을 한다. 자기결정적인 행동들은 그 개인이 자신의 삶에서 원인주체가 될 수 있도록 하는 기능을 한다(p. 258)."라고 기술되어 있다(Shogren, Wehmeyer, Palmer, Rifenbark, & Little, 2015).

따라서 이 영역의 성과를 향상시키기 위한 접근 방식은 주로 자기결정을 지원하기 위해 개념화된 기술, 지식 및 태도/신뢰의 학습을 용이하게 하는 데 초점을 맞추는 경향이 있다. 여기에는 선택과 의사결정, 문제 해결, 목표 설정과 달성, 의사소통, 자기옹호, 자기규제 능력의 육성, 서비스 시스템과 개인의 권리에 대한 이해와 더불어 자기지식의 강화, 내적 통제소와 자기효능감의 개발을 지원하는 것이 포함된다(Thoma & Getzel, 2005; Wehmeyer & Abery, 2013; Wehmeyer & Schwartz, 1998).

애이버리Abery와 동료들은 환경 상호작용에 초점을 맞춘 대안적 접근법, 자기결정의 삼자 생태학적 이론Tripartite Ecological Theory of Self-Determination을 개발하였다 (Abery, 1994; Abery & Stancliffe, 1996; 2003). 이 프레임워크는 개별 특성의 중요성을 인정하면서도, 자기결정을 다른 개인, 개인 그룹이나 시스템과의 관계에서 행사되는 것으로 간주하여 환경의 중요성을 강조한다. 그 결과 나타난 조작적 정의는 자기결정을 "개인이 자신에게 중요한 삶의 영역에 대해 다른 개인, 집단, 시스템이나 문화와의 관계라는 맥락에서 원하는 정도로 개인적 통제력을 행사한다."라고 개념화한다(Abery, Tichá, Smith, & Grad, 2017). 이 모델은 그들의 생각, 감정, 행동의 주요 결정자가 되는 자기결정을 모든 사람의 본질적인 동기 부여에 의해 움직이는 것으로 본다. 따라서 자기결정은 자신의 통제 실행을 포함하여 가치 있고 원하는 성과를 얻기 위해 기술, 지식, 신념을 자유자재로 구사하는 그 개인과 환경 모두의 산물이다.

이 접근법은 자기결정을 이해하기 위해 자기결정적이 되는 것의 핵심 요인이 개인이 원하는 수준의 통제력을 행사할 수 있는 능력과 자유라고 본다. 때때로 개인의 관심 영역에 대한 통제는 그들에게 중요하지 않거나 관심 영역이 다른 사람들의 지원으로부터 이익을 얻을 것이라고 믿는 영역이기 때문에 자발적으로 통제를 공유하거나 신뢰할 수 있는 타인에게 양도할 수 있다. 그러므로 자기결정에는 개인의 통제권을 행사하려는 욕구와 그들이 중요하게 여기는 삶의 영역에서 실제로 수행하는 통제력 수준 사이의 '적합도'가 수반된다.

1. 자기결정의 실행: 자기옹호 운동

자기옹호 운동은 IDD를 가진 사람들이 주도하는 시민·인권운동이다. 미국의 아크Arc는 자기옹호를 "장애를 가진 사람들이 자신을 위해 소통하고 표현하며, 필요에 따라 이를 통해 시민으로서의 권리 행사를 지원하는 것이다."라고 정의하고 있다. 이는 그들이 일상생활의 모든 영역과 그들에게 영향을 미치는 공공정책 결정에서 결정권을 가지고 있다는 것을 의미한다(The Arc of the United States, 2017)." IDD를 가진 사람들의 자기옹호 운동은 1970년대 스웨덴에서 시작되어 빠르게 북미로 확산되었으며, 현재 미국 전역과 세계 각국에서 뚜렷하게 나타나고 있다.

자기옹호 운동에서 많은 사람이 기본적으로 지켜야 할 원칙은 회원들이 장애 명칭에 의해 규정되기보다는 먼저 사람으로 보이기를 원한다는 것이고, 지금도 많은 자기애국 단체는 '피플 퍼스트People First'라는 용어를 구호로 사용하고 있다. 자기옹호 운동의 또 다른 중요한 메시지는 사람들이 장애를 사회에 적응하기 위해 고쳐지거나 '극복해야' 하는 문제로 보는 장애의 도덕적, 의료적 모델에서 벗어나야 한다는 요구이다. 대신 자기옹호 운동은 장애를 가진 개인의 재능을 수용하기 위해 사회의 제도가 변화할 것을 요구하는 장애의 시민권리 모델에 바탕을 두고 있다. 마지막으로, 자기옹호 운동은 장애를 가진 사람들이 공통점을 가지고 있고 서로에게 도움이 될 수 있다는 생각에 바탕을 두고 있다. 이는 그들이 시스템을 이해하고 그들이 방해하는 문제들을 해결하는 조치를 취하기 위해 가족이나 다른 지원에 의존할 필요가 있다는 고정관념에 도전한다.

장애를 가진 사람들은 여러 가지 방법으로 자기옹호 운동에 참여한다. 하나는 자기옹호 단체에 가입하는 것이다. 여기서 장애를 가진 사람들은 삶의 장벽과 도전에 대해 토론하고, 서로의 권리와 책임에 대해 배우며, 지역사회에서 이용할 수 있는 유용한 자원에 대해 알게 된다. 자기옹호 활동의 중요한 특징은 IDD를 가진 사람들이 의제를 정하고 회의를 주도한다는 것이다. 그러나 그 과정에서 그러한 장애가 없는 사람들이 협력자 역할을 할 수도 있다.

장애를 가진 사람들이 자기옹호자로서 일하는 또 다른 방법은 많은 장애를 가진 사람들에게 서비스가 전달되는 방식을 만들어 가는 자문 기관이나 이사회에서 일하는 것이다. 또한 그들은 지역, 주, 연방 정책 입안자들에게 장애를 가진 사람들에게 영향을 미칠 법률에 대해 토론하는 증언을 제공함으로써 자기옹호자로 참여한다. 자기옹호자로 인식되는 대부분의 사람은 그들이 운동에 더 많이 관여하고 투자함에 따라 누군가는 지역 자기옹호 단체 모임에 참석하는 것부터 시작해서 지역사회 의회 그룹을 대표하고, 그 그룹에서 리더 역할을 맡는 등 다양한 활동에 참여한다.

연구들은 자기옹호 운동의 발전을 추적하고 그것이 장애인에게 어떤 혜택을 주었는지를 보여 주었다. 예를 들어, 영국의 자기옹호 단체 회원들에 대한 연구에서, 클락Clarke과 동료들은 그러한 그룹에 참여했던 장애인들은 그들의 선택권을 제한하고 있을지도 모르는 시스템적인 장벽에 대해 배웠다는 사실을 발견했다(Clarke, Camilleri, & Goding, 2015).

콜드웰은 미국의 자기옹호 지도자들에 대한 또 다른 연구에서 자기옹호에 관여하는 것이 비슷한 장애를 가진 새로운 역할 모델을 찾는 데 도움이 되고, 다른 사람들에 의한 장애 기반 억압disability-based oppression에 저항하는 새로운 방법을 배우게 된다는 것을 발견했다(Caldwell, 2010). 두 연구 모두 자기옹호에 관여했던 경험이 장애에 대한 긍정적인 정체성을 얻는 데 도움이 된다는 것을 발견했다.

2. 오해와 가정

일부에서는 자기결정은 독립적으로 되는 것과 동의어라는 인식이 있다. 이러한 견해는, 사람들은 자기결정적이 되기 위해서 그들 삶의 모든 측면을 완전히 통제하기 위해 노력해야 하며, 다른 사람들의 어떤 지원이든 한 개인의 자기결정을 위태롭게 할 수 있다는 것을 암시한다. 이런 잘못된 인식은 더 나아가 자기결정이 경도의 장애를 가진 사람들에게만 가능하다는 것을 암시한다. 강력한 의사소통 기술과 자기옹호 기술을 키우는 것이 자기결정을 행사하기 위한 전제조건이라는 잘못된 인식이 관련되어 있다. 그러한 견해는 사람들이 그들의 의사소통 능력을 감안할 때 가능한 한 많은 선택과 결정에 대한 통제권을 행사할 기회를 갖도록 하는 데 있어서 환경의 역할을 무시한다. 그것은 또한 장애를 가진 개인이 자신의 필요와 선호를 나타낼 수 있는 모든 방법(언어적 · 비언어적)에 주의를 기울이는 데 있어 지원자의 역할을 무시한다. 다른 이들은 서비스 예산을 통제할 수 있는 것이 자기결정의 느낌feelings of self-determination과 동의어라고 믿는다.

또 다른 잘못된 인식은 IDD를 가진 개인들의 자기결정을 지원하는 것이 대부분의 상식이고, 그 발전을 뒷받침할 '최선의best' 방법들이 없다는 것이다. 실제로 지난 30년 동안 많은 연구가 모든 수준의 IDD를 가진 사람들이 자기결정을 행사하는 것을 측정하고 지원하는 구체적인 최선의 실제들best practices을 밝혀냈다. 이러한 실제들 중 가장 두드러진 것은 이 장의 후반부에 검토할 것이다.

자기옹호 행사는 대부분 친목모임이라는 오해가 있다. 현재 미국 전역에서 IDD를 가진 사람을 위한 400개 이상의 자기옹호 단체와 조직이 운영되고 있다 (Self-Advocity Online, 2018). 이러한 단체들이 때때로 사회적 행사들을 열어 새로운 회원을 모집하기도 하지만, 그들의 주된 목적은 IDD를 가진 사람들에게 그들의 권리를 가르치고, IDD를 가진 사람들의 필요와 욕구를 더 잘 수용하도록 지역사회와 서비스 시스템을 변화시키기 위한 옹호 행사를 계획하고 수행하는 것이다.

또한 일부 사람들 사이에서는 자기옹호 운동이 더 큰 조직의 지원에 의존하는 IDD를 가진 소규모 지역사회 기반의 집단으로 제한된다는 인식도 존재한다. 그러나 많은 주는 그들 스스로 옹호하려는 분명한 목적을 가지고 IDD를 가진 사람들이 지휘하는 독립적이고 비영리적인 조직을 개발했다.

학교에서 지역사회 생활로 전환되면서 과거에는 IDD를 가진 사람들에게 자기결정을 가르치려는 대부분의 노력이 청소년과 청년들에게 집중됐다. 현재의 자기결정 지원의 실제는 그러한 제한적 관점을 넘어서 이동하고 있다. 우리는 이제 자기결정권이 모든 생애 단계에서 고려해야 할 중요한 문제라는 것을 이해하고 있다. 지난 수십 년간의 연구는 장애 상태나 지원 요구와 상관없이 모든 사람이 삶의 일부 측면에 대한 통제권을 행사할 수 있고, 이에 관심이 있다는 것을 보여 주었다. IDD를 가진 사람들은 실제보다 자신의 삶에 더 많은 통제력을 가지고 있다고 생각하기 쉽다. 지원 제공기관들은 그들이 제공하는 도움이 실제로 일상생활에서 그들이 원하는 종류의 통제권을 갖는 감각을 위태롭게 할 수 있다는 것을 깨닫지 못할 수 있다. 자기결정 지원은 세심한 점검이 필요한 어려운 작업이다. 현재 최선의 실제는 가족과 지원 직원에게 장애를 가진 사람들에게 그들이 관심 있는 것에 대해 선택과 결정을 내릴 수 있는 많은 기회를 제공하고 그들의 선호가 중요하다는 것을 배울 것을 요구한다.

3. 자기결정과 자기옹호 관련 성과들

어떤 사람들은 자기결정과 자기옹호를 성과로 보고 있지만, 이 두 가지 모두 목적을 위한 수단으로 작용하는 과정이라고 보는 것을 선호한다. 이것은 IDD를 가진 사람들이 자기결정을 잘하고 스스로를 옹호하는 사람들이 어느 정도까지 긍정적인 삶의 결과를 경험하는지 고려함으로써 나타난다.

지난 30년 동안 상당수의 연구가 자기결정의 영향을 기록해 왔다. 연구결과들은 자기결정이 다음을 예측한다는 것을 나타낸다.

- 고용 확대, 지역사회 접근과 참여(Shogren & Shaw, 2016; Shogren, Wehmeyer, Palmer, Rifenbark, & Little, 2015; Wehmeyer & Palmer, 2003)
- 더 높은 수준의 독립생활과 긍정적인 사회적 관계의 발전을 포함한 긍정적인 전환 성과(Martorell, Gutierrez-Rechacha, Pereda, & Ayuso-Mateos, 2008; Shogren & Shaw, 2016; Wehmeyer & Palmer, 2003; Wehmeyer & Schwartz, 1997)
- 통합적 주거 기회에 대한 접근성 증대(Shogren & Shaw, 2016)
- 지역사회 참여 확대(McGuire & McDonnell, 2008)
- 중등 이후 교육의 성공(Anctil, Ishikawa, & Tao Scott, 2008; Getzel & Thoma, 2008)
- 삶의 질과 만족도 향상(Lachapelle et al., 2005; Nota, Ferrari, Soresi, &

Wehmeyer, 2007; Shogren, Lopez, Wehmeyer, Little, & Pressgrove, 2006)

- 보다 긍정적인 여가와 레저 성과(McGuire & McDonnell, 2008)
- 전반적인 성과의 안정성 향상(Shogren et al., 2015)

학교 맥락 안에서, 자기결정 기술의 교수는 향상된 학업적 성과(Fowler, Konrad, Walker, Test, & Wood, 2007; Konrad, Fowler, Walker, Test, & Wood, 2007; Lee, Wehmeyer, Soukup, & Palmer, 2010; Shogren, Palmer, Wehmeyer, Williams-Diehm, & Little, 2012), 학업적 및 전환목표 성취에서의 더 큰 성공 (Agran, Blanchard, & Wehmeyer, 2000; McGlashing-Johnson, Agran, Sitlington, Cavin, & Wehmeyer, 2003) 및 통합교육 환경 내에서 일반교육 교육과정에 대한 접근성 강화(Lee, Wehmeyer, Palmer, Soukup, & Little, 2008)와 관련이 있다. 연구는 또한 모든 연령의 광범위한 장애를 가진 사람들에게 자기결정과 관련된 기술을 가르칠 수 있고(Algozzine et al., 2001; Cobb, Lehmann, Newman-Gonchar, & Alwell, 2009), 이러한 능력의 습득을 지원하는 것이 개인적 통제를 행사할 기회를 만든다는 것을 증명했다(Algozzine, Browder, Karvonen, Test, & Wood, 2001; Wehmeyer et al., 2012).

모든 연령대의 IDD를 가진 사람들의 삶을 향상시키는 데 있어 자기옹호와 자기옹호 운동이 담당해 온 결정적인 역할에도 불구하고, 자기옹호를 개인적 성과와 연결시킬 수 있는 성과 연구는 상대적으로 거의 존재하지 않는다. 이 분야 연구의 대부분은 성인과 달리 주로 IDD를 가진 학령기에 초점을 맞추고 있다. 문헌 리뷰는 자기옹호 기술의 발달이 장애 학생들의 성인생활로의 성공적인 전환에 결정적이라는 것을 보여 준다(Aune, 1991; Izzo, & Lamb, 2002; Test et al., 2009; Wehmeyer, 1992). 그러나 연구는 자기옹호 기술 교수와 자기옹호의 기회가 장애를 가진 학생들의 교육 프로그램에 자주 포함되지 않는 것으로 나타났다(Arnold & Czamanske, 1991; Izzo & Lamb, 2002).

지난 수십 년간 IDD를 가진 사람들과 그 협력자들의 풀뿌리 노력에서 발전한 자기옹호 운동은 장애 분야의 모든 생태계에 변화를 일으키는 데 결정적인 역할을 해 왔다. 이 시민권리 운동에 참여하는 사람들은 자기옹호를 통해 일반 대중과 장애 관련 분야에서 IDD를 가진 사람들을 바라보는 시각의 변화가 필요하다고 목소리를 높였다. 그들은 지역, 주, 국가 차원에서 장애 법률의 변화를 성공적으로 주장해 왔고 전문가와 가족에서 장애를 가진 개인들로의 권력 이동을 촉진해 왔다. 그들은 또한 개인중심계획과 서비스, 자기주도적 지원 그리고 자기결정 행사를 지원하고 IDD를 가진 모든 연령대의 삶의 질을 획기적으로 향상시키는 다양한 시책에 필요한 학습과 인프라를 만들어 냈다. 보건, 교육, 가정 및 지역사회 기반 서비스^{HCBS}를 추진하는 연방 정책은 이제 IDD를 가진 사람들이 자기결정적인 삶을 살 수 있는 기본 권리를 인정하고, 자기결정의 기회와 자기결정의 행사 모두를 개인이 받는 서비스와 지원의 질을 판단하는 데 있어 핵심 요소로 간주한다(Lachapelle et al., 2005; Schalock, Bonham, & Verdogo, 2008).

지난 40년 동안, 주 전체의 자기옹호 단체의 수가 급격히 증가했으며, 1994년에 언급한 바와 같이, SABE^{Self Advocates Becoming Empowered1)}는 지적장애를 가진 사람들이 주도하는 국가 단체로 출범했다. 자기옹호 운동이 커지면서 자원의 필요성도 커졌다. 국가 및 주 차원 모두에서, 자기옹호 단체들은 여전히 IDD를 가진 사람들의 자기결정을 지지하지 않는 서비스 시스템들이 변할 것을 촉진하기 위한 지원이 필요하다.

현 시점에서, 그들이 훈련이나 옹호 자체 중 어디에 집중하든 자기옹호 활동은 다양한 유형의 장애를 가진 사람들을 위해 별도로 발생하는 경향이 있다. 이 운동이 규모와 정치적 영향력을 모두 키우려면 다양한 장애와 연령, 문화적 소속을 가진 개인들을 포함하여 다양한 지원 욕구를 가진 집단을 한데 모으는 데 주력할 필요가 있다. 이를 위해서는 숙련된 촉진자이며 모든 사람이 이해할 수 있는 방식으로 시스템을 설명하는 데 능숙한 새로운 세대의 자기옹호 리더가 필요할 것이다.

---

1) SABE(Self Advocates Becoming Empowered). 미국의 국가 자기옹호 단체, 미국의 모든 주에서 온 지역 대표 및 회원으로 구성된 전국위원회. https://www.sabeusa.org/

4. 현재 논란과 도전

높은 수준의 자기결정과 효과적인 자기옹호가 IDD를 가진 사람들의 긍정적인 성과와 관련이 있는 것으로 나타났다는 점을 감안할 때, 사실상 장애를 가진 모든 사람이 자기결정적이고 강력한 자기옹호자가 될 수 있도록 지원받는다고 가정할 수도 있다. 그러나 연구는 이것이 사실이 아니라는 것을 보여 준다. 상당한 수의 장벽은 IDD를 가진 사람들이 자기결정과 자기옹호를 지원하는 능력을 획득하고 개선하며, 지속적으로 이러한 능력을 행사할 기회를 갖고, 그들에게 가장 중요한 삶의 측면에 대해 그들이 원하는 정도의 인적 통제력을 갖는 것을 가로막고 있다.

1) 개인적 장벽

환경 안의 개인person-in-environment(예: 생태학적)이 자기결정과 자기옹호로 접근하는 것은 실제로 자기결정과 자기옹호를 제한할 수 있는 잠재력을 가지고 있다. 비록 우리는 '예'와 '아니오'를 효과적으로 전달하는 간단한 능력이 사람들이 그들의 삶에 대해 자기결정을 행사할 수 있게 한다고 믿지만, 적절한 지원이 항상 일관되게 제공되지는 않는다. 효과적인 의사소통 기술, 권리에 대한 이해 그리고 원하는 것과 욕구를 표현하고 싶은 욕망과 같은 특정한 개인적 역량은 비록 자기결정과 자기옹호를 행사하는 데 필요한 것은 아니지만, 외부 지원을 이용할 수 없거나 장벽에 부딪힐 때 이러한 과정을 용이하게 돕는 역할을 한다.

개인 수준에서 자기결정의 공통적인 장벽은 선택과 의사결정, 문제 해결, 목표 설정, 의사소통, 자기옹호 및 자기규제 기술 등 이러한 프로세스와 관련된 모든 기술에 관한 기능적 제한을 포함한다. 또한, 자기지식의 부족은 서비스 시스템과 시민 및 장애를 가진 개인으로서 자신의 권리에 대한 불완전한 이해와 함께, 중요한 삶의 성과에 대해 개인의 목소리를 내고 원하는 수준의 개인적 통제를 수행하는 것을 잠재적으로 제한할 수 있다. 태도와 신념 체계 또한 이 영역의 성과를 제한할 수 있다. 외적통제소, 낮은 자기효능감 그리고 성공과 실패에 대한 부적절한 귀인은 모두 개인이 자신의 삶을 개인적 통제하에 두려 할 때 불리하게 작용할 수 있다(Abery & Stancliffe, 2003).

2) 환경 및 시스템 장벽

생태학적 틀은 사람과 환경의 역동적인 상호작용을 인정한다. 개인은 환경에 반응할 뿐만 아니라 환경을 만드는 데 중요한 역할을 한다. 간단히 말해서 환경이 우리에게 영향을 미치지만, 우리의 개인적인 능력, 행동 그리고 우리가 이용할 수 있는 사회적 자본은 생태계의 각 수준에서 경험하는 위험과 기회 모두에 기여한다.

수많은 요인이 자기결정과 자기옹호를 제한할 수 있는 잠재력을 가지고 있다. 가족구성원을 보호해야 한다는 가족의 신념은 IDD를 가진 사람들이 인생에서 취할 수 있는 위험과 도전을 너무 자주 심각하게 제한한다. 보호와 위험을 관리하는 것보다 제거에 초점을 맞추는 부모와 제공기관은 IDD를 가진 사람들이 자기결정을 행사할 기회를 갖거나 실수로부터 배우고, 그 과정에서 성장하는 것을 어렵게 한다. IDD를 가진 어린이, 청소년, 성인에 대한 낮은 기대는 지역사회 내에서뿐만 아니라, 가정과 학교에서 흥미의 성과에 잠재적인 장벽으로 작용할 수 있다(Wehmeyer & Abery, 2013). 부모, 고용주, 직접 지원 전문가와 교사는 IDD를 가진 개인이 현재 활동(예: 선택하기나 의사결정하기)을 하고 있지 않은 경우, 나중에 또는 다른 맥락에서 해당 활동에 참여할 능력이 없다고 가정하는 경우가 많다.

IDD를 가진 성인의 경우, 그들이 받는 공식적인 지원은 자기결정과 자기옹호에 대한 여러 가지 장벽을 만들 수 있다. 인력의 불안정성과 잦은 이직은 너무 자주 장애를 가진 사람들이 그들의 선호를 인식하지 못하고, 중요한 개인적 목표의 달성을 지원해 본 경험이 없는 직접 지원 전문가[DSP]의 지원을 받게 한다. IDD 또는 자기결정에 대한 최소한의 지식을 가진, 미숙하고 훈련되지 않은 직원은 자신이 지원하는 IDD를 가진 개인들과의 사회적 상호작용을 제한할 수 있다. 또한, 제공기관 조직의 책임을 최소화해야 하는 필요성은 종종 과잉보호와 한 개인의 삶에서 위험과 도전을 관리하기보다는 제거해야 한다는 신념으로 이어진다. 결과적으로, IDD를 가진 사람들은 종종 실수를 하거나, 이성의 범위 내에서 최적화되지 않은 결정의 결과를 경험할 수 없게 되어 실수를 학습 경험으로 사용하는 것이 불가능해진다. 불행히도, 원하는 수준의 개인적 통제를 행사할 충분한 기회를 제공하지 않는다면 자기결정을 지원하는 많은 개인적 역량을 발전시키기 어렵다.

이러한 과정에 대한 기회와 지원을 제공할 뿐만 아니라 자기결정과 자기옹호 역량 개발을 지원하려면 시스템 간에 긍정적인 연결과 조정이 필요하다. 한 맥락에서 개발된 역량이 강화되고, 다른 미시체계에 일반화되려면 시스템 수준의 연결이 중요하다. 예를 들어, 자기결정과 자기옹호를 행사하는 것을 학습하고 지원하는 지원 주거 환경을 조성하는 제공기관은 이러한 중요한 과정이 환경 전반에 걸쳐 지원될 수 있도록 가족 및 고용주와 협력할 필요가 있다. 자기결정과 자기옹호의 기회를 제공하는 학교 역시 가족 및 지역사회와 협력하여 그러한 환경에 대한 일반화를 보장할 필요가 있다.

두 번째로 잘 알려진 예는 IDD를 가진 개인들에게 제공하는 공식적 지원(주거, 학교, 고용) 사이에 종종 존재하는 의사소통과 조정의 부족으로, 한 환경에서 성공적인 것으로 판명되었지만 다른 환경에서는 항상 효과적이지는 않을 수 있는 지원으로 귀결될 수 있다. 또한 지원 제공기관이 개인이 가질 수 있는 독립성과 자기결정의 유형과 수준에 대해 동의하지 않을 수도 있다. 자기옹호 운동에서 IDD를 가진 사람들에 대한 리더십 개발 지원이 부족한 것도 공식적 지원체계에서 쟁점이 되고 있다.

IDD를 가진 개인들에 대한 자기결정과 자기옹호의 많은 장벽은 학교, 지역사회 생활환경이나 고용 조직과 같은 공식적인 일상적 지원을 제공하는 기관의 정책과 절차에서 나타난다. 주거 지원을 제공하는 많은 기관은 여전히 DSP에게 자기결정 지원 관련 교육을 거의 또는 전혀 제공하지 않고 있다. 자기옹호 그룹을 지원하는 제공기관 조직은 종종 그룹이 만나는 때와 옹호할 것을 지시하는 정책을 가지고 있다. 서비스 계획을 수행하고 서비스를 제공하는 방식도 자기결정과 자기옹호를 행사하는 데 장벽이 될 수 있다. 대부분의 제공기관과 학교에서 개별화 교육 계획뿐만 아니라, 성인 서비스 계획과 제공에 대한 개인중심 접근은 불충분한 채로 지속되고 있다. 경우에 따라, 계획 과정이 개인중심적이라고 여겨질 수 있지만 서비스 제공은 그렇지 않다. 다른 맥락에서 IEP나 ISP(개별지원계획 또는 개별서비스계획)의 'I'는 '개별화individualized'보다는 '제도화institutionalized'를 더 지지하는 것 같다.

자기결정과 자기옹호의 최종적 장벽은 장애를 가진 개인들이 서비스 제공, 연구, 지원의 실행과 평가에 직접 참여하는 기회가 상대적으로 적다는 것이다 (Caldwell, 2010; McDonald & Raymaker, 2013). IDD를 가진 개인들을 지원하는 많은 제공기관은 그들의 자문위원회나 위원회에 장애를 가진 1~2명의 위원을 두고 있지만, 그 개인이 실질적인 의사결정 권한을 갖거나 서비스 제공 또는 연구의 의제를 정하는 경우는 드물다.

미국과 많은 다른 나라에서는 장애를 가진 개인들에 대한 사회적 태도가 그들의 성향에 있어 '장애인 차별주의자ableist'로 남아 있다. 옥스퍼드 영어사전(2018)에 따르면 **장애인 차별**ableism은 '장애인을 위한 차별'을 말하지만 실제로는 차별 행위를 넘어 장애를 가진 사람들을 바라보는 문화적 관점까지 그 영향이 확대된다. 지난 30년간 장애를 가진 사람들의 생활이 크게 개선되었음에도 불구하고 (제1장 참조) 사회의 실제와 지배적 태도는 IDD를 가진 개인들의 잠재력을 지속적으로 평가절하, 소외, 제한하고 있다. 오늘날 이러한 많은 형태의 차별은 대체로 정상화되어 장애인들의 경험에 대한 이해심이 많은(더 정확히 말하면 무시) 우리의 문화에 통합되어 있다. 사회의 장애인 차별주의자 태도적 가치 시스템은 IDD가 사람들로 하여금 자신의 삶을 효과적으로 통제할 수 없게 만든다는 많은 부모, 교사 그리고 다른 전문가들의 관점을 강화시키기 때문에 IDD를 가진 아동, 청소년, 성인들이 직접적 · 간접적으로 자기결정을 경험해야 하는 기회를 제한하게 된다.

5. 실용적 제안과 중재

지난 수십 년 동안, 자기결정 행사를 지원하기 위해 많은 공식적 프로그램이 개발되고 현장 검증이 되어 왔다. 이러한 중재들의 비교적 높은 비율이 학령기 아동과 청소년에게 집중되어 왔지만, 성인을 대상으로 한 프로그램들도 있다. 기존의 연구 문헌에 근거해 가정, 학교, 지역사회 맥락에서 자기결정을 함양하는 기술, 지식, 태도, 신념의 발전을 뒷받침할 수 있는 잠재력을 가진 광범위한 비공식적 · 비계획적인 권고안이 만들어질 수 있다. 지원이 공식적이든 비공식적이든 간에, 현재 최선의 실제는 "일찍 시작하고 가능한 한 많은 기회를 제공하라."라는 문구로 요약할 수 있다.

1) 개인과 가족

가족이 개인의 발달 전반에 걸쳐 채택할 수 있는 개인과 미시체계 수준에서, 연구는 자기결정을 강화하는 개인적 역량의 획득과 개선을 지원할 것을 제안한다. 이러한 지원에는 IDD를 가진 개인의 선택과 의사결정, 문제 해결, 목표의 설정과 달성, 의사소통, 자기옹호 및 자기규제 기술, 개인의 자기지식 향상, 서비스 시스템과 자신의 권리에 대한 이해 증진, 내적통제소와 자기효능감의 개발 강화 등이 포함될 수 있다(Thoma & Getzel, 2005; Wehmeyer & Abery, 2013; Wehmeyer, Agran, & Hughes, 1998).

자기결정이 생애 전반에 걸쳐 나타나는 것을 고려할 때, 자기결정을 촉진하는 개인적 역량의 발달 지원은 조기에 시작되어야 한다. 유아기 동안 어린이는 의도적인 행동에 참여하기 시작하고 기본적으로 자기결정 과정을 시작한다. 영아는 생후 첫 해부터 세상을 탐험하기 시작한다. 그들이 성숙함에 따라, 이 탐험의 맥락은 더 넓고 다양해져 간다. 가족은, 첫째, 환경을 탐험하기에 안전한 장소로 만들고, 둘째, '높은 흥미를 갖게 하는' 다양한 물체로 채워서 환경과 주변 환경을 탐색하는 자녀의 흥미를 지원함으로써 자기결정과 관련된 역량을 개발하도록 촉진할 수 있다(Odom & Wolery, 2003). 이 경험은 그들이 좋아하는 것과 싫어하는 것, 선호하는 것, 관심을 덜 갖고 있는 것을 이해하는 과정을 시작하면서, 자연스럽게 아이들이 다른 것들보다 특정한 활동, 게임과 장난감에 대한 선호를 갖게 할 것이다(Shogren & Turnbull, 2006).

자기결정 기능 발달에서 논리적인 다음 단계는 제한된 수의 대안을 제시하여 간단한 선택하도록 하는 것이다(예: "이 세 셔츠 중 어느 것을 입고 싶어요?"). 2세가 되면 어린이는 음식, 장난감, 활동과 접근할 수 있는 기타 물건들을 포함하여 환경을 통제하려는 열망을 보이게 된다. 아동의 개인 역량에 맞게(자신의 선택에 따른 결과를 평가하도록 시도하고, 그 과정에서 지원을 받는) 간단히 선택할 기회를 제공하는 것은 목표 설정, 자기규제, 좋은 선택하기와 문제 해결 능력을 발달시킨다. IDD를 가진 어린이의 언어 능력이 발달함에 따라서 가족은 좋아하는 것과 싫어하는 것을 표현하는 데 필요한 구조와 지원을 제공하여 그들의 자기결정을 지원할 수 있다. 필요에 따라 가족은 새로운 의사소통방법을 사용하는 사람들이 대안적인 방법으로 선호를 표현할 수 있도록 조정을 제공할 수 있다.

개인적인 목표를 달성하기 위해 자신의 행동을 조절하는 능력은 자기결정의 중요한 부분이다. 위트만은 사람들이 자신의 상황, 목표, 도전을 해결하기 위해 사용할 수 있는 행동들을 고려할 수 있는 능력 그리고 목표 달성을 위해 노력하는 방법에 대한 계획의 개발과 보완하는 것 모두가 자기규제라고 말한다(Whitman, 1990). 장애가 없는 아동이 발달하고 성숙함에 따라 개인에 대한 통제는 점차 부모에서 아동 또는 청소년에게로 이동한다. 그러나 IDD를 가진 아동과 청소년에게는 이러한 의사결정 권한의 이전이 전혀 발생하지 않는 경우가 많다(Stancliffe & Abery, 2003). IDD를 가진 아동과 청소년의 자립, 책임, 독립성과 자율성을 예측하는 (권한이 아닌) 권위 있는 양육방식이 밝혀졌고(Baumrind, 1972; Baumrind & Black, 1967), 이는 자기결정 능력을 발달시키도록 가장 효과적으로 지원한다(Abery & Zajac, 1996; Booth & Kelly, 2002).

아동이 청소년이 되고, 성인이 되어 감에 따라 부모는 의사결정과 선택의 권한을 높일 수 있는 기회를 제공해야 할 뿐만 아니라, 온당한 범위 내에서, 점점 더 자녀가 중요한 생활영역에서 의사결정을 내리도록, 경우에 따라서는 실패(잘못된 결정을 내리고 그로부터 배우는 기회를 갖는 것)하도록 허용해야 한다. 자신이 의도한 대로 되지 않는 결정은 자신의 선호, 강점, 도전, 그리고 단기적인 결과뿐만 아니라 장기적인 결과도 고려해야 할 필요성에 대해 더 많이 배울 수 있는 기회를 제공한다. 또한 이 단계에서는 개인의 선택과 의사결정에 대한 기회가 연령에 적합하고 청년이 자신의 지원 요구와 관계없이 중요하게 여기는 삶의 영역에서 이루어지도록 하는 것이 중요하다(Wehmeyer & Abery, 2013).

2) 시스템과 프로그램 수준의 지원

자기결정을 행사할 수 있는 역량을 키우는 것은 평생의 과정이다. IDD를 가지고 사는 모든 연령의 학습자들을 위해, 프로그램과 시스템 수준에서 다양한 중재가 설계되어, IDD를 가진 사람들이 이러한 성과를 뒷받침할 수 있는 능력을 개발하도록 하는 것을 목적으로 한다.

자기결정교수학습모델Self-Determined Learning Model of Instruction, 이하 SDLMI은 원래 청소년이 자기규제를 하는 학습자가 되고, 문제 해결자가 되도록 도움으로써 청소년의 자기결정을 지원하기 위해 개발된 가장 널리 연구된 교수 모델 중 하나이다(Wehmeyer, Palmer, Agran, Mithaug, & Martin, 2000). 수많은 현장 검증에서 SDLMI 교육을 받은 IDD를 포함한 장애를 가진 학생들은 다음과 같은 결과를 얻었다.

- 자기결정을 지원하는 개인 역량의 향상
- 학업 및 전환목표 달성과 관련하여 기대를 충족 또는 초과 달성
- 일반교육 교육과정에 대한 접근성 향상의 경험
- 자기결정 기회의 큰 증가
- 교사들에게 그들의 능력에 대한 높은 인식 부여

팔머와 웨마이어는 나중에 유치원~초등학교 3학년 학생들을 위해 SDLMI를 수정했으며 그 연령 집단에서도 유망한 결과를 발견했다(Palmer & Wehmeyer, 2003).

성인기 동안 IDD를 가진 사람들은 자기결정을 지원하는 역량(기술, 지식, 태도/신념)의 지속적인 개발과 개선을 촉진하는 경험과 기회에 접근할 필요가 있다. 대부분의 경우, 이것은 시스템 내의 인력이 일상적 및 장기적으로 원하는 수준의 개인 통제를 행사하는 것과 관련하여 자기결정의 지속적인 기회를 지원할 수 있는 지식과 자원을 보유해야 한다는 것을 의미한다(Wehmeyer & Abery, 2013).

계획하기를 지원하기 위해 개인중심 접근법(O'Brien & Mount, 2005; Pearpoint, O'Brien, & Forest, 1993; Smull, Sanderson, Sweeney, & Skelhorn, 2005)을 활용하는 것과 개인중심적인 방식으로 서비스를 제공하기 위한 직접 관리 인력을 양성하는 것은 자기결정의 촉진을 위해 중요한 측면이다. 지원계획 회의는 IDD를 가진 개인이 직접 자기결정을 행사하고, 이 분야에서 기술을 다듬을 수 있는 좋은 기회가 될 수 있다. 자신의 지원계획 회의에 누가 참석하는지 결정하고, 다른 사람들이 그를 존중하는 동안 자신의 선호와 원하는 삶의 성과들을 말하고, 개인**을 위해** 중요한 것과 개인**에게** 중요한 것 사이의 균형을 맞출 수 있도록 지원하는 기회는 모두 개인의 역량 강화에 기여할 것이다.

최근 몇 년 동안, IDD를 가진 사람들이 그들 자신의 지원을 지시하는 책임을 질 수 있는 더 큰 기회가 많은 주에서 제공되고 있다. 자기주도적 지원 프로그램은 서비스 사용자나 그들의 대리인이 해당되는 경우, 의사결정 권한을 갖고 시스템의 도움을 받아 이러한 지원을 관리할 책임을 지는 것을 가능하게 한다. 전통적으로 관리되는 서비스에 대한 이 대안은 사용자가 구매를 원하는 서비스, 제공 방법과 사용자에 의해 결정하는 개인중심계획 과정을 허용한다. 주 정부는 가정 및 지역사회 기반 서비스Home and Community Based Services, 메디케이드 지역사회 우선 선택 자기주도 개인지원 서비스Medicaid Community First Choice Self-Directed Personal Assistance Services, CFC-SDPAP, 가정 및 지역사회 기반 서비스 면제 프로그램Home and Community Based Services Waiver Programs 1915(c) 등 장애를 가진 개인들이 자신의 지원을 직접 지시할 수 있도록 허용하는 몇 가지 옵션이 있다.

IDD를 가진 많은 사람이 현재 성년후견인제도와 재산관리의 대상이다. 이러한 대리 의사결정 방식은 장애를 가진 성인들이 자기결정을 행사하고, 스스로 의사결정을 하고, 이러한 선택을 법적으로 인정받을 기회를 박탈한다. 지원된 의사결정Supported Decision Making, 이하 SDM은 장애를 가진 사람들이 스스로 결정을 내리고 이러한 선택을 다른 사람들에게 효과적으로 전달하는 과정을 돕는다(Boundy & Fleischner, 2013). 장애를 가진 개인이 그들의 의사결정 권한을 유지하지만 필요한 경우, 개인이 이해할 수 있는 방식으로 문제를 설명하고 그 지식을 활용하여 정보에 입각한 결정을 내릴 수 있는 신뢰할 만한 다른 사람(예: 친구, 가족, 전문가)에 의해 지원을 받는 접근 방식이다(Blanck & Martinis, 2015; Dinerstein, 2012; Quality Trust for Individuals with Disabilities, 2013). SDM은 2006년 유엔UN이 채택한 국제인권조약 장애인권리협약Convention on the Rights of Persons With Disabilities, 이하 CRPD 제12조와 개념적으로 일치하며, 장애인이 자신의 삶에서 '원인주체'가 되도록 지원한다(Wehmeyer et al., 2000). 많은 국가에서 장애인과 그 가족이 SDM을 지지하고 있지만, 미국에서는 IDD를 가진 부모 및 기타 가족구성원은 여전히 지정된 의사결정권자의 활용을 지지하는 경향이 있다(Boundy & Fleischner, 2013; Werner & Chabany, 2016). 그러나 SDM은 점점 더 옹호받고 이용되고 있기 때문에, 최선의 실제, 지원 구조, 방법의 효과 그리고 그러한 지원에 접근할 수 있는 사람들의 개인적인 성과를 입증하는 증거에 대한 현재의 중대한 필요성이 있다(Kohn, Blumenthal, & Campbell, 2012).

지역사회 내에서 생활하는 IDD를 가진 개인들을 지원하기 위해 고안된 프로그램(예: 가정 및 지역사회 기반 서비스 프로그램)은 초기에 그들에게 그들의 삶에 대한 더 큰 통제력을 부여하고 그들이 스스로 결정한 방식으로 살아가는 데 필요한 수준의 지원만을 제공하도록 개념화되었다. 그러나 개인들이 시설에서 나와 지역사회로 이주하면서, 그들은 자기결정 수준의 증가를 보여주지 못한 것이 너무 빈번했다(Stancliffe, Abery, & Smith, 2000). 이 성과는 주 정부와 카운티 규정뿐만 아니라 장애를 가진 가족구성원의 안전을 걱정하는 부모들의 반발과 같은 많은 요소로 인한 결과였다.

　IDD를 가진 사람들이 겪는 또 다른 큰 어려움은 직접 지원 전문가^{DSP}가 자기결정을 이해하지 못하거나 자기결정을 지원할 수 있는 능력을 갖추지 못했을 때 나타난다. 이 문제를 해결하기 위해, 에이버리와 동료들은 지역사회 기반 프로그램 내에서 자기결정의 추가 기회를 창출하는 데 필요한 역량을 DSP에 제공하고, 이 성과의 가능성을 높이기 위해 필요한 지원을 제공하기 위한 교육 프로그램을 개발했다(Abery et al., 2013). 12개 모듈 학습 프로그램은 38개 이상의 지역사회 기반 주거지에서 현장 검증을 거쳤으며, 행동 관찰, 자기보고 및 DSP 보고서에 근거한 초기 결과는 직원 행동의 변화(자기결정의 지원과 기회 증가)와 주민들 사이의 개인적 통제 수준 변화를 보여 주었다. 현재 동일한 연구진이 집에서 살고 있는 IDD를 가진 성인의 가족을 위한 원격의료^{telehealth} 형식으로 전달되는 유사한 교육 프로그램을 개발하고 있다.

사례　헌터 서전트

　헌터 서전트$^{Hunter\ Sargent}$는 자라서 할 수 없는 일에 대해 들으며 자랐다. "너는 절대 학교를 졸업하지 못 할 거야. 너는 절대 일자리를 얻지 못 할 거야. 절대 결혼할 수 없을 거야." 그는 태아 알코올 증후군으로 태어나 학교에서 어려움을 겪고 지속적인 괴롭힘을 경험했다. 사랑하는 할머니와 의붓어머니는 그를 끝없이 격려하며 양육하였고, 아메리칸 인디언 유산에 대한 자부심을 키웠다. 오지베^{Ojibwe}의 화이트 어스 밴드$^{White\ Earth\ Band}$의 한 사람이 그의 팔에 그의 인디언 이름인 독수리 구름 Eagle Cloud을 문신해 주었다. 오지베^{Ojibwe}에서 그의 이름은 '메신저'를 의미한다.

　고등학생일 때, 헌터는 먼저 자신의 목소리를 찾고 태아 알코올 증후군과 장애를 가진 모든 사람들의 권리에 대해 목소리를 내기 시작했다. 그는 아크$^{The\ Arc}$의 지역 지부를 통해 자기옹호 단체 피플퍼스트$^{People\ First}$와 연을 맺었다. 헌터는 "자기옹호는 당신의 권리에 대해 말하고 존중받고 귀를 기울여야 한다는 것을 의미하며 장애를 가진 사람보다 먼저 사람으로 대우받는 것을 말해요."라고 말했다.

　자기옹호 운동의 중심적 신념은 장애를 가진 사람들이 자신의 삶의 진정한 전문가라는 것이다. 이 메시지는 20년 넘게 그의 요구와 필요에 대해, 그리고 장애인의 목소리가 들리게 하는 중요성에 대해 공개적으로 이야기해 온 헌터에게 반향을 불러일으켰다. 헌터는 "기본적으로 내가 자기옹호에서 배운 것 중 하나는 우리의 입법 자와 정치인이 학생이고 우리가 교사라는 거예요."라고 말했다.

헌터는 완전통합에는 참여가 필요하며 장애 수준에 관계없이 모든 사람이 자신의 지역사회에서 자신을 드러내도록 해야 한다고 지적했다. "장애 공동체에는 공동체의 목소리가 있지만, 우리가 그런 공동체에 참여하지 않는 한, 우리는 그 목소리가 어디에 있는지, 그리고 그것이 우리 삶에 얼마나 영향을 미치는지 알 수 없을 거예요."

지역사회 리더, 대중 연설가, 그리고 자기옹호자로서 헌터는 여전히 자신이 할 수 없는 일에 대해 계속 듣고 있다. 그와 그의 여자 친구 홀리^{Holly}가 결혼에 대해 논의하기 시작했을 때, 선의를 가진 많은 사람에게 결혼은 현실적이지 않다는 말을 들었다. "그들은 통하지 않는 것을 늘어놓았어요. 우리는 무엇이 효과가 있을 수 있는지, 무엇이 효과가 있었는지 정리해 놓았어요." 헌터와 홀리는 최근에 그들의 결혼 8주년을 기념했다.

헌터와 홀리가 성공한 이유 중 하나는 적절한 지원을 받은 것이다. 그는 "쇼핑, 예산 등 도움이 필요할 때, 누군가가 (집으로) 와요. 정말 좋은 직원이 있는 게 중요하죠."라고 말했다. 또한 헌터는 자기옹호자로서 누가 결정을 내려야 하는지도 잘 알고 있다. "우리는 우리 인생에서 운전자이고, 우리 직원과 우리를 지원하는 사람들은 우리 승객들이에요, 알죠? 저들은 뒷자리에 있고 우리는 앞자리에 있어요."

헌터는 다른 사람들이 자신의 목소리를 내는 것에 대해 끈기 있고 자신감 있게 집중하도록 강력히 권고한다. 그의 메시지는 강력하고 간결하다. "당신이 하지 않으면, 아무도 하지 않을 거예요."

6. 결론

IDD를 가진 사람들은 자신의 삶에 대해 선택을 하도록 격려받을 수 있고, 격려받아야 한다. 공식적 지원과 비공식적 지원은 자기결정을 방해하기보다는 자기결정을 용이하게 해 주어야 한다. 사회는 지난 30년 동안 IDD를 가진 사람들이 스스로 결정한 삶을 살 권리를 인정하고 그들에게 이 비전을 현실로 만들기 위한 지원을 제공하기 위해 먼 길을 걸어왔다. 그러나 미래를 내다보면 아직 갈 길이 멀다는 것은 분명하다. 역효과를 낳는 사회적 영향들은 여전히 존재하고 IDD를 가진 사람들이 그들에게 가장 중요한 삶의 측면에 대해 그들이 원하는 정도의 통제력을 행사하는 데 있어 장벽으로 작용한다. 시스템의 모든 수준에서, 자기옹호자와 지원자들은 장애인 권리협약(United Nations General Assembly, 2006)에 명시된 바와 같이 IDD를 가진 사람들이 자신들이 정한 권리를 누릴 수 있도록 정책, 시스템 및 프로그램 수준의 변화를 추진하는 것이 여전히 중요하다.

자기결정과 자기옹호와 관련된 가장 중요한 성과들 중 일부는 학업수행, 취업성취, 삶의 질의 향상이다. 자기결정과 자기옹호에 대한 장벽은 개인적 수준(예: 기능적 기술의 제한성, 외적통제소), 환경 수준(예: DSP 인력의 기술 부족, 안정성 및 자기결정 지원 훈련 부족, 연방 및 주 정부 HCBS 규칙 및 규정, 후견인제도) 그리고 사회/문화적 수준(예: 장애인차별주의, 오해, 가정)에서 존재한다.

개인 및 가족 수준에서의 핵심 전략들은 위험과 도전을 제거하려고 노력하기보다는 관리하기, 실패와 그것들로부터 배울 수 있는 개인의 기회 허용하기 그리고 권위 있는 방식으로 양육하기 등 아동의 나이와 능력에 상응하는 수준으로 일찍부터 자기결정의 기회를 제공하는 것이 포함되지만 여전히 도전적인 전략이다. 시스템과 제공기관 수준에서 개인중심계획, 자기주도적 지원과 자기옹호 교육에 대한 접근 제공하기, 안정적이고 잘 훈련된 인력 확보하기 그리고 대리의사결정이 아닌 지원된 의사결정을 활용하는 것은 모두 긍정적인 영향을 미칠 수 있다.

토론 질문

• IDD를 가진 사람들에게 지원을 제공하는 현재의 실제들을 의료모델에서 시민권리/사회정의 모델로 전환하기 위해 어떻게 노력할 수 있는가? 이것

은 장애를 가진 개인의 자기결정에 어떤 영향을 미칠 수 있는가? 대리 의사결정 방식(예: 후견인)이 아닌 지원된 의사결정의 이점과 문제점은 무엇인가?
- 서비스 계획과 제공에 대한 개인중심 접근과 자기주도적 지원은 어떤 방식으로 IDD를 가진 사람의 자기결정을 촉진하는가?
- 단체 회원들의 자기결정을 강화하는 것이 주요 관심사 중 하나였다면, 자기옹호 단체에서 필요한 특징은 무엇이겠는가?
- 현재 자기옹호 단체들이 직면하고 있는 주요 도전들은 무엇인가? 이것들을 어떻게 다뤄야 할 것인가?

자원

- Self-Advocacy Online: 이 웹 사이트는 자기옹호자와 협력자들을 위한 원스톱 상점으로, 자기옹호에 대한 자료, 지역단체에 대한 정보 및 자기옹호자의 이야기를 소개한다. http://selfadvocacyonline.org
- National Gateway to Self-Determination: IDD를 가진 사람들의 삶에서 자기결정을 강화하는 데 있어 현재의 최선의 실제와 증거 기반의 활동에 대해 자기옹호자, 전문가, 정책 입안자, 가족과 일반 대중에게 제공되는 국립 웹 사이트. http://www.ngsd.org
- National Resource Center for Supported Decision Making: NRC-SDM은 SDM에 대한 국가 공인 전문가 및 리더와 협력하며, 수천 명의 노인과 IDD를 가진 사람들의 의견을 대변하고 있다. 그들은 획기적인 법적 사례에 SDM을 적용하고, 증거 기반의 성과 측정을 개발하며, 자기결정권을 증진시키기 위한 법률, 정책과 실제의 변화를 성공적으로 옹호하고, SDM이 보호자에게 유효하고 덜 제한적인 대안이라는 것을 입증했다. www.supporteddecisionmaking.org
- What Is Self-Determination and Why Is It Important? 내셔널 게이트웨이에서부터 자기발달장애 관리기금으로 운영되는 결정 프로젝트까지의 백서. http://buildingalife.ku.edu/sites/default/files/Self-Determination_Wehmeyer.pdf

참고문헌

Abery, B. (1994). Self-determination: It's not just for adults. Impact,6, 2.

Abery, B. & Stancliffe R. (1996). The ecology of self-determination. In D. J. Sands & M. L. Wehmeyer (Eds.), *Self-Determination across the life span: Independence and choice for people with disabilities* (pp. 111-145). Baltimore, MD: Paul H. Brookes.

Abery, B. H. & Stancliffe, R. J. (2003). A tripartite ecological theory of self-determination. In M. Wehmeyer, B.H. Abery, D.E. Mithaug & R. J. Stancliffe (Eds.), *Theory in self-determination:Foundations for educational practice* (pp. 43-78). New York: Charles C. Thomas.

Abery, B. H., Tichá, R., Smith, J. G., & Grad, L. (2017). *Assessment of the self-determination of adults with disabilities via behavioral observation*: SD-CORES. Manuscript submitted for publication.

Abery, B. H., Tichá, R., Welshon, K., Berlin, S., & Smith, J. G., (2013). *A self-determination education curriculum for direct support staff*. Minneapolis, MN: University of Minnesota-Institute on Community Integration

Abery, B. & Zajac, R. (1996). Self-determination as a goal of early childhood and elementary education. In D. J. Sands & M. L. Wehmeyer (Eds.), *Self-determination across the lifespan: Independence and choice for people with disabilities* (pp. 169-196). Baltimore, MD: Paul H. Brookes.

Agran, M., Blanchard, C., & Wehmeyer, M. L. (2000). Promoting transition goals and self-determination through student self-directed learning: The self-determined learning model of instruction. *Education and Training in Mental Retardation and Developmental Disabilities, 35*(4), 351-364.

Algozzine, B., Browder, D., Karvonen, M., Test, D. W., & Wood, W. M. (2001). Effects of interventions to promote self-determination for individuals with disabilities. *Review of Educational Research, 71*(2), 219-277. http://dx.doi.org/10.3102/00346543071002219

Anctil, T. M., Ishikawa, M. E., & Tao Scott, A. (2008). Academic identity development through self-determination: Successful college students with learning disabilities. *Career Development for Exceptional Individuals, 31*(3), 164-174. http://dx.doi.org/10.1177/0885728808315331

The Arc of the United States. (2017). *Self-advocacy position statement*. Retrieved from: http://www.thearc.org/who-we-are/position-statements/rights/self-advocacy .

Arnold, E. & Czamanske, J. (1991). *Can I make it? A transition program for college bound learning disabled students and their parents*. Paper presented at the 69th annual convention of Council for Exceptional Children in Atlanta, GA.

Aune, E. (1991). A transitional model for postsecondary-bound students with learning disabilities. *Learning Disabilities Research & Practice, 6*(3), 177-187.

Baumrind, D. (1972). An exploratory study of socialization effects on Black children: Some Black-White comparisons. *Child Development, 43*(1), 261-267. http://dx.doi. org/10.2307/1127891

Baumrind, D., & Black, A. E. (1967). Socialization practices associated with dimensions of competence in preschool boys and girls. *Child Development, 38*(2), 291-327. http:// dx.doi.org/10.2307/1127295

Blanck, P., & Martinis, J. G. (2015). The right to make choices: The National Resource Center for Supported Decision-Making. *Inclusion, 3*(1), 24-33. http://dx.doi. org/10.1352/2326-6988-3.1.24

Booth, C. L., & Kelly, J. F. (2002). Child care effects on the development of toddlers with special needs. *Early Childhood Research Quarterly, 17*(2), 171-196. http://dx.doi. org/10.1016/S0885-2006(02)00144-8

Boundy, M., & Fleischner, B. (2013). *Supported decision making instead of guardianship: An international overview* [Fact Sheet]. Northampton, MA: Center for Public Representation.

Caldwell, J. (2010). Leadership development of individuals with developmental disabilities in the self-advocacy movement. *Journal of Intellectual Disability Research, 54*(11), 1004-1014. http://dx.doi.org/10.1111/j.1365-2788.2010.01326.x

Clarke, R., Camilleri, K., & Goding, L. (2015). What's in it for me? The meaning of involvement in a self-advocacy group for six people with intellectual disabilities. *Journal of Intellectual Disabilities, 19*(3), 230-250. http://dx.doi. org/10.1177/1744629515571646

Cobb, B., Lehmann, J., Newman-Gonchar, R., & Alwell, M. (2009). Self-determination for students with disabilities: A narrative metasynthesis. *Career Development for Exceptional Individuals, 32*(2), 108-114. http://dx.doi.org/10.1177/0885728809336654

Dinerstein, R. D. (2012). Implementing legal capacity under Article 12 of the UN Convention on the Rights of Persons With Disabilities: The difficult road from guardianship to supported decision making. *Human Rights Brief, 19*(2), 1-5.

Fowler, C. H., Konrad, M., Walker, A. R., Test, D. W., & Wood, W. M. (2007). Self-determination interventions' effects on the academic performance of students with developmental disabilities. *Education and Training in Developmental Disabilities, 42*(3), 270-285.

Getzel, E. E. & Thoma, C. A. (2008). Experiences of college students with disabilities and the importance of self-determination in higher education settings. *Career Development for Exceptional Individuals, 31*(2), 77-84. http://dx.doi.org/10.1177/0885728808317658

Izzo, M. & Lamb, M. (2002). *Self-determination and career development: Skills for successful transitions to postsecondary education and employment* [White paper]. Retrieved from http://www.ncset.hawaii.edu/Publications.

Kohn, N. A., Blumenthal, J. A., & Campbell, A. T. (2012). Supported decision making: A viable alternative to guardianship. *Penn State Law Review, 117*(4), 1111-1158. http://dx.doi.org/10.2139/ssrn.2161115

Konrad, M., Fowler, C. H., Walker, A. R., Test, D. W., & Wood, W. M. (2007). Effects of self-determination interventions on the academic skills of students with learning disabilities. *Learning Disability Quarterly, 30*(2), 89-113. http://dx.doi.org/10.2307/30035545

Lachapelle, Y., Wehmeyer, M. L., Haelewyck, M. C., Courbois, Y., Keith, K. D., Schalock, R. & Walsh, P. N. (2005). The relationship between quality of life and self-determination: an international study. *Journal of Intellectual Disability Research, 49*(10), 740-744. http://dx.doi.org/10.1111/j.1365-2788.2005.00743.x

Lee, S. H., Wehmeyer, M. L., Palmer, S. B., Soukup, J. H., & Little, T. D. (2008). Self-determination and access to the general education curriculum. *The Journal of Special Education, 42*(2), 91-107. http://dx.doi.org/10.1177/0022466907312354

Lee, S. H., Wehmeyer, M. L., Soukup, J. H., & Palmer, S. B. (2010). Impact of curriculum modifications on access to the general education curriculum for students with disabilities. *Exceptional Children, 76*(2), 213-233. http://dx.doi.org/10.1177/001440291007600205

Martorell, A., Gutierrez-Rechacha, P., Pereda, A., & Ayuso-Mateos, J. L. (2008). Identification of personal factors that determine work outcome for adults with intellectual disability. *Journal of Intellectual Disability Research, 52*(12), 1091-1101. http://dx.doi.org/10.1111/j.1365-2788.2008.01098.x

McDonald, K. E. & Raymaker, D. M. (2013). Paradigm shifts in disability and health: Toward more ethical public health research. *American Journal of Public Health, 103*(12), 2165-2173. http://dx.doi.org/10.2105/AJPH.2013.301286

McGlashing-Johnson, J., Agran, M., Sitlington, P., Cavin, M., & Wehmeyer, M. (2003). Enhancing the job performance of youth with moderate to severe cognitive disabilities using the self-determined learning model of instruction. *Research and Practice for Persons With Severe Disabilities, 28*(4), 194-204. http://dx.doi.org/10.2511/rpsd.28.4.194

McGuire, J. & McDonnell, J. (2008). Relationships between recreation and levels of self-determination for adolescents and young adults with disabilities. *Career Development for Exceptional Individuals, 31*(3), 154-163. http://dx.doi.

org/10.1177/0885728808315333

Nota, L., Ferrari, L., Soresi, S., & Wehmeyer, M. (2007). Self-determination, social abilities and the quality of life of people with intellectual disability. *Journal of Intellectual Disability Research, 51*(11), 850-865. http://dx.doi.org/10.1111/j.1365-2788.2006.00939.x

O'Brien J. & Mount, B. (2005). *Make A difference: A guidebook for person-centered direct support.* Toronto, Canada: Inclusion Press.

Odom, S. L. & Wolery, M. (2003). A unified theory of practice in early intervention/early childhood special education: Evidence-based practices. *The Journal of Special Education, 37*(3), 164-173. http://dx.doi.org/10.1177/00224669030370030601

Oxford Dictionary (2018). Definition of ableist. https://en.oxforddictionaries.com/definition/ableist

Palmer, S. B. & Wehmeyer, M. L. (2003). Promoting self-determination in early elementary school: Teaching self-regulated problem-solving and goal-setting skills. *Remedial and Special Education, 24*(2), 115-126. http://dx.doi.org/10.1177/07419325030240020601

Pearpoint, J., O'Brien, J., & Forest, M. (1993). *PATH: Planning alternative tomorrows with hope for schools, organizations, business, and families: A workbook for planning positive possible futures.* Toronto, Canada: Inclusion Press.

Quality Trust for Individuals with Disabilities. (2013). *Supported decision making: An agenda for action.* Retrieved from http://jennyhatchjusticeproject.org/node/264

Self-Advocacy Online. (2018). Stories from Self-Advocates. Retrieved from: http://www.selfadvocacyonline.org/stories/

Schalock, R. L., Bonham, G. S., & Verdugo, M. A. (2008). The conceptualization and measurement of quality of life: Implications for program planning and evaluation in the field of intellectual disabilities. *Evaluation and program planning, 31*(2), 181-190. http://dx.doi.org/10.1016/j.evalprogplan.2008.02.001

Shogren, K. A., Lopez, S. J., Wehmeyer, M. L., Little, T. D., & Pressgrove, C. L. (2006). The role of positive psychology constructs in predicting life satisfaction in adolescents with and without cognitive disabilities: An exploratory study. *The Journal of Positive Psychology, 1*(1), 37-52. http://dx.doi.org/10.1080/17439760500373174

Shogren, K. A., Palmer, S. B., Wehmeyer, M. L., Williams-Diehm, K., & Little, T. D. (2012). Effect of intervention with the self-determined learning model of instruction on access and goal attainment. *Remedial and Special Education, 33*(5), 320-330. http://dx.doi.org/10.1177/0741932511410072

Shogren, K. A. & Shaw, L. A. (2016). The role of autonomy, self-realization, and psychological empowerment in predicting outcomes for youth with disabilities. *Remedial and Special Education, 37*(1), 55-62. http://dx.doi.org/10.1177/0741932515585003

Shogren, K. A. & Turnbull, A. P. (2006). Promoting self-determination in young children with disabilities: The critical role of families. *Infants & Young Children, 19*(4), 338-352. http://dx.doi.org/10.1097/00001163-200610000-00006

Shogren, K. A., Wehmeyer, M. L., Palmer, S. B., Forber-Pratt, A. J., Little, T. J., & Clifton, S. L. (2015). Causal agency theory: Reconceptualizing a functional model of self-determination. *Education and Training in Autism and Developmental Disabilities, 50*(3), 251-263. http://dx.doi.org/10.1007/978-94-024-1042-6_5

Shogren, K. A., Wehmeyer, M. L., Palmer, S. B., Rifenbark, G. G., & Little, T. D. (2015). Relationships between self-determination and postschool outcomes for youth with disabilities. *The Journal of Special Education, 48*(4), 256-267. http://dx.doi.org/10.1177/0022466913489733

Smull, M. W., Sanderson, H., Sweeney, C., & Skelhorn, L. (2005). *Essential lifestyle planning for everyone*. Retrieved from https://www.researchgate.net/publication/265179859_Essential_Lifestyle_Planning_for_Everyone

Stancliffe, R. J. & Abery, B. H. (2003). An ecological theory of self. *Theory in self-determination: Foundations for educational practice*, 79-97.

Stancliffe, R. J., Abery, B. H., & Smith, J. (2000). Personal control and the ecology of community living settings: Beyond living-unit size and type. *American Journal on Mental Retardation, 105*(6), 431-454. http://dx.doi.org/10.1352/0895-8017(2000)105%3C0431:PCATEO%3E2.0.CO;2

Test, D. W., Mazzotti, V. L., Mustian, A. L., Fowler, C. H., Kortering, L., & Kohler, P. (2009). Evidence-based secondary transition predictors for improving postschool outcomes for students with disabilities. *Career Development for Exceptional Individuals, 32*(3), 160-181. http://dx.doi.org/10.1177/0885728809346960

Thoma, C. A. & Getzel, E. E. (2005). "Self-determination is what it's all about": What post-secondary students with disabilities tell us are important considerations for success. *Education and Training in Developmental Disabilities, 40*(3), 234-242.

Wehmeyer, M. L. (1992). Self-determination and the education of students with mental retardation. *Education and Training in Mental Retardation, 12*(1), 302-314.

Wehmeyer, M. L. & Abery, B. H. (2013). Self-determination and choice. *Intellectual and Developmental Disabilities, 51*(5), 399-411. http://dx.doi.org/10.1352/1934-9556-51.5.399

Wehmeyer, M. L., Agran, M., & Hughes, C. (1998). *Teaching self-determination to students with disabilities: Basic skills for successful transition*. Baltimore, MD: Paul H. Brookes Publishing.

Wehmeyer, M. L., Kelcher, K., & Richards S. (1996). Essential characteristics of self determined behavior of individuals with mental retardation. *American Journal on Mental Retardation, 100*(6), 632-642.

Wehmeyer, M. L. & Palmer, S. B. (2003). Adult outcomes for students with cognitive disabilities three years after high school: The impact of self-determination. *Education and Training in Developmental Disabilities, 38*(2) 131-144.

Wehmeyer, M. L., Palmer, S. B., Agran, M., Mithaug, D. E., & Martin, J. E. (2000). Promoting causal agency: The Self-Determined Learning Model of Instruction. *Exceptional Children, 66*(4), 439-453. http://dx.doi.org/10.1177/001440290006600401

Wehmeyer, M. & Schwartz, M. (1997). Self-determination and positive adult outcomes: A follow-up study of youth with mental retardation or learning disabilities. *Exceptional Children, 63*(2), 245-255. http://dx.doi.org/10.1177/001440299706300207

Wehmeyer, M. L. & Schwartz, M. (1998). The relationship between self-determination and quality of life for adults with mental retardation. *Education and Training in Mental Retardation and Developmental Disabilities, 33*(1), 3-12.

Wehmeyer, M. L., Shogren, K. A., Palmer, S. B., Williams-Diehm, K. L., Little, T. D., & Boulton, A. (2012). The impact of the self-determined learning model of instruction on student self-determination. *Exceptional Children, 78*(2), 135-153. http://dx.doi.org/10.1177/001440291207800201

Werner, S. & Chabany, R. (2016). Guardianship law versus supported decision making policies: Perceptions of persons with intellectual or psychiatric disabilities and parents. *American Journal of Orthopsychiatry, 86*(5), 486-99. http://dx.doi.org/10.1037/ort0000125

Whitman, T. L. (1990). Development of self-regulation in persons with mental retardation. *American Journal on Mental Retardation, 94*(4), 347-362.

United Nations General Assembly. (2006). *Convention on the Rights of Persons With Disabilities.* Retrieved from https://www.un.org/development/desa/disabilities/convention-on-the-rights-of-persons-with-disabilities.html

Zubal, R., Shoultz, B., Walker, P., & Kennedy, M. (1997). *Materials on self-advocacy.* Syracuse, NY: Center on Human Policy, Syracuse University.

제**7**장 권리, 선택 그리고 지원된 의사결정

Barbara A. Kleist, Amy S. Hewitt & Susan N. O'Nell

- IDD를 가진 사람들은 그들 자신의 선택을 할 권리가 있다.
- 위험은 선택하기에 내포되어 있는 기능이다.
- IDD를 가진 사람들이 스스로 선택하고 결정하도록 지원하는 최선의 실제는 계속 발전하고 있다.
- 지원된 의사결정과 기타 대안들은 의사결정에서 권한의 불균형 문제를 다루는 데 도움이 될 수 있다.

지역사회 생활이 IDD를 가진 사람들에게 항상 현실은 아니었다. 역사적으로 이 권리와 기회는 다른 사람들에게 크게 영향을 받았다. IDD를 가진 사람들과 그 가족 모두를 위한 옹호를 통해 목소리를 내는 움직임이 진화함에 따라, 그들의 권리를 행사하고 어디서 누구와 함께할지를 결정하는 능력 그리고 그들이 어떻게 그들의 삶을 살기를 원하는지도 진화했다. 하지만 지금도 IDD를 가진 사람이 그들의 권리를 행사할 수 있는 능력은 너무 자주 그 자신이 아닌 다른 사람에 의해 평가되고, 측정되며, 결정된다.

1. 모두를 위한 인권과 시민 권리

미국의 성인들은 많은 권리와 책임을 가지고 있고, 그들의 개인적인 선택과 결정에 많은 권한을 가지고 있다. 그러나 IDD를 가진 성인들은 성인에게 기본적이고 기대되는 이러한 권리들을 행사할 기회를 종종 거부당한다. 인권은 자율성, 자유, 존엄성의 원칙, 즉 생명, 자유, 행복 추구에 대한 양도할 수 없는 권리에 기반을 두고 있다. 시민권은 차별, 접근, 조정에 초점을 맞춘다. IDD를 가진 사람들을 위한 지역사회 생활 운동이 계속되고, 지역사회를 구성하는 것이 무엇인지에 대한 정의가 더욱 진전됨에 따라, IDD를 가진 사람들을 지원하기 위해 설치된 시스템이 인권과 시민권을 온전하게 행사하는 것에 대한 장벽을 확실하게 제거하는 것이 중요하다.

오늘날 IDD를 가진 사람들이 그들 자신의 의사결정을 할 권리는 잘못된 인식, 가정, 편견으로 가득 찬 역사에서부터 발전했다. 시설수용의 시대 동안, IDD를 가진 사람들은 1940년대 매사추세츠 공과대학교^{MIT} 퀘이커 오츠^{Quaker Oats} 과학 클럽의 실험처럼 실험의 대상이었다(Crockett, 2016). 다른 환경들에서는 원치 않는 행동을 통제하거나 소멸시키기 위한 가혹한 처벌을 포함하는 스키너 접근법을 채택했다(Minnesota Governor's Council on Developmental Disabilities, 2016). 그러한 실제는 IDD를 가진 사람들이 완전한 인간이 아니며 사회에 대한 '부담'이라는 사회적 관점을 강화시켰다. 부모들은 계속해 나갈 정보가 거의 없거나 전혀 없는 상태에서, 강제로 그들의 IDD를 가진 자녀를 시설에 수용시키고 나서, 그들을 잊으라는 말을 들었다(Burke, 2016; Kohn, Blumenthal, & Campbell, 2012; Martinis, 2015).

시설 내 학대와 방치의 잔학 행위가 밝혀지고(Blatt, 1966), 가족과의 지역사회 생활과 재통합을 향한 운동이 진화하면서 IDD를 가진 사람들을 위해로부터 보호하기 위해 고안된 일련의 규제, 법률, 정책도 함께 진화하였다. 필요한 때에, 그들은 때때로 개인의 선택보다 건강, 안전, 보호의 필요성을 강조하는 결과를 낳았다. 그러한 보호가 의도치 않게 갖는 함의는 여전히 IDD를 가진 사람들이 취약하고, 스스로 의사결정을 할 수 없다는 것이다.

동시에 미국에서는 합리적인 조정(ADA, 1990), 가능한 가장 통합된 환경에서 살고 자신의 권리를 표현하는 권리(CMS Final Rule, 2014; Olmstead, 1999)를 포함하여 다양한 법, 규정 그리고 IDD를 가진 개인의 권리를 강력하게 주장하기 위한 정책들이 등장했다. 한편으로는 안전과 건강, 다른 한편으로는 권리와 위험의 존엄성 사이에서 균형을 맞추는 것은 어려운 일이다. 종종 시스템과 지방 법원, 규제 기관과 개별 지원자들은 적절한 균형을 찾는 데 어려움을 겪는다. 이처럼 주 정부와 지역사회에서 그리고 개인의 삶에서 그들의 권리를 지키고 표현하는 것을 보조하는 실제는 매우 다양하게 나타난다.

진전은 이루어져 왔다. 그러나 오늘날 주 정부는 여전히 IDD를 가진 사람 약 3만 명을 시설에서 지원하고 있고(Larson et al., 2018), 법과 규정은 IDD를 가진 사람들이 취약하고 그들의 건강과 안전을 보장하기 위해 보호가 필요하다는 개념을 계속 강화하고 있다. IDD를 가진 많은 사람이 그들의 권리를 행사하기 위해서는 다른 사람들의 지원이 필요하다. 이러한 지원을 받기 위한 미국에서 가장 일반적인 실제는 보호자나 관리인이 임명되어 대리 의사결정을 활용하는 것이다. 이러한 상황에서 시스템, 제공기관과 법정은 그들이 어디에서 누구와 함께 살 것인가 그들의 자원을 어떻게 소비할 것인가, 어떤 서비스를 받을 것인가, 그리고 어떤 의료 서비스를 이용할 것인가와 같은 한 개인의 중요한 모든 결정을 너무 자주 지정된 대리 의사결정자에게로 돌리고 있다(National Conference of Commissioners on Uniform State Laws, 2017). IDD를 가진 사람들이 스스로 선택하고 권리를 행사할 수 있는 기회를 극대화하기 위해서는 후견인제도 개혁의 필요성을 검토하고, IDD를 가진 사람들이 어떻게 자신의 의사결정을 하도록 지원할지를 재고하는 것이 중요하다(Burke, 2016; Martinis, 2015).

1990년대 초반부터 IDD를 가진 사람들이 그들 자신의 의사결정을 행사할 수 있도록 지원하는 것은 정책적으로나 실제적으로 모두 진화해 왔다. 1990년 ADA가 통과되어 장애를 가진 사람들의 시민권을 인정하게 되었다. ADA는 혁신적인 대법원 판결인 **옴스테드**Olmstead **대 L. C.**(1999)의 법적 근거로서, 흔히 옴스테드^{Olmstead} 판결로 일컬어지며, 장애를 가진 사람들은 가능한 한 가장 통합된 환경에서 살 권리가 있다고 단언했다. 옴스테드 판결은 또한 주 정부들은 장애를 가진 사람들이 지역사회에서 살 수 있도록 하는 계획을 수립할 것을 요구했고 연방정부 차원의 규정에도 영향을 주었다. 이와 관련하여 가장 주목할 만한 사항은 2014년 가정 및 지역사회 기반 환경규정(Centors for Medicare and Medicaid Services, CMS, 2014)의 시행으로, 특정 면제^{waivers}를 통해 자금을 지원받은 서비스는 지역사회의 통합된 환경에서 제공되어야 한다. IDD를 가진 사람들의 시민권을 긍정함으로써, 이러한 법과 정책의 변화는 또한 그들 자신의 의사결정을 할 권리에 대한 관심을 환기시켰고, 후견인 법과 규정에 직접적인 영향을 미쳤다(UGPPA, 2007).

법과 의사결정 그리고 규정은 장애를 가진 사람들의 권리에 대한 법적 틀을 제공하지만, 지원된 의사결정^{supported decision making}을 조명한 것은 후견인 생활을 끝내고 싶어 하는 젊은 여성이 관련된 법정 사건이었다(Hatch, 2015; **Ross v. Hatch**, 2013). 법원은 판결에서 보호자에게 이 젊은 여성에게 지원된 의사결정을 사용하도록 하고, 1년 후 보호자 자격이 종료된 후에는 후견인의 대안으로 계속 지원된 의사결정을 사용할 것을 명령했다. 법원이 지원된 의사결정을 IDD를 가진 개인에 대한 후견인의 대안으로 명령한 것은 이것이 처음이다(Martinis, 2015).

해치^{Hatch} 판례와 비슷한 시기에 미국에서는 2006년 유엔 장애인권리협약^{CRPD}이 주목을 받고 있었다. CRPD는 IDD를 가진 사람들의 권리 행사를 촉진하고 그들이 정보에 입각한 의사결정을 할 수 있도록 지원하는 인권의 프레임워크를 제공함으로써 장애 권리 운동을 추진하였다. 미국이 CRPD를 비준하지 않았음에도 불구하고, 그것은 IDD를 가진 모든 사람이 유능하다고 여겨지고 조정과 지원을 받을 자격이 있다는 것을 국제적으로 인정하는 관점을 제공한다. 구체적으로, CRPD 제12조는 후견인 대안으로 지원된 의사결정의 근거가 된 5대 핵심원칙을 바탕으로 지원된 의사결정을 위한 5대 원칙의 프레임워크를 명시하고 있다. CRPD 제12조는 국가장애단체들이 후견인에 대한 입장을 다듬는 데도 영향

을 미쳤다. 예를 들어, 2016년 미국 지적·발달장애인 협회[AAIDD]와 아크[The Arc]
는 후견인에 대한 공동 입장문을 발표하고 지원된 의사결정을 지지했다. 이 성
명에서 발췌한 다음 내용은 IDD를 가진 사람들의 권리에 대한 국가적인 생각의
변화를 강조한다.

> IDD를 가진 개인의 개인적 자율성, 자유, 존엄성은 존중받고 지지되어야 한다. 법
> 적으로 각 개별 성인이나 자립한 미성년자는 자신을 위한 의사결정을 할 수 있는 능
> 력이 있는 것으로 추정되며, IDD를 가진 각 개인은 일생 동안 의사결정자로서 발전할
> 수 있는 준비와 기회, 의사결정 지원을 받아야 한다(Joint Position Statement of AAIDD
> and The Arc, 2016).

장애인권리협약 제 12조 (2006)

장애인은 다음과 같은 권리가 있다.
1. 법 앞에서 개인들로 인정받을 것
2. 다른 모든 사람과 동등하게 법적 역량을 누릴 것
3. 법적 역량을 행사하는 데 필요한 지원에 접근할 것
4. 학대에 대해 적절하고 효과적인 보호수단으로 혜택을 받을 것
5. 재산을 소유하거나 상속하고, 자신의 재정문제를 통제하며, 재정적 신용에 대한
   동등한 접근 권한을 갖고, 재산을 임의로 박탈하지 않을 것

---

2. 후견인 및 기타 대리 의사결정 선택

후견인과 기타 대리 의사결정 옵션이 무엇인지, IDD를 가진 개인에게 미치는
심각한 영향을 이해하지 않고는 권리, 선택과 지원된 의사결정을 논할 수 없다.
후견인제도는 합법적인 과정이다. 후견인 설정에 사용되는 일반적인 기준은, 첫

째, 그 개인이 무능력하게 되고, 둘째, 후견인의 감독과 보호가 필요하며, 셋째, 이에 덜 제한적인 대안이 없고, 넷째, 후견인으로서 활동하도록 선택한 개인이 후견인제도 아래에 있는 사람의 최선의 이익을 위해 그렇게 하는 것이다. 최근 자료는 2008년 현재 미국 전역의 150만 명이 일종의 후견인제도 아래에 있는 것으로 나타나지만, 각 주에서 현재 후견인제도 아래에 있는 사람의 정확한 수는 파악하기 어렵다(Uekert & Van Duizend, 2011).

각 주는 후견에 관한 고유의 법과 규정을 가지고 있지만, 특히 UGPPA로부터 모델 언어model language를 채택한 주에는 몇 가지 공통적인 요소가 있다. 서류상, 후견인제도를 관리하는 주법은 법원이 통신기기나 원격 모니터링과 같은 적절한 기술의 사용을 포함하고, 어떤 경우에라도 대리 의사결정에 대한 덜 제한적인 대안이 존재하는지 여부를 고려할 것을 요구하고 있다. 그러나 오늘날에도 많은 주에서 여전히 덜 제한적인 대안들을 정기적으로 조사하지는 않고 있다. 대신 IDD를 가진 많은 사람이 후견인제도로 급선회한다(Jameson et al., 2015; Martinis, 2015).

후견인은 자신이 대변하는 개인(흔히 피보호자라고 일컫는 사람)에 대한 의사결정 권한을 부여받는다. 후견인이 얼마나 많은 의사결정권을 가지고 있는가는 법원으로부터 어떤 권한을 부여받느냐에 달려 있으며, 이는 주마다 다르다. 후견인은 다음 상황에 영향을 미치는 필요한 돌봄과 서비스를 제공하기 위해 필요한 범위 내에서만 시민권리와 개인의 자유를 제한하는 감독 권한을 포함한 의사결정 권한을 가질 수 있다.

- 개인이 사는 곳
- 개인이 필요하거나 필요할 수 있는 서비스 및 지원
- 개인의 재산/소유물 관리
- 의료와 치료
- 다른 사람들과의 계약

후견인은 피후견인의 법적 대리인이 되며 법원은 그들이 이들을 대신해 독립성을 최대한 장려하고 허용하는 결정을 내릴 것으로 기대한다. 의사결정권이 합리적이고 명확히 확립된 요구에 근거하는 것을 의도하고 있다. 이것이 표준이지만 실제 적용은 후견인마다 차이가 크다. 또 법원이 일단 권한에 대한 판결을 내리면 피후견인이 법적으로, 또는 후견인과 이견이 있을 때 비공식적으로 자신의 권한을 다시 주장하기도 어려울 수 있다.

IDD를 가진 사람들에게, 법원이 지정하는 후견인은 부모, 형제자매, 다른 친척이거나 어떤 상황에서는 친구들이다. 이러한 개인이 후견인 역할을 못 하거나 기꺼이 후견인 역할을 수행할 수 없을 때에는 유급 전문 후견인이나 국가 또는 지방자치단체의 대리인을 임명한다. 일반적으로 법원에서 적용하는 기준은 이용 가능하고 후견인 역할을 할 의향이 있는 사람 중에서 가장 적합하고 최고의 자격을 갖춘 사람을 찾아 임명하는 것이다.

후견인제도^{guardianship} 외에, 많은 주에서 다른 형태의 대리 의사결정도 이용할 수 있다. 예를 들어, 제한된 후견제도는 법원이 의료나 계약과 같이 필요한 경우에만 대리 의사결정 권한을 부여하는 것이다. 대리 의사결정의 또 다른 형태는 성년후견인제도^{conservatorship}라고 불린다. 성년후견인이나 부동산의 후견인은 개인의 관리와 보호가 필요한 재산 또는 금융자산을 가졌을 때 임명된다. 이러한 대리 의사결정의 형태는 덜 제한적이라고 여겨지지만, 여전히 법원이 지정한 대리인의 손에 의사결정권을 부여하여 많은 경우 IDD를 가진 개인이 의사결정 과정에서 완전히 배제되고 있다.

후견인제도와 기타 대리 의사결정 대안은 IDD를 가진 개인이 스스로 결정을 내릴 수 없고 후견인에 대한 법원의 감독이 필요한 경우에, 이를 뒷받침하기 위한 실행 가능한 도구가 될 수 있다. IDD를 가진 사람들과 관련된 후견법 적용에 개혁이 필요하다. 단순히 IDD를 가지고 있다고 해서 후견인이 필요하다고 가정하는 것은 더 이상 용납되지 않는다.

3. 대리 의사결정에서 지원된 의사결정까지

시간이 지남에 따라, 그리고 장애 권리 운동의 결과로, 옹호자, 정책 입안자 및 협력자들은 IDD를 가진 사람들의 권리를 체계적으로 박탈하는 것이 아니라 그들 자신의 의사결정을 하도록 지원해야 한다는 도전을 받았다(Burke, 2016; Campanella, 2015; Jameson et al., 2015; Kohn et al., 2012; Martinis, 2015). 이러한 변화에는 시민권/사회 모델을 기반으로 하는 지원된 의사결정에 유리하게, IDD 를 가진 사람들이 스스로 결정을 내릴 수 있는 능력을 정의하고 결정하는 장애 의 의료 모델에 기초한 오랜 인식과 법적 표준에 도전하는 것이 포함된다. 해 치 판례는 2017년 단일후견인제도, 성년후견인제도 및 기타 보호협정법Uniform Guardianship, Conservatorship, and Other Protective Agreements Act, 이하 UGCOPAA에 실천요강의 정의를 추가하는 등 현재 지원된 의사결정을 둘러싼 많은 활동의 발판이 되었다 (National Conference of Commissioners on Uniform State Laws, 2017). UGCOPAA 는 지원된 의사결정을 다음과 같은 상황에서 "개인이 선택한 한 명 또는 그 이상 개인들의 도움"으로 정의한다(UGCOPAA, 2017).

- 개인이 의사결정을 할 수 있는 잠재적 개인적 · 재정적 의사결정의 성격과 결 과를 이해했을 때
- 의사결정된 것이 개인의 희망과 일치할 때

즉, 지원된 의사결정은 의사결정의 잠재적 결과와 가능한 결과를 확실히 인식 하도록 하기 위해 신뢰하는 사람들에게 주의 깊게 만들어진 지침을 탐색하는 과 정이다. 지원자들은 한 개인이 중요한 정보를 수집하고 처리하여 이성적인 결정 을 내리도록 돕는다. 이것은 법적 합의로 내세운 후견인제도의 대안이다. 개인 의 결정권을 없애는 법원 절차보다, 지원된 의사결정은 자기결정을 촉진하는 신 뢰와 지지의 환경에 근거를 두고 있다. 지원된 의사결정의 주요 특징은 필요할 때 의사결정 지원의 변경을 허용한다는 점에서 후견인제도보다 대응력과 유연

성이 뛰어나서 IDD를 가진 개인의 자율성이 더 크다는 점이다(Martinis, 2015). 인권과 시민권리 보호를 위해 후견인의 지원이 필요한 경우, IDD를 가진 사람들 일부에게는 지원된 의사결정이 실행 가능한 옵션이 아닐 수 있다는 점에 유의해야 한다.

일부 후견인과 대리 의사결정자는 항상 자신이 대변하는 사람과 협의하고 정보에 입각한 의사결정을 함께하기 위해 노력하지만, 모두가 그렇게 하는 것은 아니다. 대리 의사결정자는 그들의 피후견자인 개인에게 그들의 돈, 치료, 주거지나 그들이 받을 서비스에 대한 결정을 내릴 필요성에 대해 상담조차 하지 않을 수 있다(Burke, 2016). 그러나 IDD를 가진 개인이 후견인제도의 대안으로 지원된 의사결정을 사용할 수 있는 경우, 그들은 유능하다고 간주되어, 그들의 선택에 대해 학습하고, 그들 자신의 최선의 결정을 내리는 데 필요한 지원을 받는다(Blanck & Martinis, 2015).

4. 현재 논쟁과 도전

새로운 정책과 법률, 규정은 실무자들에게 방법을 바꾸도록 강요하고 있으며, 사람들의 선호를 이해하고 그들이 선택한 결과에 대해 책임지고 받아들이도록 돕는 개인중심계획, 실제와 접근법이 등장하고 있다. 그러나 제공기관, 가족과 다른 사람들은 때때로 사람들이 빈약하거나, 심각하거나, 위험한 성과를 초래할 수 있는 경우, 결정을 내리는 데 있어 그들을 지원하는 것을 꺼리기 때문에 이것은 투쟁으로 이어질 수 있다.

1) 추정된 무능력이라는 유산

IDD를 가진 많은 개인에게 있어, 그들의 가장 큰 도전은 법적 지위와 상관없이 그들 자신의 결정을 내릴 능력이 없다는 수십 년 된 가정을 극복하는 것이다

(Burke, 2016). IDD로 진단을 받게 되면 매우 자주 낮은 기대의 궤도에 놓이게 되며, 종종 태어나자마자 시작된다. 결과적으로, 의사결정 능력을 개발하기 위한 교육이나 지원에 노력을 거의 기울이지 않게 된다.

IDD를 가진 사람들은 종종 일상적인 결정을 내리기 위한 지원과 기회가 부족하거나, 심지어 아무도 보지 않는 동안 실수를 할 수 있는 혼자만의 시간조차 부족하다. 매일의 결정은 종종 다른 사람에게 위임되며, 그 개인 자신의 의견은 거의 반영되지 않는다. 집단으로서 IDD를 가진 사람들은 권위에 따르도록 부추김을 받는다. 이러한 모든 현실은 좋은 의사결정을 내리고 학습하기 위해 일반적으로 더 많은 정보, 경험과 처리 시간을 필요로 하는 사람들이 실제로는 훨씬 더 줄어들게 만든다. IDD를 가진 개인과 IDD를 갖지 않은 또래 사이의 경험과 지식의 격차는 그들이 성인으로 전환하는 나이가 되면 상당히 심각해질 수 있다. 이것은 결국 무능의 이미지를 부채질할 수 있다.

그러나 지원된 의사결정과 후견인제도 실제의 변화는 과거의 무능하다는 가정을 밀어내고 있다. IDD를 가진 젊은 세대들이 통합된 학교를 졸업하고, 일부 가정과 전문가들로부터 보다 진보적인 기대를 받으며 성장함에 따라 그들은 역량과 성취를 다른 방식으로 이해하도록 시스템에 도전하고 있다. 모델, 연기, 소기업 등의 직업 분야에서 IDD를 가진 사람들의 성공은 다른 길을 보여 주고 모두에게 기준을 높이고 있다. 20년 전에는 그렇게 생각되지 않았을지라도, 오늘날 IDD를 가진 사람들이 유능하다고 여겨질 때, 그것은 사회적 기대치에 대한 새로운 거울이 된다. 그것은 일반적으로 받아들여지던 태도와 행동에 의문을 제기하고 권리 옹호의 목소리에 힘을 실어 준다.

2) 의사결정에서 힘의 불균형

법원 시스템은 후견인을 찾는 과정에 있어서는 편견을 유지하고 있기 때문에 대개 개인의 진단에 따라 그들의 실제 필요와 반대되는 후견인을 임명한다. IDD를 가진 사람들은 종종 사물을 배우고, 이해하고, 결정하기 위해 독특한 방법을 사용한다. 법원은 개인을 알아가고, 그들의 독특함을 이해하고, 그들이 유능한지 판단할 시간이 거의 없다. 결과적으로, 한 개인이 IDD로 진단을 받았을 때 후견인을 얻는 것은 상당히 쉽게 검증될 수 있다.

가족들은 종종 IDD를 가진 가족구성원이 18세가 되면 후견인을 찾으라는 말을 듣는다. 어떤 상황에서 이것은 좋은 의도이며, 그들을 대신해서 결정을 내리는 '시스템'과 위해로부터 사랑하는 이를 보호하는 역할을 한다. 그러나 가족들은 또한 IDD를 가진 가족구성원에게 높은 기대를 갖다가 종종 낙담하기도 한다(Burke, 2016; Johns, 2012). 따라서 그들에게 의사결정 기술을 가르치고 함께 결정을 내리는 대신 그들을 위해 결정을 내리는 자신을 발견한다. 이러한 현상은 직원이 IDD를 가진 개인에게 보호자 또는 대체 의사결정자가 있기 때문에 모든 의사결정은 후자에 의해 이루어져야 한다고 가정할 때 제공기관으로 전달되는 경우가 있다. 불행히도, 후견인 또는 대리 의사결정자 프레임워크에 내재된 것은 법원이 후견인에게 IDD를 가진 개인을 위한 삶의 모든 측면에 대한 단독 의사결정권을 부여했다는 인식이다.

반대로, 지원된 의사결정의 본질은 IDD를 가진 개인이 의사결정을 이해하고, 옵션과 결과들을 비교하며, 자신의 선택을 하도록 돕는 과정이고, 지원자들은 그 다음에 개인의 결정을 지지한다. 이 접근 방식에서 결정권은 IDD를 가진 개인에게 있으며, 그가 원하는 대로 지원자들과 공유된다. 이 과정은 서면 또는 비공식적인 (종종 구두의) 합의에 기초하여 공식화할 수 있다.

하지만 IDD를 가진 개인과 지원자들이 심각하거나 생명을 위협하는 결과를 초래하는 결정에 직면한다면 어떻게 되겠는가? 지원된 의사결정의 신흥 영역에서는 IDD를 가진 사람들의 보호에 대한 가족, 옹호자, 서비스 제공기관, 정책 입안자와 다른 사람들의 지속적인 우려를 해결하기 위해 다양한 전략이 사용되고 있다. 지원된 의사결정에 대한 공식화된 접근 방식의 한 예시로 텍사스주에서는 한 개인과 그 지원자들이 법적으로 유효하고 그러한 의사결정의 필요성에 대한 조항을 포함하여 지원된 의사결정 합의를 완료하고 서명할 수 있는 법이 제정되었다. 이러한 유형의 합의에서 IDD를 가진 개인은 특정 상황에서 의사결정을 위임할지 여부를 결정할 수 있다. 이 합의는 법률에 따라 증인이 있어야 하고, 공증을 받아야 한다. 국가 지원된 의사결정 자원 센터^{National Resource Center for Supported Decision-Making}는 텍사스 모델 외에도, 몇 가지 합의 모델을 제공하고 있다(이 장의 뒷부분에서 합의 모델에 대한 추가 정보를 참조할 수 있다).

후견인제도의 대안으로 지원된 의사결정을 사용한다고 해서 IDD를 가진 개인이 학대나 해를 당하지 않는다는 것은 아니다. 취약한 성인의 학대를 신고하는 시스템은 여전히 적용 가능하며, 경우에 따라 지원자들은 의무를 가진 기자인 것처럼 학대나 의심되는 학대를 신고해야 한다.

IDD를 가진 사람들에 대한 이러한 의사결정권 권한의 변화는 1969년 이후 개정되지 않았던 UGCOPAA에 대한 광범위한 개정의 결과로 1982년 이후 진화하고 있다. 1997년에 가장 최근에 개정된 현재의 UGCOPAA는 많은 주에서 후견인제도 변화를 안내하기 위해 사용하는 모델이다. 또한, UGPPA는 위임권, 의료 지침, 대표 수취인의 사용, 사례 관리 및 기술과 같은 비공식적인 지원과 같은 덜 제한적인 형태의 대리 의사결정 사용을 강조한다(UGPPA, 1997; 1998). 1997년 UGPPA 개정은 선택과 위험 사이의 균형을 가능하게 하는 지원과 함께 IDD를 가진 사람들이 스스로 결정을 내릴 수 있도록 지원하는 시스템을 향해 계속 가속화하였다.

3) 선택과 위험에 대한 두려움

IDD를 가진 사람들의 삶에서 위험의 존엄성이라는 개념이 대두되는 한 방법은 그들이 지역사회 생활, 고용이나 가정 내 지원으로 도움을 받기 위해 제공기관으로부터 서비스를 받는 것이다. 제공기관들은 종종 (책임을 져야 할 것으로 보일 수 있는) 위험과 선택의 균형을 유지해야 하는 필요성에 초점을 맞춘다. 법적 책임에 대한 두려움과 의무를 헤쳐나가는 경우가 너무 많다. 위험의 존엄성^{Dignity of risk}은 IDD 경험을 가진 많은 사람이 겪는 '영원한 유년기'의 좌절감을 표현하기 위해 1970년대에 내놓은 개념이다(Perske, 1974). 새로운 것을 시도하는 것은 그러한 시도들이 실패로 귀결될지라도, 배움의 중요한 부분이고, 사람들이 존엄성을 갖도록 한다. 위험의 존엄성은 보호주의protectionism와 장애인에 대한 온정주의paternalism에 반대하는 근본적인 주장이다. 무모함이나 부주의, 또는 적절한 계획과 혼동해서는 안 된다. 그러나 사람들은 어떤 것을 시도할 기회, 때로는 실패할 기회를 갖고 나서 실패로부터 배울 기회를 가져야만 한다.

IDD를 가진 사람들이 더 작고 일상적인 결정들을 할 수 있도록 지원하는 측면에서 많은 면에서 진전이 이루어지고 있다. 그러나 대부분의 성인이 내리는 더 큰 결정, 제공기관 조직이나 서비스 부문에 도전하는 결정은 전혀 논의되거나 지지하지 않는 경우가 많다. IDD를 가진 몇몇 사람들은 운전하는 법을 배우고, 문신을 하고, 섹스를 하고, 실연의 위험을 무릅쓰며, 결혼하는 것과 같은 여러 종류의 결정으로부터 체계적으로 단절된다. 그러나 IDD를 가진 사람들은 이러한 선택을 고려하고 계획할 수 있으며, 다른 사람들의 지원을 받아 그 선택을 성공시킬 수 있다.

4) 지원된 의사결정 훈련의 부족

위험과 균형을 이루면서 정보에 근거한 선택을 지원하기 위해 제공기관 조직 수준에서 정책 구조와 표준 모델을 만드는 것이 중요하다. 이러한 중요한 주제에 대해 직접 지원 전문가, 일선 관리자, 돌봄 코디네이터와 관리자를 대상으로 이루어지는 교육이 부족하거나 부적절하게 이루어지는 경우가 너무 많다. IDD를 가진 사람들이 그들 자신의 결정을 내릴 수 있도록 지원하는 것은 관계, 살 곳, 할 일, 삶의 리듬과 속도, 지위, 통제 등의 측면에서 그 개인에게 중요한 것이 무엇인지 이해하는 방법을 알아내는 것을 의미한다.

현재의 장기서비스 및 지원 시스템LTSS은 개인의 건강과 안전을 위해 주로 위험을 관리하고 최소화하는 것에 초점을 맞추고 있다. IDD를 가진 사람들에게 더 많은 선택권을 제공하는 긍정적 실제에 대한 책무는 이 분야의 훈련을 위한 최상의 실제를 요구한다. 개인중심 실제 학습 공동체TLCPCP는 지원된 의사결정이 IDD를 가진 개인에게 중요한 것과 그 개인을 위해 중요한 것 간의 균형을 맞추는 것으로 묘사한다(Smull, 2013; TLCPCP, 2014). TLCPCP는 사람들이 자신의 삶에 대해 긍정적인 통제력을 가질 수 있도록 지원하는 것을 강조한다(TLCPCP, 2014). 이는 〈표 7-1〉의 예에서 제시한 바와 같이 IDD를 가진 사람들이 직면하는 도전을 조명한다. 개인중심적 및 긍정적 지원 실제에 대한 자세한 내용은 제2장에서 확인할 수 있다.

5. 실용적 제안과 중재

수년 동안, IDD를 가진 사람들이 다른 사람들과 같은 일상의 결정을 내릴 권리를 누리도록 보장하는 실제는 가부장적 보호와 통제에서부터 오늘날 우리가 있는 곳으로 발전해 왔다. 이 절에서는 개인 수준과 주 및 연방 정책 모두에서 차이를 만드는 프로그램과 실제의 실용적 사례들을 강조한다.

1) 나 없이는 나에 대해 아무것도……

우리는 매일, 종종 다른 사람들의 도움 없이 우리 스스로 일상적인 결정을 내린다. 우리는 또한 조언이나 지원을 구하는 더 큰 인생의 결정을 내린다. 대부분의 사람은 다양한 의사결정 상황에서 다양한 개인에게 의지한다. 예를 들어, 만약 우리가 어떤 행사에 무엇을 입을지 결정하려고 한다면, 우리의 패션 스타일을 잘 아는 친구와 상의할 수 있다. 새로운 동네에 이사를 고민한다면 부동산 중개인과 상의해 볼 수도 있을 것이다. 만약 이직에 대한 결정을 하려고 한다면, 우리는 새로운 직업으로 생각하는 일을 하고 있는 지인 중 누군가와 이야기를 나눌지도 모른다. 결정은 개인들과 그들의 지원동심원$^{circles\ of\ support}$만큼 다양하다. 우리는 이것이 다른 사람들만큼 IDD를 가진 사람들에게도 해당될 것을 기대하고 허용해야 한다.

〈표 7-1〉 의사결정 전략들

삶의 질 목표: 느끼는 것과 건강하기

IDD를 갖지 않은 사람들이 수행하도록 권장하는 사항
- 제공기관과 협력하여 부작용을 일으키는 의약품의 위험과 혜택 측정하기
- 더 경청하는 다른 전문가 찾기
- 컨디션 관리를 위한 기타 자연적 옵션 조사하기
- 생활양식 변화를 위한 작업하기

전통적으로 IDD를 가진 사람들이 수행하도록 장려하는 사항
- 지시에 따라 약 복용하기
- 다른 것들에 대해 생각해 보기
- 불평하지 않기

개인중심적 균형
- 개인에게 자신의 상태, 약물과 사용 가능한 옵션에 대해 가르치기
- 개인이 자신과 함께 일할 전문가를 찾거나 대안을 찾을 수 있도록 돕기
- 약물을 복용하지 않는 결과가 더 심각하고 즉각적인 경우, 옵션과 결과에 대해 자세히 알아보면서 약물에 대한 임시적인 약속을 하도록 당사자에게 요청하기. 명확한 지표(예: 일정 수치 이하의 혈압, 자해하지 않은 날의 수 등)와 건강 계획이나 합의를 도출하여 정보에 입각한 선택을 하도록 지원하기
- 어떤 문제가 있는지 자세히 알아보기. 보다 실행 가능한 다른 부작용 관리 방법들 판별하기

삶의 질 목표: 선호하는 생활양식에 맞는 곳에 살기

IDD를 갖지 않은 사람들이 수행하도록 권장하는 사항
- 교통수단, 관계, 여가와 같은 중요한 생활양식 측면들에 대한 예산 책정 및 장단점 고려하기
- 최선의 기준에 적합한 장소를 찾을 때까지 살펴보기
- 그들이 선택한 결과(높은 임대료, 룸메이트와의 어려움)를 받아들이고 그것에서 배우기

전통적으로 IDD를 가진 사람들에게 장려하는 사항
- 자리가 있는 곳에 살고 만족하기
- 불평하지 않기
- 이것이 '가능한 최선'이라고 받아들이기

개인중심적 균형
- 의사결정의 일환으로 지원 요구사항에 대해 현실적이 되기
- 창의적이 되기
- '한 번으로 끝난 것'이 아닌 개인이 성장하고 학습함에 따라 변화되는 것으로 기대하기

'나 없이는 나에 대해 아무것도^{nothing about me without me}'라는 문구는 자기옹호 운동에서 나오는 강력한 주문으로, 개인 차원에서 지원된 의사결정의 본질을 포착한 것이다. IDD를 가진 사람들이 자신의 권리를 이해하고 정보에 근거한 의사결정을 하는 방법을 배우고, 원할 경우 또는 필요할 때 다른 사람들이 자신의 의사결정을 지원하는 데 초점을 맞춘 많은 프로그램과 전략이 미국 전역과 전 세계에서 시행되고 있다. IDD를 가진 사람들이 스스로 결정을 내릴 수 있도록 지원하는 프로그램과 실제의 공통적인 특성은 공유된 흥미와 경험을 가진 또래들에 대한 접근, 옹호 훈련과 지원을 포함한다는 것이다. 〈표 7-2〉는 지원된 의사결정에 초점을 맞춘 조직과 프로그램을 설명한다.

〈표 7-2〉 선택과 의사결정을 지원하는 열 가지 요령

1. 무언가를 시도할 수 있는 기회를 많이 준다.
2. 의사소통 능력을 확장하고 발전시킬 수 있도록 지원한다.
3. 상황에서 중요하다고 생각하는 것을 고려하도록 돕는다. 이것을 말로 표현하고 명료하게 한다.
4. 개인의 행동과 말에 주의를 기울여서 그들에게 중요한 것이 무엇인지 이해한다.
5. 사람과 그들의 진정한 선호를 이해하는 데 있어 행동이 말보다 훨씬 중요하다는 것을 기억한다.
6. 그들의 삶의 목표와 희망에 대해 열성적이고 긍정적인 태도를 갖는다.
7. 도울 수 있는 것과 도울 수 없는 것에 대해 정직하라.
8. 더 큰 목표를 향해 나아가거나 염려를 해소하기 위해 즉시 조치를 취할 수 있도록 돕는다.
9. 이치에 맞는 단계들로 나눌 수 있도록 도와주고, 각 단계별로 지지해 준다. 그들에게 의미 있는 방법으로 정보를 제공한다.
10. 낙담하거나 실패했을 때, 그들 자신을 실패로 보지 않도록 한다. 우리가 원하는 것은 종종 달성하기 어렵다는 것을 인정한다. 그들이 원하는 것에 기초하여 당신이 그들을 지원할 것임을 그들에게 알려 준다.

2) 가족 지원

가족은 IDD를 가진 자녀를 위한 의사결정과 독립적 사고 과정을 위한 조기의

지속적인 기회를 구축하는 데 있어 핵심이 된다. 모든 생애 단계에서 가족은 선택과 자기결정을 촉진할 수 있지만, 자녀와 마찬가지로 그들도 그 과정에서 지원이 필요하다. 전략과 개입에 대한 조기 접근이 중요한데, 미래에 대한 낙관론을 포용하는 조기 개입 프로그램은 가족들이 IDD를 가진 자녀를 소중하게 여기는 법을 배우고, 아이가 삶에 큰 기대를 갖고, 독립적 사고를 하는 사람이 되도록 가르치는 것을 도울 수 있다. 조기의 기반은 아이의 의사결정 능력에 긍정적인 첫걸음을 내딛게 할 것이다. 소아과 의사, 신앙 지도자, 기타 전문가들이 IDD를 가진 아동의 가족과 정기적으로 접촉하여 이들을 가장 잘 지원하는 방법을 교육하는 것도 중요하다. 성인과 같이 IDD를 가진 어린이들이 결정을 내릴 수 있도록 단계를 조기에 설정하기 위한 또 다른 필수 요소는 비슷한 상황에 처한 가족끼리 서로 정보를 배우고 얻을 수 있도록 연결해 주는 또래 지원 모델이다.

지원된 의사결정 국가 자원 센터는 IEP 과정에서 의사결정 기술을 구축하는 것을 포함하여 평생 동안 자녀에게 의사결정 기술을 개발하고 가르칠 수 있는 방법에 초점을 맞춘 가족을 위한 자원을 제공한다. 이러한 자원을 얻는 방법에 대한 자세한 내용은 〈표 7-2〉를 참조하라.

3) 지역사회 참여

지역사회는 다양한 사람에게 다양한 것을 의미한다. 어떤 사람들에게 지역사회는 그들이 사는 곳이다. 또 다른 어떤 사람들에게는, 지역사회가 영적인 실천을 중심으로 하거나, 골프, 포커, 독서와 같은 관심사를 공유하거나 팀의 일원이 되는 것을 포함하기도 한다. 이러한 각 지역사회에서, 우리는 의사결정의 일부를 지원하고 안내하기 위해 다른 사람들의 도움을 받는다. 그것은 IDD를 가진 사람들에게도 다르지 않다. 하지만 IDD를 가진 사람들을 위한 대부분의 서비스는 메디케이드를 통해 자금을 지원받기 때문에, 사람들에게 기술을 가르치고 일반적인 의사결정과 삶에서 필요한 도움을 위해 그들을 지역사회와 연결시키는 것보다 사람들을 돌보고 그들을 '위해서 하는' 것에 더 집중하게 되었다.

지역사회 연결을 구축하는 효과적인 전략과 개입은 깊이와 범위 모든 면에서 제한된다. 직원들이 조치를 취하고 결정을 내리는 것이 아니라, IDD를 가진 사람들이 결정을 내리도록 돕기 위한 지역사회 연결 및 의존을 가능하게 하는 방법에 대해 제공기관 조직 내 직접 자원 인격에게 가르침을 주는 것에 훨씬 더 집중할 필요가 있다. 예를 들어, 대부분의 직원은 IDD를 가진 사람들을 위한 은행 업무를 처리한다. 그들은 IDD를 가진 사람들이 은행에 가거나(은행원에게 전화하거나), 문제를 철저하게 처리하고, 해결책을 찾도록 지원하는 대신에 은행에 전화해서 문제를 해결한다.

자산 기반의 지역사회 개발Asset-Based Community Development, ABCD은 지역사회 생활에 대한 사람들의 참여를 지원하기 위한 전략들을 판별한다(McKnight & Kretzmann, 1993). 이 작업은 IDD를 가진 사람들과 제휴하여 지역사회 지도와 경로를 만드는 등 개인중심 실제를 위한 기반을 제공한다. IDD를 가진 사람들의 의사결정을 지원하기 위한 다른 지역사회 시책들은 IDD를 가진 사람들의 권리를 이해하기 위해서 응급구조원과 지역사회 연락 담당자community liaisons[1] 교육뿐 아니라, 지역사회를 탐색하는 도전을 경험하고 있거나 위기에 처한 IDD를 가진 개인을 지원하기 위한 최선의 실제를 가르치는 것을 포함한다.

우리 지역사회들은 장애 서비스 제공기관 부문에 의존하여 IDD를 가진 사람들을 '위해 일하고', 그들의 요구를 충족시키는 경향이 있다. 지역사회와 서비스 제공기관 간의 다리를 놓아야 할 때, 장애 전문가 인맥을 활용하여 지역사회 구성원과 단체에게 IDD를 가진 사람들이 의사결정을 할 수 있게끔 지원하도록 가르친다. 예를 들어, 일반인들이 직업을 찾도록 돕는 교회 단체들은 IDD를 가진 사람들이 직업을 찾도록 돕는 훈련을 받을 수 있다. 저렴한 주택을 제공하는 지역사회 단체도 같은 노력으로 IDD를 가진 사람들을 지원해야 한다. 아이들에게 지도력을 가르치는 청소년 단체는 IDD를 가진 청소년들에게도 지도력을 가르쳐야 한다. IDD를 가진 사람들이 의사결정을 할 때 그들을 지원하는 가장 좋은

---

1) 지역사회 연락 담당자(community liaison): 경찰, 학교, 비영리 단체 등 공공과 단체 간의 의사소통을 관리하는 사람

방법 중 하나는 그들을 지원이 필요한 분야에 전문지식을 가진 지역사회의 사람들에게 연결해 주는 것이다.

4) 형사 및 민사법 절차 실제의 변화

미국 전역의 형사 및 민사 법원 시스템 또한 법원 직원들이 이러한 문제들을 더 잘 이해할 수 있도록 훈련이 필요하다. 법원이 무엇을 해야 하는지, 심지어 어떤 결정을 내려야 하는지를 알기 위해 장애인 서비스 시스템 내의 전문가들에게 의존하는 경우가 너무나 많다. 수십 년 동안, 대리 의사결정은 IDD를 가진 사람들에게 일상적으로 사용되었다. 이러한 실제를 바꾸기 위해 로스쿨, 전문 무역협회, 학부모/가족 단체와 옹호 단체를 통한 교육이 필요할 것이다. 법원에 의해 지원된 의사결정권을 가지고 긍정적인 결과를 경험하는 IDD를 가진 사람들의 더 많은 사례가 등장함에 따라 이러한 실제는 더 흔해질 것이다. 현재로선 지원되는 의사결정이 예외일 뿐 규범이 아니다. 이것은 반드시 변해야 한다.

〈표 7-3〉 후견인제도에서 지원된 의사결정으로의 전환을 지원하는 전략들

1. IDD를 가진 사람들이 스스로 결정할 수 있는 기회를 조기에 파악한다. 기회가 일찍 제공될수록 결과가 더 좋아질 것이다.
2. 특히 고등학교에서 청년기로 전환하는 교육계획에 의사결정 기회가 포함되도록 한다.
3. IDD를 가진 사람들을 문제 해결에 참여시키고 기대한다. IDD를 가진 개인이 인생에서 원하는 것이 무엇인지 알아내고, 그것을 달성하는 데 도움을 주기 위해 개인중심 실제를 사용하는 것을 배운다.
4. 책임, 방임과 취약성에 대한 우려 때문에 지원된 의사결정을 방해하는 법과 정책의 장벽과 장애물을 경계한다.
5. 정책 입안자, 판사와 변호사에게 지원된 의사결정에 대해 교육함으로써 현행 후견인제도를 적용하는 방법을 변경하는 것을 옹호한다.

5) 제공기관 교육

제공기관들은 종종 제한적인 정부 규제와 스스로 선택할 수 있는 권리 사이에 갇히게 된다. 일반적으로 제공기관들은 IDD를 가진 사람들이 스스로 결정한 삶을 갖도록 지원하기를 원하지만, 종종 그러한 자기결정의 인식된 결과나 실제적인 결과는 장기서비스와 지원을 제공하는 사람들의 건강과 안전 관련 제공기관 조직에 도전을 제기한다.

정부 기관, 정책 입안자 및 동료와의 협력을 통해 제공기관이 지원된 의사결정과 정보에 근거한 위험과 관련된 투명한 정책을 개발할 수 있도록 지원할 수 있다. 조직 내 모든 수준에서 권리 보호와 제한의 균형을 유지하는 교육이 이루어져야 한다. 대부분의 조직에는 위험과 선택의 균형을 유지함으로써 의사결정을 하도록 IDD를 가진 사람들을 지원하는 강력한 협력자가 될 수 있는 인권위원회가 있다. 제공기관은 또한 가족과 후견인이 대리 의사결정을 위한 대안과 어떻게 하면 지원된 의사결정으로 나아갈 수 있는지에 대한 정확한 정보를 얻음으로써 중요한 수단이 될 수 있다. 종종 가족과 개인은 다른 선택사항이 존재한다는 것조차 알지 못한다. 일단 그들이 다른 선택사항에 대해 알게 되면, 변화를 향한 조치를 취하는 것을 기꺼이 고려할 것이다.

IDD를 가진 사람들이 결정을 내릴 수 있도록 권한을 부여할 수 있는 방법에 대해 조직 내 모든 수준의 직원들을 훈련시키는 것이 중요하다. 이것은 먹을 때 무엇을 먹을지, 친구가 누구인지, 재미로 무엇을 할지와 같은 기본적인 것에서부터 시작된다. 결국, 그 실제는 IDD를 가진 사람들이 큰 결정을 내릴 때 그들의 권리를 이해할 수 있게 하고, 그들이 어디에서 누구와 함께 살고, 낮에 무엇을 하는지 그리고 이러한 유형의 결정에 대한 장단점의 균형을 맞추도록 지원하는 것으로 확장된다. 직원들은 자신이 지지하는 사람들이 나중에 인생의 중요한 결정을 내릴 것이라는 목표와 함께 먼저 일상적인 결정을 내리도록 격려하고 훈련시키는 촉진자와 교사라고 생각할 필요가 있다.

다음은 TLCPCP(2014)가 IDD를 가진 사람들을 지원하는 방법을 변경하거나 개선하고자 하는 교육 제공기관에게 제공하는 접근법이다.

- 지원 대상자와 지원자에게 무엇이 효과적이고, 무엇이 효과가 없는지 질문하여 서로 다른 관점을 취합한 후 해결책을 찾는 데 도움이 되는 공통점을 찾으라. 이 양식을 사용하면 특정 시점에서 여러 관점의 문제나 상황을 볼 수 있다.
- 4+1 양식은 요구나 문제에 대응해 다음 단계를 알아볼 때 효과적이다. "지원팀 간의 의사소통을 개선하기 위해 무엇을 할 수 있는가?"라는 질문으로부터 시작된다. 그런 다음 팀원은 자신이 무엇을 시도했는지, 무엇을 배웠는지, 무엇이 좋은지, 무엇을 걱정하고 있는지 파악한다. 그 후 다음 단계들을 판별하고, 종종 효과가 있는 것처럼 보이는 것을 계속하는 데 동의하고, 한두 가지 새로운 시도를 할 수 있는 방법을 찾아낸다.
- '도넛 분류'는 사람들을 지원하는 직원의 역할과 기대를 명확히 하는 데 도움이 되는 관리 기술이며 도구이다. 이 도구를 사용하여 직원과 관리자는 함께 협력하여 역할과 책임을 세 가지 영역으로 분류하고, 이를 통해 지원 담당자는 다음과 같은 일에서 사람들을 지원할 때 판단과 창의력을 활용할 수 있다.

> - 핵심적 책무: 직원이 반드시 해야 하거나 하지 않으면 해고되는 일
> - 판단력과 창의성을 사용할 수 있거나 사용해야만 하는 (직원이 시도할 수 있는) 영역
> - 다양한 전략 및 효과가 있는 것과 없는 것 배우기
> - 유급 지원 역할을 넘어서는 개인의 생활 영역

〈표 7-4〉 IDD를 가진 사람들이 지원을 받아 내릴 수 있는 결정의 예

일상적 결정
- 언제 일어나고 자는지
- 무엇을 먹고 마시는지
- 누구와 어울리거나 어울리지 않는지
- 재미를 위해 무엇을 해야 하는지, 어디서 해야 하는지
- 무엇을 입을 것인지(자신만의 스타일을 가질 자유)

중요한 결정
- 어디에 살고 누구와 함께 살 것인지
- 전화기, 자동차 등과 같은 큰 구매를 위한 비용 지출
- 투약 변경
- 로맨틱한 관계나 성적인 관계의 추구
- 고등학교 졸업 후 무엇을 할지: 직업교육이나 중등 이후 교육

주요 인생 결정
- 수술과 같은 의학적 결정이나 치료에 대한 동의
- 주택 등 큰 규모의 구매 계약 체결
- 결혼/이혼
- 자녀를 가질 것인지 갖지 않을 것인지
- 은퇴와 삶의 마지막을 위한 계획

6) 변화를 위한 시스템 모델 변환

주 정부 시스템은 변화와 새로운 방향으로의 이동이 빠르게 이루어지지 않는다. 새로운 아이디어와 실제들을 확장하는 데는 시간이 걸린다. 대리 의사결정을 위한 대안을 강조하는 데 초점을 두고 IDD를 가진 사람들의 권리를 유지하는 데 집중하는 것이 중요하다. 시스템은 핵심 이해당사자들의 기대를 수립할 뿐만 아니라 그들이 실제practices를 개발하고 다듬는 데 적극적으로 참여하도록 지원해야 한다. 여러 조직은 다른 사람들이 사용할 수 있는 다음 예시들과 같은 유망한 실제들을 개발하였다.

(1) 지원된 의사결정을 위한 텍사스 협의 모델

텍사스 발달장애인협의회The Texas Developmental Disabilities Council, TCDD는 후견인제도의 대안으로 활용될 수 있도록 지원된 의사결정 협의 모델을 개발했다(TCDD, 2018). 이 협의는 IDD를 가진 개인이 누가 후견인이 되기를 원하는지, 그들이 삶의 어떤 영역에서 의사결정에 도움을 받고자 하는지를 명시한다. 그것은 지정된 지원자가 당사자를 위해 결정을 내리는 것이 아니라 계약서에 명시된 특정 방법으로 지원을 제공한다는 것을 분명히 밝힌다. 이 문서는 공증을 받아야 하며 법적 협의의 역할을 한다. 모델 문서는 여기서 확인할 수 있다(http://www.tcdd.texas.gov/wp-content/uploads /2015/10/Supported-Decision -Making-Agreement-Oct15.pdf).

(2) 자폐인 자기옹호 네트워크 법률 초안

자폐인 자기옹호 네트워크Autistic Self Advocacy Network, 이하 ASAN는 주 정부가 후견인제도에 관한 새로운 법령을 개발할 때 고려할 수 있는 법률 초안을 개발하고 의사결정을 지원했다. 이 초안은 많은 주에서 그들의 변화를 이끌기 위해 사용되어 왔다. 그것은 중요한 개념과 용어의 정의를 제공하고, 법률 초안의 목적, 이유와 범위에 대한 개요를 제공하며, 이해 상충을 설명하고, 이를 판별하고 해결하는 것의 중요성을 설명하며, 협의 모델의 구성요소를 판별한다. 여기서 확인할 수 있다(http://autisticadvocacy.org/wp-content/uploads/2014/07/ASAN-Supported-D ecisionmaking-Model-Legislature.pdf)(ASAN, 2018).

(3) 지원된 의사결정 국가 자원 센터

지원된 의사결정 국가 자원 센터National Resource Center for Supported Decision-Making는 파트너와 협력하여 법률 사례에 지원되는 의사결정을 적용하고, 지원된 의사결정과 관련된 성과 측정을 만들며, 미국 내에서 지원된 의사결정의 자기결정과 사용을 증가시키는 법과 실제의 변경을 옹호한다. 그들은 각 주 정부에서 지원되는 의사결정 또는 대리 의사결정의 다른 대안이 사용되는지 여부와 방법에 대한 주

별 디렉토리를 제공한다. 또한 이 국가 센터는 개인과 국가가 접근할 수 있는 이
주제에 대한 수많은 자원을 제공한다. http://www.supporteddecisionmaking.
org에서 더 많은 자료를 찾을 수 있다.

6. 생애주기 기대와 전환

　IDD를 가진 사람들이 결정을 내리고 성년과 지역사회 생활을 위해 대비하도
록 지원하는 것은 태어나서 죽을 때까지 평생 동안 이루어져야 한다. IDD를 가
진 사람들이 자신을 사랑하고 지원하는 사람들과 자신들에 대한 기대와 지지를
전달하는 시스템에 둘러싸여 그들을 강점과 요구를 가진 독특한 개인으로 보는
것이 중요하다. IDD를 가진 사람들이 인생에 걸쳐 내리는 결정의 종류는 다양하
기 때문에 필요한 지원 또한 다양할 것이다.

(1) 유아기

　태어나면서부터 각자가 자신의 삶에 영향을 미치는 결정을 할 수 있고 유능할
것이라는 기대를 갖는 것이 중요하다. 아이가 장애를 가지고 태어났을 때, 가족,
전문가, 간병인은 능력과 기회에 대해 긍정적인 가정을 하고, 유아를 권리를 가
진 인간으로서 이해하는 것이 중요하다. 이러한 기대는 다른 사람들이 그들의
평생 동안 그 아이를 아기처럼 대하는 방식을 안내할 것이다.

(2) 초기 아동기

　초기 아동기는 빠른 발달과 성장의 시기이다. 아이들이 언어적 · 비언어적 또
는 대안적이거나 보완적인 수단을 통해 의사소통을 배울 수 있도록 돕는 것이
우선이다. 호불호를 표현하는 것과 둘 중 하나를 선택하는 것은 아이들이 일찍
배우는 중요한 기술이다. 가족은 아이의 어린 시절 동안 선택하기를 가르치고,
자녀들이 가치 있는 결과를 배우게 될 일상적인 결정을 하도록 자녀들을 양육하

기 위해 열심히 노력해야 한다. 이 기간 동안 스스로 하는 것과 지원을 요청하는 것을 배우는 것의 차이를 가르치는 것 또한 가치가 있다.

(3) 학령기

학령기는 다른 사람들과 자신에 대해 배울 수 있는 많은 기회를 제공한다. 장애를 가진 아동들이 미래에 대해 큰 꿈을 꾸도록 격려해야 한다. 그들은 스스로 기지개를 켜고 스포츠, 드라마, 음악, 기타 과외 활동을 포함한 학업, 사회, 학교 관련 활동들에 도전할 수 있다. 아동들은 개별교육계획 또는 조정을 개발하는 데 적극적이어야 한다. 통합은 장애를 가진 또래와 그렇지 않은 또래들이 다양한 관계와 그와 함께 오는 결정들을 경험하도록 보장해 준다. 학교 공동체 구성원 전체의 통합과 긍정적인 사회적 상호작용을 능동적으로 실천하는 학교 환경은 모든 아이가 자신의 강점을 개발하고 쌓을 수 있도록 지원한다.

(4) 전환

학교에서 성인으로의 전환을 계획하는 것은 충분히 일찍 시작한다는 것이 할 수 없다. 청소년은 가족과 함께 지역사회에서 자원봉사를 하거나, 임금을 받는 일을 찾거나, 책임을 지는 리더십 역할이나 업무를 맡는 것을 고려해야 한다. 가족들도 권리를 수반하는 성인의 책임을 강조하고 IDD를 가진 젊은 가족원이 이를 이해하도록 지원해야 한다. IDD를 가진 청년들은 고용, 더 나아가 교육, 결혼, 양육 등 무엇이든 성인에 대한 개인적 열망을 준비하기 위한 구체적인 조치를 취하도록 지원되어야 한다. 데이트, 운전, 베이비시터, 친구들과 어울리는 것은 각 개인이 관심을 갖고 이해할 수 있는 틀 안에서 장려되어야 한다. 이러한 삶의 측면들이 부모들에게 스트레스를 줄 수 있지만, 성인기는 부모들의 안전망 없이 성적인 선택과 생활양식을 포함한다는 것을 기억하는 것이 중요하다. 청소년들에게 긍정적인 삶의 선택을 배우고 선택하도록 지원하는 것은 중요하다. 가족들은 젊은이가 18세가 될 때를 대비해 적극적으로 미리 계획을 세워야 하며 모두가 함께 살 수 있는 합의를 향해 노력해야 한다. 공식적으로 지원되는 의사결정 계획은 실행 가능하며 후견인제도나 다른 의사결정 과정보다 선호될 수 있다.

(5) 초기 성인기

전환은 장애를 가졌든 그렇지 않든 간에 누구나 초기 성인기로 잘 확장될 수 있으며, 때로는 IDD를 가진 사람들에게 더욱 그러할 수 있다. 그러나 초기 성인기, 심지어 장애가 있는 사람들까지도 어렸을 때처럼 취급해서는 안 된다. 장애를 가진 청년이 성인 역할을 향해 계속 발달하기 위해서는 집에 살더라도 새로운 활동과 기대가 생겨야 한다. 집과 관련한 더 많은 책임과 향상된 사회적 자유가 중요하다. 경력 계발, 결혼, 부모 역할은 청년들이 탐구하고 배우고 계획하도록 지원해야 하는 분야이다. 만약 그들이 집을 떠나 살고 싶다면, 자신의 강점, 흥미, 한계, 가치, 관점에 대해 더 많이 배울 수 있는 기회로서, 그렇게 하도록 격려해야 한다. 가족이 의사결정을 지원하기 위해 최선의 노력을 하는 방법과 시기뿐 아니라 그렇지 않은 시기에 대한 논의가 지속적으로 이루어져야 한다.

(6) 성인기

성인기가 안정기인 경우가 많지만, 사람이 그대로의 상태에 만족하는 것이 당연하게 여겨져서는 안 된다. 모든 사람은 평생의 배움과 새로운 자기표현의 어떤 측면들을 즐긴다. 이전에 지원된 의사결정에 접근하지 못한 장애를 가진 사람들은 아직도 잃어버린 시간을 보충하고 있을 수 있다. 만약 누군가가 새로운 것을 시도하고, 취미를 개발하거나, 종교모임이나 주민자치회에 더 긴밀하게 참여하는 것과 같은 새로운 시도를 하는 것에 관심이 있다면, 그렇게 하는 데 있어서 그들을 격려하고 지원해야 한다. 지역사회 교육과 자원봉사 기회도 새로운 시각을 제공할 수 있다. 지원된 의사결정 계약과 지원자의 역할은 정기적으로 재검토하여 그것이 여전히 장애를 가진 개인의 요구를 충족시키는지 확인해야 한다.

(7) 노화와 은퇴

성인기 후기는 지원된 의사결정 과정과 합의를 재고하고 종종 재구성해야 하는 기간이다. 개인이 나이가 들면서 그들의 지원자들도 나이가 든다. 부모가 적극적으로 활동해 왔다면, 이제 지원계획 안에 형제자매, 사촌들, 성숙기에 접어든 그 개인의 자녀들과 같은 가족구성원이나 다른 젊은 가족구성원의 통합을 살펴봐야 할 때이다.

(8) 죽음

누구라도 그렇듯이 필요가 임박하기 전에, IDD를 가진 사람들과 함께 논의하여 사전계획을 수립하고, 대화의 결과를 문서화해야 한다. 이것은 옵션들을 고려하고 준비할 시간을 준다. 개인이 더 이상 말을 하지 못하거나 혼미하기 전에, 그들은 자신의 소망을 의사소통할 누군가를 지정할 수 있다. 옵션은 집에 남아 있을 것인지, 아니면 돌봄을 받기 위해 다른 곳으로 이동할 것인지뿐 아니라 편안함과 생명구조 조치의 관점에서의 선호를 포함해야 한다. 이것들은 지원자들에게 전달되고, 문서화되어야 한다. 비판적인 지원자와 사랑하는 사람들 그리고 그들이 어떻게 관여해야 하는지 또는 관여하지 않아야 하는지를 파악해야 한다.

사례 **몬티 켐프**

몬티 켐프Monty Kempf는 "저는 저의 자유가 좋아요."라고 선언했다. "저 혼자서도 할 수 있고 인생을 경험할 수 있다는 것을 아는 것이 많이 좋아요." 20년 전에 몬티는 혼자 살기로 결정했다. 청년기에 더 큰 독립을 추구하지만 장애라는 꼬리표를 달고 있는 그의 지위에 있는 많은 사람은 중요한 삶의 결정을 내리고 행동하는 데 장애물에 직면한다. 부모와 후견인들은 그들의 자녀를 과잉보호하게 되고 그들이 모험을 하게 하는 것을 꺼리게 될 수 있다. 다행히도, 몬티의 부모는 그가 자신의 집을 찾는 것을 생각하도록 격려했다. 그는 스스로 주택 신청 절차를 마쳤고, 10년 동안 꾸준하게 대기자 명단에 이름을 올린 뒤 친구 몇 명이 사는 아파트로 이사했다. "저는 저의 아파트에 살고 있어요. 모든 편의 시설이 갖춰져 있어요. 그리고 주민공간과 공용구역도 있고요."

몬티는 지금 혼자 살고 있지만, 결정을 혼자서 내리지 않는다. "부모님이 큰 역할을 하세요. 재정적으로나 정서적으로⋯ 그들은 제가 필요로 할 때 그곳에 계시죠. 그리고 형제자매도 제 인생의 큰 부분을 차지하고 있어요." 몬티에게 독립은 운전석에 앉는 것을 의미하지만, 꼭 혼자 여행하는 것을 의미하는 것은 아니다.

몬티는 자신의 직장, 의료 장비 공급 회사에서 매일 결정을 내린다. 그의 '공공근로자Utility Workers'라는 직함은 장비 청소와 조립, 쓰레기통 비우기, 잔디 깎기, 고객들에게 장비 전달을 돕는 일을 포함한다. "사람들이 무거운 침대를 옮길 때, 그 물건을 들 수 있는 사람은 나밖에 없기 때문에, 사람들과 함께 나가요." 몬티는 그가 일을 완성하는 방법에 대해 큰 자율성과 유연성을 가지고 있다. 그가 지원이 필요할 때, 그의 슈퍼바이저 대니 머지Danny Mudge가 방향을 제시해 준다. "저는 지켜보고 그는 문제 해결을 많이 해요. 지시사항을 읽고 자기 방식대로 해서 일을 제대로 해내죠." 때때로 몬티는 일의 우선순위를 정하는 데 어려움을 겪는다. 몬티는 "때로는 시간 결정을 잘 못 해요. 아니면 바빠져서 할 일을 잊어버려요."라고 말했다. 그러나 대부분의 경우 몬티는 고용주의 기대에 부응하고 있다. 대니는 "그가 가지고 있는 수많은 작업에서, 그처럼 열심히 일하고, 이 창고의 많은 부분을 효율적으로 처리해 나가는 것을 지켜보는 것은 내 어깨를 가볍게 하죠."라고 말했다.

지난 2월, 몬티는 새 차가 필요하다고 판단했다. 그는 이 결정이 재정과 안전과 같은 여러 복합적인 요소가 포함된 것을 알고 가족들에게 지원을 요청했다. "아빠의 도움으로 그 결정을 내렸어요. 아빠는 저의 재정 고문이라 제가 감당할 수 있는 적당한 것을 찾아 주려고 했어요." 아버지는 조언을 주었지만, 운전석에는 몬티가 앉아 있었다. "그는 아빠가 그 과정에서 도움을 주었지만, 제가 그 차를 좋아하는지 안좋아하는지는 제가 결정을 내려야 했어요. 차 안에서 갖고 싶었던 것은 후방 카메라와 차가 있을 때는 다른 차선으로 가지 말아야 한다는 것을 알려 주는 교차로 교통 센서였어요."라고 말했다. 미네소타에 살고 있는 몬티 역시 원격 시동이 걸리는 차를 원했다. 처음에 몬티는 "그건 사치예요."라고 말했다. "하지만 추워지면 겨울에 유용하게 쓰이죠."라고 말하며 몬티는 자신의 옵션을 더 잘 이해함으로써 정보에 근거한 선택을 할 수 있었고, 자신의 필요에 부합하면서 예산 범위 내에 있는 차량을 구입할 수 있었다.

몬티는 항상 준비가 되어 있고 기꺼이 그의 의견을 나누고 질문을 받았을 때 조언을 해 주는 사람들을 좋아하는 사람이다. 그의 아파트에서, 그는 종종 사람들이 의사결정을 할 때 도움을 구하기 위해 찾아오는 사람이다. "제가 사는 곳에서는 사람들이 저에게 조언을 구해요. 때로는 TV를 어떻게 프로그래밍하는지, 때로는 누구와 데이트를 할지에 대해서요. 제가 사람들에게 조언을 할 때, 저는 그들에게 '네가 할 수 있는 최선을 다하고 현명하게 생각하라'고 말하죠."

고집과 결단력으로 몬티는 자신의 후견인이 되었다. "이 말은 제가 스스로 결정을 내린다는 뜻이에요. 물론, 그게 항상 최고의 결정은 아니죠."라고 몬티가 농담을 했다. "가끔은 결정을 내릴 때 작은 도움이 필요해요." 가족, 친구, 직장동료와 아파트 주민 등 대규모 지원망을 갖춘 그의 아파트에서, 몬티는 언제나 지원을 받을 수 있다.

7. 결론

IDD를 가진 사람들이 지역사회에 살고 참여할 수 있는 권리를 표현하기 위해서는 IDD를 가진 사람들의 민권과 인권을 높이는 데 지속적으로 강하게 집중할 필요가 있다. 이는 자기옹호, 연구, 교육과 정책의 변화를 통해 할 수 있다. 대리인에게 의사결정 권한을 부여하는 실제를 재구성할 필요가 있다. IDD를 가진 사람들이 생애 각 단계에서 선택, 통제와 주도를 행사할 수 있도록 잘 짜인 일관된 기회를 구축해야만 한다. IDD를 가진 사람들이 그들 선택의 잠재적인 긍정적 결과와 부정적 결과를 이해하기 위해 필요한 경험과 지식을 모두 가질 수 있도록 최선의 지원을 고려하는 것과 위험의 존엄성이 균형을 이루어야 한다. 무엇보다도 각 단계와 각 개인마다 역량이 있다고 추정하는 것이 필수적이다.

의사결정 기회는 적극적인 참여자이자 시민으로서의 권리와 책임 모두를 표현하고 준수하도록 도와주는 일상적 지원 실제에 의해 뒷받침되어야만 한다. 옹호자, 가족구성원, 교사와 제공기관은 자신의 목소리를 듣고 결정을 존중할 수 있는 각 개인의 권리와 기회를 추진하는 데 있어 방심하지 않아야 한다. 그들은

IDD를 가진 그들의 사랑하는 사람, 서비스를 제공하는 IDD를 가진 개인이 인생에 대해 크게 꿈꾸고 그들의 권리와 꿈에 따르는 책임을 감당하도록 지원해야만 한다. 이 장에서 설명한 많은 구체적인 전략이 이용 가능하며, 이를 실현하기 위해 점점 더 많이 사용되고 있다. 그렇더라도 지원된 의사결정 실제가 사회에 보다 깊이 뿌리내려야 하며, 지역사회와 개별 지원 시스템의 모든 구성요소가 이러한 관점과 개인중심 실제를 배울 수 있도록 보장되어야 한다.

토론 질문

- IDD를 가진 사람들이 자신의 삶에서 권리, 선택, 통제와 지시를 경험하는 가장 큰 어려움은 무엇인가? 이러한 과제를 극복하기 위해 추천할 수 있는 것은 무엇인가?
- 지원된 의사결정의 위험에 대해 어떤 우려를 가지고 있는가? 제한이나 권리 침해 없이 이러한 위험의 해결을 도울 수 있는 것은 무엇인가?
- IDD를 가진 사람들, 그 가족, 직접 지원 전문가와 다른 사람들을 교육하고 훈련하며 참여시키는 가장 효과적인 방법은 무엇인가?
- 후견인을 통한 일반적인 의사결정 실제에서 지원된 의사결정으로 어떻게 더 완전하게 이동할 수 있는가? 무엇을 바꾸어야 하는가? 유지할 필요가 있는 것은 무엇인가?
- 장애를 가진 사람들을 위한 후견인제도에 대한 대안으로 지원된 의사결정을 촉진하기 위해 탐구해야 하는 역할은 무엇인가?

자원

- LifeCourse Tools: 생애주기 도구는 IDD를 가진 사람들의 가족을 지원하기 위한 실제의 국가 공동체National Community of Practice for Supporting Families of People with IDD의 일부로 가족 및 가족을 위해 개발된 생애주기 프레임 도표의 일부분이다. 생애주기 도구는 '모든 복잡성과 다양성을 갖춘 가족을 용량, 강점 및 고유한 능력을 극대화하는 방법으로 지원하여 가족들이 자기결정, 상호의존성, 생산성, 통합과 가족구성원들을 위한 지역사회 생활의 모든 측면에서 통합의 달성을 가장 잘 지원하고, 육성하고, 촉진할 수 있게 하는' 자원이다(Hecht, Reynolds, Agosta, and McGinley, 2011). http://

www.lifecoursetools.com

- MN Governor's Council on Developmental Disabilities 'It's My Choice': 'It's My Choice'는 쉽게 이해할 수 있는 지침으로, IDD를 가진 사람들이 그들이 원하는 삶을 위해 계획하는 것을 돕는 프레임워크를 제공한다. 이 계획 도구는 IDD를 가진 사람들과 그 지원자들이 그 개인이 필요로 하는 것을 보고, 그들의 미래를 계획하고, 그들을 지원할 수 있는 자원이 무엇인지 알 수 있도록 도와줌으로써 의사결정을 지원한다. 한 개인이 삶의 모든 측면을 고려하는 데 도움이 되는 활동과 체크리스트를 포함하여 일반적 언어로 작성되어 있다. http://mn.gov/mnddc/extra/publications/Its-My-Ch oice.pdf

- Self Advocates Becoming Empowered: SABE는 장애를 가진 사람들이 다른 모든 사람들과 동등하게 대우받고, 자신들에게 권한을 부여하기 위해 목소리를 높일 수 있는 기회와 새로운 친구를 사귀고 실수로부터 배울 수 있는 기회, 같은 선택과 권리, 책임, 기회를 부여하도록 하는 것을 임무로 하는 국가 조직이다. 한 프로젝트는 피후견인들이 그들의 투표권을 행사할 수 있도록 하는 데 초점을 맞추고 있다. http://www.sabeusa.org/

- Self-Advocity Online: SAO는 모든 사람이 접근할 수 있는 멀티미디어 자원으로 IDD를 가진 사람들에게 중요한 정보를 제공한다. 내용은 일반적인 표현으로 설명되며 비디오, 상호작용적 교육, 매력적인 이미지를 포함한다. 한 가지 중요한 특징은 자기결정, 지원, 개인중심성과 같은 자기옹호의 핵심 주제에 대해 그들이 말해야 하는 것들을 다른 자기옹호자들과 공유하는 이야기들이다. http://selfadvocacyonline.org/

참고문헌

American Association on Intellectual and Developmental Disabilities (AAIDD) and The Arc. (2016). *Joint Position Statement on Autonomy, Decision-Making Supports, and Guardianship.* Retrieved from http://aaidd.org/news-policy/policy/position-statements/autonomy-decision-making-supports-and-guardianship#.Wicc1canHIV

American Bar Association's Commission on Disability Rights Supported Decision Making Roundtable. (2012). *Beyond Guardianship: Supported Decision-Making by Individuals with Intellectual Disabilities.* New York. Retrieved from https://www.americanbar. org/content/dam/aba/administrative/mental_physical_disability/Roundtable_ brief_10182012.authcheckdam.pdf

Americans with Disabilities Act (ADA) of 1990, 42 U.S.C.A. 12101 et seq. (1993).

Autistic Self Advocacy Network. (2018). Model legislation. Retrieved from: http:// autisticadvocacy.org/wp-content/uploads/2014/07/ASAN-Supported- Decisionmaking-Model-Legislature.pdf

Blanck, P. & Martinis, J. G. (2015). *"The right to make choices"*: The national resource center for supported decision-making. *Inclusion, 3*(1), 24-33.

Blatt, Burton. (1966). *Christmas in purgatory: A photographic essay on mental retardation.* Boston: Allyn and Bacon.

Boundy, M., and Fleischner, B. (2013). Supported decision making instead of guardianship: An international overview [Fact Sheet]. Washington, D.C.: Center for Public Representation.

Burke, S. (2016). Person-centered guardianship: How the rise of supported decision-making and person-centered services can help Olmstead's promise get here faster. Mitchell *Hamline Law Review, 42*(3). Retrieved from http://open.mitchellhamline.edu/cgi/ viewcontent.cgi?article=1030&context=mhlr

Campanella, T. (2015). Supported decision-making in practice. *Inclusion 3*(1), 35-39. https:// doi.org/10.1352/2326-6988-3.1.35

Centers for Medicare and Medicaid Services (CMS) Final Rule, 42 C.F.R. 430, 431 et al. (2014).

Crockett, Z. (2016). *The Dark Secret of the MIT Science Club for Children.* PRICEONOMICS. https://priceonomics.com/the-mit-science-club-for-disabled-children/

Hatch, J. (2015). My story. *Inclusion: 3*(1), 34. https://doi.org/10.1352/2326-6988-3.1.34

Jameson, M. J., Riesen, T., Polychronis, S., Trader, B., Mizner, S., Martinis, J., & Hoyle, D. (2015). Guardianship and the potential of supported decision making with individuals with disabilities. *Research and Practice for Persons with Severe Disabilities, 40*(1), 36-51. doi: 10.1177/1540796915586189

Johns, F. (2012). Person-centered planning in guardianship: A little hope for the future. *Utah Law Review, 1541*(3), 1-33.

Kohn, N., Blumenthal, J., & Campbell, A. (2012). Supported decision-making: A viable alternative to guardianship? *Penn State Law Review.* Retrieved from http://www. pennstatelawreview.org/117/4%20Final/Kohn%20et%20al.%20(final)%20(rev2).pdf

Lakin, C., Turnbull, A. (Eds.). (2005). *National goals and research for people with intellectual and developmental disabilities.* Washington, D.C.: American Association on Intellectual and Developmental Disabilities (AAIDD).

Larson, S. A., Eschenbacher, H.J., Anderson, L. L., Taylor, B., Pettingell, S., Hewitt, A., Sowers, M., & Bourne, M.L. (2018). In-home and residential long-term supports and services for persons with intellectual or developmental disabilities: Status and trends through 2016. Minneapolis: University of Minnesota, Research and Training Center on Community Living, Institute on Community Integration.

Martinis, J. (2015). Supported decision-making: Protecting rights, ensuring choices. *BiFocal, 36*(5).

McKnight, J., and Kretzmann, J. P. (1993). *Building communities from the inside out: A path toward finding and mobilizing a community's assets.* Evanston, IL:Asset-Based Community Development Institute, Institute for Policy Research, Northwestern University

Minnesota Governor's Council on Developmental Disabilities. (2016). *Parallels in time: A history of developmental disabilities.* Retrieved from http://mn.gov/mnddc/parallels/index.html

National Conference of Commissioners on Uniform State Laws. (2017). Uniform Guardianship, Conservatorship, and Other Protective Agreements Act (UGCOPAA) of 2017. Retrieved from: http://www.uniformlaws.org/shared/docs/Guardianship%20and%20Protective%20Proceedings/UGCOPAA_Final_2018aug28.pdf

National Guardianship Association. (2016). Position statement on guardianship, surrogate decision making and supported decision making. https://www.guardianship.org/wp-content/uploads/2017/07/SDM-Position-Statement-9-20-17.pdf

National Guardianship Association. (2017). What is guardianship? Retrieved from https://www.guardianship.org/what-is-guardianship/

National Resource Center for Supported Decision-Making. (2016). *Survey on supported decision-making in practice-Final report to administration on intellectual and developmental disabilities.* Retrieved from: http://supporteddecisionmaking.org/sites/default/files/Final%20Report-Survey%20on%20Supported%20Decision-Making.pdf

Olmstead v. L.C., 527 U.S. 581 (1999).

Perske, R. (1974). The dignity of risk and the mentally retarded. *Mental Retardation 10*(1).

Ross v. Hatch, No. CWF120000426P-03, slip op. at 7 (Va. Cir. Ct. Aug. 2, 2013). Retrieved from http://jennyhatchjusticeproject.org/docs/justice_for_jenny_trial/jhjp_trial_final_order.pdf

Smull, M, (2013). Thinking About Risk. Retrieved from http://allenshea.com/wp-content/uploads/2016/10/risk-fiinal.pdf

Texas Developmental Disabilities Council. (2018). Guardianship alternatives. Retrieved from http://www.tcdd.texas.gov/resources/guardianship-alternatives/

The Learning Community for Person Centered Practices. (2014). Person centered thinking toolkit. Retrieved from http://sdaus.com/toolkit

Uekert, B. K. & Van Duizend, R. (2011). Adult guardianships: A "Best Guess" national estimate and the momentum for reform. In C. Flango, A. McDowell, C. Campbell, & E. Kauder, *Future Trends in State Courts 2011*. Williamsburg, VA: National Center for State Courts. Retrieved from: http://www.eldersandcourts.org/Guardianship/GuardianshipBasics/~/media/Microsites/Files/cec/AdultGuardianships.ashx

United Nations. (2007). *Convention on the rights of persons with disabilities (CRPD)*. Geneva, Switzerland: Division for Social Policy and Development. Retrieved from https://www.un.org/development/desa/disabilities/convention-on-the-rights-of-persons-with-disabilities.html

United Nations. (2007). *Handbook for parliamentarians*. Geneva, Switzerland:Division for Social Policy and Development. Retrieved from: https://www.un.org/development/desa/disabilities/resources/handbook-for-parliamentarians-on-the-convention-on-the-rights-of-persons-with-disabilities/chapter-six-from-provisions-to-practice-implementing-the-convention-5.html

World Health Organization (WHO). (2011). World report on disability. Retrieved from http://www.who.int/disabilities/world_report/2011/report.pdf

제8장 웰니스의 중요성: 성인기 건강과 웰니스 지원

Lynda Lahti Anderson, Sarah E. MapelLentz, Libby Hallas-Muchow, & Anab A. Gulaid

선행조직자

- 지적 · 발달장애^{IDD}를 가진 사람들은 IDD를 갖지 않은 사람들만큼 오래 산다.
- 웰니스는 건강과 동일한 것은 아니지만 건강의 증진을 돕는다.
- IDD를 가진 사람들의 건강과 웰니스에 대해 많은 오해와 가정이 있다.
- IDD를 가진 사람들에게 건강상의 격차가 있다.
- IDD를 가진 대부분의 사람은 건강과 웰니스를 보장하기 위해 평생 동안 지원이 필요하다.

    오늘날 IDD를 가진 사람들의 수명은 IDD를 갖지 않은 사람들의 수명과 유사하다. 그러나 건강상의 격차는 여전히 존재한다. IDD를 가진 사람들은 일반적으로 웰니스^{wellness}나 웰빙^{well-being}을 경험할 수 없거나 경험하지 못한다고 가정한다. 그러나 IDD를 가진 사람을 포함한 모든 사람은 건강과 웰빙을 향상시키는 실제^{practice}를 선택할 수 있다. 이러한 실제는 웰니스 루틴^{wellness routines}에 통합된 신체 활동, 영양, 정신적 및 정서적 건강 서비스에 대한 접근, 사회적 관계와 문화적 실제들을 통해 지원할 수 있다. 이 장에서는 IDD를 가진 사람들의 건강과 웰니스에 대한 오해와 가정을 포함하여 건강 불균형으로 이끄는 몇 가지 요소를 조명한다. 또한 IDD를 가진 성인의 건강과 웰니스를 지원하기 위한 실질적인 단계를 제공한다.

웰니스는 질병이 없는 것 이상을 의미한다. 국립웰니스연구소(National Wellness Institute, 2017)는 이를 "사람들이 보다 성공적으로 존재^{existence}하기 위한 선택을 더 잘 인식하고 선택하게 하는 적극적인 과정"으로 정의한다. 이 모델은 신체 건강, 정서 및 정신 건강, 의미 있는 활동, 사회적 관계, 자신의 가치와 신념에 따라 살아가는 능력, 평생학습/창의적 기회 등 웰빙의 다양한 측면 간 상호 연결성을 중요시한다([그림 8-1] 참조). 최적의 건강을 지원하는 행동을 선택하는 것은 지역사회에서 성공적으로 생활하고 참여하는 데 중요한 부분이다. 최적의 건강은 사람에 따라 다소 차이가 있지만, 최적의 상태라고 느끼는 것은 우리가 선택한 삶을 살 수 있는 더 많은 기회를 얻을 수 있게 한다. 예를 들어, 만약 어떤 사람이 지역사회에서 직업을 가지고 있다면, 그들은 사회적 상호작용과 우정의 기회를 갖게 된다. 물론, 수입이 있다는 것은 그들에게 어디에서 살 것인가, 어떤 음식을

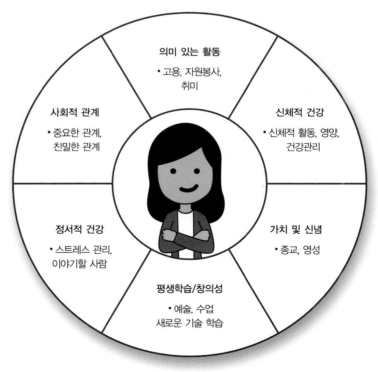

[그림 8-1] 웰니스 휠

먹을 것인가, 어떤 즐거움을 추구할 것인가에 대한 선택권을 준다. 또한 적어도 어느 정도는 그들이 건강관리에 대한 비용을 지불할 수 있게 해준다.

중요한 것을 선택할 수 있는 것은 웰니스에서 중요한 부분이지만, 역사적으로 이러한 종류의 선택들은 IDD를 가진 사람들에게 주어지지 않았다. IDD를 가진 사람들이 자신들이 즐기고 의미 있는 활동에 참여하는 데 필요한 지원을 제공함으로써 그들 자신의 웰빙감sense of well-being을 만들어 내도록 지원할 수 있다.

1. 오해와 가정

건강하다는 것이 무엇을 의미하는지에 대한 단일한 정의가 없기 때문에 장애와 관계없이 누구나 자신의 건강과 웰빙을 향상시키는 실제를 선택할 수 있다. 웰니스에는 여러 가지 차원이 있는데, 각각의 차원은 다른 차원에 영향을 주어 전반적인 웰빙감을 만들어 낸다. 예를 들어, 신체적으로 활동적인 것은 우리 몸에 이롭지만, 정신적·정서적 웰빙도 지원할 수 있다. 정서적·정신적 웰빙은 질병을 감소시키고, 고통을 줄일 수 있다. 웰니스는 삶의 다양한 영역에서 각 개인에게 중요한 것에 기초한다. 한 개인은 친구들이나 가족과 더 많은 시간을 보내면서 그들의 웰빙감을 높이고 싶을 수 있다. 또 다른 개인의 웰니스 목표는 신체 활동을 증가시키는 것일 수도 있다. 많은 활동이 한 분야 이상의 건강을 다루고 있다. 예를 들어, 사회적 연계가 강한 사람들은 육체적·정신적 건강이 더 나은 경향이 있는데, 운동은 육체적 건강뿐만 아니라 정신적 건강을 유지하는 데 중요한 역할을 한다. 웰빙의 목적은 우리에게 웰빙감을 주는 모든 영역에서 균형을 찾는 것이다(Holt-Lundstad, Smith, Baker, Harris, & Stephenson, 2015; Stanton, Happell, & Reburn, 2014).

IDD를 가진 많은 사람이 자신의 삶에서 주거, 건강관리, 고용 등에 대해 전적인 선택이나 통제를 하지 않기 때문에, 건강 상태에 대한 결정을 다른 사람들이 자신을 대신하여 내릴 수도 있다. 이것은 IDD를 가진 사람들이 건강과 웰빙의 측면에서 지역사회에 참여하는 것을 제한한다. IDD를 가진 사람들에 대한 오해가 IDD를 가진 개인을 완전히 통합시키는 데 이용할 수 있는 자원 역시 제한할 수 있다(Frey, Buchanan, & Rosser, 2005; van Schijndel-Speet, Evenhuis, van Wijck, R., van Empelen, & Echteld, 2014). IDD를 가진 사람들은 종종 지역사회 기반 활동에 참여하는 것에서 선택의 폭이 제한적이다. 오히려 다른 사람(예: 부모, 직접 지원 전문가, 교사, 사회복지사)이 지시하는 '기회'를 제공받을 수 있다. 또한 그들이 제공하는 웰니스 활동 옵션은 종종 분리되거나 특별한 장애 전용 프로그램들이다(Bannermann, Sheldon, Sherman, & Harichick, 1990). 개인중심의 의사결정은 지역사회 참여와 자신의 건강에서 적극적인 참여자가 될 수 있는 자기결정의 여지를 허용한다.

2. 역사적 관점

역사적으로, 장애를 가진 사람들의 건강을 이해하는 데 의료모델이 사용되었다. 의료모델에서, 건강관리는 개인이 가진 '잘못된' 것을 고치는 방법을 찾는 데 초점을 맞춘다. 건강증진은 장애를 가진 사람들의 건강과 웰니스 욕구를 생각하는 것이 아니라 장애를 예방하기 위한 것이었다. 비록 시간이 지나면서 IDD를 가진 사람들을 분리하고 격리시키는 것으로 그 목적이 바뀌었지만, 의료모델의 전형적인 예가 되는 기관들은 원래 IDD를 가진 사람들을 치료하기 위해 개발되었다. 최선의 사례들에서, 기관들이 현장에서 주민을 위해 치과치료와 건강관리를 제공했지만, 이는 미흡한 경우가 많아 기대수명이 단축되고 B형 간염과 같은 전염병 발생률이 높아졌다. IDD를 가진 사람들의 건강과 웰빙을 증진시키는 것에 대해서는 거의 고려되지 않았다.

1960년대 장애 권리운동the disability rights movement은 장애를 가진 사람들에 대한 대중의 시각과 사회에서 그들의 위치를 바꾸었다. 사회는 장애의 사회적 모델을 향해 나아가기 시작했다. 이 모델에서 장애는 사람과 환경 간의 상호작용에 뿌리를 두고 있다(Jette, 2006). 사회적 모델은 한 개인이 장애를 가지고 있다는 것을 부정하지 않지만, 장애는 사회가 사람들의 (손상이나 다른 것들과 관련이 있을 수 있는) 차이에 적응하는 것에 실패한 것이라고 본다. 예를 들어, 인도에 경사로를 만들면 휠체어나 보행기와 같은 이동장치를 사용하는 사람들의 장벽을 제거할 수 있다. 또한 유모차를 밀고 있는 부모나 식료품 카트와 함께 걷는 사람의 장벽도 제거한다. 장애의 사회적 모델에서 건강관리와 웰니스의 초점은 모든 개인이 최대한 건강할 수 있도록 지원하는 데 있다.

2002년 미국 공중보건국은 '격차 해소: 정신지체(당시 용인된 용어)를 가진 사람들의 건강증진을 위한 국가 청사진'이라는 보고서를 발표했다. 이 보고서는 IDD를 가진 사람들이 재정적인 이유와 다른 이유로 인해 IDD를 갖지 않은 사람들보다 더 많은 건강 문제를 갖고 있으며, 의사들을 만나기 더 어렵다는 점에 주목하였다(U.S. Public Health Service, 2002). 2005년 후속 보고서인 '장애를 가진 개인들의 건강과 웰니스 향상을 위한 공중보건국의 실행 요구'는 장애와 건강을 둘 다 갖는 것이 가능하다는 점에 주목했다. 공중보건국은 IDD를 가진 사람들의 건강관리 접근성과 질적 향상에 더 많은 주의를 기울이도록 격려했다(USPHS, 2005).

이 보고서들은 건강성과가 더 나쁘다는 이유들로 IDD를 가진 사람들을 보건 프로그램(예: 금연 캠페인) 내에 포함하는 것의 실패, 1차 진료에 대한 접근 부족, 불충분한 IDD 대상 의료제공자 교육, 예방 활동(예: 접근 불가능한 체육관 시설)에의 접근 부족을 판별하였다(USPHS, 2002; 2005). 지난 수십 년간 IDD를 가진 사람들의 건강상태를 측정하고, IDD를 가진 사람들의 건강한 행동의 채택을 장려하는 건강 프로모션을 창안하며, 건강관리 전문가를 위한 훈련을 개선하려는 노력이 증가해 왔다.

3. 현재의 논란과 도전

1) 건강 격차

IDD를 가진 사람들의 기대수명은 시설화가 만연하던 시절로부터 극적으로 향상되었다. IDD를 가진 사람들의 건강 욕구에 대한 관심이 높아진다는 것은 그들의 수명이 IDD를 갖지 않은 사람들과 비슷하다는 것을 의미한다. 그러나 IDD를 가진 사람들은 여전히 건강 격차 즉, 그룹 간의 건강성과 차이를 경험한다. IDD를 가진 사람들은 높은 콜레스테롤, 고혈압, 심혈관 질환, 비만, 당뇨병과 같은 공통적 건강 상태가 더 잘 발생할 수 있다(Krahn, Hammond, & Turner, 2006; Reichard, Stolze, & Fox, 2011). 이러한 상태들 중 많은 것이 규칙적인 신체 활동과 건강한 식단과 같은 생활방식의 변화로 예방되거나 개선될 수 있다.

IDD를 가진 사람들은 종종 치과 치료를 받기 위해 메디케이드에 의존한다. 일부 주 메디케이드 프로그램은 치과 진료에 대한 보장이 없거나 불충분하며, 낮은 진료비로 치료해 줄 치과의사를 찾기가 어려울 수 있다. 적절한 치과진료를 받기 어렵다는 것은 IDD를 가진 사람들이 치주질환, 우식증과 충치, 어금니, 치아교량이나 인공치아와 같은 치아 관련 문제를 가질 가능성이 더 높다는 것을 의미한다(Anders & Davis, 2010; Morgan et al., 2012).

2) 환경 및 지역사회 장벽

IDD를 가진 사람들은 그들의 환경, 다른 사람들이 가질 수 있는 생각, 건강과 웰니스에 대한 그들의 지식과 믿음 때문에 건강과 웰니스에 대한 장벽에 직면한다. 일부 IDD를 가진 개인들은 자신의 건강과 웰니스에 대한 의사결정 능력을 뒷받침할 수 있는 경험이나 학습 기회를 갖지 못했다(Jobling, 2001). 그들은 아마도 신체가 어떻게 작용하는지, 그리고 균형 잡힌 식사를 계획하는 기술을 배울 기회도 없었을 것이다. 건강한 생활양식을 독립적으로 선택할 수 있게 되려면 건강을 증진하는 행동을 연습하고 더 발전시키는 기회들이 역시 필요하다. 종종 IDD를 가진 사람들은 자신의 건강에 대한 결정을 내리는 역량을 강화하고 지원받기보다는 '보살핌'을 받는다. 자기결정과 건강 자기옹호 기술은 건강과 웰니스의 중요한 부분이다(Shogren, Wehmeyer, Reese, & O'Hara, 2006)

 IDD를 가진 성인들은 종종 제한된 재정을 가지고 있고 자원이 적은 동네에서 살 수도 있다(Emerson, 2007). 가난한 동네에 사는 것이 건강에 부정적인 영향을 미친다는 것이 밝혀졌다(Diez Roux & Mair, 2010). 이러한 동네는 건강에 좋은 음식을 접할 기회가 적은 '음식 사막'일 수도 있고, 휴양 활동을 위한 안전한 지역과 녹지 공간이 거의 없을 수도 있다. 제한된 자원을 가진 동네에 사는 사람들은 건강한 생활양식의 주요 구성요소에 대한 접근이 부족할 수 있다(Jennings & Gaither, 2015).

 건강과 웰니스에 대한 다른 어려움은 접근하기 어려운 지역사회 자원이나 IDD를 가진 사람들을 지원하도록 훈련받은 직원이 없는 경우이다. 예를 들어, 많은 지역 피트니스 센터에는 접근 가능한 피트니스 장비가 부족하다. 지역사회 프로그램은 보편적 설계universal design, UD를 고려하지 않고 다양한 능력 범위의 사람들이 이해할 수 있는 의사소통 자료를 만들지 않는 경우가 많다.

3) 시스템 장벽

 마지막으로, 시스템 수준에서의 과제는 제공기관-환자 상호작용과 IDD를 가진 사람들의 건강과 웰니스에 장벽을 만드는 정책 모두가 포함된다. 높은 비율의 IDD를 가진 사람들이 건강관리를 위해 메디케어와 메디케이드를 사용하는데, 두 가지 모두 건강한 생활양식 중재에 대해 제한적이다(Ervin, 2016). 예방적 관리가 건강과 웰니스를 향상시키는 효과적인 전략이라는 것이 입증되었지만, IDD를 가진 사람들은 그러한 시책과 홍보에서 크게 소외되어 왔다. 건강관리 제공기관과 교육자들은 IDD를 가진 사람을 이런 중요한 메시지의 대상자로 보지 않을 수 있다. 아마도 그들은 이와 관련하여 다른 제공기관이나 국민들이 그들을 돌보고 있다고 가정할 것이다. 건강관리 메시지 전달을 개선하여 모든 수준의 능력을 가진 사람들이 이 메시지에 접근하고 활용할 수 있도록 하기 위해 많은 노력을 기울여야 할 것이다.

또한, 건강관리 제공자들은 전통적으로 IDD를 가진 사람들과 일하는 방법에 대해 교육을 받지 않고 있으며(Anderson et al., 2013), IDD를 가진 사람들에 대해 일반 대중들에게 제공되는 유방조영술이나 기타 건강 검진 같은 예방 조치에는 거의 주의를 기울이지 않고 있다. IDD를 가진 사람들과 그 가족들은 종종 그들이 건강관리 제공자에게 갈 때, 관련이 없더라도 장애가 초점이 되고 증상들을 장애의 탓으로 돌릴 수 있다고 보고한다. 이것을 '진단 음영화diagnostic overshadowing'라고 한다.

IDD를 가진 개인은 장기적 건강 결과에 영향을 미칠 수 있는 예방적 건강관리와 웰니스 증진에 접근하는 데 있어 여러 시스템적 도전을 경험한다(Ervin, Hennen, Merrick, & Morad, 2014). 건강관리 전문가들이 IDD를 가진 사람들의 일부 독특하고 공통적인 요구들에 적응하는 것은 중요하다. 또한, 자신의 건강과 웰빙에 관한 약속에서 이루어지는 논의에 IDD를 가진 사람들을 포함시키는 것은 그들에게 영향을 미치는 결정과 선택에 적극적으로 참여할 수 있도록 하기 위해 필수적이다.

4. 생애주기 기대와 전환

생애주기 관점은 삶의 모든 면의 상호연결성을 고려하며, 삶의 한 영역에서 변화하거나 정체하는 것이 다른 영역에 미치는 영향을 고려한다. 그것은 외부적 요인 외에 유전적 소인이 전 생애에 걸쳐 개인의 건강과 웰니스에 어떤 영향을 미치는지 조사한다. 한 개인이 어디에 살고 있는지, 그들이 어떤 자원에 접근할 수 있는지 그리고 어떻게 시간을 보내는지 등의 외부 요인들이 포함된다. 아동 정기검진, 예방접종, 예방관리 검진(치과 진료 포함), 기타 건강 검진 등 정기적이고 연령에 맞는 건강 모니터링 활동이 평생 필수적이다. 그러나 연령, 환경적 요인, 개별적 지원 필요성에 따른 변화가 필요하다는 점을 인식하는 것도 중요하기 때문에 건강 및 웰빙 활동과 지원을 자주 재검토하는 것이 중요하다. 예를 들어, 스트레스를 받는 전환기 동안 정신 건강 지원이 필요할 수 있고, 부상 후 물리 치료를 받을 수 있어야 하며, 약물 수준을 모니터링하기 위해 더 정기적인 의료적 검사가 필요할 수 있다. 생애에 걸쳐 건강과 웰니스를 지원하는 다른 요인으로는 사회적 통합, 교육 및/또는 고용에 대한 접근, 신체 활동의 기회, 안전한 생활환경과 기본적 욕구(의식주)에 대한 접근 등이 있다.

건강 및 웰니스와 관련된 다른 유형의 욕구도 생애에 따라 변화한다. 예를 들어, 유년기에서 성인기로 이행하는 동안 지원 유형이 변화한다. 아이들은 학교를 통해 자연적 지원을 받는데, 일단 그들이 학교를 졸업하면(늦어도 21세) 학교 지원은 사라진다. 이것들을 잃으면 (가족이 아닌 다른 아이들과 어른들 모두와의) 사회적 상호작용의 기회, 통합과 공동체 의식, 학습, 신체 활동과 가능한 영양 섭취(만약 그들이 학교 급식으로 섭취하던 것을 집에서 직접 만들어야 한다면)가 감소한다. 이러한 모든 변화는 건강과 웰니스에 영향을 미친다.

전반적으로 IDD를 가진 사람과 그 협력자들이 생활계획하기 활동에 관여할 때, 삶의 모든 부분의 상호연계성을 파악하고, 성공과 도전을 모두 고려하는 것이 중요하다. 개인의 강점을 기반으로 하여 도전적인 영역들에 대한 지원을 확립하는 것은 건강하고 행복한 삶을 위한 최고의 기회를 보장할 것이다.

5. 실용적 제안과 중재

IDD를 가진 사람들의 건강과 웰니스를 지원하기 위해 여러 단계에서 실질적인 개입이 이루어질 수 있다. 웰빙의 다양한 측면과 이들의 상호연결성을 이해하는 것은 건강과 웰니스 목표를 달성하는 데 중요하다. 모든 수준의 지원은 IDD를 가진 사람들을 지원할 때 이러한 상호연계성을 고려해야 한다. 작은 변화들이 꾸준히 이루어지면 개인의 전반적인 건강에 변화를 줄 수 있다. 건강과 웰니스를 지원하는 활동을 촉진하는 것은 포용과 지역사회 통합을 염두에 두고 이루어져야 한다.

1) 건강과 웰니스 개념 소개

IDD를 가진 많은 사람은 적극적인 건강관리 소비자가 될 것이라고 기대되지 않거나 그들의 건강과 웰니스 옵션에 대해 알지 못했다. 그러나 IDD를 가진 사람들은 정보 공유/수집 과정에 참여해야 하며 가능하면 언제든지 자신의 건강에 대한 결정을 내릴 수 있도록 지원해야 한다. 건강 자기옹호의 중요한 측면은 다음과 같다.

- 건강관리 및 기타 전문가들과 건강 요구 사항에 대해 의사소통하기
- 건강에 대해 질문하기
- 증상이나 변화에 대해 인식하기
- 건강관리 지시 준수하기(예: 약물 복용)
- 영양과 신체 활동을 통한 자기 관리 실천하기

가족 및 기타 보호자들은 역할 모델링, 관련 기술 교육, 필요할 때 지원 제공하기 등을 통해 이러한 실제를 지원할 수 있다.

(1) 개인적 웰니스 실제 지원하기

IDD를 가진 개인들은 건강의 각 영역에서 활동을 탐색하여 건강과 웰니스 목표를 판별하기 위한 의도적인 지원이 필요할 수 있다. 가족과 직접 지원 전문가는 지역사회 내 건강증진 활동과 시설을 파악하도록 도움으로써 IDD를 가진 사람을 지원할 수 있다. 예를 들어, 예술, 요리, 스포츠, 독서 등 다양한 계층을 통한 사회적 상호작용은 물론, 여가 기회를 제공하는 도시공원과 지역사회 교육

시스템이 있다. 많은 지역사회는 또한 'YMCA'와 다른 지역사회 여가활동센터를 통해 오락의 기회를 제공한다. 또한, 주 정부의 천연자원부Department of Natural Resources, 이하 DNR는 공공 토지에 대한 접근뿐만 아니라 야외 기술을 배우거나 자연에 대해 배울 수 있는 무료나 저렴한 비용의 수업도 제공한다. 개인의 웰니스 실제를 지원할 때는 완전히 통합된 활동을 제공하는 것이 중요하다. 장애를 가진 사람들을 위한 특별 프로그램이나 분리 프로그램이 많이 존재하지만, 장애를 갖지 않은 사람들을 포함하는 환경에 참여하는 것은 더 완전한 지역사회 통합으로 이끌 것이다.

(2) 신체 활동 지원하기

정기적인 신체 활동은 건강관리에서 가장 중요한 것 중 하나이다. 사람들은 그들이 즐기는 것을 더 많이 하기 때문에 신체 활동은 즐거워야 한다. 사람들이 신체 활동을 선택할 수 있도록 돕는 것은 균형이나 수정된 장비의 필요성과 같은 신체적 문제를 고려하는 것을 포함한다. 사회적 기회, 새로운 기술을 배우는 것 또는 스포츠 경기를 포함한 신체 활동은 움직임과 운동을 장려할 수 있다 (Rimmer, 2016).

종종 IDD를 가진 사람들에 대한 지원은 일상의 활동에 개인의 참여를 지원하는 것이 아니라 '개인을 위해 하는 일'로 구성되어 왔다. 전문가, 가족, 지원 담당자는 신체 활동이 중도장애를 가진 사람들에게 도움이 되지 않는다고 잘못 추정할 수 있다. 그러나 청소, 반려견 산책, 정원 관리와 같은 집안일에 개인을 참여시키는 것은 그들의 신체 활동을 늘리는 데 도움이 될 뿐만 아니라 일상생활에 대한 의사결정을 더 잘할 수 있게 하면서 자신감, 독립성 및 자기결정을 증진시킨다. 신체 활동을 더 활동적으로 하는 것은 장애와 상관없이 누구에게나 힘들 수 있지만, 그것은 이동성, 건강과 웰빙을 위해 모든 사람에게 똑같이 중요하다.

(3) 영양섭취 지원하기

건강에 좋은 음식을 선택하는 것은 누구에게나 어려울 수 있다. IDD를 가진 사람들은 음식 관련 민감성, 알러지를 가지고 있거나 요리 기술이 제한적일 수 있다. 영양가 있는 음식을 접하는 것이 제한되거나 경제적인 어려움으로 매식하는 것이 어려울 수도 있다. 언론에는 건강한 식단에 대한 정보가 가득하지만, 과학적인 증거들은 압도적으로 과일, 야채, 견과류, 씨앗이 더 건강한 음식이라는 점을 지적하고 있다. 가족, DSP와 기타 협력자들은 IDD를 가진 사람들이 영양을 잘 섭취하도록 다음과 같이 지원할 수 있다.

- 과일과 야채 섭취를 증가시키는 비용 효율적인 방법 교육하기
- 신선한 것만큼 (때로는 더 많이) 영양가가 높고 일반적으로 더 저렴한 냉동 과일과 야채 구입하기
- 제철에 구입하기
- 지역 농민 시장 방문하기
- 식품을 적절히 저장하고 먹을 수 있는 만큼만 구입하여 낭비 방지하기
- 자신의 음식 재배하기(테라스에 심은 약간의 허브와 채소일지라도)

또 다른 요령은 당근이나 양배추와 같이 일반적으로 비싸지 않으면서도 영양가가 높은 야채에 초점을 맞추는 것이다. 요리 기술이 제한적인 사람들을 위해 과일과 야채 섭취량을 늘리는 간단한 방법에는 차가운 시리얼에 과일을 넣기, 스크램블 에그에 시금치나 토마토 넣기, 피자에 야채 넣기(냉동 피자에도 추가로 넣기), 전자레인지 요리와 샐러드를 함께 먹기, 혹은 통조림 수프나 파스타에 냉동 야채를 추가하는 것이 포함된다. 건강하고 균형 잡힌 식단을 먹는 여정은 많은 사람들에게 어려운 일이지만 영양은 건강을 유지하고 증진시키는 데 중요한 역할을 한다.

2) 긍정적 정서와 정서적 웰니스 지원하기

긍정적인 감정은 개인의 웰빙에 기여한다. 낙관적인 정신 상태는 신체 건강을

향상시킬 수 있다. 신경과학자들은 긍정적인 감정이 스트레스 호르몬의 감소와 관련된 뇌의 부분을 자극할 수 있다는 것을 발견했다. 정서적 건강을 향상시키는 것으로 밝혀진 간단한 실천 방법으로는 감사 연습(감사한 것 적어 보기)과 자원봉사가 있다.

　마음챙김mindfulness은 신체적 건강뿐만 아니라 정서적 · 정신적 건강에도 도움을 줄 수 있다. 마음챙김은 우리의 생각을 판단하지 않고, 과거나 미래보다는 현재에 집중하는 것을 의미한다. 일부 연구에 따르면 마음챙김을 실천하는 것은 간병인이 도전적인 행동을 하는 사람들을 더 잘 지원하도록 도울 수 있고(Singh et al., 2014), IDD를 가진 사람들이 도전적인 행동을 줄이는 데 도움을 줄 수 있다(Singh et al., 2011). 마음챙김은 호흡에 집중하거나 산책을 하고 시각과 소리에 주의를 기울이는 등의 간단한 기술을 사용하여 가르칠 수 있다. 또한 스마트폰 앱과 온라인 동영상을 통해서도 마음챙김을 배울 수 있다.

(1) 사회적 관계 지원하기

　사회적 관계는 스트레스를 줄일 수 있다. 사랑, 재미, 우정의 중요성에 대한 자세한 내용은 5장을 참조하라. 높은 수준의 스트레스는 심장 질환에 영향을 미치고, 장 기능을 손상시키며, 면역체계를 해칠 수 있다(U.S. Department of Health and Human Services, 2017). 건강한 관계의 일부인 보살피는 행동caring behaviors은 신체가 스트레스를 줄이는 호르몬을 분비하도록 촉진한다(Ozbay et al., 2007). 관계에서는, 사회적 지원을 주는 사람과 받는 사람이 모두 이익을 얻는다. IDD를 가진 많은 사람은 직계 가족과 유급 간병인 이외의 사람들과 오래 지속되는 관계를 만들지 못한다(Amado, Stancliffe, McCarron, & McCallion, 2013). 이러한 우정의 부족이 다른 건강 영역에도 영향을 미칠 수 있다는 것을 인식하는 것이 중요하다. 외로움에 대한 치료법은 단순히 사회적 관계를 증가시키는 것이 아니라, 자신이 다른 사람들에게 중요하다고 느끼는 것이다. 당신이 지원하는 사람들의 건강한 관계를 증진시키는 것은 그들의 전반적인 건강에 매우 중요하다. DSP 등은 건전한 관계를 육성하는 데 중요한 협력자가 될 수 있다. 봉사활동, 저녁식사 초대, 종교행사 참석, 자기옹호 단체나 다른 지역사회 단체 참여 등의 활동에 필요한 지원을 받아 개인의 참여를 통해 우정과 기타 관계를 시작하고 유지할 수 있다.

(2) 영적 웰니스 지원하기

영성은 종교적인 신념 그 이상의 것이며, 오히려 우리 자신보다 더 큰 무언가에 연결된 느낌으로서 소속감을 준다(Center for Spirituality and Healing, 2017; Gaventa & Carter, 2016). 이러한 느낌은 교회, 사원, 모스크나 유태교 회당과 같은 종교 기관과의 연합에서 비롯될 수 있다. 다른 사람들은 음악, 예술, 자연 세계, 책, 스토리텔링을 통해 이러한 유대감을 발견한다. IDD를 가진 사람들의 웰니스를 지원하는 것은 종교 단체와의 연결에 대한 그들의 관심을 지원하거나 자신보다 더 큰 무언가에 대한 소속감과 유대감에 대한 인간의 필요를 충족시키는 다른 방법을 찾아보는 것이 포함된다.

(3) 웰니스에서 문화의 역할

현재 여러 연방 정책에는 서비스와 지원에 대한 용어들이 담겨 있으며 개인의 문화와 언어에 적합한 방식으로 제공하고 있다(예: IDEA, 2004; Olmstead, 1999). IDD나 다른 장애를 가진, 다양하고 잘 드러나지 않는 인구가 문화적·언어적으로 적절한 방법으로 건강과 웰니스 자원에 접근할 수 있도록 하기 위해 이러한 규정과 표준을 제정하였다. 또한, 문화적·언어적으로 적절한 서비스Culturally and Linguistically Appropriate Services, 이하 CLAS 국가 표준은 문화적으로나 언어적으로 민감한 방식으로 서비스를 제공하도록 보장하기 위한 전문적 표준을 개략적으로 설명하고 있다. 사람들의 삶에서 문화의 역할을 지원하는 것은 그들에게 통역과 번역 서비스에 대한 접근권, 자기 문화 사람들과의 친목 기회 그리고 문화적 의식, 관습과 일상을 축하할 기회를 제공하는 것을 포함한다. 문화적 전통에는 특정한 음식을 먹는 것, 집에서 만든 음식을 나누는 것, 특정한 음식을 먹지 않는 것이나 종교적인 관습으로서 일정 기간 동안 단식을 하는 것이 포함될 수 있다.

자신의 문화에 적응하고 참여하는 것은 사회 참여의 기회를 제공할 뿐만 아니라, 행복의 정신적 측면을 점검하는 데 도움을 줄 수 있다.

(4) 건강 자기옹호

웰니스는 활동적인 과정이기 때문에 자신의 욕구를 옹호하는 것이 전반적인 웰니스의 핵심 요소이다. 건강 자기옹호 기술을 가르치는 것은 IDD를 가진 사람들의 건강을 증진시키는 한 가지 방법이다. 건강 자기옹호에는 두 가지 주요 요소가 있다(Feldman et al., 2012). 첫째는 건강 지식이다. 여기에는 자신의 몸이 어떻게 작용하는지, 가능한 한 건강을 유지하기 위해 무엇을 할 수 있는지에 대한 기본적인 이해가 포함된다. 둘째는 자신의 권리와 책임 그리고 타인에 대한 존중의 중요성에 대한 이해가 포함된다(Feldman et al., 2012). 의료 제공자들이 전문용어를 일상적인 용어로 설명해 주어야 한다는 의견은 권리에 포함된다. 자기관리는 책임에 포함되는데, 예를 들면 고혈압이 있는 개인에게 정기적으로 혈압을 점검하도록 요청할 수 있다. 마지막으로, 건강 자기옹호는 다른 사람에 대한 존중(예: 요리하기 전에 손 씻기나, 아플 때 출근하지 않는 것)을 의미하기도 한다. IDD를 가진 사람들이 자신의 건강과 웰빙에 적극적일 것으로 기대하는 것은 중요하다. 그들이 선택을 할 수 있는 기회를 제공하고, 평이한 용어로 개념들을 설명하고, 개인의 의견을 구하는 것은 모두 건강 자기옹호를 뒷받침하는 중요한 측면들이다.

(5) 건강 여권

건강 여권Health Passport은 IDD를 가진 사람들과 그 지원자들이 건강 돌봄 및 사회서비스 제공기관과 정보를 공유할 수 있도록 개인을 돕는 도구이다. 건강 여권에는 IDD를 가진 개인을 지원하는 방법에 대한 정보가 포함된다(Perkins, 2011). 건강 여권은 의료기록은 아니지만, 개인의 건강상태, 의사소통 방법, 개인이 아픈지 알 수 있는 방법, 제한된 이동성을 가진 경우 자세잡기나 이동하는 방법, 일상 활동을 위해 빛, 촉각, 소리나 지원이 필요한 모든 민감성 등 정보제공자가 알아야 할 필요가 있는 정보들을 포함하고 있다(Brodrick, Lewis, Worth, & Marland, 2011; Perkins, 2011). 건강 여권은 건강관리 제공 방법에 영향을 미칠 수 있는 개인의 문화적 또는 종교적 요구와 신념에 대한 정보와 함께 선별이나 생활양식 선택과 같은 건강 유지와 관련된 정보를 포함할 수 있다.

사례   에밀리 프리코

　에밀리 프리코Emily Prico는 운동을 좋아하는 젊고 건강한 여성이다. 그녀는 IDD를 가진 성인의 고유한 학습 요구를 지원하는 미네소타 대학교의 지역사회 생활 연구 및 훈련센터에서 제공하는 전반적인 건강증진 프로그램인 웰니스 파트너십Partnerships in Wellness에 참여한 후 더 건강한 생활방식을 선택하는 것에 관심을 갖게 되었다.

　에밀리는 몸매를 유지하기 위한 루틴을 갖고 있다. "저는 헬스클럽 회원이고, 일립티컬[1], 자전거, 러닝머신을 좋아해요. 웨이트 트레이닝은 아직 많이 하지 않았지만 시작하고 있고요." 에밀리는 직원들이 교통편을 제공할 수 있을 때 일주일에 두 번 체육관에 가려고 한다. 다행히 그녀는 아파트에서 실내용 자전거를 가지고 정기적으로 운동하고 있다. 그녀는 또한 플로어하키와 소프트볼도 하고 있다.

　에밀리는 신체적인 건강에서 얻는 만족감 외에도, 자신의 전반적인 웰빙의 많은 부분은 가족과 친구들과의 긴밀한 관계 때문이라고 생각한다. "이 건물에는 정말 친한 여자 친구가 두어 명 있어요." 에밀리와 그녀의 친구들은 스포츠 행사와 독서 클럽 모임에 함께 참석한다. 그들은 또한 에밀리의 어머니가 시작한 걷기 모임에도 참가한다. "내 친구 진Jeanne은 이 건물에서 살고 있는 또 다른 거주자예요. 그녀는 또 다른 정말 좋은 친구죠." 에밀리의 가족은 근처에 살고 자주 그녀를 방문한다. 에밀리는 "우리 가족은 항상 응원해 왔어요."라고 말했다. "그들은 내가 하는 일을 가까이에서 보고 있죠."

　에밀리는 운동을 자주 하고 있음에도 불구하고, 건강을 유지하기 위해 더 많은 것을 할 필요가 있다고 느낀다. 에밀리는 "체중을 조절하고 기분이 나아지길 바랄 뿐

---

1) 마치 무중력 상태에서 걷는 듯 한 형상으로 운동하는 운동 기구

이에요."라고 말했다. 그녀의 식단은 패스트푸드와 가공된 스낵 등을 포함하곤 했는데, 이제 그녀는 과일, 야채와 통곡을 많이 먹는다. 그리고 그녀는 최근에 탄산음료를 마시는 것을 포기했다. "물을 더 마시려고 해요." 그녀는 또한 더 이상 패스트푸드점을 자주 다니지 않음으로써 돈을 모으고 있다. "건강에 좋지 않은 또 다른 선택이라는 것을 알기 때문에 최근에 외식을 포기했어요."

에밀리는 웰니스 교육을 통해 가공된 설탕이 건강에 좋지 않은 것을 알게 되어, 자연산 설탕만을 섭취하려고 노력하고 있다. "몇 년 동안 정말 단것을 많이 먹었으니까, 아마도 밀크 초콜릿과 브라우니 대신 다크 초콜릿과 과일을 먹기 시작하겠죠. 왜냐하면 가공된 설탕이 몸에 좋지 않다는 걸 알기 때문이에요." 하지만 그녀가 초콜릿을 포기할 수 있을까요? "아니, 아마 그런 일은 없을 거예요."라고 에밀리가 웃었다. "내 인생에서 초콜릿은 중요하니까요."

운동 및 건강한 식습관을 선택하는 것과 시간이 지나면서 그것을 고수하는 것은 전혀 다른 일이다. 에밀리의 슈퍼바이저는 그녀의 친구, 가족과 함께 격려를 해 주고 있다. "슈퍼바이저는 건강을 유지하기 위해서는 일관성을 유지해야 한다고 하셨어요." 그녀는 이제 더 많은 식료품을 사고 집에서 식사를 준비한다. "새로운 요리법을 만드는 것을 좋아해요. 칠리chili 만드는 것도 좋아하고 파스타 요리도 많이 하고요."

한 달에 한 번 수요일에 에밀리와 그녀의 아파트 친구들은 함께 식사를 하기 위해 모인다. 에밀리는 "주민 엄마 중 한 명이 오셔서 식사 만드는 법을 가르쳐 주고 건강한 식습관 등을 가르쳐 주세요."라고 말했다. 그들은 모두 건강과 웰빙을 증진시키는 새로운 기술과 습관을 개발하면서 함께 좋은 식사를 즐긴다. 지금까지 운동과 음식선택들은 그녀의 삶의 질에 현저한 차이를 만들어 냈다. "이로 인해 몸에 느껴지는 것이 좋아요. 그리고 정말 많은 스트레스를 풀어 주고, 기분을 좋게 해 주는 것 같아요."

6. 결론

건강과 웰니스는 단순히 질병이 없는 상태를 말하지 않는다. 개인과 환경적 요인 모두 신체적 · 정서적 · 영적 · 사회적 웰빙을 지원한다. 웰니스에는 사회적 관계, 의미 있는 활동에 참여하는 것, 신체적 건강, 가치와 신념, 평생 학습이나 창조성, 정서적 건강 등 한 개인의 삶의 여러 측면 간의 상호 작용과 균형 등이 포함된다. 인생에서 무엇을 해야 하는지에 대해 개인적인 선택을 할 수 있는 기회는 높은 수준의 웰니스 성취를 위한 핵심 요소이다. 종종 사람들은 IDD를 가진 사람들이 자신에게 중요한 것에 대해 개인적인 선택을 할 수 없다고 오해한다. 생애주기의 기대와 전환에 초점을 맞추고, 삶의 모든 부분의 상호연결성을 인정함으로써 IDD를 가진 사람들과 그 지원자들은 성공적인 지역사회 생활과 전반적인 웰빙을 촉진하기 위해 자신의 강점과 개인적 선택에 기반을 둔 장기적인 계획을 개발할 수 있다.

IDD를 가진 사람들과 함께 일하는 사람들은 건강과 웰니스 목표, 신체적 활동과 영양, 긍정적인 정서적 건강, 문화와 언어에 대한 개인화된 주의 기울이기, 자기옹호, 건강 여권 등 이 장에 포함된 실용적인 제안과 중재들을 사용하여 IDD를 가진 개인들이 자신의 웰니스를 증진시킬 수 있는 개인적 선택을 연습할 빈도를 높일 수 있다.

토론 질문

- 웰니스는 단순히 건강한 식습관과 운동이 아니다. 당신은 어떻게 신체 활동과 영양을 넘어 웰니스를 육성하고 가꾸는가?
- 어떤 정책, 절차 및 자원이 지원 받은 개인과 직원이 더 나은 생활양식을 선택할 수 있도록 지원하는가? 당신의 조직에는 웰니스 문화가 있는가?
- IDD를 가진 개인들이 자신의 돌봄을 보다 효과적으로 통제하고 자신의 건강관리에 능동적으로 참여할 수 있도록 지원하는 방법은 무엇인가?
- 건강과 웰니스 증진을 위해 사회, 기관과 가족 수준에서 어떻게 자원을 할당하는가? 다르게 실행해 볼 수 있는 것은 무엇인가?
- IDD를 가진 개인들이 지역사회에서 웰니스 활동에 참여할 수 있도록 어떻게 지원할 수 있는가? 지역사회 자원에 대한 접근을 보장할 수 있는 방법은 무엇인가?

자원

- Health Passports: 건강관리 제공자들이 사용하는 의사소통 도구이다. http://flfcic. fmh i.usf.edu/docs/FCIC_Health_Passport_Form_Typeable_English.pdf
- Impact: 지적·발달 장애를 가진 성인을 위한 건강과 웰니스 지원에 대한 특집호이다. https://ici.umn.edu/products/impact/291/291.pdf
- National Center on Health, Physical Activity, and Disability: 신체 활동, 건강증진 및 장애에 대한 정보를 제공하는 자료이다. http://www.nc hpad.org/
- Partnerships in Wellness: IDD를 가진 사람들을 위한 건강과 웰니스 교육 프로그램이다. https://sites.google.com/umn.edu/piw

참고문헌

Amado, A. N., Stancliffe, R. J., McCarron, M., & McCallion, P. (2013). Social inclusion and community participation of individuals with intellectual/developmental disabilities. *Intellectual and Developmental Disabilities, 51*(5), 360-375. https://doi.org/10.1352/1934-9556-51.5.360 https://doi.org/10.1352/1934-9556-51.5.360

Anders, P. L. & Davis, E. L. (2010). Oral health of patients with intellectual disabilities: A systematic review. *Special Care in Dentistry, 30*(3), 110-117. https://doi.org/10.1111/j.1754-4505.2010.00136.x

Anderson, L., Humphries, K., McDermott, S., Marks, B., Sisarak, J., & Larson, S. (2013). The state of the science of health and wellness for adults with intellectual and developmental disabilities. *Intellectual & Developmental Disabilities, 51*(5), 385-398. doi:10.1352/1934-9556-51.5.385.

Bannerman, D. J., Sheldon, J. B., Sherman, J. A., & Harchik, A. E. (1990). Balancing the right to habilitation with the right to personal liberties: The right of people with developmental disabilities to eat too many doughnuts and take a nap. *Journal of Applied Behavior Analysis, 23*(1), 78-79. doi:10.1901/jaba.1990.23-79

Brodrick, D., Lewis, D., Worth, A., & Marland, A. (2011). One-page patient passport for people with learning disabilities. *Nursing Standard, 25*(47), 35-40. doi:10.7748/ns.25.47.35.s49

Center for Spirituality and Healing (2017). What is spirituality? Retrieved from: https://www.

takingcharge.csh.umn.edu/what-spirituality.

Diez Roux, A. V. & Mair, C. (2010). Neighborhoods and health. *Annals of the New York Academy of Sciences, 1186*(1), 125-145. https://doi.org/10.1111/j.1749-6632.2009.05333.x

Emerson, E. (2007). Poverty and people with intellectual disabilities. *Mental Retardation and Developmental Disabilities Research Reviews, 13*(2), 107-113. https://doi.org/10.1002/mrdd.20144

Ervin, D. (2016). In Rubin, L., Merrick, J., Greydanus, D., & Patel, D. (Eds.), *Health Care people with intellectual and developmental disabilities across the lifespan* (pp. 177-181). Switzerland: Springer.

Ervin, D., Hennen, B., Merrick, J., & Morad, M. (2014). Health care for persons with intellectual and developmental disabilities in the community. *Frontiers in Public Health. 2*(83), 1-7. https://doi.org/10.3389/fpubh.2014.00083

Feldman, M. A., Owen, F., Andrews, A., Hamelin, J., Barber, R., & Griffiths, D. (2012). Health self-advocacy training for persons with intellectual disabilities. *Journal of Intellectual Disability Research, 56*(11), 1110-1121. https://doi.org/10.1111/j.1365-2788.2012.01626.x

Frey, G. C., Buchanan, A. M., & Rosser Sandt, D. D. (2005). "I'd rather watch TV": An examination of physical activity in adults with mental retardation. *Mental retardation, 43*(4), 241-254.

Gaventa, B. & Carter, E. W. (2016). Flourishing and spirituality: Healing and wholeness without perfection. *Impact, 29*(1), 6-7. Minneapolis: Institute on Community Integration, University of Minnesota.

Holt-Lunstad, J., Smith, T. B., Baker, M., Harris, T., & Stephenson, D. (2015). Loneliness and social isolation as risk factors for mortality: Ameta-analytic review. *Perspectives on Psychological Science, 10*(2), 227-237.

Individuals with Disabilities Education Act, 20 U.S.C. § 1400 (2004)

Jennings V. & Gaither C. J. (2015). Approaching environmental health disparities and green spaces: An ecosystem services perspective. *International Journal of Environmental Research & Public Health. 12*(2),1952-1968. https://doi.org/10.3390/ijerph120201952

Jette, A. M. (2006). Toward a common language for function, disability, and health. *Physical Therapy, 86*(5), 726-734. https://doi.org/10.1093/ptj/86.5.726

Jobling, A. (2001). Beyond sex and cooking: Health education for individuals with intellectual disability. *Mental Retardation, 39*(4), 310-321.

Krahn, G. L., Hammond, L., & Turner, A. (2006). A cascade of disparities: Health and health care access for people with intellectual disabilities. *Developmental Disabilities Research*

Reviews, 12(1), 70-82.

Morgan, J. P., Minihan, P. M., Stark, P. C., Finkelman, M. D., Yantsides, K. E., Park, A., Nobles, C. J., Tao, W., & Must, A. (2012). The oral health status of 4,732 adults with intellectual and developmental disabilities. *The Journal of the American Dental Association, 143*(8), 838-846. https://doi.org/10.14219/jada.archive.2012.0288

National Standards on Culturally and Linguistically Appropriate Services (CLAS) Office of Minority Health. The National CLAS Standards. Retrieved from https://minorityhealth. hhs.gov/omh/browse.aspx?lvl=2&lvlid=53 .

National Wellness Institute. (2017). About wellness. Retrieved from http://www. nationalwellness.org/?page=AboutWellness .

Olmstead v. L.C., 527 U.S. 581; 119 S.Ct. 2176 Individuals with Disabilities Education Act, 20 U.S.C. § 1400 (2004)

Ozbay, F., Johnson, D. C., Dimoulas, E., Morgan III, C. A., Charney, D., & Southwick, S. (2007). Social support and resilience to stress: from neurobiology to clinical practice. *Psychiatry (Edgmont), 4*(5), 35.

Perkins, E. A. (2011). My Health Passport for Hospital/Clinic Visits. Florida Center for Inclusive Communities. http://flfcic.fmhi.usf.edu/docs/FCIC_Health_Passport_Form_ Typeable_English.pdf

Reichard, A., Stolzle, H., & Fox, M. H. (2011). Health disparities among adults with physical disabilities or cognitive limitations compared to individuals with no disabilities in the United States. *Disability and Health Journal, 4*(2), 59-67. https://doi.org/10.1016/ j.dhjo.2010.05.003

Rimmer, J. H. (2016). SELECT a lifetime of physical activity. *Impact, 29*(1), 6-7. Minneapolis: Institute on Community Integration, University of Minnesota.

Rimmer, J. H., Braddock, D., Fujiura, G. (1993) Prevalence of obesity in adults with MR: Implications for health promotion and disease prevention. *Mental Retardation*. 31: 105-10.

Shogren, K. A., Wehmeyer, M. L., Reese, R. M., & O'Hara, D. (2006). Promoting self-determination in health and medical care: A critical component of addressing health disparities in people with intellectual disabilities. *Journal of Policy and Practice in Intellectual Disabilities, 3*(2), 105-113. https://doi.org/10.1111/j.1741-1130.2006. 00061.x

Singh, N. N., Lancioni, G. E., Manikam, R., Winton, A. S. W., Singh, A. N. A., Singh, J., & Singh, A. D. A. (2011). A mindfulness-based strategy for self-management of aggressive behavior in adolescents with autism. *Research in Autism Spectrum Disorders* 5(3), 1153-1158.

Singh, N. N., Lancioni, G. E., Winton, A. S., Karazsia, B. T., Myers, R. E., Latham, L. L., & Singh, J. (2014). Mindfulness-based positive behavior support (MBPBS) for mothers of adolescents with autism spectrum disorder: Effects on adolescents' behavior and parental stress. *Mindfulness, 5*(6), 646-657.

Singh, N. N., Lancioni, G. E., Winton, A. S., Singh, A. N., Singh, J., & Singh, A. D. (2011). Effects of a mindfulness-based smoking cessation program for an adult with mild intellectual disability. *Research in Developmental Disabilities, 32*(3), 1180-1185

Stanton, R., Happell, B., & Reaburn, P. (2014). The mental health benefits of regular physical activity, and its role in preveting future depressive illness. *Nursing: Research and Reviews, 4*, 45-53. https://doi.org/10.2147/NRR.S41956

U.S. Department of Health and Human Services. Stress and your health. Retrieved from http://www.womenshealth.gov/publications/our-publications/fact-sheet/stress-your-health.html.

U.S. Public Health Service (USPHS). (2002). Closing the gap: A national blueprint for improving the health of individuals with mental retardation. *Report of the Surgeon General's Conference on Health Disparities and Mental Retardation*. U.S. Department of Health and Human Services, Office of the Surgeon General. Washington, DC: HHS, Office of the Surgeon General.

U.S. Public Health Service (USPHS). (2005). *The Surgeon General's call to action to improve the health and wellness of people with disabilities*. U.S. Department of Health and Human Services, Office of the Surgeon General; Washington, DC.

van Schijndel-Speet, M., Evenhuis, H. M., van Wijck, R., van Empelen, P., & Echteld, M. A. (2014). Facilitators and barriers to physical activity as perceived by older adults with intellectual disability. *Mental Retardation, 52*(3), 175-186.

제9장 건강하고 참여하는 노년기 계획하기

Julie R.F. Kramme, Roger Stancliffe, Lynda Lahti Anderson, & Merrie Haskins

선행조직자

- IDD를 가진 사람들은 역사상 어느 때보다 더 오래 살고 있다.
- 건강한 노화는 사회적·정서적·환경적 요인이 포함된다.
- 능동적 노화는 후반기 생에서 삶의 질을 높일 수 있다.
- 고령 성인기로의 전환과 은퇴는 중요한 삶의 전환이다.
- IDD를 가진 사람들은 웰빙, 노화, 죽음에 대한 EOL 계획end-of-life planning과 지원적 토론으로 혜택을 받을 수 있다.

이 장에서는 건강하고 참여하는 노화의 신체적·정신적·사회적 요소를 탐구한다. IDD를 가진 사람들의 삶의 질을 강조하는 능동적 노화active-aging를 설명하고, 개인이 나이 들면서 자율성과 독립성을 증진하는 개인중심 실제person-centered practices를 강조한다.

이 장에서는 또한 건강하고 참여하는 노화에 대한 현재의 논란과 도전에 대해 논한다. 우리는 이러한 과제를 해결하기 위해 알려진 유망한 제안과 중재를 판별하고, 교육, 건강과 웰니스 활동에 대한 접근, 자립과 지역사회의 통합을 촉진하기 위한 환경변화, 직장생활에서 퇴직으로 전환할 때 사회 활동을 유지하는 것의 중요성, 한 개인이 EOL 문제를 계획하고 학습할 수 있도록 하는 자원에 대해 상세히 논한다. 한 개인의 삶의 질과 지역사회 통합을 극대화하는 데 있어 건강한 노화를 위한 계획을 일찍 시작하는 것은 중요하다.

의학, 공중 보건, 기술, 교육, 지역사회 생활 접근의 발달로 인해, 더 많은 IDD를 가진 성인들이 노후를 누릴 것을 기대할 수 있다. IDD를 가진 개인의 평균 수명은 66세이다(Coppus, 2013). 지원 요구가 낮은 IDD를 가진 개인들은 미국 일반 인구의 기대수명과 견줄 만한 수명을 가지고 있다. 이것은 최근 세대의 IDD를 가진 사람들보다 수십 년 더 긴 것이다(Stanford Center on Longevity, 2010).

IDD를 가진 사람들이 노년기에 접어들면서 새로운 기회와 도전이 발생하게 된다. 이 장에서는 은퇴 후 노령화되고, EOL 문제를 다루고 있는 IDD를 가진 사람들의 경험에 대한 개관을 제공한다. 우리는 노화를 60세나 75세처럼 특정 연령과 연관시키기보다는 광범위하게 논의한다. 발달장애를 가진 일부 개인이 조기 노화 증상을 경험할 수 있기 때문이다. 건강한 노화의 척도로 질병이나 장애의 부재를 강조하기보다는 건강한 노화와 EOL$^{end-of-life}$을 신체적 · 사회적 · 정신적 웰빙으로 특징지을 것을 제안한다(World Health Organization, 2002; 2000). 이 정의는 서비스와 지원을 판별하기 위한 기초로서 누군가의 강점, 요구, 개인적 목표를 강조하는 개인중심적 관점과 일치한다.

신체적 · 사회적 · 정신적 웰빙은 세계보건기구(2002)가 제안한 개념인 '능동적 노화'의 핵심으로, 다음과 같다. "능동적 노화는 사람들이 나이가 들면서 삶의 질을 높이기 위해 건강 참여와 안전의 기회를 최적화하는 과정이다(WHO, 2002, p. 12)." 이 정의는 제1장에서 제안된 많은 가치(예: 개인중심 실제와 지역사회 통합)와 일치한다. 능동적인 노화는 삶의 질을 높이는 것을 목표로 한다. 이는 그 개인의 문화와 가치관의 맥락에서 삶에 대한 인식을 포함한다. 목표와 우려, 기대 역시 감안한다. 그들의 자율성과 독립성은 삶의 질에 영향을 미치는 중요한 요소들이다. 일상적 의사결정에서의 자기결정과 스스로를 위한 일상 활동 수행에 대한 권리를 보장하는 것은 사람들이 나이가 들면서 건강을 유지하고 기능 상실에 맞서 싸우는 중요한 방법으로 간주된다.

그러나 IDD를 가진 사람들이 경험하는 노화는 종종 이것과 상당히 다르다. IDD를 가진 사람들은 비만이나 이동성 부족과 같이 덜 건강한 노화와 관련된 잠재적으로 피할 수 있는 조건들을 경험하기 쉽다. 이들은 일반 인구의 노화에 비해 건강 상태가 더 나쁘고 노화 관련 질환이 더 일찍 시작되는 경우가 많다 (Bittles et al., 2002). 실제로 IDD를 가진 많은 사람은 나이가 들면서 자신이 나이 들어간다는 것에 대해 명확하게 이해하지 못한다(Buys et al., 2008; Cordes & Howard, 2005).

IDD를 가진 사람들에게 교육과 계획은 건강한 노화의 중요한 요소일 수 있다. 개인중심계획은 사람들이 삶의 과정과 삶의 끝을 통해 자율성과 독립성을 경험할 수 있는 기회를 제공한다. 중요한 것은, 최근 연구 조사에서 IDD를 가진 노인들이 나이가 들수록 덜한 것이 아니라 삶에서 더 많은 것을 원한다는 것이다 (Buys et al., 2008). 때때로 이것은 사례 '로버트의 이야기'에서 나타나듯이 창의적인 사고와 문제 해결을 촉진한다.

이 장에는 IDD를 가진 노인들이 자주 겪는 몇 가지 주요 난제를 요약하고 있다. 노화, EOL[end-of-life]과 관련된 실질적인 제안과 중재를 제시한다. 전형적으로 EOL 돌봄[end-of-life care]은 진행적이고 돌이킬 수 없는 상태에 있는 개인의 마지막 몇 달에 초점을 맞추지만, 임종을 위한 계획은 훨씬 더 일찍 시작할 수 있다. 한 개인의 EOL 욕구[end-of-life desires]에 대한 계획을 통합하는 과정은 다음 절에서 논의할 것이다.

1. 현재 논란과 도전

1) 노화와 건강 관련 변화

IDD를 가진 대부분의 사람은 IDD가 없는 사람들과 비슷한 방식으로 노화를 경험한다. 인구 전체에서 사람들은 나이와 관련된 건강 상태를 경험하지만, 나이가 들면서 좋은 건강과 활발한 생활양식을 유지할 수 있다. 건강과 웰니스를 유지하는 중요한 요소들은 활동적인 생활양식과 영양가 있는 식단을 포함한다.

IDD를 가진 많은 사람은 이런 일을 하는 데 지원이 필요하다. 지식이 풍부하고 헌신적인 지원 인력이 부족하면 이러한 건강한 활동에 장애가 될 수 있다. 그러나 이러한 실제practices를 지원하는 많은 방법은 직원들이 자신의 자기관리를 위해 사용할 수 있는 지원 방법과 유사하다.

건강관리 서비스 공급기관에서 수행하는 선별검사와 정기적 검진은 발달 상태를 조기에 판별하기 위한 것이다. 때때로 노화와 관련된 건강 염려는 근본 원인보다는 개인의 장애나 나이 탓으로 보아 간과될 수 있다. 이러한 편견을 '진단 음영화diagnostic overshadowing'라고 한다. 진단 음영화는 건강상의 추가적 합병증의 원인이 될 수 있다. 예를 들어, 노인 요로감염은 치매와 비슷한 증상을 유발할 수 있는데, 이는 종종 혼동된다. 이러한 증상의 오귀인misattribution은 치료되지 않은 요로감염을 악화시킬 수 있다.

일부 조건은 장애가 없는 사람들보다 IDD를 가진 사람을 노화 위험이 더 높은 상태로 만들 수 있다. 예를 들어, 다운증후군을 가진 사람들의 절반 이상이 치매를 앓고 있으며, 다운증후군이 없는 사람들보다 훨씬 젊은 나이에 많은 사람이 치매를 앓고 있다(Zigman & Lott, 2007). 뇌성마비나 신경과 근육에 영향을 주는 다른 질환은 통증, 뼈, 근육 손실, 관절염의 위험을 증가시킬 수 있으며, 이로 인해 이동성 문제가 발생할 수 있다(Strax, Luciano, Dunn, & Quevedo, 2010). 특정 질환에 대한 치료도 나이가 들면서 합병증을 유발할 수 있다. 예를 들어, 발작장애나 우울증에 대해 특정 약물을 복용한 결과로 골 손실(골다공증)이 더 어린 나이에 발생할 수 있다(Strax et al., 2010). 특정 치료와 관련된 위험 요인을 고려하여 상태가 얼마나 자주 진전되는지 아는 것과 사람들이 자신의 증상을 의사소통하는 방법을 듣는 것은 건강하고 참여적인 노화 계획을 지원하는 데 있어 중요한 요소들이다. 또한, 자폐 스펙트럼 장애와 같은 일부 경우에, 나이가 들어 상태가 어떻게 진행되는지는 거의 알려져 있지 않기 때문에 IDD를 가지고 노화하는 것에 대한 지속적인 연구가 중요하다(Ladinski-Muaetova, Perry, Baron, & Povery, 2011; Perkins & Berkman, 2012).

2) 생활준비와 가족관계

IDD를 가진 많은 사람은 부모나 형제자매와 같은 가족들로부터 지원을 받는다. 예를 들어, IDD를 가진 사람들은 다른 어떤 환경보다 가족의 집에서 살 가능성이 더 높다(Larson et al., 2017). 이럴 때 가족의 고령화는 IDD를 가진 개인의 생활과 지원 준비에 큰 영향을 미칠 수 있다. 많은 고령의 가족은 더 이상 부양할 수 없게 되면 사랑하는 이에게 무슨 일이 일어날지 불안감을 느낀다. 가족의 사망으로 IDD를 가진 개인이 새 집으로 이사하거나 다른 출처의 지원을 받는 것이 필요하게 될 수 있다. 이것이 개인중심계획이 장기적인 바람과 요구를 분명히 밝혀야 하는 중요한 이유이다. 위기 이전에 개인의 선호도를 문서화하는 것은 자신의 희망을 반영하는 의사결정을 할 수 있도록 이들의 참여를 뒷받침한다. 또한 새로운 지원 루틴으로의 전환과 가족을 잃은 슬픔을 동시에 겪지 않도록 돌봄의 변화를 사망과 분리하는 것도 유익할 수 있다.

3) 고용과 퇴직

일반 인구에 비해 IDD를 가진 사람들은 유급 고용에 참여할 가능성이 훨씬 적다. 고용은 일을 하는 사람들에게 우정, 성취감과의 중요한 연결고리가 될 수 있다. 이런 이유 그리고 다른 이유들로, 사람들은 노년까지 일하는 것을 선택할 수 있다. 반면에, 다른 사람들과 마찬가지로 은퇴하고 싶어 할 수도 있다.

퇴직은 유급 직장에서 영구적으로 철수하는 것으로 정의된다. 퇴직은 어느 연령대에나 일어날 수 있지만, 흔히 고령의 근로자와 관련이 있다. 근로자들은 여러 가지 이유로 퇴직할 수 있다. IDD를 가진 사람들에게 어떤 요인이 퇴직을 초래할 것인지는 불명확하지만, 고용으로부터의 전환은 개인의 목표와 욕구를 통합하는 의도적인 과정이 될 수 있다. 불행히도, 보통 모든 사람이 이것을 경험하지는 않는다. IDD를 가진 많은 사람은 퇴직을 부정적인 시각으로 보는데, 퇴직이 직장에서의 의미 있는 활동(일)과 사회적 연계의 상실을 수반하기 때문이다.

사람들은 퇴직 이후 사회적으로 고립되어 할 일이 너무 적어질 것을 두려워할 수 있다. 퇴직 이후 할 수 있는 활동과 사회적 기회에 대해 명확하게 알고 있는 사람은 거의 없다. 때로는 계획이나 자기결정보다는 건강이나 가족의 위기와 같은 상황에 의해 이직이 필요한 경우도 있다. 개인이 원하는 대로 일을 계속하지 못하게 하는 장벽은 그들이 원하는 대로 퇴직을 하지 못하게 할 수도 있다.

IDD를 가진 사람들이 노동력으로 참여하는 것이 낮은 것을 감안할 때, 현재까지 퇴직은 연구자, 서비스 제공기관이나 정책 입안자들로부터 거의 관심을 받지 못했다. 그러나 사람들이 더 오래 살게 되면서, 많은 사람이 은퇴하여 몇 년의 시간을 보낼 것으로 예상할 수 있다. 연구에 따르면, 심지어 은퇴가 선택사항이라는 것을 알고 있는 경우에도, IDD를 가진 고령의 근로자들은 은퇴에 대해 스스로 결정하도록 지원받지 못하고 있다(McDermott & Edwards, 2012). 일반 인구의 사람들이 퇴직을 계획하고 선택하는 것처럼, IDD를 가진 사람들에게 동일한 기회가 주어지는가를 고려하는 것이 중요하다.

4) 교통수단

교통수단의 부족은 생애 전반에 걸쳐 장애를 가진 사람들의 지역사회 접근에 엄청난 장벽이 될 수 있다. IDD를 가진 사람들은 대중교통 지원에 의존하는 경우가 많지만, 이는 자금이나 접근성에 의해 제한될 수 있다. 예를 들어, 특정 시간이나 요일뿐만 아니라 시골지역이나 카운티 전역에 걸쳐 선택이 제한될 수 있다. 그들은 궁극적으로 이동성 문제 때문에 접근이 불가능할 수 있다. 운전면허가 있다면, 나이가 들면서 건강 관련 퇴행성 문제로 어쩔 수 없이 이를 포기할 수도 있다. 접근 가능한 교통수단을 찾는 데 있어 개인을 지원하는 것은, 특히 퇴직 후 지역사회에 쉽게 통합시킬 수 있는 중요한 전략이 될 수 있다.

2. 건강, 죽음과 슬픔을 둘러싼 사회적 가정

때로는 장애를 가진 누군가의 경험, 그들의 능력과 선호도에 대한 사회적 가정 사이에 불일치가 있다. 때때로 지원을 제공하는 사람들은 IDD를 가진 사람들이 스스로 건강관리 결정을 내릴 수 있는 의식이 부족하다고 가정한다(Gill, 2000). 이는 IDD를 가진 사람에게 다른 사람의 편견이 더해질 때 의사결정 과정을 복잡하게 만들 수 있다. 그러나 지적장애로 인한 가벼운 지원이 필요한 성인의 대다수와 중간수준의 지원이 필요한 지적장애 성인의 약 절반 정도는 이해할 수 있는 형태로 정보를 제공할 때 치료 결정을 내릴 수 있다(Cea & Fisher, 2003). 정보에 대한 접근은 IDD를 가진 사람들과 그들을 돕는 사람들이 그들의 자기결정과 안전의 균형을 이루는 방법으로 결정을 내릴 수 있도록 돕는다.

세상을 떠난 다른 사람들을 위한 EOL 돌봄과 장례식과 추모식에 참여하는 것은 자신의 삶을 마감하는 것에 대한 자기결정의 기회를 제공할 수 있다. 불행히도, 그 사람의 기분을 상하게 하는 것 또는 무슨 일이 일어나고 있는지 이해할 수 있는 능력에 대한 우려 때문에, 그리고 IDD를 가진 사람들을 선의적으로 보호해야 한다는 이유로 많은 기회를 놓치고 있다(Kirkendall, Linton, & Farris, 2017; McKenzie, Mirfin-Veit ch, Conder, & Bradford, 2017; Wiese, Stancliffe, Read, Jeltes, & Clayton, 2015). IDD를 갖지 않은 사람들처럼 IDD를 가진 거의 모든 사람이 가족과 친구의 죽음에 직면할 것이라는 점을 인식하는 것은 필수적이다. 그러나 보호하려는 마음에서, 사람들은 IDD를 가진 개인들에게 중요한 누군가의 죽음에 대해 말하지 않을 수도 있고, 장례식과 다른 의식에서 그들을 제외시킬 수도 있다(Wiese et al., 2015). 안타깝게도, 그러한 실제들은 문제를 더 악화시키기 쉽다. IDD를 가진 개인이 이해하고 참여하는 데 도움이 되는 죽음에 대한 대안적 접근방법은 이 장의 끝에 있는 '실용적 제안과 중재'에서 설명한다.

3. 노화 관련 정책과제

미국 노인복지법^{Older Americans Act, 이하 OAA}은 1965년에 처음 제정되었고, 가장 최근에 승인된 것은 2016년이다(PL 114-144). 이 법안의 서비스와 보호는 65세 이상의 모든 사람을 위한 것으로, 사람들이 가능한 한 오랫동안 자신의 집에서 독립성을 유지하도록 돕기 위한 것이다. OAA는 주과 지역 노령화기관을 통해 자금을 제공한다. 이들 기관은 사례관리, 노인복지관, 교통수단, 재택 서비스(예: 가사 서비스), 영양 프로그램(예: 식사 배달 서비스), 보호자 지원 서비스, 건강 증진 등 다양한 서비스를 제공한다. IDD를 가진 사람들은 일단 65세가 되면 OAA 서비스를 받을 자격이 있지만, 제한된 자금 지원은 종종 긴 대기자 명단을 의미한다. 일부 지방노령화기관은 IDD를 가진 사람들의 고령 간병인 수요를 해결하기 위해 노력했지만, IDD와 같이 장기적인 장애를 가진 사람들의 요구를 더 잘 충족시키기 위한 역량 구축에는 관심이 적었다(Putnam, 2017).

메디케이드 면제^{Medicaid waivers}(제3장 참조)를 포함하는 가정 및 지역사회 기반 서비스^{HCBS}는 원래 1981년에 승인되었다. 이후 50개 주와 컬럼비아 특별구는 지역사회에 거주하는 IDD를 가진 개인에게 지원과 서비스를 제공하기 위해 면제를 개발했다. 또한 주에서는 65세 이상의 유자격자가 요양원 입원을 막는 장기적 서비스와 지원을 받을 수 있도록 지원하는 면제 서비스를 사용한다(Smith et al., 2000). 면제를 통해 제공되는 자격과 혜택은 각 주에서 결정하기 때문에 서비스와 이용가능성은 상당히 다양할 수 있다. IDD 면제^{IDD-specific waivers}는 종종 노인을 위한 면제와 다른 지원과 서비스들을 포함한다(예: 발달장애인 면제^{DD-specific waivers}는 고용 서비스를 보장할 수 있고, 노인을 위한 면제는 성인 주간돌봄 서비스를 보장할 수 있다). 일부 주들은 또한 다양한 HCBS 인구의 지원 요구를 충족시키기 위해 보편적 면제를 갖고 있거나 향해가고 있다. 발달장애인 면제^{DD waivers}를 받는 일부 사람들에게, 노인을 위한 면제는 65세가 되었을 때 그들의 지원 요구에 더 잘 맞는 것을 제공할 수 있다. 그러나 주 내의 면제 이용가능성이 제한되거나 서비스 제공기관이 부족한 것이 서비스에 접근하는 데 장벽이 될 수 있다.

4. 생애주기 기대

건강하고 참여하는 노화에 대한 계획은 개인중심적이어야 하며, 중요한 지속적인 관계를 포함하고 자주 재검토해야 한다. 이 장은 능동적 노화$^{active-aging}$를 강조한다. 신체적 · 사회적 · 정신적 웰빙을 유지하는 것은 생애 전반에 걸쳐, 특히 노년기에 걸쳐 강조되며 '그들이 도움을 필요로 할 때 적절한 보호, 안전, 돌봄을 제공하면서 그들의 필요, 욕구, 능력에 따라 사회에 참여하는' 권리를 긍정해야 한다(WHO, 2002, p.12). 각 차원에 있어서 웰빙의 목적은 그들의 삶의 질에 대한 개인적 견해를 인정하는 것이다.

IDD를 가진 노인을 위한 서비스와 지원을 제공하는 데 있어 두 가지 핵심 목표가 있다.

- 자율성: 자신의 규칙과 선호에 따라 매일 생활양식에 대해 통제하고, 대처하며 개인적 결정을 내릴 수 있는 지각된 능력(WHO, 2002, p.13)
- 독립성: 개인이 문화적 및 개인의 선호도를 포함하여 일상생활의 활동을 수행하는 데 활용하는 지원 수준과 관련된 것

개인중심계획은 한 개인의 목표, 욕망과 바람을 문서화하고, 필요한 지원과 일치시킬 수 있는 기회를 제공한다. 이 계획 과정에는 고용, 퇴직과 임종 선호도에 대한 대화들이 포함되어야 한다. 인생의 끝에서 계획을 세우는 데 중요한 것은, 개인의 선호에 대한 세부사항을 포함하도록 사망 선택 유언$^{living wills1)}$을 작성하는 것이다. 계획은 또한 의료의향서$^{advance healthcare directives}$에 대한 개인의 선호를 논의할 기회를 준다. 개인이 거주하는 국가의 규정에 따라 수립되며, 의료적 개입$^{medical interventions}$에 대한 그들의 선호, 스스로 할 수 없는 경우 의료 관련 결정을 내릴 수 있는 권한이 있는 사람에 대해 문서화한다. 특히 주요 지원 제공자

---

1) 본인이 직접 결정을 내릴 수 없을 정도로 위독한 상태가 되었을 때 존엄사를 할 수 있게 해 달라는 뜻을 밝힌 유언

의 부상이나 상실과 같은 주요한 생명위협 사고^{life incidents}와 관련하여 계획 내용을 수시로 재검토하고 업데이트해야 한다. 이는 개인의 계획이 계속해서 그들의 목표와 소망을 정확하게 묘사하도록 보장한다.

5. 실용적 제안과 중재

이 절에서는 고령화되는 IDD를 가진 개인을 지원하기 위해 취할 수 있는 실제 단계에 대한 정보를 제공한다. 여러 유용한 자료를 언급하고 있는데, 그중 다수는 IDD를 가진 사람들과 이들을 지원하는 사람들이 사용하도록 특별히 고안되었다.

1) 능동적 노화와 AIP

IDD를 가진 대부분의 사람은 IDD를 갖지 않은 사람들을 매우 좋아한다. 단순히 나이가 들어간다고 해서 고령화를 활동, 고용이나 자원봉사에 참여하는 것을 그만두는 시기로 볼 필요는 없다. 정기적인 신체 활동, 의미 있는 활동, 사회적 관계를 포함하는 활동적인 생활양식을 유지하는 것은 사람들이 나이가 들어감에 따라 웰빙을 위해 중요하다(Bauman, Merom, Bull, Buchner, & Fiatarone Singh, 2016; Rowe & Kahn, 1987). 사람들은 그들의 필요와 욕망에 따라 적거나 다르게 참여할 수 있지만, 노화만으로 한 개인의 일과^{routine}를 바꿀 필요는 없다.

IDD를 가진 사람들은 가족의 집에서 살 때처럼 다른 사람들의 지원에 의존할 수 있다. 상황이 바뀌면 때때로 다른 지원이 필요하다. AIP^{Aging in Place2)}는 요양원 같은 더 제한적인 환경으로 옮기기보다는 사람들이 자신의 집에 머물 수 있도록 지원하는 것을 목적으로 하는 운동이다. 안전은 사람들이 나이가 들면서 이동하는 주요 이유 중 하나이지만, 많은 경우 단순하고 효과적인 환경 변화

---

2) 현재 살고 있는 집에서 노후를 보내는 새로운 은퇴 거주지 개념

는 안전을 향상시키고 사람들이 집에 머물 수 있도록 도울 수 있다. 설치할 수 있는 유용한 품목의 예로는 나은 조명, 더 많은 계단 레일, 손에 쥐고 쓸 수 있는 샤워기와 샤워 의자, 미끄럼 방지바닥과 잡을 수 있는 가로대grab bars3)가 있다 (Pynoos, 2001; Pynoos, Caraviello, & Cicero, 2009). AIP에는 사회적 인맥을 강화하거나 지역사회 자원을 촉진하는 것과 같은 물리적 환경을 넘어선 조정을 포함할 수 있다. 직업치료사의 평가는 개인이 살던 곳에서 계속 거주하는 것을 지원하기 위한 일상생활에서의 조정을 판별할 수 있다(Chippendale & Bear-Lehman, 2010).

기술은 IDD를 가진 사람들이 나이가 들면서 가정에서 성공적으로 살도록 지원하는 증가하고 있는 선택사항이다. '스마트 홈'은 한 개인의 건강상태와 복지를 모니터링할 수 있다. 보호자나 의료 제공자에게 개인의 건강이나 행동의 변화에 대해 알리기 위해 원격으로 정보를 전송할 수 있다(Ojasalo, Suomalainen, Seppälä, & Moonen, 2010). 예를 들어, 침대의 센서는 밤에 화장실을 사용하는 횟수를 모니터링하여 화장실 방문 횟수가 증가할 경우 요로감염 가능성에 대한 의학적 검사를 요구할 수 있다. 또한 가정에 스위치, 터치스크린이나 음성을 사용하여 장애를 가진 사람들이 가전을 제어할 수 있도록 지원하는 기술로 조정할 수 있다(Ojasalo et al., 2010; Storey, 2010). 스위치는 텔레비전, 천장 팬이나 창문 블라인드를 제어할 수 있다. 스마트폰이나 개인용 휴대 단말기는 투약(Storey, 2010)이나 야간에 출입문 잠그는 것과 같은 일상적인 작업을 완료하도록 촉진할 수 있다. 그러나 이러한 기술을 성공적으로 사용하려면 사람들이 인터넷에 접근할 수 있고, 이러한 도구를 사용하기 위한 교육과 지원을 받아야 한다.

2) 은퇴 전환 지원하기

연구와 국가 차원의 자료는 드물지만, 현재 IDD를 가진 은퇴자의 기본 활동

---

3) (욕실의 벽 등에 붙인) 가로대

(예: 서비스) 옵션은 장애인의 날 프로그램으로 전환하는 것으로 보인다. 이러한 프로그램들은 일반적으로 분리되거나 시설 기반이며, 주로 나이가 더 어리거나 지원 요구가 더 중한 사람들에게 서비스를 제공하기 때문에 부적절한 활동을 제공할 수 있다. 대신 IDD를 가진 은퇴자들의 벤치마크는 일반 지역사회 은퇴자들의 생활양식이어야 한다. 이 절은 사회적으로 통합적인 지역사회 환경에서 의미 있는 활동을 하는 은퇴로의 전환을 위한 지원에 초점을 맞춘다.

이 장의 앞부분에서 언급한 바와 같이, IDD를 가진 많은 사람은 은퇴와 이용할 수 있는 옵션들에 대한 이해가 낮다(McDermott & Edwards, 2012). 이는 부분적으로 은퇴에 대해 배울 기회가 거의 없었기 때문인 것으로 보인다. 그러므로 고용주가 IDD를 가진 사람들과 그들의 가족들에게 은퇴에 관한 정보와 자원 그리고 계획할 기회를 정기적으로 제공하는 것이 하나의 기본적인 중재이다.

구체적인 은퇴 계획을 언제 시작할 것인지가 관련 쟁점이다. 개인중심적 접근법에 따라 이 결정은 개인의 선호도와 상황, 요구에 기초해야 한다. 스탠클리프 Stancliffe와 동료들(2013)은 은퇴 계획을 개발할 필요성을 나타내는 몇 가지 '은퇴 지표'를 제안한다.

- 건강 문제로 인한 잦은 결근
- 작업 생산성 감소
- 종종 하는 지각
- 일을 즐기지 않거나 직무 회피(예: 수면)
- 직장 내 사회적 위축
- 과도한 피로감

물론 은퇴가 항상 최선의 선택은 아니다. 건강 문제를 치료하거나, 직업이나 직무를 바꾸거나, 휴식을 더 많이 취하는 것이 더 나은 대응일 수 있다.

지역사회 기반 은퇴 활동을 촉진하는 방법에 대한 다양한 접근 방식이 존재한다. 일부 제공기관들은 IDD를 가진 소집단의 사람들에게 지역사회 활동(예: 소풍, 영화, 박람회, 지역행사)을 선택하고 함께 참여할 수 있도록 지원한다. IDD를 가진 다른 사람들은 지역사회 환경에서 친구들과 함께한다. IDD를 가진 고령 근로자를 지원하는 호주의 연구 및 서비스 프로젝트의 한 가지 은퇴 접근 방식은 개인이 일주일에 하루를 선택해서 그날 일하는 대신 자원봉사를 하거나 주류 지역사회 모임에 참여할 수 있도록 지원하는 것이다(Stancliffe, Wilson, Gambin, Bigby, & Balandin, 2013). 호주 프로젝트에서 이 접근 방식을 사용하여 IDD를 가진 사람들이 일부 또는 모든 평일에 계속해서 파트 타임으로 일하면서 결국 은퇴로의 전환이 점진적으로 이루어졌다. 이를 통해 그들은 일과 사회적 관계와의 접촉을 잃기 전에 새로운 우정과 활동을 개발할 수 있었다.

호주 전환 프로젝트는 참여자들이 연중 같은 장소에서 같은 시각에 매주 모이는 지역사회 모임을 시도하도록 지원했다. 이것은 그들이 매주 같이 모이 회원들과 교류하여 진정한 사회적 관계를 발전시킬 수 있는 기회를 증가시켰다는 것을 의미했다. 모임의 유형은 가능한 한 개인의 관심사와 일치시켰다. 원예를 좋아하는 한 남성은 지역사회 식물 종묘장에서 원예를 하고, 동물을 사랑하는 여성은 매주 지역 고양이 보호소에 갔다. 의도적으로, 장애를 가진 1명의 참여자만이 각 모임에 참석하여 사회적 통합을 극대화했다. 일부 모임은 일주일에 한 번 이상 만났지만 프로젝트 참가자는 처음에는 일주일에 한 번만 참석했다. 시간이 지남에 따라 일부 개인은 모임에서 두 번째 날을 추가하거나 다른 모임에도 합류했다.

단계적으로 퇴직하는 동안 사람들이 가입할 수 있는 모임의 유형은 다음과 같다.

- 무료 급식소, 식물 종묘장, 항공 박물관, 자선 중고품 가게, 동물 보호소, 노쇠한 사회단체에서 (도우미로서) **자원봉사하기**
- 노인 모임, 운동과 사교 모임, 시니어 합창단, 시니어 볼링 리그, 공동체 텃밭, 산책 모임, 뜨개질 모임과 같은 **지역사회 모임의 회원 되기**

(1) 주류 모임의 장점

이 모임들은 사회적으로 통합적이며 보통 장기적 장애를 갖지 않은 다른 은퇴자들에게 제공된다. 거의 모두 저비용이고 지역적이며, 많은 모임들이 특정한 관심사나 취미에 초점을 맞춘다. 기존 지역사회 자원으로서 새로운 모임을 세팅할 필요가 없다.

(2) 은퇴 연령

사람들은 다양한 나이에 은퇴를 선택하는데, 특히 은퇴를 단계적으로 하고 있다면 더욱 그렇다. 호주 프로젝트에 참여한 IDD를 가진 참여자들은 45세에서 72세 사이에 은퇴로 전환하기 시작했다. 개인의 건강과 다른 개인적인 상황에 따라 사람들은 매우 다양한 나이에 유급 직장에서 은퇴한다. 예를 들어, 다운증후군을 가진 일부 사람들은 조기 발병 치매를 경험하여 40대 또는 50대에 은퇴할 수 있다.

(3) 멘토의 역할

지역사회 모임에서의 일상적 지원은 모임 회원들이 멘토로 자원하여 그곳에서의 활동 참여와 사회적 상호작용을 지원하기 위해 제공되었다. 이 역할을 수행하기 위해 멘토들에게 간단한 훈련과 지원을 제공하였다(Stancliffe et al., 2013).

3) 죽음의 경험을 통해 사람들 지원하기

이 절에서는 죽음과 관련된 사회적 지원과 계획(의료나 임상 문제가 아님)에 초점을 맞춘다. EOL 문제는 일생에 걸쳐 중요하며, 죽음이 가까워지기 전 수 년이나 수십 년 전까지도 중요하다. 인생의 다른 단계들처럼 삶의 마무리도 참여와 자기결정의 기회를 제공한다. 불행히도, IDD를 가진 사람들을 화나게 하는 것 또는 그들의 신체에 일어나는 일에 대해 이해할 수 있는 능력에 대한 우려로 인해 죽음으로부터의 선의의 보호를 하기 때문에 이러한 기회들 중 많은 부분을 놓치고 있다(Kirkendall et al., 2017; McKenzie et al., 2017; Wiese et al., 2015). 또한, IDD를 가진 사람들에게 질병이나 부상으로 인해 초래될 자신의 예후에 대해 알려 주지 않을 수 있다. 심지어 사랑하는 이나 친구의 죽음에 대해 알려주지 않기도 한다. 장애가 있든 없든 누구에게나 죽음을 계획하고 논의하는 것은 인간 경험의 일부분이다. 이 절의 한 가지 목적은 장례식과 같은 의식에 참여하고, 기념일과 같은 기억들에 참여하기 위해 독자들에게 IDD를 가진 사람들이 죽음에 대해 배우고 이해하는 것을 도울 수 있는 정보와 자원을 제공하는 것이다.

이 절에서는 그 개인의 죽음에 대해 논한다. 하지만 IDD를 가진 거의 모든 사람은 가족, 친구, 또래들의 죽음에 직면한다. 사람들은 보호하려는 마음에서 때때로 IDD를 가진 사람들에게 자신들에게 중요한 누군가의 죽음에 대해 말하지 않고, 장례식과 추모에서 그들을 제외시킬 수도 있다(Forrester-Jones, 2013; Wiese et al., 2015). 안타깝게도, 그러한 실제들은 그 개인이 소외감을 느끼게 하고 그들의 슬픔을 더 어렵게 만들 수 있다(Wiese et al., 2015). 이러한 상황은 사례 '지니의 이야기'에서 묘사되고 있다.

장례식 참석에 대해 질문을 하면, ID를 가진 많은 사람은 조의를 표하기 위해 참석하고, 그에 대한 책임을 느끼고 싶다고 말한다(Forrester-Jones, 2013). 일부는 추모식에서 적극적인 역할을 하고 싶다고 말한다. 그러나 모든 사람이(IDD의 유무와 관계없이) 장례식 참석 여부를 선택하는 것은 아니다. 특별한 이유가 없는 한, IDD를 가진 사람들이 가족과 친구의 장례식에 참석하도록 안내받고 지원받는 것은 물론, 가지 않기로 선택할 수 있다는 것은 기본적 사항이 되어야 한다. 안타깝게도, IDD를 가진 많은 사람은 장례식에 초대받지 않았거나 심지어 장례식에 대해서도 얘기해 주지 않았다고 보고한다(Forrester-Jones, 2013).

사람이 죽었다는 소식을 듣고 속상한 마음이 드는 것은 정상적인 반응이다. 나쁜 소식 전하기Breaking Bad News(http://www.breakingbadnews.org)(Tuffrey-Wijne, 2013b)와 지적장애를 가진 사람들에게 나쁜 소식을 전하는 방법(Tuffrey-Wijne, 2013a)이라는 책에서 IDD를 가진 사람들에게 나쁜 소식을 전하는 것에 대한 매우 유용한 조언과 자원을 얻을 수 있다. 장례식은 슬픔을 표현할 수 있는 기회를 제공할 뿐 아니라 슬픔을 이야기하고, 이야기를 나누고, 죽은 사람을 기억하는 것을 통해서 위안을 주기도 한다. 마찬가지로, 사진, 아끼던 소지품, 산소 방문, 기념행사(예: 기념일, 생일, 명절)와 같은 추모는 사람들이 슬픔을 극복하는 데 도움을 줄 수 있다.

질문을 해 보면, IDD를 가진 거의 모든 사람이 그들이 알던 사람이 죽었다는 것을 판별할 수 있다(Stancliffe, Wiese, Read, Jeltes, & Clayton, 2016). IDD를 가진 사람들에게 죽음을 숨긴다는 생각은 그들이 이미 죽음에 대해 알고 있기 때문에 말이 되지 않는다. 그러나 IDD를 가진 일부 사람들은 죽음에 대해, 특히 그들 자신의 죽음에 대한 필연성을 완전하게 이해하지 못 할 수 있다(Stancliffe et al., 2016). 다른 사람의 죽음에 대해 알리고 장례와 같은 의식에 참여하는 것의 중요한 효과 중 하나는 IDD를 가진 개인에게 (유지)삶의 종료에 대해 더 많이 배울 수 있는 자연스러운 기회를 준다는 것이다. 누군가를 잃은 경험을 공유하고, 또한 슬픔에 빠진 다른 사람들의 지원으로 위로를 받을 수 있다. 이것들은 그들 나름대로 중요한 삶의 경험이며, 어떤 일이 일어날지 그리고 그들이 죽을 때 어떤 선택을 할 수 있는지를 이해하도록 돕는다.

4) EOL 계획

한 개인의 EOL에 대한 바람은 알려져야만 존중받을 수 있다. 이는 우리가 IDD를 가지고 있는 사람들에게 그들의 EOL에 대한 바람에 대해 이야기해야 한다는 것을 의미한다. 이러한 대화는 사람이 죽음에 직면하기 수 년 전에 이루어져야 하며, 일상생활의 일부가 되어야 한다(Wiese et al., 2015). 유명인사의 죽음이나 텔레비전 연속극의 장례식을 보고 IDD를 가진 사람이 죽을 때 자신을 위해 무엇을 원하는지에 대해 토론을 시작할 수도 있다. 이러한 선호는 장례식에 가장 좋아하는 음악을 선택하거나 그들의 소유물을 어떻게 처리할지에 대한 결정과 같은 것이다. IDD를 가진 사람들이 삶을 마치는 것의 다른 측면을 생각하고 계획하는 데 도움이 되는 이용할 수 있는 많은 도구가 있다.

IDD를 가진 사람들은 자신이 말기 질환을 가지고 있다는 명확한 이해가 있을 때, 의료의향서advance healthcare directives, 사망 선택 유언living wills과 같은 매우 어려운 문제를 다루도록 지원받기 시작하고 있다(McKenzie et al., 2017). 사망 선택 유언은 죽음과 관련된 것을 포함하여 한 개인의 EOL에 대한 선호를 상세하게 기술한다. 사망 선택 유언은 개인중심적 지원을 조정하는 중요한 요소이다. 하지만 그것들은 의료의향서와 세심하게 구별될 필요가 있다. 의료의향서는 말기 의료에 대한 개인의 욕구를 식별하는 법적 문서이다(Stein, 2007). 이 지침들은 그들이 할 수 없을 때 그 개인을 위해 건강관리 결정을 내릴 개인을 지명한다. 그들은 또한 생명 유지 관리life-sustaining care에 대한 개인의 선호를 상세히 설명할 수 있다. 각 주는 의료의향서를 작성하기 위해 변호사와 상담할 필요가 있는지 여부와 그 지침이 합법적이 되려면 공증되어야 하는지 여부를 포함하여 서로 다른 요건을 가지고 있다. 철저한 개인중심계획 과정은 국가의 요구 사항에 따라 사망 선택 유언과 의료의향서를 모두 포함할 수 있다. 그러나 다른 지역 사회와 마찬가지로, IDD를 가진 사람들은 사전 돌봄 계획에 참여 여부가 자유로워야 한다.

일반 지역사회에는 EOL 계획이 죽어 가는 사람과 그 주변 사람들에게 모두 더 큰 통제감 및 고통 감소와 연관되어 있다는 증거가 있다. IDD를 가진 사람들이 이러한 혜택을 경험할 수 있는 기회를 갖는 것도 중요하다. 물론 이러한 문제들은 민감하게, 그리고 매우 개별적인 방식으로 다뤄질 필요가 있다. 그러한 계획은 그 사람이 그들이 원하는 방식으로 지원받고, 그들이 평생 동안 자율성을 갖도록 하는 데 도움이 된다.

오늘날, 알려진 건강 상태로 인해 대부분의 사람의 사망이 예상된다. 이것은 소위 '버킷 리스트bucket list'라고 불리는 오랫동안 경험하고 싶어 했던 일들에 참여할 수 있는 기회를 제공하고, 사랑하는 사람들에게 작별을 고할 수 있는 기회를 제공한다. 그렇기는 하지만 여전히 IDD를 가진 사람들에게 말기 진단 소식을 보류하는 것이 일반적이다(McKenzie et al., 2017). 앞에서 언급한 자원들은 나쁜 소식을 전해야 하는 상황에서 도움이 될 수 있다. 그러나 IDD를 가진 사람들에게 질병, 말기 상태 및 죽음의 공개에 대해 명확한 지침을 제공할 만한 충분한 증거는 없다(Tuffrey-Wijne et al., 2013). 일부 상황에서는 공개하는 것이 해를 줄 수도 있으므로 각 상황은 이용할 수 있는 지침에 근거하여 개별적으로 평가해야 만 한다(Tuffrey-Wijne et al., 2013).

사례 **로버트의 이야기**

로버트^{Robert}는 지난 37년 동안 지역사회에서 일했다. 그는 현재 환경미화원으로 일하고 있는데, 그의 일은 그에게 의미가 있으며 직장에 여러 명의 친구가 있다. 로 버트는 아파트에 살며 대중교통을 이용하여 출근을 한다. 작년에 로버트의 의사는 신체 활동을 늘려서 체중을 감량할 것을 권장했다. 로버트는 의사의 말을 직접 지원 전문가^{DSP} 제임스^{James}에게 전했다. 제임스는 최근 개인중심계획을 만들 때 로버트 의 계획 팀에 있었으므로 로버트를 잘 알고 있다.

제임스는 로버트와 함께 노인 운동 수업을 찾는 것을 도왔다. 그것은 로버트의 집 에서 걸어갈 수 있는 거리에 위치해 있었다. 제임스는 로버트와 함께 체육관으로 가 는 길을 몇 번이나 반복해서 걸어갔고, 로버트는 그 길을 혼자서 걸어갔다가 돌아 올 수 있을 만큼 편안해졌다. 그 수업에서 로버트는 수업 강사 페드로^{Pedro}를 만났 다. 로버트는 일주일에 두 번 수업을 듣기 시작했다. 3개월 넘게 수업에 참여하면서 로버트는 10파운드를 감량했다. 그는 기분이 좋았고 10파운드를 더 빼고 싶다고 말 했다.

그러나 로버트가 직장에서 넘어져 다리가 부러지면서 진도에 타격을 입었다. 그 는 며칠 동안 입원한 뒤 몇 주 동안 집에 누워 있었다. 그는 복귀를 열망했지만, 그 의 직무지도원$^{job\ coach}$은 그에게 육체적으로 덜 힘든 다른 직업을 찾을 것을 제안하 였다. 로버트는 부상 이후 걷는 것이 불안정했고, 체력을 회복하지 못했지만 시간이 흐르면서 업무에 복귀하기를 바랐다. 운동 프로그램에서의 성공은 그가 이 목표를 달성할 수 있다는 자신감을 주었다.

제임스는 페드로를 찾아가 로버트가 힘을 되찾는 데 도움이 될 계획을 세울 수 있 는지 물었고, 페드로는 기꺼이 도와주었다. 몇 달 동안, 로버트는 페드로가 만든 운 동 계획에 따라 매일 운동했다. 페드로는 또한 로버트가 영양가 있는 음식을 선택하는 것에 대해 더 배우기 위해 영양사와 협력할 것을 제안했다.

시간이 흐르면서 로버트는 다시 파트타임으로 운동하게 되었고, 점진적으로 운동 시간을 늘렸다. 준비가 끝나자 그는 다시 그룹운동에 참석하기 시작했다. 그는 주 1회로 시작해서 일주일에 두 번까지 참여했다. 로버트는 그가 다치기 전만큼 많은 시간을 운동할 수 없다는 것을 알게 되었지만, 가끔씩은 제임스와 함께 동네 산책으로 그 시간을 채웠다. 그는 또한 주 1회 체육관에서 함께 운동하는 사람들을 만나 차를 마시기도 했다. 로버트는 그의 진보와 새로운 우정으로 행복해 한다.

로버트는 나이가 들면서 건강 관련한 어려움을 경험했지만, 자신의 신체적 · 정신적 · 사회적 웰빙을 유지하는 것은 단순하지만 효과적인 방법으로 그것에 대처했다. 이러한 어려움을 대처하는 과정에서 그는 자율성과 독립성을 발휘하는 데 도움이 되는 지원을 받았다. 그 경험은 그에게 더 높은 삶의 질을 주었다. 개인중심적인 방법으로 노화와 관련된 도전들에 대처하는 것은 건강하고 참여하는 노화를 유지하는 데 도움이 된다.

사례 소식을 공유하지 않은 지나의 이야기

지나Gina는 49세이며 부모님으로부터 차로 약 1시간 거리에 있는 지원주거 프로그램에서 살고 있다. 그녀는 어머니와 정기적으로 전화로 이야기를 나누며 매달 주말에 부모님의 집에 가는 것을 즐겼다. 지나의 어머니 조안나Joanna는 만성의 심장 문제가 있었다. 불행히도, 예기치 않게 조안나는 심장마비가 심해져 사망하게 되었다. 지나의 아버지 웬델Wendell은 지나가 어머니의 사망 소식에 대처할 수 없을 것이라고 생각하였다. 그는 직원들에게 죽음이나 장례식을 언급하지 말라고 지시하였다. 지나는 장례식에 참석하지 않았고, 수년간 가지고 있던 사진 액자 외에는 어머니의 유품이 없다. 수개월이 지난 후, 지나는 어머니에 대해 반복해서 물었지만 아무도 그녀의 질문에 대답하지 않을 것이다. 그녀의 아버지는 상황이 너무 어려워 지나를 집으로 초대하지 않는다. 지나는 침대에서 많은 시간을 보내기 시작했다. 그녀가 방을 떠날 때 종종 전화 근처에 앉는데, 이유를 물으면 어머니한테 전화가 올 수 있다고 말하곤 한다.

6. 결론

IDD를 가진 사람들은 과거보다 더 오래 살고 있지만, 반드시 더 건강한 것은 아니다. IDD를 가진 사람들의 건강과 웰니스를 촉진하기 위한 생활양식이 인구 전체의 건강과 웰니스를 촉진하는 생활양식과 대체로 비슷하다는 점을 고려하면 이것은 불행한 일이다. 평생에 걸친 지역사회 참여와 관련된 활동적이고 건강한 생활양식은 전적으로 가능하다. 개인중심적 지원은 건강하고 참여하는 노화를 촉진할 수 있으며, 건강한 노화를 위한 계획은 일찍 시작할 수 있다. 계획은 재검토될 수 있으며, 특히 사람들이 그들의 일상을 바꾸는 일생의 사건에 직면할 때 더욱 그러하다. IDD를 가진 사람들에게 퇴직으로 전환하는 것과 그것이 그들의 선호라면 퇴직생활을 경험할 수 있는 선택권을 주어야 한다. 또한 임종과 죽음에 대해 배울 수 있도록 하는 것은 그들이 스스로 죽음을 계획할 때 자기결정을 극대화할 수 있도록 도와주는 중요한 방법이 될 수 있다.

> **토론 질문**
>
> - 건강하고 참여하는 노화를 계획하는 것이 왜 중요한가? 건강한 노화와 참여하는 노화에 기여할 가능성이 높은 계획 과정의 구성요소는 무엇인가?
> - IDD를 가진 개인이 고령의 가족원으로부터 지원을 받을 때, 그 개인이 평생 동안 지속적인 지원을 받을 수 있도록 하기 위한 계획은 무엇인가?
> - IDD를 가진 사람들의 자기결정과 은퇴는 어떻게 관련되어 있는가?
> - IDD를 가진 사람들이 은퇴 후 나이가 들면서 건강한 삶을 살 수 있도록 도울 수 있는 시스템이나 조정은 무엇인가?
> - IDD를 가진 사람들과 죽음에 대해 이야기할 수 있는 기회는 무엇인가? 이것이 왜 중요한가?
> - IDD를 가진 개인이 사랑하는 사람의 장례식에 참석하고 일어나고 있는 상황을 이해하도록 어떻게 지원할 수 있는가?

자원

- Celebration of Life Checklist: 지적장애를 가진 사람들을 위한 읽기 쉬운 삶의 종료에 대한 문서이다. http://www.aging-and-disability.org/documents/celebration_of_life_checkli st.pdf
- When I Die: 접근 가능한 EOL 계획 양식과 완성된 계획 예시를 포함한 지적장애를 가진 사람들을 위한 자원이다. http://www.pcpld.org/links-and-resources/#resources
- Coalition for Compassionate Care of California: 삶의 종료에 앞선 의사결정 및 생각을 위한 자원이다. http://coalitionccc.org/tools-resources/people-with-developmental-d isabilitieps/
- Books Beyond Words: 이 시리즈는 일부 지적장애를 가진 사람들을 포함하여 읽기, 쓰기가 어려운 사람들을 위해 고안되었다. 이 시리즈에는 삶의 종료에 관한 몇 권의 책이 있는데, 질병과 죽음에 관련된 전형적인 상황에 대한 단순한 색상의 그림을 포함하고 있으며, 간단하고 온화하지만 구체적이고 직접적인 방법으로 문제를 제시한다. 다음과 같은 제목을 포함한다. '내가 죽을까?' '앤이 치매에 걸렸다' '암과 함께 지내기' '아빠가 죽었을 때' '엄마가 죽었을 때' http://www.booksbeyondwords.co.uk/booksh op/Caring Connections. Disabilities outreach guide(2009). National Hospice and Palliative Care Organization. https://www.nhpco.org/sites/default/files/public/Access/Outreach_Disabilities.pdf

참고문헌

Bauman, A., Merom, D., Bull, F. C., Buchner, D. M., & Fiatarone Singh, M. A. (2016). Updating the evidence for physical activity: Summative reviews of the epidemiological evidence, prevalence, and interventions to promote "Active Aging." *The Gerontologist, 56*(Suppl_2), S268-S280. https://doi.org/10.1093/geront/gnw031

Bittles, A., Petterson, B., Sullivan, S., Hussain, R., Glasson, E., & Montgomery, P. (2002). The influence of intellectual disability on life expectancy. *Journals of Gerontology Series A, 57A*, 470-472. https://doi.org/10.1093/gerona/57.7.m470

Buys, L., Boulton-Lewis, G., Tedman-Jones, J., Edwards, H., Knox, M., & Bigby, C. (2008). Issues of active ageing: Perceptions of older people with lifelong intellectual disability. *Australasian Journal on Ageing, 27*(2), 67-71. doi: 10.1111/j.1741-6612.2008.00287.x

Cea, C. D. & Fisher, C. B. (2003). Health care decision-making by adults with mental retardation. *Mental Retardation, 41*, 78-87. https://doi.org/10.1352/0047-6765(2003) 041%3C0078:hcdmba%3E2.0.co;2

Chippendale, T. L. & Bear-Lehman, J. (2010). Enabling "aging in place" for urban dwelling seniors: An adaptive or remedial approach? *Physical & Occupational Therapy in Geriatrics, 28*(1), 57-62. https://doi.org/10.3109/02703180903381078

Coppus, A. M. W. (2013). People with intellectual disability: What do we know about adulthood and life expectancy? *Developmental Disabilities Research Reviews, 18*, 6-16. https://doi.org/10.1002/ddrr.1123

Cordes, T. L. & Howard, R. W. (2005). Concepts of work, leisure and retirement in adults with an intellectual disability. *Education and Training in Developmental Disabilities, 40* (2), 99-105.

Forrester-Jones R. (2013). The road barely taken: Funerals, and people with intellectual disabilities. *Journal of Applied Research in Intellectual Disabilities, 26*, 243-256. doi: 10.1111/jar.12022

Gill, C. (2000). Health professionals, disability, and assisted suicide: An examination of relevant empirical evidence and reply to Batavia. *Psychology, Public Policy, and Law, 6.*, 526-545. https://doi.org/10.1037//1076-8971.6.2.526

Kirkendall, A., Linton, K., & Farris, S. (2017). Intellectual disabilities and decision making at end of life: A literature review. *Journal of Applied Research in Intellectual Disabilities.* Advance online publication. doi: 10.1111/jar.12270

Ladinski-Muaetova, E. B., Perry, E., Baron, M., & Povery, C. (2011). Ageing in people with autism spectrum disorder. *International Journal of Geriatric Psychiatry, 27*, 109-118. https://doi.org/10.1002/gps.2711

Larson, S. A., Eschenbacher, H. J., Anderson, L. L., Taylor, B., Pettingell, S., Hewitt, A., Sowers, M., & Fay, M. L. (2017). *In-home and residential long-term supports and services for persons with intellectual or developmental disabilities: Status and trends through 2014.* Minneapolis: University of Minnesota, Research and Training Center on Community Living, Institute on Community Integration. Retrieved from https://risp. umn.edu/publications.

McDermott, S. & Edwards, R. (2012). Enabling self-determination for older workers with intellectual disabilities in supported employment in Australia. *Journal of Applied Research in Intellectual Disabilities, 25*, 423-432. doi: 10.1111/j.1468-3148.2012.00683.

McKenzie, N., Mirfin-Veitch, B., Conder, J., & Brandford, S. (2017). "I'm still here:" Exploring what matters to people with intellectual disability during advance care planning. *Journal of Applied Research in Intellectual Disabilities, 30*(6), 1089-1098, doi: 10.1111/jar.12355

Ojasalo, J., Suomalainen, N., Seppälä, H., & Moonen, R. (2010, October). Better technologies and services for smart homes of disabled people: Empirical findings from an explorative study among intellectually disabled. *In Software Technology and Engineering (ICSTE), 2010 2nd International Conference on* (Vol. 1, pp. V1-251)..

Older Americans Act of 1965 (Pub.L. 89-73, 79 Stat. 218).

Perkins, E. A. & Berkman, K. A. (2012). Into the unknown: Aging with autism spectrum disorders. *American Journal on Intellectual and Developmental Disabilities, 117*(6), 478-496. https://doi.org/10.1352/1944-7558-117.6.478

Putnam, M. (2017). Extending the promise of the Older Americans Act to persons aging with long-term disability. *Research on Aging, 39*(6), 799-820. https://doi.org/10.1177/0164027516681052

Pynoos, J. (2001). Meeting the needs of older persons to age in place: Findings and recommendations for action. *Andrus Gerontology Center: The National Resource Center for Supportive Housing and Home Modification.*

Pynoos, J., Caraviello, R., & Cicero, C. (2009). Lifelong housing: The anchor in aging-friendly communities. *Generations, 33*(2), 26-32.

Rowe, J. W. & Kahn, R. L. (1987). Human aging: Usual and successful. *Science, 237*, 143-150. https://doi.org/10.1126/science.3299702

Smith, G., O'Keeffe, J., Carpenter, L., Doty, P., Burnwell, B., Mollica, R., & Williams, L. (2000). Understanding Medicaid home and community services: A primer. Center for Health Policy Research, Paper 5. Retrieved from http://hsrc.himmelfarb.gwu.edu/sphhs_policy_chpr/5

Stancliffe, R. J., Wiese, M. Y., Read, S., Jeltes, G. & Clayton, J. M. (2016). Knowing, planning for and fearing death: Do adults with intellectual disability and disability staff differ? *Research in Developmental Disabilities, 49-50*, 47-59. doi: 10.1016/j.ridd.2015.11.016

Stancliffe, R. J., Wilson, N. J., Gambin, N., Bigby, C., & Balandin, S. (2013). *Transition to retirement: A guide to inclusive practice.* Sydney: Sydney University Press.

Stanford Center on Longevity. (2010). *New realities of an older America.* Retrieved from http://longevity3.stanford.edu/wp-content/uploads/2014/06/77042_NewRealitiesOfAnOlderAmerica_FINALforPrinting7_16_10REVIS.pdf

Stein, G. L. (2007). *Advance directives and advance care planning for people with intellectual and physical disabilities*. U.S. Department of Health and Human Services. Retrieved from https://aspe.hhs.gov/basic-report/advance-directives-and-advance-care-planning-people-intellectual-and-physical-disabilities

Storey, K. (2010). Smart houses and smart technology: Overview and implications for independent living and supported living services. *Intellectual and Developmental Disabilities, 48*, 464-469. https://doi.org/10.1352/1934-9556-48.6.464

Strax, T. E., Luciano, L., Dunn, A. M., & Quevedo, J. P. (2010). Aging and developmental disability. *Physical Medicine and Rehabilitation Clinics of North America, 21*, 419-427. https://doi.org/10.1016/j.pmr.2009.12.009

Tuffrey-Wijne, I. (2013a). *How to break bad news to people with intellectual disabilities: A guide for careers and professionals*. London: Jessica Kingsley Publishers.

Tuffrey-Wijne, I. (2013b) Ten tips for breaking the bad news. Retrieved from: http://www.breakingbadnews.org/ten-top-tips-for-breaking-bad-news/

Tuffrey-Wijne, I., Giatras, N., Butler, G., Cresswell, A., Manners, P., & Bernal, J. (2013). Developing guidelines for disclosure or non-disclosure of bad news to people with intellectual disabilities. *Journal of Applied Research in Intellectual Disabilities, 26*(3), 231-242. doi: 10.1111/jar.12026

U.S. Centers for Medicare and Medicaid Services [CMS]. (2017). Advance directives & long-term care. Retrieved from https://www.medicare.gov/manage-your-health/advance-directives/advance-directives-and-long-term-care.html

Wiese, M., Stancliffe, R. J., Read, S., Jeltes, G. & Clayton, J. (2015). Learning about dying, death and end-of-life planning: Current issues informing future actions. *Journal of Intellectual & Developmental Disability, 40*(2), 230-235. doi 10.3109/13668250.2014.998183

World Health Organization. (2000). *Ageing and intellectual disabilities- Improving longevity and promoting healthy ageing: Summative report*. Geneva, Switzerland. World Health Organization. Retrieved from http://www.who.int/mental_health/media/en/20.pdf

World Health Organization. (2002). *Active aging: A policy framework*. Geneva, Switzerland: World Health Organization. Retrieved from http://apps.who.int/iris/bitstream/10665/67215/1/WHO_NMH_NPH_02.8.pdf

Zigman, W. B. & Lott, I. T. (2007). Alzheimer's disease in Down syndrome: Neurobiology and risk. *Mental Retardation and Developmental Disabilities Research Reviews, 13*(3), 237-246. https://doi.org/10.1002/mrdd.20163

제10장 삶의 질 성과들:
질적 성과를 촉진하는 실제들

Renatá Tichá, Bradley Goodnight, Ellie Wilson, & Amy S. Hewitt

선행조직자

• 지역사회 생활 성과 측정은 각자에게 가장 중요한 지역사회 생활의 핵심 차원과 특징
에 초점을 맞출 필요가 있다.

• 좋은 성과 측정의 개발은 시간이 걸리는 포괄적 과정을 포함하며, 납세자와 정책 입안
자에게 책임감을 보장하는 것이 중요하다.

• 사람들은 다양한 선호와 개인적인 목표를 가지고 있다. 그들은 다양한 지역사회와 맥
락에서 살고 다양한 사회문화와 언어를 통해 삶을 본다. 결과적으로, 그들이 원하는
결과는 다양하다.

• 효과적인 측정을 통해 서비스를 받는 사람에 대한 요구가 충족되고, 제공기관이 서비
스의 효율성을 입증할 수 있으며, 정책 입안자가 서비스와 관련 지출의 필요성을 정당
화할 수 있다.

1. 성과 측정이란 무엇이며 왜 중요한가

성과 측정의 핵심 측면 중 하나는 특정 중재, 조합된 중재들, 계획, 과정이나
프로그램에 기초하거나 이에 기인할 수 있는 개인, 집단의 생활 영역에서 '목표
한 변화'를 신뢰성 있게 판별하는 것이다(Ogles, Lambert, & Fields, 2002). 목표 변

화는 고용, 임금, 건강, 특정 업무 수행의 독립성, 활동 수준, 참여 등 삶의 모든 측면에서 이루어질 수 있다. 개인중심적 성과 측정은 개인에게 중요한 무언가의 목표적 변화를 포착하기 위해 고안되었다. 지역사회 생활과 참여에 대해 생각할 때, 성과 측정은 각 개인에게 가장 중요한 지역사회 생활의 핵심 차원과 특징에 초점을 맞출 필요가 있다.

미국에서는 IDD를 가진 사람들을 위한 장기서비스 및 지원^{LTSS}에 매년 약 420억 달러를 지출하고 있다(Eiken, Sredl, Burwell, & Saucier, 2016). 정책 입안자와 납세자들은 이러한 자원이 긍정적이고 의미 있는 성과를 산출하는 서비스와 지원에 사용되고 있는지 여부를 알고 싶어 한다. 장애를 가진 사람들의 지역사회 생활 및 참여와 관련된 성과에 대한 관심이 높아지고 있다. 따라서 서비스와 지원이 지역사회 생활과 참여의 개선으로 이어지는지 여부를 알기 위해, 측정은 다음과 같은 삶의 질에 중요한 성과 영역에 초점을 맞춰야 한다.

- 개인이 **사는** 장소와 함께 **사는** 사람
- 개인이 **일하는** 여부와 장소
- 개인이 이용할 수 있는 **재정 자원**
- **낮 동안** 개인이 하는 일
- 사람이 갖고 있거나 다른 사람과 갖게 되길 원하는 **관계**의 질
- **개인적 관심**을 보이는 것과 함께하는 사람
- 개인의 **건강과 웰빙**
- 개인이 **신앙**을 실천하는지 여부, 장소 및 함께하는 사람
- **학습**과 개인적 **성장**에 참여할 개인의 관심과 기회
- 개인이 **자신의 삶**에 대한 **정보에 근거한 결정**을 내리고 **방향을 결정**할 수 있는 기회와 능력
- 이웃, 납세자, 유권자와 같은 **시민의 역할과 책임을 지는 개인의 권리**(Schalock at al., 2002; NQF, 2016)

좋은 성과 측정 방법을 개발하는 것은 어려울 수 있으며, 정밀하고 시간이 걸리는 과학적 과정을 포함한다. 일단 측정방법을 개발하면 그것이 측정하고자 하는 바를 측정하는지, 그리고 시행되었을 때 다른 사람들이 동일한 절차를 사용하여 동일한 반응을 확인하는지 테스트해야 한다. 일단 좋은 척도로 간주되면, 유용할 만큼 인구를 대표할 수 있는 충분한 자료를 수집하기 위해 테스트를 실행해야 한다. 더 나아가, 이 자료를 정책 입안자가 이해하고, 자금을 지원하며, 변화를 창출하기 위해 사용해야 하고, 결국에는 IDD를 가진 많은 혹은 모든 사람이 지역사회 생활과 참여 그리고 그에 따라 그들의 삶의 질을 극대화하는 데 필요한 지원을 받을 수 있어야 한다.

[그림 10-1] 질적 성과 측정 모델

2. 지역사회 생활 성과 측정의 중요한 특성

지역사회 생활 및 참여 척도는 이전 절에서 설명한 다양한 성과 영역에 따라야 한다. 각 성과에 대해 척도는 현재의 지원과 서비스, 변경과 개선에 대한 개인적 인식을 평가할 필요가 있다. 각 척도는 시간이 지나면서 의미 있는 변화를 판별하는 방식으로 개발되어야 하고, 각 개인의 선호도를 고려하도록 설계해야 한다. 예를 들어, 한 개인이 쇼핑을 좋아할 수도 있고 또 다른 개인은 스트레스 받는 경험으로 여길 수도 있기 때문에, 한 개인이 얼마나 자주 쇼핑을 하러 가는지 묻는 척도는 지역사회의 생활이나 참여도를 측정하기에 적절하지 않을 수 있다. 좋은 개인중심적 척도는 개인의 차이와 선호를 설명할 필요가 있다. 조직이 이러한 개별적 차이를 고려하지 않고 시스템 수준에서 자료를 수집하는 경우, 서비스 제공 및 성과와 관련된 정확도에 영향을 미칠 수 있다. 조직 수준에서 개인중심적 성과 자료를 수집하는 것은 장애를 가진 사람들의 요구에 잘 맞는 서비스로 이어질 가능성이 높으며, 이는 결국 더 나은 서비스 성과를 얻을 가능성이 높다.

IDD를 가진 사람들을 위한 LTSS 성과 측정에는 많은 어려움이 있다. 일부 장애를 가진 사람들과 그 가족은 성과 척도를 개발하고 평가하는 기술적 과정에 익숙하지 않다. 이러한 친숙성의 부족은 어떻게 사용될 것인지에 대한 설명 없이 자료를 수집한 좋지 않은 경험이나 결과에 가시적인 변화가 없는 빈번한 조사로 과중한 부담을 느낄수 있는 측정 불신을 초래할 수 있다. 일부 서비스 제공 조직 및 시스템은 한 개인이 어떤 서비스를 받게 될 것인지, 그리고 해당 개인의 지원 요구에 따라 해당 지원에 사용할 수 있는 자원이 얼마나 될 것인지를 결정하는 데 이 자료 수집 선별 작업을 사용한다. 평가를 통해 자료를 수집하여 개인 및 가족에 대한 자금 할당을 결정하는 경험이 일부 사람들을 자료 수집에 대해 신중하게 만들 수 있다.

또한 주로 정책을 개발하고 업데이트하기 위해 자료를 수집할 때, 성과 측정이 장애를 가진 사람들에게 기여하는 이점에 대해 잘 이해하지 못하는 경우가 종종 있다. 특히 서비스와 삶의 질 향상에 있어 즉각적이고 가시적인 결과를 보지 못하는 경우, 자료를 어떻게 어떤 목적으로 사용하는지에 대해 잘못 알고 있는 경우가 많다.

많은 척도가 부실하게 구성되어 있고 개인의 선호도와 시스템 차이를 설명하지 않는다. 이러한 상황에서 사람들은 성과 측정이 정확한 정보를 제공하지 못하는 것을 우려하게 된다. 빈약한 자료는 분명 잘못된 결론으로 이어질 뿐만 아니라, 노력과 자원을 낭비하게 될 수도 있다. 다시 말해, 이러한 우려의 일부는 정당화된다. 척도는 양질의 것이어야 하고, 개인중심적이어야 하며, 지원받는 사람들의 지역사회 생활과 참여 영역을 다루어야 한다. 흥미의 성과에 대해 현존하는 양질의 척도를 찾기가 어려울 때가 있다. 때때로 국가나 조직은 정확성과 일반성을 시험하지 않고 단순하게 척도를 개발하기도 한다. 이렇게 되면 자료가 부정확하고, 불명확하거나 오도될 수 있으며, 정책과 실제practices가 잘못되거나 실효성이 없는 결과를 초래할 수도 있다.

3. 현재의 논란과 도전

1) 정의하기 어려운 질적 성과

IDD를 비롯한 장애를 가진 사람들의 질적 성과는 복잡하고 진화하는 주제이다. 이러한 복잡성은 대체로 개인마다 선호도와 개인적 목표가 다르고, 다양한 지역사회 환경과 활동에 참여하며, 다양한 사회, 문화, 언어적 관점을 통해 삶을 본다는 사실에 기인한다. 지역사회 생활에서의 질적 성과는 유료 및 무료 서비스와 지원의 유형, 환경, 가용성과 적절성, 반응성, 신뢰성뿐만 아니라 이러한 서비스와 지원을 제공하는 사람들의 능력을 포함하는 환경적 요인에 의해서도 영향을 받는다. 메디케이드가 지원하는 가정 및 지역사회 기반 서비스HCBS는 IDD를 가진 사람들을 위해 미국에서 이루어진 가장 큰 LTSS 투자이다. 이러한 서비스와 지원은 앞에서 언급한 차원에 따라 장애를 가진 사람들을 위한 양질의 지역사회 생활 및 참여 옵션을 제공하기 위한 것이다. 또한, 집단 관리 환경congregate care settings 내에서 품질의 개념화와 비교할 때 자신의 집에 살고 있거나 가족과 함께 살고 있는 사람들을 위해 LTSS의 품질을 정의하고 측정하는 복잡성은 측정을 더욱 어렵게 만든다.

지역사회 생활에서 양질의 성과를 정의하기 위한 또 다른 도전은 이 맥락에서 '품질'을 구성하는 것과 관련이 있다. 메디케어 및 메디케이드 서비스 규정 센터(Centers for Medicare and Medicaid Services, CMS, 2017)가 있지만, 새롭게 개발된 국가 품질 포럼 프레임워크(National Quality Forum's framework, NQF, 2016)과 HCBS 프레임워크가 장애를 가진 사람들의 삶의 질을 규정하는 것을 돕는데, 연방정부나 주 정부가 HCBS LTSS의 수혜자에 대한 질적 책임을 어떻게 이행해야 하고, 이행할 수 있는지에 대한 추가 지침은 없다. 품질 프레임워크의 주요 특징은 접근성, 개인중심적 서비스, 참여자 안전장치, 선택과 의사결정, 참여자 권리와 같은 성과 영역의 '시스템 수행system performance'에 관한 자료를 주 당국이 수집하고 이에 대응할 것이라는 기대이다. 개인에 대한 시스템 수준에서의 질적 성과 측정의 차이에 대해서는 좀 더 미묘한 논의가 필요하다.

그러나 이러한 도전들은 장애를 가진 사람들을 위한 의미 있는 성과와 이러한 성과를 측정하는 방법을 재정의할 새롭고 흥미로운 기회를 만들어 냈다. HCBS 수혜자들뿐만 아니라 장애를 갖지 않은 사람들의 삶의 질을 가능한 한 반영하는 측정이 중요하다. 이러한 맥락에서, 이 장은 오늘날 사회에서 장애를 가진 사람들에 대한 성과 측정의 질에 대한 요구 증가, 현재 이 분야에 존재하는 장벽 그리고 이 과정을 모두에게 보다 쉽고 유용하게 만들기 위한 전략에 대해 고찰한다.

2) 개인중심적 성과 측정의 도전들

시스템 수준에서 서비스의 품질을 측정하기 위해 개발된 평가와 개인적 성과를 측정하기 위해 개발된 평가 사이에는 개념적 차이가 있다. 평가도구를 판단하기 전에 이러한 차이를 고려해야 한다. 주 정부나 카운티 수준에서 서비스의 품질을 측정하도록 설계된 도구는 개인적 성과(예: 개인이 지역사회에 통합되었다고 느끼거나 고용으로 충족되는 방법)보다 서비스 제공과 관련된 항목(예: 교통수단과 지원 서비스 직원의 가용성)이 더 많을 것이다. 자료 수집 절차(장애를 가진 누군가와의 심층면담 대 선다형 조사)와 자료 사용(개인중심적 목표를 향한 진전 측정 대 정책 결정)에 대한 좌절과 오해를 피하기 위해 다양한 목적과 평가 유형에 대한 지역사회의 인식을 구축하는 것이 중요하다.

각 항목이나 척도의 개인중심성$^{person \ centeredness}$ 수준도 자료 수집 방법에 의해 결정된다. 주로 서비스 품질 보장을 위해 설계된 평가 도구에서, 항목 중 상당 부분은 일반적으로 기존 기록(예: 주 데이터베이스와 사례 관리자 파일)에서 수집된다. 삶의 질에 있어서 서로 다른 측면의 인명 계정을 얻기 위한 목적으로 개발한 도구들은 결과적으로 더 많은 개인중심적 항목을 포함한다. 이러한 도구는 일반적으로 자료를 수집하기 위해 장애를 가진 사람들과의 면담을 사용한다. 의사소통 능력이 제한된 사람들의 경우 대리 응답자가 자료 수집 참여자의 역할을 대신하는 경우가 많다. 대리 응답자를 판별하는 가장 개인중심적인 접근 방식은 장애를 가진 개인이 자신의 인생에서 자신들을 가장 잘 안다고 생각하는 사람(예: 부모, 형제, 친구나 직원)을 선택하는 것이다. 그러나 연구 결과, 대리 응답의 신뢰성은 대리 응답의 유형과 질문 유형(객관적/주관적)에 따라 다르다는 것이 밝혀졌다(Claes et al., 2012).

개인중심적 척도는 수집한 자료가 장애를 가진 개인의 요구를 반영하도록 하기 위해 중요하다. 그러나 다수의 개인에게 공통적인 서비스 제공 시스템의 일반화와 개선이 가능하도록 개인들의 그룹(예: 카운티 또는 장애 유형별로 선택된 그룹)에 대한 시스템 수행을 검토하기 위한 장소도 있다.

3) 이용할 수 있는 유효하고 신뢰할 수 있으며 변화에 민감한 척도의 부족

유용성과 실행가능성 외에 좋은 평가의 가장 중요한 특성 중 하나는 그들의 심리측정적 속성이다. 평가 도구의 심리측정적 속성과 그것이 왜 그렇게 중요한지에 대한 이해가 부족하다. 심리측정은 평가의 개발과 평가 특성을 평가하는 것에 초점을 맞춘다. 새로운 평가 도구를 개발하는 것은 일반적으로 새로운 설문조사, 면담질문이나 관찰 프로토콜을 만드는 것으로 구성된다. 새롭게 개발된 문항이나 관찰 코드observation codes는 시간이 지나면서 변화할 수 있는 신뢰도, 타당도와 민감도를 포함하는 척도 속성에 대한 평가를 해야 한다.

장애를 가진 사람들의 삶의 질 측면 또는 서비스와 서비스 시스템의 품질을 평가하는 데 사용하기 위해 평가를 채택하려면, 조직은 이 도구로 자료를 수집할 충분한 시간과 예산에 대한 확신이 있어야 한다(실행가능성). 조직은 또한 이 도구로 수집한 자료를 필요한 목적에 사용할 수 있는지 여부를 평가할 필요가 있다. 안타깝게도 장애를 가진 성인을 위한 서비스 분야에서는 심리측정적 속성에 대한 평가가 많지 않다. 널리 사용되는 도구와 개발 및 연구 보조금의 일부로 만들어진 도구와 관련하여 몇 가지 예외가 있다. 또한, 현재 널리 사용되는 도구를 체계적으로 평가하고 서로 다른 장애 유형에 걸쳐 격차가 존재하는 영역에서 HCBS 성과의 새로운 척도를 개발하기 위한 몇 가지 시책이 진행 중이다. 예를 들어, HCBS 서비스의 측정 개선을 위해 (미국 보건복지부 내 국립 장애·독립생활·재활연구소에서) 가정 및 지역사회 기반 성과 측정에 관한 연구 및 훈련 센터에 기금을 지원하였다.

4) 개별 품질 자료가 시스템 수준 정책을 주도할 수 있다는 것에 대한 이해의 부족

성과 측정은 일부 장애를 가진 사람들과 그들의 가족, 직접 지원 직원에게는 침입적이고, 많은 시간이 소요되며, 구체적인 변화로 이어지지 않는 불필요한 활동으로 인식된다. 이런 불안감에는 여러 가지 이유가 있는데, 개인과 가정은 교통수단, 투약과 보험, 서비스 제공 등을 포함하는 일상생활에 관심을 갖는 경우가 많다. 장애를 가진 사람들의 경우, 지원이 필요 없는 사람보다 일상생활이 훨씬 어려울 수 있다. 시기 및 담당 영역과 관련된 서비스의 제한적 가용성, 집단 거주 환경이나 가족의 일정 준수, 수용력 변동 등이 도전에 포함된다. 그러한 복잡한 상황에 자료 수집을 추가하는 것은 단순하게 일이 너무 많은 것처럼 느껴질 수 있다.

　좋은 성과 측정의 중요성에 대해 논의할 때 자료 수집 참여자로서 장애를 가진 사람들이 평가의 이면에 있는 목적을 이해하는 것이 필수적이다. 이 장의 앞부분에서 논의한 바와 같이, 카운티나 주 정부 차원의 집단에 대한 서비스의 질을 평가하는 도구가 있는데, 이 도구는 해당 지역의 정책과 서비스 제공에 필요한 변화를 만드는 데 사용할 수 있다. 다른 유형의 측정들은 더 개인중심적이고 장애를 가진 개인이 자신의 요구(예: 그 개인이 원하는 방식으로 지역사회에 참여하거나, 요리를 배우는 것과 같은 개인적인 목표를 향해 일하기 위해 필요한 서비스를 받고 있는지 여부)에 맞는 서비스를 받고 있는지 여부를 평가하도록 설계할 수 있다.

　조직은 장애를 가진 참여자들과 가족, 직원 간에 수행하는 각 성과척도 평가의 목적과 편익에 대한 인식을 수립하여 성과 평가 실행의 중요성을 보다 잘 이해하도록 유도할 책임이 있다. 이것은 그들이 평가하는 사람들과 실제와 정책을 개선하기 위해 사용하는 자료를 신뢰하는 데 도움이 될 것이다.

4. 실용적 제안과 중재

1) 좋은 측정이 중요한 이유

　품질 측정은 제공기관, 보건 시스템, 납세자 그리고 가장 중요하게 장애를 가진 사람들이 서비스와 전달된 지원의 질을 추적할 수 있게 해 준다. 서비스를 받는 사람들에게 양질의 성과를 정의하고 측정하는 것은 조정과 의사소통에 필수적이다. 특정 가치와 원하는 성과에 대한 논의는 신뢰할 수 있고, 일관된 기준으로 개인중심적 목표와 서비스 계획에서 사용될 수 있다. 또한 서비스를 이용하는 사람들이 서비스 제공기관과 주 정부에 효과적이고 유용한 서비스에 대한 책임을 물을 수 있는 수단을 제공할 수 있다. 감독을 제공하는 정책 입안자와 옹호자들에게 품질 측정은 품질 보증과 개선을 중심으로 구체적인 비전과 목표를 창출하는 필수적인 수단을 제공한다.

지역사회 참여의 척도를 만드는 방법의 한 예는 장애를 가진 사람들을 위해 봉사하는 지역 조직과 싱크탱크^{think tank}나 대학 간의 협력을 발전시키는 것이다. 왜냐하면 그 필요성은 지역적이거나 주 전체적이기 때문이다. 싱크탱크나 대학은 보조금이나 지방 기금의 지원을 받아 시범연구를 실시하여 참여자들이 이 척도에 어떻게 반응하는지, 그리고 도구가 지역사회 참여의 특성을 일관성 있게 측정하는지 여부를 평가한다. 그런 다음, 시범 자료를 기반으로 척도를 세분화하고, 이 계획을 이행하기 위해 재정을 할당한다. 새롭게 개발된 척도는 프로그램/정책 구현이 실제로 지역사회 참여도를 높이는 결과를 초래하는지 여부를 평가하는 데 사용된다. 양질의 프로그램으로 정책을 시행하고 지원하면 장애를 가진 사람들의 삶의 질은 향상된다.

2) 측정해야 하는 성과

어떤 환경에서든 서비스의 질과 효과는 본질적으로 미국의 모든 장애를 가진 사람들에게 중요하다. 가정, 직장, 지역사회에 제공되는 서비스의 질은 이러한 서비스를 받는 사람들의 삶의 질과 밀접하게 연관되어 있다. 그러나 그 중요성에도 불구하고 품질은 정의하기 어려운 구조로, 특히 장애를 가진 사람 개개인을 위한 삶의 질을 구성하는 요소들의 진화하는 개인적 성격을 고려할 때 더욱 어렵다.

개인적 차원에서 품질을 정의하는 것은 어려울 뿐만 아니라 HCBS를 이용하는 광범위한 사람들에게 정의를 내리는 것도 어려운 것으로 입증되었다. 건강관리와 사회적 서비스의 많은 다른 측면과 마찬가지로, HCBS는 역사적으로 양질의 결과를 정의하기 위한 구조가 결여되어 있었다. 이 문제를 해결하기 위해 미국

보건복지부는 국가 품질 포럼National Quality Forum, 이하 NQF의 컨설턴트로 일했던 전국 전문가 그룹을 소집하여 HCBS의 개인과 시스템 품질 성과의 다양한 특성에 대한 프레임워크framework를 개발했다.

2016년, 이 단체는 품질 특성을 열한 가지 범주의 성과 영역으로 구성된 첫 번째 국가 품질 포럼 프레임워크National Quality Forum Framework를 발표하였다. 일부 영역은 개인적이고 개별적으로 측정한 성과를 포함하고, 다른 영역은 지역사회, 주 정부나 연방정부 수준에서 HCBS 시스템의 결과를 반영한다. NQF 영역들은 [그림 10-2]에 제시되어 있다.

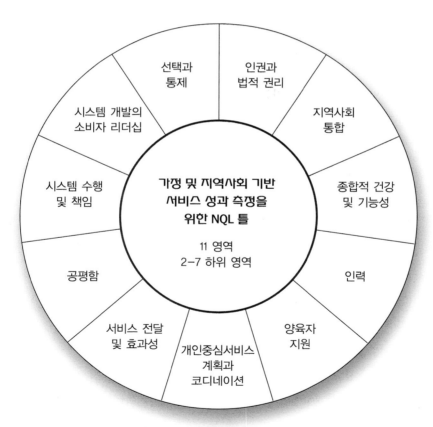

[그림 10-2] 국가 품질 포럼 프레임워크

출처: http://www.qualityforum.org

이러한 각 영역은 정의하고 하위 영역으로 나누었다. 전체적으로 이 프레임워크는 NQF 위원회가 측정해야 한다고 간주한 품질 성과를 나타내는 11개의 영역과 40개의 하위 영역을 정의하고 있다. NQF는 이러한 성과 영역을 판별하고 정의함으로써 모든 유형의 장애를 가진 개인들과 지역사회를 위한 연구와 품질 개선 노력을 위한 구조를 제공한다. 또한 이 프레임워크는 측정 개발의 진전을 위한 중요한 영역을 강조한다. 새로 개발되는 측정은 각각의 질적 특성을 정확히 그리고, 그들의 삶의 질을 향상시키기 위한 서비스를 받고 있는 사람들에게 의미 있는 방식으로 측정하는 방법에 초점을 맞출 것이다.

3) 개인중심 성과의 측정 방법

(1) 기초: 신뢰도와 타당도

척도는 복잡한 주제여서 사람들은 때때로 이를 위협적이라고 생각한다. 그러나 좋은 자료를 수집하기 위해 측정 전문가가 될 필요는 없다. 개발자가 측정 방법을 평가하고 비교하는 몇 가지 방법을 이해함으로써 당신과 조직, 당신이 지원하는 사람들에게 좋은 자료를 제공할 수 있는 측정 방법을 더 잘 선택할 수 있다.

유사한 조건에서 일관된 결과를 제공하는 측정치는 신뢰할 수 있는 것으로 간주된다. 점수가 재현되지 않으면 신뢰하거나 활용하기 어렵다. 예를 들어, 만약 화요일 IQ 검사에서는 천재로, 목요일에는 평균을 훨씬 밑돌게 평가한다면, 그 점수에 따라 결정을 내리기는 어려울 것이다. 신뢰할 수 없는 도구는 의사결정을 위한 좋은 기반을 제공할 수 없기 때문에 신뢰도가 매우 중요하다.

신뢰도 측정 방법에는 검사–재검사 신뢰도와 내적일치도를 포함하여 여러 방법들이 있다(Furr & Bacharach, 2014). **검사–재검사 신뢰도**는 검사를 동일한 사람에게 여러 번 실행하였을 때 유사한 결과를 얻는 것을 의미한다. **내적일치도**는 측정의 한 부분에서 높은 점수를 받을 때 동일한 측정치의 다른 부분에서도 높은 점수를 받는 것을 의미한다. 반드시 이러한 신뢰도 검사를 직접 실시할 필요는 없지만, 척도를 선택할 때는 개발자가 신뢰도를 확립하였는지 확인하거나 연구자나 연구기관과 협의하여 도구의 신뢰도가 입증되었는지 여부를 확인해야 할 것이다.

　평가하고자 하는 것을 평가한다면, 측정이 유효한 것으로 간주한다. 예를 들어, 교통수단이 개발되어 교통수단을 자신의 필요에 맞게 이용할 수 있는지 여부를 파악하려고 한다. "필요할 때 적절한 교통수단을 이용할 수 있는가?"라고 묻는다면, 질문에 대한 이해와 교통수단이 적절하다는 의미의 이해도를 측정하는 것이다. 특정 요일과 특정 시간에 지역사회에서 자신에게 필요하고 원하는 활동을 하기 위해 교통수단이 필요한 개인이 이용 가능한 교통수단의 종류와 빈도를 모두 알지 못할 수 있다. 결과적으로, 그들은 자신의 요구에 가장 적절한 교통수단 옵션을 얻지 못하더라도 질문에 "예."라고 대답할 수 있다. 따라서 그 질문은 그 개인의 상황을 반영하는 대답을 만들어 내지 못하기 때문에 무효가 된다.

　타당도에는 여러 가지 형태가 있는데, 가장 흔한 것 중 하나는 **공인타당도**이다 (Furr & Bacharach, 2014). 이는 이 척도가 동일한 개념의 다른 척도들과 유사한 결과를 제공한다는 것을 의미한다. 예를 들어, 새로운 지능검사를 개발하였다면 널리 사용되고 있는 IQ 검사와 유사한 결과를 제공해야 한다. 만약 IQ 검사가 누군가를 천재로 판별하고 새로운 검사는 같은 개인을 평균 이하의 지능을 가진 것으로 판별한다면, 그 결과를 의심하게 될 것이다. 공인타당도는 측정하는 개념에 대해 이미 다른 검사도구가 존재하는 경우에만 성립될 수 있으므로 구체적이거나 새로운 것을 측정하는 경우에는 다른 척도가 없을 수 있다. 전형적으로 타당도는 주제 분야와 측정 전문가들과 협의하여 확립할 수 있다.

　신뢰할 수 없거나 타당하지 않은 척도를 사용하면 시간과 자원을 낭비하고 잘못된 결론을 내릴 수 있다. 척도를 선정할 때, 척도 개발자가 검사의 신뢰도와 타당성을 보장하기 위한 단계들을 밟았는지 확인하는 것이 중요하다. 척도 개발자는 요청 시 사용 가능한 도구의 신뢰도와 타당성을 보여 줄 수 있는 정보를 갖고 있어야 한다. 그렇지 않을 경우, 이 척도는 신뢰할 수 없으며 사용되어서는 안 된다는 것을 나타낼 수 있다.

(2) 기타 척도 관련 쟁점들: 변화와 표본추출에 대한 민감성

척도는 또한 반드시 시간에 따른 관련 결과의 변화를 감지할 수 있을 정도로 **민감해야** 한다(Ogles et al., 2002). 예를 들어, 특히 지역사회 활동을 더 효과적으로 하는 목표가 있는 경우, 한 개인이 연중 이용하는 교통수단 유형과 양에서 유의한 변화(또는 변화 없음)를 감지할 수 있는 척도가 필요하다. 또한 척도가 일정 시간(예: 6개월) 후에 적절한 교통수단에 대한 접근성이 개선되는지를 탐지할 수 있어야 한다. 우리가 개인중심계획, 훈련 프로그램이나 정책의 효과를 평가할 때, 척도의 변화에 대한 민감도는 매우 중요하다. 어떤 척도를 이러한 특성에 대해 테스트하지 않는다면, 평가하는 시책에 대해 부정확한 결론을 내릴 위험이 있다. 따라서 참여자와 다른 청중을 오도하고 잠재적으로 부적절하게 돈을 투자할 수 있는 위험이 있다.

표본추출은 면담이나 설문조사를 위한 참여자를 선정하여 적절한 모집단에 대한 결과를 일반화할 수 있도록 하는 기법이다. 때때로 참여자는 조직이나 지역 내에서 무작위로 표집된다. 그러나 어떤 경우에는 좀 더 목적에 맞게 선택할 수 있다. 예를 들어, 특정 면제 프로그램 내에서 또는 특정 유형의 장애를 가진 서비스 수혜자를 대표하고 있는지 확인하려면, 그러한 특성을 가진 개인들에서 표본을 추출한다. 만약 온라인으로 설문조사를 실시한다면 컴퓨터를 사용하는 사람만이 접근할 수 있다. 컴퓨터를 사용하는 사람들은 그렇지 않은 사람들과 매우 다를 수 있고, 이런 방법으로 표본을 추출함으로써 컴퓨터 사용자들에게만 적용되는 결론을 도출할 수도 있다. 자료에 포함된 사람들이 결론을 도출하고자 하는 그룹을 대표할 수 있는지 확인하는 것이 중요하다. 이것은 표본에 있는 사람들이 가능한 한 많은 부분에서 당신이 결정을 내리는 대상 집단과 비슷해야 한다는 것을 의미한다. 이와 관련하여, 대상 개인이 아니라 대리인을 이용하고 가족이나 유급 직원으로부터 정보를 얻는다면, 그들은 대답에 영향을 미치는 그들만의 관점을 가질 수 있다. 이상적으로는 그 개인에게 직접 물어봐야 한다. 요약하면 누구에게 묻느냐에 따라 다른 답을 얻게 되므로 표본을 추출할 때는 신중해야 한다.

(3) 개인중심 척도

많은 척도가 가진 문제는 항상 일률적 접근^{ons-size-fits-all}으로 개인적인 선호와 목표의 차이를 설명하지 않는다는 것이다. 척도는 흔히 시스템 기반의 관점에서 개발되는데, 이는 서비스가 개인의 기대보다 시스템의 기대에 부합하는지를 평가한다는 것을 의미한다. 면담 대상자의 목표와 요구가 우선되는 측정에는 개인중심적 접근법을 사용하는 것이 중요하다. 시스템 기반의 척도는 **개인을 위해** 중요한 것을 묻는 반면, 개인중심적 척도는 **개인에게** 중요한 것을 묻는다.

개인중심적 척도는 종종 면담 대상자에게 가치 있는 것을 나타내는 개방적인 요소를 포함한다. 개인적인 목표를 고려한 다음에만 서비스의 평가를 실시할 수 있다. 예를 들어, 만약 한 척도가 한 개인이 자신의 가족을 몇 번이나 보는지를 묻는다면, 그 개인이 그들의 가족과 시간을 보내고 싶어 하지 않을 수도 있다는 가능성을 고려하지 않는 것이다. 그들의 개인적 욕구에 대한 평가가 먼저 포함되어야 한다.

4) IDD 옹호를 위한 자료의 사용과 해석방법

(1) 중요한 질문

자료를 수집하거나 척도를 선택하기 전에 자료 수집의 목표를 명확히 이해하는 것이 중요하다. 계획 없는 불필요한 자료 수집은 환멸과 피로로 이어질 수 있고 측정 과정을 저해할 수 있는 시간과 자원의 낭비이다. 따라서 자료를 수집하기 전에 대답할 핵심 질문을 설정해야 한다. 당신이 내려야 할 결정에 대해 생각하는 것으로 시작할 수 있고, 어떤 정보가 이 결정을 더 쉽게 만들 수 있는지에 대해 생각할 수 있다. 일단 알고 싶은 것을 알게 되면, 질문을 발전시키기 위해 거꾸로 되짚어서 작업하면 된다.

(2) 논리 모델링

자료 수집을 계획할 때 프로젝트의 논리를 시각적으로 그려 보고, 자신이 하고 있는 일과 달성하고자 하는 일의 관계를 숙지하는 것도 도움이 되는 경우가 많다. 이를 위한 유용한 도구를 '논리 모델링'이라고 하는데, 하고 있는 일(활동)에서 시작하여 생산(산출)하고 달성하고자 하는 일(성과) 사이에 논리적인 연결을 그린다. 일단 이런 식으로 활동의 논리를 작성하면, 종종 어디에서 어떻게 자료를 수집하고 싶은지에 대해 생각하는 것이 더 쉬워져서 일이 제대로 진행되도록 한다([그림 10-3] 참조).

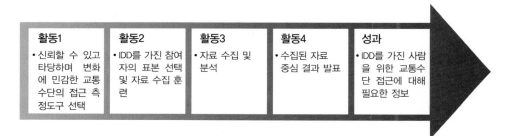

[그림 10-3] 논리 모델링의 예시

논리 모델을 개발하면 각 활동, 산출물과 성과를 측정하거나 평가할 방법을 고려해야 한다. 활동, 산출물과 성과를 측정하거나 평가하기 위해 사용하는 도구를 '지표'라고 한다. 활동, 산출물과 성과를 확인한 후에만 핵심 질문에 대한 답변으로 수집해야 할 자료를 결정할 수 있다. 활동과 산출물은 종종 측정하기가 더 쉬운데, 그것들이 당신이 수행하고 생산하는 것들을 나타내기 때문이다. 그러나 성과는 대개 활동 목적과 목표를 나타내기 때문에 가장 중요하다.

IDD를 가진 사람들을 위한 지역사회 생활과 참여에는 많은 중요한 성과가 있으며, 논리 모델을 개발하면서 자신의 활동으로 인해 어떤 성과들이 효과적으로 다뤄질지 신중히 생각해야 할 것이다. 일단 자신의 성과가 무엇인지 알게 되면 고품질의 척도를 강구하고 표본추출, 자료 수집과 분석에 대한 계획을 세워야 한다.

(3) 자료 수집 및 간단한 분석 도구

자료를 수집하기 전에 미리 계획을 세우고 수집 후 자료를 평가하기 위해 사용할 소프트웨어를 결정해야 한다. Excel, SPSS, SAS 및 Tableau가 일반적인 선택이다. 그러나 어떤 경우에는 SurveyMonkey나 Qualtrics와 같은 자료 수집 플랫폼에 내장된 도구로도 충분할 수 있다. 당신의 요구를 충족시키는 데 복잡한 통계 분석이 필요하지 않을 수도 있다. 질문에 따라서는 막대그래프로도 충분할 수 있다. 질문에 답변하기 위해 더 많은 분석을 수행해야 한다면 대학이나 다른 조직과 협력할 수 있다. 그러나 특히 다양한 이해관계자에게 결과를 전달하는 것이 목표라면 종종, 간단한 해결책이 최선인 경우가 많다. 쉽게 이해할 수 없는 유형의 분석을 사용하면 작업 결과가 이해되지 않아 활용되기 어려울 수 있다.

일반적으로 첫 번째 단계는 기술통계와 일부 자료를 시각화하는 것이다. 기술통계는 이용 가능한 통계 중 가장 간단한 형태인데, 단지 자료를 묘사할 뿐, 통계적 유의성을 보여 주지는 않는다. 일반적인 형태의 기술통계는 빈도점수(다중 관측치의 산술적 중간을 나타내는, 평균적으로 어떤 일이 몇 번이나 일어났는지를 계산하는 것)와 표준편차(본질적으로 대부분의 사람이 평균과 얼마나 멀리 떨어져 있는가)를 포함한다.

기술통계로 집단 간 비교가 가능하고 경향성을 판별할 수 있는 정보를 제공할 수 있다. 이러한 경향성을 보다 명확하게 설명하기 위해서, 일단 경향성이 판별되면 평균과 빈도를 나란히 쉽게 비교할 수 있는 막대그래프와 같은 시각화를 사용할 수 있다. SurveyMonkey 및 Qualtrics와 같은 자료 수집 소프트웨어 프로그램은 일부 자료 시각화 도구가 내장되어 있으며, Excel, SPSS와 기타 대부분의 통계 소프트웨어 프로그램은 시각화 기능이 있다.

(4) 분석 및 해석을 위한 자원

측정도구를 개발하고 평가하는 데 필요한 고도로 전문화된 기술 전문 지식을 얻는 데는 수년이 걸릴 수 있다. 그러나 연구자와 학술기관과의 협업과 네트워크를 구축함으로써 자료 수집과 해석을 개선하도록 도움을 받을 수 있을 것이다.

자료를 얻는 것은 종종 연구자들에게 가치가 있으며, HCBS 서비스의 수혜자 등 연구 관심사가 되는 독특한 모집단에 접근할 수 있는 경우, 대학 및 연구기관과의 협업할 기회를 만들 수 있다. 당신이 그들에게 연락하면 기술적 지원을 받을 수 있을 것이다. 더 큰 지원이 필요한 경우라면, 비용을 지불하는 통계나 측정 컨설팅을 고려해 볼 수 있다.

사례 ▶ 월터 길

존 F. 케네디는 "품질은 직원과 장애를 가진 개인 간의 상호작용 지점에서 정의된다."라고 기술했다(Jaskulski & Ebenstein, 1996). 최근 월터 길[Walter Gill]은 이것이 사실이라는 것을 알게 되었다. 유급 직원들과 일련의 불쾌한 경험들이 있은 후 월터는 사라 스톡데일[Sara Stockdale]을 고용했고, 그의 삶은 모든 수준에서 질적으로 개선되었다. 월터는 "사라는 내가 더 독립적인 사람이 되도록 도와줘요. 그리고 그녀는 내가 원하는 방식으로 내 삶을 살도록 도와주지요."라고 말했다.

사라는 "저는 매일 그의 요구를 처리하지만 또한 내 일도 훨씬 더 많이 보고 있어요."라고 말했다. 직접 지원 전문가로서 그녀의 첫 번째 질문은 "월터를 어떻게 도울 수 있는가? 그의 삶을 개선하기 위해 무엇을 할 수 있는가?"였다.

뇌성마비를 가진 50대의 따뜻하고 참여적인 남자 월터는 캔자스주 토피카[Topeka, Kansas]에 있는 아파트에 살고 있다. 그는 개인 돌봄, 식사 준비, 예산 관리, 쇼핑과 지역사회 행사 참석 지원과 같은 지원을 해 줄 직원을 고용했다. 결과가 항상 긍정적인 것은 아니었다. 월터는 "저는 친구가 되어 줄 사람들이 있었어요. 그렇지만 그들은 저를 이용했어요."라고 말했다. 종종 고용된 사람들은 금방 그만두거나 그냥 나타나지 않기도 했다. 한 직원은 월터의 청구서를 지불하는 것을 돕는 것처럼 보였지만 은행 계좌에서 돈을 훔쳤다. 그는 수년간 힘들고 일관되지 않은 직원들을 견디면서, 사회적 고립과 우울증을 겪었다. 월터는 "좋은 직원을 구하지 못하면, 삶의 질은 떨어져요. 그리고 내가 하고 싶은 일을 할 수 없고 내가 원하는 방식으로 삶을 살 수도 없어요."라고 말했다.

　　사라는 월터를 위해 일을 시작했을 때 자신감을 키우고 그 자신이 적절한 보살핌과 지원을 받을 자격이 있음을 알도록 도와주었다. "그는 자신감이 없었고, 기준과 기대가 낮았어요. 그리고 다른 사람들에게 너무 많은 자유를 주었어요." 사라는 월터에게 그가 고용주, 즉 대장이라고 강조했다. 사라와 신뢰를 쌓아 가면서 월터는 통제를 시작하고, 자신을 위해 더 많은 결정을 내리기 시작했다. "그의 자신감과 자부심이 진정으로 치솟는 것을 보는 것은 정말 멋진 일이었어요."

　　경제 안정성은 월터의 중요한 질적 지표이다. 사라는 그가 재정을 정리할 수 있도록 도와주었고 매달 경비를 검토했다. 사라는 "그가 저와 함께 앉아 은행 계좌 명세서를 보는 것이 매우 중요하다고 생각해요."라고 말했다. "우리는 한 줄 한 줄 모두 살펴봐요." 월터는 이제 재정적으로 더 안전하다고 느낀다. "월터가 모든 청구서를 지불할 수 있고, 여전히 자신이 원하는 것에 조금씩은 즐길 수 있다는 것은 그를 정말 기분 좋게 만들어요."

　　사라는 그녀의 일상적 업무보다 월터가 원하는 것과 필요한 것을 우선시한다. "그가 지금 당장 설거지를 하거나, 침대를 정리하는 것보다 앉아서 저와 대화를 나누는 것이 더 중요하다고 느낀다면, 우리는 월터가 원하고, 그의 집이기 때문에 그렇게 할 수 있어요."

　　월터의 고혈압과 부은 다리를 걱정하면서 사라는 월터에게 보다 건강한 식사를 제공했다. 그녀는 튀긴 음식이나 냉동식품보다는 신선한 음식을 처음부터 만들 것을 제안했다. 사라는 "저는 여전히 그가 좋아하는 것과 먹고 싶은 것을 결정할 자유가 있기를 원해요." 라고 말했다. "그러나 우리가 할 수 있는 작은 변화들에 대해서도 의논했어요." 예를 들면, 물을 더 많이 마시고 신선한 과일과 채소 먹는 것이다. 월터의 건강은 좋아졌고 활력도 더 많아졌다. 사라는 "이제 의사에게 갈 때 그의 혈압과 A1C 당뇨 지표가 낮아져서 축하하죠."라고 말했다.

　　신뢰할 수 있고 잘 훈련된 DSP의 지원으로 월터는 원하는 삶을 살고 있다. "삶의 질은 내가 살고 싶은 방식으로 하고 싶은 일을 할 수 있는 자유를 더 많이 얻는 것을 의미해요."

5. 결론

장애를 가진 사람들의 삶의 질은 그들이 받는 서비스의 질과 밀접하게 관련된다. 서비스는 전달(적시성, 강도), 자원(재정, 인력배치) 그리고 적합성(환경, 장비)과 관련하여 질적인 차이를 갖는다. 조직이 최상의 서비스를 제공하도록 하기 위해서는 다양한 수준에서 서비스 평가가 필요하다. 수준 높은 서비스만이 장애를 가진 사람들이 필요하고 원하는 대로 지역사회에 참여할 수 있는 본질적인 결과로 이어질 것이다.

질적 성과의 측정은 장애인이 성공적으로 목표와 꿈을 달성하고 있는지 여부에 대한 필요한 정보를 제공한다. 질적 성과 측정에는 제공기관 단체, 장애인 및 그 가족이 포함된다. 또한 원하는 성과에 대한 좋은 척도를 선택하고 관리하는 방법과 그 성과를 어떻게 해석하고 제일 먼저 질문한 문제에 대한 결과를 적용할 수 있는지 아는 직원이 필요하다. 종종 장애를 가진 사람들 자신, 그들의 가족, 제공기관 단체와 정책 입안자들이 본 장에 제시된 NQF 프레임워크의 일부인 사회적 통합, 교통수단, 고용, 의미 있는 활동, 서비스 제공 등에 관한 질문을 포함하여 중요한 질문들을 한다. 이러한 질문을 성과 측정의 최선의 실제best practices에 따라 검토하여 지적·발달장애를 가진 사람들이 지역사회에 완전히 참여하게 하는 서비스에 접근할 수 있도록 보장하는 데 도움이 되는 가장 유용한 답변을 발견하도록 하는 것이 중요하다.

토론 질문

- 조직이나 주 정부가 지역사회 생활 및 참여와 관련된 질적 성과를 어떻게 측정하고 있는가? 만약 그들이 성과를 측정하지 않는다면, 왜 그런가? 만약 그들이 성과를 측정한다면, 그 결과는 정책과 실제에 영향을 미치는 데 어떻게 이용되는가?
- 주 정부나 조직에서 사용되는 측정방법이 개인중심적인가? 왜 그런가? 또는 왜 그렇지 않은가?

> • 국가나 조직이 사용하는 측정방법의 개발과정에서 어떤 테스트를 수행했는가? 측정
> 방법은 타당한가? 신뢰할 수 있는가? 어떻게 알 수 있는가?

자원

- National Quality Forum(NQF): 국가품질포럼[NQF]은 측정과 공적 보고를 통해 품질 관리와 가정 및 지역사회 생활을 증진하고자 하는 미국에 본사를 둔 비영리 단체이다. http://www.quali tyforum.org/HCBS.aspx
- National Core Indicators(NCI): 국가핵심지표[NCI]는 공공발달장애기관이 자체 성과를 측정하기 위한 자발적인 노력으로, NCI는 참여하는 주 정부들, 복지 서비스 연구소와 전국 발달장애인서비스 이사회가 협업한 것이다. https://www.nationalcoreindicators.org/
- National Core Indicators-Aging and Disability(NCI-AD): 주 정부 메디케이드, 노화 및 장애기관이 자체적으로 성과를 측정하고 추적하는 자발적인 노력이다. 핵심 지표는 개인과 가정에 제공되는 서비스의 성과를 평가하기 위해 주 전체에 걸쳐 사용되는 표준척도이다. https://nci-ad.org/
- Council on Quality and Leadership(CQL): 지역사회, 시스템 및 조직을 지원하여 사람들이 자신의 삶의 질을 발견하고 정의하고, 개인, 조직 및 시스템을 위해 개인의 삶의 질 측정과 장애인의 삶의 질 향상을 돕는다. https://www.c-q-l.org/

참고문헌

Claes, C., Vandevelde, S., Van Hove, G., van Loon, J., Verschelden, G., & Schalock, R. (2012). Relationship between self-report and proxy ratings on assessed personal quality of life related outcomes. *Journal of Policy and Practice in Intellectual Disabilities, 9*(3), 159-165. Doi: 10.1111/j.1741-1130.2012.00353.x

Eiken, S., Sredl, K., Burwell, B., & Saucier, P. (2016). *Medicaid expenditures for long-term services and supports (LTSS) in FY 2014: Managed LTSS reached 15 percent of LTSS spending.* Truven Health Analytics. Retrieved from https://www.medicaid.gov/medicaid/ltss/downloads/ltss-expenditures-2014.pdf

Furr, R. M. & Bacharach, V. R. (2014). *Psychometrics: An introduction* (2nd Ed.). Thousand Oaks, CA: Sage Publications.

Health Services Advisory Group (2017). *CMS quality measure development plan: Supporting the transition to the quality payment program 2017.* Baltimore, MD: Centers for Medicare & Medicaid Services. Retrieved from https://www.cms.gov/Medicare/Quality-Initiatives-Patient-Assessment-Instruments/Value-Based-Programs/MACRA-MIPS-and-APMs/2017-CMS-MDP-Annual-Report.pdf

Health Services Advisory Group (2017). *Quality Measure Development Plan Environmental Scan and Gap Analysis Report* (MACRA, Section 102). Baltimore, MD: Centers for Medicare & Medicaid Services. Retrieved from https://www.cms.gov/Medicare/Quality-Initiatives-Patient-Assessment-Instruments/Value-Based-Programs/MACRA-MIPS-and-APMs/MDP_EScan_GapAnalysis_Report.pdf

Jaskulski, T. & Ebenstein, W. (1996). *Opportunities for excellence: Supporting the frontline workforce.* Washington, D.C.: President's Committee on Mental Retardation, U.S. Department of Health and Human Services.

National Quality Forum (2016). *Quality in home and community-based services to support community living: Addressing gaps in performance measurement* (Final Report). Washington, DC: Department of Health and Human Service. Retrieved from http://www.qualityforum.org/Publications/2016/09/Quality_in_Home_and_Community-Based_Services_to_Support_Community_Living__Addressing_Gaps_in_Performance_Measurement.aspx

Ogles, B. M., Lambert, M. J., & Fields, S. A. (2002). *Essentials of outcome assessment.* Hoboken, NJ: John Wiley.

Schalock, R. L., Brown, I., Brown, R., Cummins, R. A., Felce, D., Matikka, L., Keith, K. D., & Parmenter, T. (2002). Conceptualization, measurement, and application of quality of life for persons with intellectual disabilities: Report of an international panel of experts. *Mental Retardation, 40*(6), 457-470. DOI: 10.1352/0047-6765(2002)040〈0457:CMAAOQ〉2.0.CO;2

제11장 고용, 훈련 그리고 직접 지원 인력 지원하기

Nancy McCulloh, Claire Benway, Amy Hewitt,
Barbara Kleist, Julie Kramme & Macdonald Metzger

선행조직자

- 직접 지원 전문가DSP는 장애를 가진 사람들에게 중요한 그리고 삶을 향상시키는 서비스를 제공한다.
- 장애를 가진 수백만의 개인과 그 가족들이 DSP의 서비스에 의존하고 있다.
- 예상되는 성장과 현장의 높은 필요성에도 불구하고, 미국에서는 DSP가 상당히 부족하다.
- 직접 지원 업무는 급여가 낮고 복지혜택, 교육, 지원이나 진로경로career pathways가 없는 경우가 많다.
- 장애를 가진 사람을 위한 지역사회 생활의 혜택과 경험에 대한 접근은 종종 잘 훈련되고 유능한 DSP의 적절 수준과 활용 가능성에 따라 좌우된다.

직접 지원 전문가DSP는 IDD를 가진 사람들을 위한 지역사회 생활과 참여를 지원하는 데 중요한 역할을 한다. DSP는 사람들이 일하고, 새로운 관계를 개발하고, 오래된 관계를 유지하며, 가치 있는 역할을 갖고, 그들의 종교생활을 하고, 새로운 기술을 배우고, 지역사회 생활과 참여의 많은 다른 측면에 참여할 수 있도록 지원한다. 그러나 30년 이상 많은 문제가 장애를 가진 사람들, 가족, 고용주들로 하여금 그 직업을 잘 이해하고 숙련된 DSP를 찾고 지속적으로 지원받는 것을 어렵게 했다. 이러한 도전은 IDD를 가진 사람들이 자신의 지역사회에서 선택한 대로 살고 참여할 수 있는 기회를 부족하게 할 수 있다.

이 장에서는 IDD를 가진 사람들을 위한 지역사회 생활과 참여를 지원하기 위한 직접 지원 인력의 역할에 대한 개요를 제공한다. 그것은 IDD를 가진 사람들, 가족, 서비스 제공기관들이 지역사회 생활을 위해 필요한 고도로 숙련된 인력을 찾고 유지하는 데 도움이 될 현재의 도전과 유망한 해결책에 대한 정보를 제공한다. 조직과 장애 서비스 시스템 모두를 대상으로 하는 솔루션을 제공한다.

1. 직접 지원 인력의 역할

IDD를 가진 사람들은 지역사회에서 살고, 배우고, 일하기 위해 많은 지원의 자원들에 의존한다. 개인은 자신의 강점과 재능 그리고 필요한 지원의 종류에 따라 여러 개의 다른 지원망을 가질 수 있다. 지원망은 가족, 친구, 지역사회 구성원, 유급 및 무급 인력 등 다양한 역할을 하는 사람들로 구성된다. DSP는 이러한 지원망에서 중요한 자원이다.

DSP는 직접 지원 전문가, 훈련 전문가, 직무지도원, 주거 상담사, 가족 돌봄 제공자, 개인 돌봄 보조자 등을 포함한 많은 직함으로 알려져 있다. 2003년 국회의 직접 지원 전문가 인정 결의안(S. Con. Res. 21/H. Con. Res. 94)은 직접 지원 전문가를 '일상적으로 IDD를 가진 사람들에게 광범위한 지원 서비스를 제공하기 위해 고용된 사람'으로 정의한다. "이러한 지원 서비스에는 훈련, 건강 요구, 개인 관리와 위생, 고용, 교통, 여가, 가사 등 가정관리와 관련된 지원과 서비스가 포함되며, 고객이 지역사회에서 생활하고 일하고 자기주도적인 지역사회와 사회생활을 영위할 수 있게 한다"(Congressional Record, November 4, 2003, p. H10301).

DSP는 많은 IDD를 가진 사람이 그들의 지역사회에서 살고, 배우고, 일하고, 놀 수 있도록 가정 및 지역사회 기반 서비스^HCBS를 통해 지원받기 때문에 미국의 장기서비스 및 지원^LTSS 시스템에서 점점 더 중요한 역할을 한다. 종종 DSP는 지역사회에서 가족의 집, 개인의 집이나 소규모 지원 생활 프로그램에서 일한다. IDD를 가진 사람들이 수년간 살고 있는 곳의 변화로 인해 인력의 역할과 기대는 물론, 그들이 일하는 환경도 급격히 변화하고 있다.

　개인중심 실제들이 HCBS의 최전선에 있으므로, 보호자보다는 지역사회를 탐색하고 연결하는 DSP에 새롭게 초점을 맞춘다. 전통적인 보호자의 역할은 종종 약물 투여, 관리, 감독, 일상생활 활동(예: 목욕, 옷 입기, 식사) 그리고 일상생활의 도구적 활동(예: 예산 책정, 식사 계획, 쇼핑)과 같은 건강과 안전 필요성에 초점을 맞춘 직무를 강조해 왔다. 보다 전통적인 돌봄 역할에 속하는 직업으로는 개인 돌봄 간병인, 재택 건강 보조사, 공인 간호조무사가 있다. DSP는 전통적인 돌봄 역할을 요구하는 직무가 있지만, 이것보다 훨씬 더 많다. 그들의 업무는 목표, 소망, 선호 그리고 욕구를 포함하여 그들이 지원하고 있는 개인에게 중요한 것을 포함하는 개인화된 지원을 전달하는 데 초점을 맞추고 있다. 때때로 개인에게 중요한 것은 건강이나 안전 요구를 대체한다. DSP는 종종 활동의 위험과 결과를 동반한 IDD를 가진 **개인에게 중요한** 활동과 **개인을 위해** 중요한 것이 균형을 잡도록 도와야 하는 상황에 직면한다. 예를 들어, 벌에 매료된 누군가는 양봉을 배우려고 할 수도 있지만, 어떤 사람들은 그 활동이 위험하다고 이해할 수도 있다. 양봉에 대한 개인의 흥미를 고려할 때, DSP는 개인이 양봉에 대해 배우고 활동 내 위험의 균형을 맞추면서 벌집에 접근하도록 지원할 수 있다.

　DSP가 일하는 다양한 환경, 현장에 동료와 감독자가 없는 상황들에서 DSP가 상당한 독립성을 갖게 되어 독립적인 문제 해결, 자율적인 의사결정, 윤리적인 판단 등의 중요한 기술이 필요하다. 종종 DSP는 교사, 간호사, 심리학자, 작업치료사와 물리치료사, 상담사, 영양사, 운전기사, 개인 트레이너 등과 같은 자격증을 가진 전문가들과 유사한 역할들을 수행해야 한다. DSP는 그들이 지원하는 사람들의 가장 가까이에 있기 때문에 그들의 삶에 대한 독특한 관점을 가지고 있다. 그들은 가정, 주거, 고용, 여가, 교육, 지역사회와 건강관리 환경과 같은 다양한 환경에서 매일 광범위한 지원을 제공한다. DSP는 혼자 또는 팀으로 일할 수 있다.

　그러나 업무의 요구, 성격, 자율성에도 불구하고, DSP 인력은 지역사회 구성원, 정책 입안자, 선출직 공무원 그리고 어떤 경우에는 고용주와 장애를 가진 사람들에게 고도로 숙련된 전문가로서 인정받지 못했다. 아마도 이러한 직접 지원 인력의 평가절하가 나타나는 가장 분명한 방식의 하나는 낮은 임금과 혜택일 것이다. 이는 DSP 간의 높은 이직률에 기여하여 지원의 질에 영향을 미친다. 인력의 끊임없는 변동은 불안정을 야기할 수 있고 건강과 안전 문제를 야기할 수 있으며, DSP의 지원을 필요로 하는 개인적인 목표를 달성하기 위한 지원에 주의를 기울이는 것을 부족하게 할 수도 있다.

직접 지원 인력 10명 중 약 9명이 여성이며, 평균 연령은 42세이다(Paraprofessional Healthcare Institute, 2017). 외국인 출신 인력이 현장에 진출하는 사례가 늘어나고 있다. 교육 수준이 다양하고, 이민 인력이 비이민 인력보다 더 높은 학위를 갖고 있을 가능성이 높다(Espinoza, 2017). 모든 직접 지원 인력의 절반이 생계를 위해 어떤 형태의 공적원조에 의존하고 있다(Paraprofessional Healthcare Institute, 2017).

미국 내 DSP의 수를 정확히 추정하기는 어렵다. 노동통계청[BLS]에서는 DSP에 대한 특정 직업 명칭을 가지고 있지 않다. 오히려 그것은 개인 돌봄 보조원, 재택 건강 보조원과 공인 간호조무사가 포함된 보건복지 서비스 직종의 방대한 그룹에 그들을 포함시키고 있다. 국가와 기관의 직함이 국가 규모의 계산에서 혼선을 초래한다. 이 범주에는 거의 450만 명의 직접 지원 인력이 있으며, 이 부문은 전국에서 가장 빠르게 성장하는 5대 직종에 속한다(BLS, 2015). 그런데도 현재 자리를 채울 수 있는 인력(특히 여성)의 수는 줄어들고 있다. 이러한 인력 부족은 향후 몇 년 동안 IDD를 가진 사람들이 필요한 지원을 찾는 것을 더욱 어렵게 만들 것이며, 그들이 이용할 수 있는 지원의 질에 계속해서 영향을 줄 것이다.

2. 현재 논란과 도전

IDD를 가진 많은 사람을 지원하기 위한 DSP에 대한 수요의 증가는 증가 수요 충족을 위한 현재의 인력 부족과 결합되어 지역사회 생활과 IDD를 가진 사람들의 삶의 질에 심각한 영향을 미친다. 이것은 국가공중보건문제로서 DSP, 가족,

LTSS 제공기관과 질적 지원을 이용하도록 보장하는 서비스 제공 시스템에 어려움을 야기한다.

2020년까지 500만 명 이상의 DSP가 필요할 것으로 추산된다(Paraprofessional Healthcare Institute, 2017). DSP에 대한 수요 증가 외에도, 미국의 인력풀은 줄어들고 있다. 해당 인력의 대부분을 차지하는 25~54세 여성의 인력진입은 고령화 인구의 수에 비례하는 비율로 이루어지지 않고 있다(Paraprofessional Healthcare Institute, 2011).

인력의 부족현상은 직접 지원 인력들이 높은 이직율과 구인율로 인해서 발생하기도 한다. 연평균 이직율은 45% 정도이며, 직장을 그만두는 사람 중 35%는 고용 후 6개월 이내에 이직하고 있다(Hiersteiner, 2016). 이는 미국 산업 전체의 평균 3.5%의 이직율과 비교하면 놀라운 수치이다(BLS, 2017). LTSS를 제공하는 조직들도 조직 전체의 평균 구인율은 9%인 반면, 채용해야 할 대기 자리가 많은 채로 운영하고 있다(Hiersteiner, 2016).

1) 직접 지원 전문가에 미치는 영향

높은 이직율과 구인율은 그 자리에 남아 있는 헌신적인 DSP에게 일을 더 어렵게 만드는 여러 가지 방법으로 영향을 미친다. 많은 사람이 이 직업에 보람을 느끼지만, 인력 부족이나 너무 많은 업무시간 때문에 능력 이상으로 일하는 DSP는 스트레스와 소진을 경험할 가능성이 더 높다. DSP는 최소한의 교육을 받는데, 이는 대부분 충분한 역량 기반 교육을 제공하지 않는 규제 및 의무적인 주제에 초점을 맞추고 있다. 종종 DSP에 대한 직무요구는 교육받은 것보다 훨씬 더 많은 기술을 필요로 한다.

DSP의 전국 평균 임금은 시간당 10.72달러로(Hierstiner, 2016), 연방정부의 4인 가족 빈곤층 기준보다 낮다(BLS, 2015). DSP의 절반 가까이가 의료, 식품이나 주거 지원 같은 공적 자금 지원을 받고 있으며(Paraprofessional Healthcare Institute, 2017), 대부분의 근로자는 한두 가지 직업을 더 가지고 있다(Test et al.,

2003). 인플레이션에 적응한 뒤, 2005~2015년 실제로 DSP의 임금은 감소하였다(Paraprofessional Healthcare Institute, 2017). 많은 DSP는 시간제로 일하거나 아직 적격하지 않은 새로 생긴 고용 조직에서 일하기 때문에 건강보험과 퇴직급여에도 부적격하다. 그들이 혜택을 받을 수 있을 때조차도, 혜택을 못 받을 수도 있다. 2011년에는 약 120만 명의 직접 지원 근로자들이 건강보험 없이 근무한 것으로 추정된다(Paraprofessional Healthcare Institute, 2013).

2) 조직에 미치는 영향

직접 지원 전문가를 고용하는 조직들이 직면하고 있는 미충원과 끊임없는 이직으로 인해 조직들은 신입 인력을 채용하는 데 집중하게 되고, 그 결과 취업 후 고용을 계속 유지하는 데 집중할 수 있는 에너지와 자원이 줄어들게 된다. 이러한 상황은 상당한 재정적 비용을 발생시킨다. 제공기관들은 DSP 한 명을 채용하고 교체하는 비용이 2,413달러에서 5,200달러가 든다고 보고했다(Hewitt & Larson, 2007; ANCOR, 2017; Medisked Connect, 2016). 직원의 절반 정도가 1년 미만으로 머무르면, 교체 비용은 추가된다.

대부분의 조직에서는 직원을 구하지 못해 추가적인 인력을 육성하거나 지원할 수 없다고 보고한다. 최근 뉴욕에서 실행한 연구에 따르면, 제공기관의 33%는 직원을 찾을 수 없어서 IDD를 가진 사람들의 서비스를 지연시키거나 거부할 수밖에 없다고 말한다(Hewitt, Taylor, Kramme, Pettingel, & Sedlezky, 2015). 기관들이 사람을 찾는 데 어려움을 겪다 보니 적임자는 아니지만, 취업 의향이 있는 사람을 채용하는 결과를 야기하였다. 이는 질 낮은 서비스를 초래하고 사고와 학대, 방치의 추가 위험을 초래할 수 있다.

직접 지원 인력 중 문화적·언어적 다양성은 다양한 인구에 대한 지원을 제공한다는 강점이 있다. 주로 아프리카계 미국인과 라틴계 이민자들인 유색인종이 인력의 상당 부분을 차지하고 있다. 직접 지원 인력 중 31%는 아프리카계 미국인이며 15%는 히스패닉계 또는 라틴계 미국인이다(Paraprofessional Healthcare

Institute, 2013). 전체 직접 돌봄 근로자의 20~42%가 미국 밖에서 태어났다 (Paraprofession al Healthcare Institute, 2013). 이러한 인력의 인구통계학적 구성의 변화는 이 산업에서 일하는 새로운 이민자들 및 서비스를 받는 사람들과 그들의 가족들에게 문화적 어려움을 제시할 수 있다. 영어를 유창하게 사용하지 못하거나 자신이 지원하는 개인의 선호 언어를 사용하지 않는 개인들은 문화적 배경이 자신과 다른 사람들의 요구와 바람을 의사소통하고 이해하는 데 어려움을 겪을 수 있다. 이민자들은 미국의 문화와 서비스 시스템의 기준을 이해하는 데 어려움을 겪을 수 있다. 문화적 갈등 또한 DSP에게 그들의 문화적 신념에서 종교법을 어기거나 타협하도록 요청하는 결과를 초래할 수도 있다. DSP를 고용하는 조직은 직원과 그들이 지원하는 사람들 사이에서 문화적 역량을 증진시키는 의도적인 교육을 제공함으로써 이러한 인구통계 변화에 대응할 수 있어야 한다.

3) 가족에 대한 영향

서비스를 받는 장애를 가진 사람들 중 대다수는 가족의 집에 살고 있다(Larson et al., 2017). DSP 인력의 부족은 가족들에게 상당한 영향을 미치고, 이로 인해 가족들이 예상하지 못했을 때 지원하도록 강요당할 수도 있다. 지속적으로 직장에 보고할 수 없다면, 이는 가족구성원의 고용에 영향을 미칠 수 있다. 실제로 DSP가 부재한 경우 돌봄 요구로 인해 많은 가족이 실직하거나 능력 이하의 일을 하고 있다(Hewitt, Lakin, Macbeth, Kramme, & Benway, 2017, Anderson, Larson, & Wuorio, 2011). DSP 인력 부족은 또한 DSP 역할을 충당하기 위해 정기적으로 도와야 하는 가족들에게 추가적인 보살핌 부담을 줄 수 있다. 주 정부가 자기주도를 허용하고 가족구성원이 급여를 받을 수 있는 일부 상황에서는 직접 지원에 대한 비용이 지급된다. 그러나 가족 보호자가 나이가 들면서 DSP가 결근하거나 찾을 수 없을 때 필요한 지원을 더 이상 제공할 수 없다면 IDD를 가진 사랑하는 사람이 어떻게 될지 걱정하는 이가 많다.

"이 시점에서 다른 문제를 다루기 전에 극복해야 할 가장 큰 어려움은 IDD를 가진 사람들이 하루하루 생존할 수 있는 직접적인 지원을 제공하는 데 충분한 능력과 기술을 갖춘 인력풀이 점점 부족해지는 것이다."—게일 프리젤^{Gail Frizzell}, 어머니(Frizzell, 2015, p. 42)

4) 시스템에 대한 영향

국가적 인력 위기에도 불구하고, IDD를 가진 사람들을 위한 지역사회 통합, 선택과 의사결정을 지원하기 위한 정책과 절차들은 연방, 주 정부와 조직 수준에서 계속 만들어지고 있다. DSP가 개인중심적이고 모든 수준에서 지역사회 통합과 참여를 지원할 것에 대한 높은 기대가 이러한 정책들에서 명확히 표현되고 있다. 구체적으로, 2000년 발달장애인 지원 및 권리장전법^{DD Act-PL 106-402}에 따르면 발달장애인은 "지역사회에 통합되는 기회와 필요한 지원에 접근할 수 있으며, 상호의존적인 관계를 가지고 있다… 지역사회 생활에 대한 참여를 풍부하게 하기 위한 오락, 여가, 사회적 기회들에 접근하고 이용할 수 있다"(Sec. 101(c) (8)&(12)). 일관되고 유능한 DSP 없이 이러한 약속을 이행하는 것은 불가능하다. 또한 각 주 정부들은 최근 수십 년 동안 사람들이 가장 통합적인 환경에서 살 수 있는 기회를 보장함으로써 차별을 줄이는 것을 목표로 하는 옴스테드 판결^{Olmstead Decision}에 기초한 정책을 시행해 왔다. 최근 'HCBS 환경 규칙'에서는 무엇이 '지역사회 환경'을 구성하는지에 대한 구체적인 정의를 제시하고, 개인중심의 긍정적 실제들^{person-centered positive practices}에 대한 기대를 내세우고 있다. 이러한 정책들은 LTSS가 무엇을 할 것인지에 대한 기대와 그러한 서비스의 예상 성과들을 변화시키고, 이는 다시 직접 지원 인력에 대해 시사한다.

IDD를 가진 청년 대부분은 고등학교를 졸업 후 독립적으로 일하고 생활하면서 그들 지역사회의 활동적인 구성원이 되고 싶어 하며, 그들의 가족과 협력자들도 이것을 원한다. 사람들은 그들이 성인 서비스와 지원으로 이동하면서 서비스와 지원에 대해 더 높은 기대를 갖게 된다. 지역사회 생활과 참여를 촉진하고, 개인중심 접근 방식을 사용하며, 긍정적인 행동지원 실제를 실행하고, 경쟁고용의 기회를 보장하며, 지원된 의사결정을 높이기 위한 연방과 주 정부 차원의 노력은 모두 안정적이고 잘 훈련된 인력이 필요하다. 그러나 훈련 요건은 이러한 변화에 대응하여 변경되지 않았으며, 시스템이 훈련 기회를 증가시키지도 않았다. 시스템은 숙련된 인력에 의존하는 제공기관에게 기대를 걸고 있지만, 이러한 시스템은 적절하고 잘 훈련된 인력을 강화하고, 훈련시키고, 보장할 수 있는 수단을 효과적으로 마련하지 못했다.

불행하게도, 필요한 서비스와 지원의 환경은 지난 몇 년 동안 크게 변화했지만, 자금 조달에 대한 접근 방식은 변하지 않았고(Frizzell, 2015), 따라서 인력의 어려움이 여전히 남아 있다. 주 정부들도 점점 더 긴 대기자 명단에 직면하고 있으며, 만약 해결책을 찾지 못하면 IDD를 가진 모든 사람에게 지원을 제공하려는 그들의 노력은 좌절될 것이다.

5) 개인에 대한 영향

궁극적으로 가장 중요한 것은 이러한 고질적이고 복잡한 인력 문제가 서비스와 지원을 받는 지역사회의 사람들의 삶에 영향을 미친다는 것이다. 서비스와 지원을 받는 사람들은 그들의 직원문제에서 끊임없는 반복을 경험한다. 이것은 장애를 가진 사람들에게 신체적 · 정서적으로 영향을 미친다. 직원들이 이직할 때마다 그들은 일상과 서비스에 혼란을 겪으며 기회들을 놓치게 된다. 양질의 지역사회 지원은 직접 지원 근로자와 지원받는 개인 간의 관계를 기반으로 한다. 효과적인 관계를 구축하는 데에는 시간이 걸리고, 잔류하는 인원만큼 많은 직원이 6개월 안에 떠난다면 신뢰를 쌓는 것이 어렵다. 너무 많은 DSP가 자신이 지원하는 개인을 알아 가는 시간도 없이(그 반대의 경우도 마찬가지), 자리를 떠난다. DSP의 지원을 받는 IDD를 가진 사람들은 성장, 학습, 지역사회 참여의 기회를 놓치고 있다. 공석이 계속되면 DSP의 교대근무의 빈자리가 생기고, 과로하게 되어 IDD를 가진 사람들이 건강과 안전 문제뿐 아니라 방치와 학대의 위험에 처하게 한다.

3. 생애주기 기대와 전환

각각의 삶의 단계에서 IDD를 가진 사람들과 가족의 지원 요구는 변화한다. DSP는 평생에 걸쳐 IDD를 가진 사람들을 지원한다. 그들은 어린이, 청소년, 성인과 노인을 지원한다. 그들이 무엇을 어떻게 하는지는 시간이 지나면서 변화하는 그 개인의 지원 요구와 선호에 의해 영향을 받는다. DSP가 IDD를 가진 누군가와 그들의 가족에게 제공하는 지원의 역할과 유형은 삶의 다른 단계들에서는 달라질 것이다. DSP가 제공하는 지원은 개인의 요구에 맞추어진다. 생애주기에 걸쳐서 DSP의 역할은 결코 일률적one-size-fits-all이지 않다.

(1) 생애 초기(출생~3세)

IDD를 가진 어린 자녀가 있는 가족은 아이의 유일한 지원일 수 있으며, DSP가 필요하지 않을 수도 있다. 다른 상황에서는 가족이 중요한 일상 지원을 위해 DSP에 의존할 수 있으며, 여기에는 의료나 휴식이 포함될 수 있다. 어린이가 성장하면서 DSP는 수유나 목욕과 같은 지원을 제공할 필요가 있거나 작업치료와 물리치료 과정을 도울 책임이 있을 수 있다.

(2) 유아기(3~5세)

아이가 유아기로 전환될 때 DSP에 대한 기대는 유아의 자기관리 기술을 가르치고, 치료적 중재(예: 행동치료, 언어치료, 작업치료나 물리치료) 시행과 아동발달을 촉진하도록 설계된 지원이 포함된 일과를 따르도록 도움을 주는 것으로 바뀔 수 있다. DSP는 가족의 집, 의료 환경이나 유아기 환경에서 일하고, 그들의 사회적·정서적 발달과 교육 프로그램을 통해 유아를 지원할 수 있다.

(3) 학령기(5~18세, 주에 따라 22세)

준전문가 또는 학급 보조원은 통합교육과 특수교육 환경에서 교육적·행동적·사회적 지원을 제공함으로써 학급에서 학령기 아동을 지원할 수 있다. 학령기에는 DSP가 아동의 집에서 일하면서 일상생활, 지역사회 통합, 방과 후 및 기타 지역사회 활동을 보조할 수 있다. DSP는 아이가 성장하고 전환기(14~18세)로 접어들면서 학교, 제공기관, 가정에서의 직업 기술을 배우고 문제를 해결하며 자신의 지역사회의 일부가 되어 가도록 청소년을 지원한다.

(4) 성인기(18/22~65세)

대부분의 성인이 그렇듯이 개인이 집을 떠날 때, DSP는 그 개인이 자신의 집에서 공유 생활 환경^{shared living situation}이나 공동생활가정에서 독립적으로 살도록 지원할 수 있다. 전형적으로 이들의 역할은 지역사회 구성원 및 이웃과의 관계 구축하기, 가정관리하기, 영양가 있는 음식 요리하기, 건강과 안전 보장하기, 자기옹호 기술 배우기, 선택과 의사결정하기, 평생 학습 참여하기에 대한 지원을 포함한다. DSP는 또한 직무지도원이나 취업상담사 역할도 하며, 직장 내에서 지원망 육성을 포함하여 사람들이 일자리를 찾고 취업을 유지할 수 있도록 지원한다.

(5) 노년기(65세 이상)

DSP는 노인들이 살던 곳에서 계속 살 수 있도록^{age in place, 이하 AIP} 지원하거나 장기 건강관리 시설에서 서비스를 제공하는 것을 알 수 있다. 종종 DSP의 초점은 그들의 기술, 건강과 웰빙을 유지하기 위해 개인을 지원하는 것으로 바뀐다. DSP는 IDD를 가진 사람들이 삶의 주기와 죽음의 의미를 이해하는 것뿐만 아니라 그들 주변의 다른 사람들이 죽을 때 슬픔을 다루는 것을 지원한다.

4. 실용적 제안과 중재

앞서 논의한 바와 같이 DSP는 IDD를 가진 사람들의 지역사회 참여를 촉진하는 데 중추적인 역할을 하지만, 인력은 높은 이직률과 구인율을 초래하는 만연한 문제들과 함께 미숙하고 일관되지 않은 지원으로 인해 골머리를 앓고 있다. 이 문제가 크고 종종 고용주들은 이를 극복할 수 없다고 느끼지만, 이 문제를 해결할 수 있는 전략들이 있다. 다음은 DSP 인력을 구축하고 안정화하는 데 사용할 수 있는 실용적인 제안과 중재에 대한 개요이다.

1) 채용 및 선발 전략

효과적인 채용 및 선발 전략은 지원 대상자를 모집하여 자신이 지원하는 직책의 직무를 이해하고 신중하게 선발하여 지원 대상자와 적절하게 매칭되도록 하는 것을 목적으로 한다. 신중하게 실행될 경우, 이러한 전략은 특히 조기 이직(고용 초기 6개월 이내)을 줄이는 데 도움이 될 수 있다. 그러한 전략들은 다음 절에 제시되며 조직의 필요에 따라 다양한 조합으로 활용할 수 있다.

(1) 목표형 모집 전략

목표형 모집 전략은 특정 조직에서 잘 지내고 머무르는 DSP의 특성을 파악한 다음 해당 청중을 대상으로 목표 마케팅을 하는 것이다. 장기재직하는 사람들의 일반적인 집단은 다음과 같을 수 있다.

- 대학생
- 자녀를 독립시킨 부모
- 퇴직자
- 특정 종교를 가진 사람
- 미혼모
- 이전 자원봉사자
- 직장 인근에 거주하는 사람
- 실직 근로자
- 청소년 근로자(예: 고등학교 3학년)

일단 목표 시장이 파악되면, 채용 공고는 해당 인구에 맞게 설계하여 그들이 볼 가능성이 가장 높은 장소에 게시한다. 예를 들어, 대상 인구가 주로 자녀를 독립시킨 부모인 경우, 광고는 '새로운 시간을 가치 있는 일로 채우기'나 '양육 및 교육 기술의 새로운 직업으로의 전환'으로 작성할 수 있다.

또는 대상 집단이 최근 공장에서 퇴직한 근로자들일 경우, 목표 메시지는 "라인 공정은 이제 그만, 의미 있는 일로 복귀"나 "유연한 업무 일정, 재미있는 업무 환경"이 될 수 있다. 고등학교 3학년 학생들을 유치하는 직업 광고를 게시하기 위해서는 학교 지도 상담교사들과 협력해야 할 것이다. 목표 마케팅은 조직들이 일률적인 광고 캠페인 대신에, 매우 구체적인 청중들에게 말하는 내용으로 홍보할 것을 격려한다. 청중들에 따라 마케팅이 이루어지는 장소와 수단(예: 소셜미디어와 디지털 플랫폼, 지역 기관이나 주민 센터의 전단지, 인쇄 매체)도 다양화하는 것이 중요하다.

(2) 내부 자원 활용 모집 전략

현재 직원들은 종종 새로운 의뢰의 가장 좋은 자원이다. 현 직원들을 이 과정에 참여시키고, 공석을 충원하는 역할에 대해 보상하거나 격려하는 것은 양질의 직원을 채용하는 데 유용한 투자가 될 수 있다.

(3) 인맥 확장

반대로, 새로운 마케팅 전략이나 근로자 인맥을 활용하는 것은 공석을 채우는 중요한 방법이 될 수 있다. 복지 서비스 진로를 교육하는 고교 대안교육 프로그램과 같이 연령대가 낮은 인력을 충원하는 전략들도 있다. 오하이오주의 그로브시의 오하이오 지역사회 진로 연계 프로그램Community Career Connections Program-Ohio, C3PO이 그 예이다. 이 프로그램은 공인 DSP가 고등학생들에게 자격증 취득 기회를 열어 주는데, 고등학교 2~3학년 학생들이 고등학교 졸업 후 인력 채용에 활용할 수 있는 DSP 자격증 취득 프로그램에 참여할 수 있다. 이 프로그램에 대한 자세한 내용은 http://www.swcsdcareertec h.com/c3po.html에서 확인할 수 있다. 마지막으로, 현재 소득을 보충하고자 하는 연령대가 더 높은 근로자들은 공석을 채우는 또 다른 유망한 인구일 수 있다.

(4) 직접 지원 인력 등록 및 매칭 서비스

인력 등록과 매칭 서비스는 지원이 필요한 사람들과 자격을 갖춘 적절한 직원을 연결하기 위한 구조를 제공한다. 개인에게 적합한 DSP를 찾는 것은 개인중심적 지원의 질을 극대화할 수 있다. 등록과 매칭 서비스는 호불호, 관심사, 기술과 DSP 역량에 관한 정보를 판별하고 저장하는 양식을 제공한다. 마이서포트www.mysupport.com는 DSP 매칭 서비스의 예이다. 마이서포트는 자신의 서비스들을 스스로 주도하는 사람들에게 특히 유용할 수 있다. 이는 IDD를 가진 개인이 가정 관리 기관을 활용하는 대신, 지원 인력을 채용하고, 관리 및 감독하며, 해임하는 것을 의미한다. 마이서포트는 지원 관련 시나리오의 선호도에 대한 일련의 질문을 통해 사용자를 안내한다. 개인 정보 조회 및 기타 관련 정보들을 수집하여 근로자와 DSP를 고용하려는 사람들 간의 호환성 점수를 할당한다.

(5) 현실감 있는 직업 미리보기

현실감 있는 직업 미리보기Realistic Job Previews, 이하 RJP는 취업을 원하는 구직자들에게 채용 전에 자신의 직장생활에서 어떤 하루가 될 수 있는지를 볼 수 있는 기회를 제공한다. 고용된 DSP의 3분의 1 이상이 6개월 이내에 직무를 떠난다는 점을 감안할 때, RJP는 잠재적 근로자들에게 그들이 한 개인의 삶에서 어떤 역할을 수행할지에 대한 명확하고 정확한 이해를 제공한다. 이것은 그들이 그 역할이 수반하는 것에 대한 현실적인 예상을 하고 출발할 수 있도록 도와줌으로써 그들의 새로운 위치에서 성공할 준비를 할 수 있게 한다. 반대로 한 개인이 RJP를 경험하고 나서 그 일에 적합하지 않다고 판단되면, 회사는 결국 머물지 않을 직원에게 투자하지 않아도 될 것이다.

RJP는 개인의 요구를 지원하는 자막을 넣어 제작한 비디오, 스크랩북이나 사진을 포함하여 다양한 형태를 취할 수 있다. 기술의 진보, 휴대폰 카메라의 사용과 편집 소프트웨어의 발전은 빠르고 쉽게 만들 수 있어 RJP를 더 흔하고, 사람들이 쉽게 접근할 수 있게 만들었다.

2) 유지 전략

많은 기관이 구인율이 높다고 보고하고 있다. 전국 평균은 10%를 약간 밑돌고 있다(NASDDS, 2016). 공석을 피하는 가장 효과적인 방법은 고용 직원을 유지하는 것이다. 조직은 다양한 전략을 통해 이직률을 줄이고 유지율을 높일 수 있다. 여기에는 역량 기반 교육, 인정, 긍정적인 조직 문화, 공정한 임금과 복지혜택 제공, DSP 전문가 판별의 촉진이 포함된다. 다음 절에서 각 전략을 논의한다.

DSP는 지역사회에서 IDD를 가진 개인을 효과적으로 지원하기 위해 많은 것을 알고 구체적인 업무를 할 수 있어야 한다. 거의 모든 주는 DSP를 위한 사전 교육에 대한 규정을 가지고 있다. 예를 들어, 주 정부에서 DSP가 개인과 함께 일하기 전에 40시간의 교육을 받을 것을 요구할 수 있다. 이러한 사전 교육에는 응급처치 기술, 심폐소생술^{CPR} 인증, 약물 투여, 위기 중재, 문서화 실습이 포함될 가능성이 높다. 또한 근무 시간에 따라 연간 또는 DSP 채용 후 정기적으로 연수나 재인증 교육을 요구할 수 있다. 조직이 신규 DSP 교육을 완료하기 어려운 것은 결원을 즉시 충원해야 하고, 신규 인력을 교육하는 동안 공석을 담당할 인력이 없는 경우가 많기 때문이다. 그만큼 교육을 서둘러 진행할 수 있고, 일관성 없는 교육이 될 수 있다. 규정과 의무교육도 중요한 반면, 그것들은 (기술 시연보다는) 주제에 초점을 맞추고 있으며, 효과적인 DSP에게 필요한 모든 기술을 개발할 만큼 포괄적이지 못하다.

역량 기반 교육^{CBT}은 DSP에서 필요한 기술을 개발하기 위해 설계하여 사용하는 교육 방법이다. CBT는 개인이 알아야 할 것, 수행해야 할 기술과 그들의 일에 양질의 지원을 제공하기 위해 수용해야 할 태도와 가치를 기술한다. CBT 프로그램은 일반적으로 강의실 발표, 현장실습, 온라인 과정과 평가(예: 필기시험, 기술 시연이나 포트폴리오)를 포함한 학습방법의 조합으로 구성된다. 프로그램은 종종 여러 단계를 완료하거나 '단계별 점수'(예: 인증서, 배지, 학위)를 제공하도록 계층화된다. 짧은 시간을 활용하여 프로그램을 완료하도록 하는 능력은 DSP가 더 많이 프로그램을 완료할 수 있게 한다. 이러한 경로는 때로 경력 '사다리'나 '격자'라고 불리며, 자격증 프로그램 내의 각 단계는 필요한 특정 역량과 연결된다. CBT 프로그램은 이직률을 줄이고 임금 인상에 대한 벤치마크를 제공하는 동시에, 지원의 질을 높이기 위한 전략으로 DSP와 고용주 사이에서 지지를 받고 있다.

전국 직접 지원 전문가 협회 National Association of Direct Supprt Professionals

- DSP 역량
- 참여자 역량 강화
- 지역사회 생활 기술 및 지원
- 의사소통
- 문서작성
- 진단평가
- 지역사회 및 서비스 네트워킹
- 서비스 촉진
- 교육, 훈련 및 자기계발

- 옹호
- 직업, 교육 및 경력 지원
- 위기 예방 및 중재
- 조직적 참여
- 우정과 관계 구축 및 유지
- 개인중심 지원 제공
- 건강과 웰니스 지원

출처: NADSP (2017).

한 연구에서는 NADSP 역량에 맞춘 온라인 모듈과 IDD를 가진 사람들을 위해 바라는 특정한 성과들(예: 고용, 가정생활, 건강과 웰니스, 지역사회 통합), 교육 내용과 DSP 직무에 대한 적용의 슈퍼바이저나 DSP 리더가 촉진하는 논의, 현장 기술 시연을 포함하는 CBT 프로그램을 검토하였다. 조사 결과, 중재집단의 이직률 감소, 개선된 직업유지율, 슈퍼바이저에 대한 DSP 만족도 향상, IDD를 가진 사람들의 성과 개선 등이 나타났다(Bogenshutz, Hewitt, Nord, & Hepperlen, 2015). DSP 역량과 기술에 CBT의 초점을 맞춘 것을 감안할 때, CBT는 DSP 기술의 질과 일관성을 높이는 중요한 도구가 될 수 있다. CBT 프로그램은 또한 부상이나 책무성에 대해 적절하게 준비되지 않은 DSP와 관련된 비용을 줄일 수 있다.

미국에서는 DSP에 대한 주 정부나 국가 자격증 프로그램을 요구하지는 않지만, 몇몇 주에서는 '휴대할 수 있는' DSP 자격증을 실행하기 위한 노력이 진행 중이며, 많은 조직이 이러한 프로그램을 실행하기 위해 스스로 노력해 왔다. 휴대할 수 있는 자격증으로 DSP의 교육은 다른 조직이나 주 경계를 넘어 인정받을 수 있다. 그러한 인프라는 양질의 지원을 제공하겠다는 DSP의 약속을 유도하는 중요한 방법이 될 수 있다. 전국 직접 지원 전문가 연합[NADSP]은 국가적으로 검증된 DSP 역량에 맞춰 국가 자격증 또는 배지 프로그램[badgiry program]을 제공하는 DSP 전문 협회이지만, 이 프로그램을 성공적으로 완료한 DSP는 거의 없다. NADSP는 또한 NADSP 역량과 인증 기준에 부합하도록 승인되고 인증된 교육 과정 목록을 제공한다.

NADSP 인증 교육 프로그램

- DirectCourse[1]: College of Direct Support
- Relias Learning[2]
- PATHS
- North Dakota Community Staff Training Program
- ARC Broward[3] PATHS Certificate S
- The Academy for Direct Support Professionals
- The Training Collaborative for Innovative Leadership
- Star Services[4]
- Human Services Credentialing Program
- Open Future Learning[5]

출처: NADSP(2017).

자격증 프로그램을 성공적으로 이수하면 근로자들의 능력이 향상되고, 비공인 근로자들과 차별화하며, 그들의 업적에 대해 보상할 수 있는 길이 열린다. 인증된 교육 프로그램을 임금 향상과 연계하여 성공적으로 완료하도록 장려하는

것은 자격증을 가진 근로자의 임금을 향상시킬 수 있는 자금 조달을 증가시키는 유용한 정책적 논증이 될 수 있다. 자금 부족은 종종 자격증 프로그램의 시행에서 장애물로 언급된다. 이에 대해 CMS는 주 정부들에 메디케이드 요금 설정에서 허용 가능한 보상비용으로써 DSP에 대한 지속적인 교육 및 훈련 비용은 각 주 정부가 확인할 수 있다는 점을 명확히 하였다(CMS, 2011). 주 정부 메디케이드 관리자가 이러한 지속적인 교육비용을 충당하기 위해 사용할 수 있는 전략과 방법을 이해할 수 있도록 도구를 개발하였다(Robbins, Dilla, Sedlezky, & Johnson Sirek, 2013).

(1) 인정 프로그램

DSP는 업무의 복잡성과 중요성에도 불구하고 전문가로서 간과되는 경우가 많다. 2003년 국회 직접 지원 전문가 결의안(S. Con. Res. 21/H. Con. Res. 94)에서 DSP의 중요한 직무를 공식적으로 인정하였다. 이 결의안은 9월에 승인되었으며, 현재 많은 주의 주지사들과 단체에서도 DSP와 직접 지원 직무를 축하하고 인정하는 기회로 인정받고 있다. 국가 협회들도 이 분야의 우수 조직을 인정하기 위해 상을 제정했다. 무빙 마운틴스Moving Mountains는 우수하고 효과적인 실제를 실행하는 조직을 인정하는 국가상의 한 예이다. 또한 이를 완료한 지역 조직과 헌신적인 DSP에 주는 보상도 있다. 예를 들어, 일부 기관은 매년 DSP의 서비스에 대해 감사하기 위해 DSP 인정 연회를 개최한다.

그러나 수상과 지정된 인정 기간만으로는 충분하지 않다. DSP의 인정은 어느 조직에서나 슈퍼바이저, 관리자와 DSP 간의 일상적인 상호작용의 일부가 되어야 한다. 때로는 다음과 같은 작은 인정의 행위가 DSP에게 가장 중요하다.

- DSP가 매일 그들의 일을 하고 기여하는 것을 인식하고 감사의 말 전하기
- 매년 고용 3개월, 6개월, 12개월 기념일에 DSP에게 손으로 쓴 편지 보내기
- 생일에 각 DSP에 생일카드 보내기
- 모든 직원회의에서 감사의 표현으로 5달러 기프트 카드 추첨하기

- 그들이 지원하는 개인의 삶을 변화시킨 DSP의 긍정적 행동에 대해 슈퍼바이저 및 관리자와 공유하기
- 모든 직원, 서비스 이용자와 가족에게 전달되는 모든 뉴스레터나 이메일에 직원 프로필 포함하기
- 이사회와 가족에게 DSP를 볼 때 감사하다고 말하도록 요청하기

또한 DSP에게 고용 시점에 그들이 인정받기를 원하는 방식을 물어보는 것도 중요하다. 어떤 이들은 또래와 다른 사람들 앞에서 공식적으로 인정받는 것을 선호하고, 어떤 이들은 더 겸손하고 개인적인 방식으로 인정하는 것을 선호한다. 진정으로 직원을 가치 있게 여긴다는 것을 느끼게 하려면, 그들이 중요하고 편안하게 느끼는 방식으로 인정하는 것이 중요하다.

(2) 긍정적이고 존중받는 조직 문화 창조

직원들에 대한 존중과 소속감을 확고히 하는 조직문화를 만드는 것은 DSP를 업무에 계속 종사하게 하는 중요한 수단이다. DSP가 고용주로부터 가치를 인정받을 때, 그들은 어려움에 직면하더라도 자신의 일에 전념할 가능성이 더 높다. 그들이 상사에게 지지받고 소속감을 느낄 때 또한, 더 머물 가능성이 높다. 조직은 DSP가 업무에 자부심과 가치를 느끼도록 돕는 존중과 전문성의 문화를 만들어 갈 수 있다.

DSP 유지를 지원하는 긍정적 조직의 특성

- 조직이 학습하는 조직이다. 업무를 수행하는 최전방의 최고지도부, 관리자, DSP 모두의 학습을 지원한다. 이러한 기관들은 학습에 투자하며, 종종 최근에 배운 것을 바탕으로 개선과 변화를 일으키기 위해 노력한다. 지도자부는 종종 장애를 가진 사람들을 지원하는 전략뿐만 아니라 사업과 리더십에도 정통하다.
- 이러한 조직의 대표는 DSP가 누구인지 알고 있으며 그들을 이름으로 부른다.

> • 때때로 대표와 관리자가 직접 지원을 연습한다.
> • DSP는 조직 내에서 목적적이고 전략적인 청취 기회를 제공한다. 대표들은 종종 의도적인 청취 기회를 만들고, 짧은 설문 조사를 사용하거나, DSP가 생각하고 하는 것을 따라잡기 위해 개방적인 정책을 실행한다.
> • 조직은 자료를 사용하여 직접 지원 인력이나 기타 영역과 관련된 실제의 변화를 주도한다.
> • 조직은 직원들이 조직의 임무와 IDD를 가진 사람들의 성과에 집중하도록 하는 강력한 도구로 이야기를 사용한다. 이사회, 지도부, 경영진, 직원회의는 조직의 지원을 받는 개인이 어떻게 지역사회에 긍정적인 인맥을 만들거나 기여를 했는지, 또는 개인적인 목표를 달성했는지에 대한 이야기로 시작하는 경우가 많다. 이러한 성과에서 DSP가 수행한 역할도 공유된다.

이러한 특징 외에도, 조직들이 문화적으로 관련 있는 실제들을 사용하는 것이 중요하다. 직접 지원 인력은 다양하다. 조직은 직원들의 다양한 종교적·문화적·언어적 요구와 실제에 대응할 필요가 있다. 유연한 휴가 일정, 직원들이 사용하는 언어로 정보가 공유되도록 하는 것, 종교적인 요구를 수용하기 위해 유연한 일정을 허용하는 것 그리고 직원 문화의 다양한 전통과 측면을 배우고 인정하는 것 모두가 중요한 행동이다. 모든 직원이 문화적으로 민감성을 가질 수 있도록 가르치고 훈련시키는 것도 필수적이다.

(3) DSP의 전문적 이미지 향상

DSP의 전문적 이미지를 높여 직접 인력 분야로 근로자들을 유치한 후 이를 유지하는 것을 도울 수 있다. 직접 지원 전문직의 가시성을 높이기 위한 여러 가지 방법이 있다. 신규 근로자 섭외 인맥 형성을 위해 지역사회로 나가기, DSP가 더 큰 직업의 일부라는 것을 알게 하고, 다른 DSP와 인맥을 형성하고 배울 수 있는 기회 제공하기, 전문적 공공 인식 캠페인을 개발하여 시행하기가 그 예이다.

지역사회의 대부분의 사람들은 DSP가 누구인지 그리고 그들이 무엇을 하는지 모른다. 대부분의 아이들은 간호, 교육, 소방과 같은 직업과 같이 직접 지원 전문가와 같은 복지 서비스 직업에 대해 배우지 않는다. 아이들이 이러한 직업을 알 수 있도록 돕기 위해 초등학교와 중등학교와 협력하는 것은 나중에 직업으로서의 직접 지원을 탐구할 가능성을 높일 수 있다. 이것은 학생들이 이미 학교 강당, 식당과 수업에서 정기적으로 보고 있는 DSP와 IDD를 가진 사람들로부터 시작할 수 있다. 또한 지역사회에서 사람들이 당신의 조직뿐만 아니라 조직 내의 직업들과 DSP의 역할에 대해서도 배울 수 있는 기회를 제공하는 것이 중요하다. DSP가 종교모임, 봉사동아리와 다른 지역사회 행사들을 공동주최하게 되면 이러한 근로자들이 누구이며 그들이 무엇을 하는지에 대한 인식을 높일 수 있다. 인력 이사회와 기타 고용 및 직무 관련 지역사회 조직에 참여하는 것은 직접 지원 직업에 대한 지역사회의 인식을 높일 수 있는 또 다른 전략이다.

많은 주가 DSP를 위한 전문적 협회를 가지고 있는데, 대부분은 NADSP에 소속된 주 정부의 지부들이다. NADSP는 DSP의 지위 및 인정 제고를 위한 것, 훈련과 교육의 기회를 제공하는 것, DSP에 대한 자발적인 자격증 프로그램의 개발과 실행을 지원하는 것, DSP에 대한 임금과 보상을 높이는 공공정책 시책을 지원하고, DSP의 역할과 책임에 맞는 직책을 정한다는 네 가지 우선순위를 가지고 있다. 조직에서 NADSP 멤버십을 장려하거나 직원을 위한 그룹 멤버십을 구입하여 DSP를 지원할 수 있다.

다양한 주(예: 인디애나, 미네소타, 뉴욕, 오하이오, 오리건)에서 DSP가 수행하는 중요한 직무에 대한 인식을 높이기 위해 풀뿌리와 공공 인식 캠페인을 시작했다. 이러한 캠페인은 사람들을 동원하여 다양한 미디어 형식(예: 광고판, 소셜미디어, 공공 서비스 공지, 광고)을 사용하여 자신의 이야기를 공유하고 변화를 옹호하며, 정치적 옹호 전략들(예: 집회, 소집, 농성, 직접 방문, 서면 작성)을 조직하여 이 직업과 임금, 복리후생, 인정의 향상 요구에 대한 관심을 유도한다. 두 가지 효과적인 캠페인은 BeFair2DirectCare(https://www.facebook.com/BFair2DirectCare/)와 Value the Work, Raise the Wage(www.oregonresou rce.

org/value-the-work. html)이다. 이러한 노력이 결합되어 DSP에 대한 참여, 네트워킹 및 강력한 전문적 정체성을 개발할 수 있는 기회를 제공할 뿐만 아니라 DSP가 누구이며 무엇을 하는지에 대한 폭넓은 관심을 가져온다.

3) 시스템 및 정책 수준 전략

(1) 요금 구조에 생계비와 임금인상 반영

IDD를 가진 사람들에 대한 지역사회 지원이 시작된 이후, 직접 지원에 대한 임금은 낮고 혜택은 빈약했다. 시간이 가면서 DSP 임금은 인플레이션을 따라가지 못해 15년 전보다 더 낮아졌다. 많은 조직은 그들의 지역사회에서 직원들이 책임과 의무가 훨씬 적은 식료품점, 패스트푸드점과 다른 서비스 산업보다 더 낮은 임금을 지불한다는 현실에 직면해 있다. 대부분의 DSP는 자신의 일을 좋아하지만, 많은 사람이 재정적 책임 역시 생각해야만 한다. 결과적으로, 좋은 사람들이 그 분야를 떠나게 된다.

정부가 자금을 지원하는 많은 산업에서 생계비 인상은 서비스와 자금을 승인하는 법률의 일부분이다. DSP 임금이 더 하락하는 것을 막기 위한 한 가지 전략은 생계비 인상을 반영하는 것으로 정책을 바꾸는 것이다.

다양한 수준의 인증으로 이어지는 자격증 프로그램을 통해 진로를 개발하는 것은 결국 제공기관들이 더 높은 수준의 교육과 자격증을 획득한 DSP들에게 지불하는 더 높은 요금에 대한 근거를 제공할 수 있다. 모든 DSP가 동일한 책임을 지는 것은 아니다. 예를 들어, 일부 DSP는 투약에 대한 내용을 통과하지만 일부는 그렇지 않다. 일부 DSP들은 심각한 행동지원 요구를 가진 IDD를 가진 사람들을 위해 행동지원 전략을 실행하지만, 일부는 그렇지 않다. 일부 DSP는 튜브섭식, 상처 관리, 기관절개 관리와 같은 의료적 개입을 제공하며 일부는 그렇지 않다. 근로자들이 수행하는 특정 기술에 대한 자격증을 제공하는 것은 정책 입안자들에게 더 많은 급여를 지불할 필요성에 대한 근거를 제시하는 또 다른 방법이 될 수 있다.

(2) 자기주도적 서비스와 자연적 지원

자기주도적 장기서비스와 자연적 지원을 통해 IDD를 가진 사람들이 자신의 목표, 지원 필요성과 원하는 서비스를 스스로 결정하고, 스스로 직원을 찾고 선택하고 훈련할 수 있다. 자기주도성은 독립을 촉진하고 사람들이 자신의 삶과 자신이 받는 지원을 통제할 수 있게 한다. 현재 41개 주는 메디케이드 가정 및 지역사회 기반 서비스를 통해 지원 옵션으로 일부 유형을 제공하고 있다 (DeCarlo, Hall-Lande, Bogenschutz & Hewitt, 2017). 그러나 이러한 서비스의 이용가능성과 제공 방식은 주에 따라 다르다. 주에 따라, 자기주도적 서비스는 사람들이 DSP에 더 높은 요금을 지불하게 할 수 있지만, 이것은 또한 DSP들이 고용의 일부로 부가적인 혜택을 받을 가능성을 낮출 수도 있다. 일부 자기주도적 모델에서 가족구성원은 DSP가 일반적으로 수행하는 서비스를 제공하는 것에 대해 변제받을 수 있다. 이는 DSP를 유지하는 데 어려움이 있어 가족구성원들이 자신의 고용을 유지하기 힘든 경우에 가족의 재정에 큰 영향을 미칠 수 있다. IDD를 가진 일부 사람들은 그들의 개인적 생활에 걸쳐 DSP와 관계를 맺지 않는 것을 선호하지만, 확장된 가족과 친구들 역시 DSP의 역할을 할 수 있다. 반면에, 친구와 가족이 지원을 할 수 있도록 허용하는 것은 때때로 질적이고 일관된 지원을 이끌어내기도 한다.

간단히 말해서, 자기주도적인 서비스 모델은 사람들이 그들 자신의 직원을 찾도록 함으로써 DSP 부족 문제를 해결한다. 그럼에도 불구하고, IDD를 가진 사람들과 그들의 가족들 중 극히 낮은 비율만이 이런 종류의 서비스를 이용하고 있다. 친구, 이웃과 가족을 유급 지원 근로자로 사용할 수 있는 자기주도적 옵션을 늘리고 이를 실현 가능한 대안으로 홍보하는 것이 종합적인 직접 지원 인력계획의 한 요소가 될 수 있다.

(3) 독립 계약자와 협동조합

전통적인 제공기관 모델에 대한 대안이 존재한다. 일부 주와 프로그램의 일부 DSP는 독립 계약자들이다. 이것은 그들이 국가와 직접 계약하고 국가가 비용을 지불한다는 것을 의미한다. 이 모델에서 제공기관 조직은 맡은 역할이나 변경된 역할이 없으므로 간접 사업비를 절감하고 DSP에 대한 임금을 인상하며 유지를 개선할 수 있다. 이러한 독립적인 계약자들은 광고, 등록이나 다른 방법을 통해 일을 찾을 수 있다. 모든 주 정부가 이 옵션을 제공하는 것은 아니지만, 애리조나, 캘리포니아, 오리건, 미네소타, 워싱턴 등의 지역에서는 성공적인 모델이 운영되고 있다.

일부 주에서는 DSP 근로자 협동조합도 운영하고 있다. 이들은 공통의 경제적·사회적·문화적 욕구를 충족시킬 목적으로 DPS들이 공동으로 개발하고 소유한 자율적 고용 조직들이다. 이러한 협회들은 DPS가 사업주가 되어 조직 운영의 측면을 관리함에 따라 빈곤을 줄이고 고용 기회를 증가시키는 결과를 초래할 수 있다. 그들은 임금, 혜택, 교육과 직장 문화 역시 더 잘 통제한다. 이 모델은 재택 건강 서비스home health services에서 가장 일반적으로 사용되지만 DSP 인력에도 긍정적인 영향을 미치기 시작했다.

(4) 지역사회 통합을 통한 자연적 지원

아마도 DSP에 대한 수요를 줄이는 가장 중요한 방법 중 하나는 IDD를 가진 사람들이 관계와 적극적인 참여를 통해 그들의 지역사회에 연결되도록 하는 것이다. IDD를 가진 사람들이 자신의 지역사회에서 더 많이 참여하고, 활동하고, 지원을 받을수록 유급 지원이 덜 필요하게 된다. 이것은 때때로 '자연적 지원'의 사용이라고 불리며, 기본적으로 비용을 받지 않은 사람들이 한 개인의 지원 요구를 충족시키는 역할을 한다는 것을 의미한다. 결국, 이것은 유료 지원에 대한 의존도를 줄일 수 있다.

자연적 지원은 대부분의 사람에게 공통적인 것이다. 그것들은 종종 다른 사람과 공유하는 활동이나 흥미와 연결된 관계에 기초한다. 이사를 도와주는 친구들, 스포츠 행사에 함께 가고 싶은 사람과 참석하거나, 교회에서 친구를 만나는 것이 IDD를 가진 누군가를 위한 자연적 지원의 예시가 될 수 있다. 자연적 지원을 사용하면 모든 지원 요구를 충족시키기 위한 유급 인력에 대한 개인의 의존을 줄임으로써, 현재 부족한 직접 지원 인력에 대한 수요를 완화하면서 IDD를 가진 개인의 삶의 질을 높일 수 있다.

(5) 테크놀로지 기반 지원의 실행

IDD를 가진 사람들을 위한 접근성, 효율성, 품질과 지원의 연속성을 높이는 데 있어 테크놀로지의 발전은 중요했다. 때때로 테크놀로지는 DSP 실제를 보완하기 위해 사용되는 반면, 다른 때에는 DSP의 부재 시에 사용된다. 현재 일부 주에는 테크놀로지를 메디케이드 HCBS와 주 계획 서비스의 일부로 포함하여 제공하고 있다. 다양한 테크놀로지가 사람들의 교통수단과 지역사회 내를 탐색하는 것을 돕는 데 사용된다. 또한 테크놀로지는 이전에는 아무도 그 개인이 할 수 없다고 생각했던 일(예: 요리, 통화, 청소)을 하는 데 도움을 줄 수 있다. 테크놀로지의 사용은 독립성을 더욱 촉진하고 사람들이 더 제한적인 환경에서 사는 것을 막을 수 있다. 다음은 IDD를 가진 사람들이 현재 사용하고 있는 몇 가지 테크놀로지이다.

① 센서

센서는 건강과 안전을 모니터링하는 데 사용될 수 있다. 흔히 사용하는 센서 기술은 개인의 손목이나 목에 착용할 수 있다. 넘어지면 버튼을 눌러 DSP나 응급팀에 알릴 수 있다. 또한 센서들은 개인의 활동을 모니터링할 수 있도록 출입구에 설치할 수 있다. 출입구 센서를 출입문에 설치해 개인이 외출했는지, 예상치 못한 사람이 집에 들어갔는지 등을 확인하고 경고를 보낼 수 있다. 또한 센서를 침대나 욕실에 설치하여 활동을 모니터링하거나 건강 문제를 판별할 수도 있다. 침대의 센서는 수면 무호흡증, 특이한 수면 패턴, 불안 상태나 당뇨병(보통 높은 배뇨 빈도) 등의 상태를 확인할 수 있다.

② 원격 모니터링

비디오 모니터링의 사용은 덜 침입적인 형태의 모니터링에 비해서는 논란이 더 많고, 많은 경우에 사용이 제한된다. 그러나 원격 모니터링은 현장에 DSP가 없을 때 누군가가 개인의 행동을 모니터링할 수 있게 하거나, 사람들이 일반적으로 잠을 자는 시간 동안 공동생활가정 환경에서 유급 직원 1명으로 운영이 가능하여 유용할 수 있다.

③ 컴퓨터 보조 장치

태블릿이나 스마트폰과 같은 컴퓨터 보조 장치는 학습을 지원하고 DSP에 대한 의존도를 줄일 수 있다. 위성위치확인시스템^{GPS}을 활용하는 애플리케이션과 지역사회 내비게이션을 지원하기 위한 음성 작동안내가 일반적인 용도에 포함된다. 우버(Uber)[1]나 리프트(Lyft)[2]와 같은 애플리케이션(앱)을 통해 교통 서비스에 접속할 수 있다. 또한 스마트 기기 앱은 사람들이 말로 의사소통을 할 수 없을 때 도움을 주는 앱도 많다. 다른 앱들은 직업 현장에서 업무 순서를 정하고 직무지도원에 대한 의존도를 감소시키기 위해 사용할 수 있다.

④ 전자 투약 디스펜서

전자 투약 디스펜서는 의사들이 처방한 약을 복용하는 것 즉, 전통적으로 DSP가 중요하게 수행해 오던 역할을 도울 수 있다. 적절하거나 일관된 인적 지원이 없는 경우 전자 투약 디스펜서는 약을 복용할 때 오류가 발생할 가능성을 줄일 수 있다. 특정 시간에 정확한 투여량을 제공하도록 투약 디스펜서를 프로그래밍할 수 있다. 그들은 또한 개인에게 약을 먹으라고 구어로 알려 주는 촉진을 제공할 수 있다.

이것들은 독립과 지역사회 생활을 지원하는 가장 흔하게 사용되는 기술들 중 몇 가지에 불과하다. IDD를 가진 많은 사람이 인적 지원 대신 테크놀로지 지원을 사용함으로써 DSP에 대한 의존도를 줄일 수 있었다. 테크놀로지에 대한 최신 정보는 콜먼 연구소 웹 사이트(https://www.colemaninstitute.org/)를 참조하라.

---

1) 스마트폰을 기반으로 한 미국의 승차 공유 서비스
2) 미국 캘리포니아주 샌프란시스코에 본사를 둔 승차 공유 서비스 기업

콜먼 연구소는 전국적으로 IDD를 가진 사람들의 지역사회 생활을 촉진하는 테크놀로지 연구로 인정받고 있다.

사례   **히람 윌리엄스**

"우리가 지원하던 사람은 꽤 조용했어요. 말을 많이 한 적이 없고 그저 흐름에 순응했죠." 뉴욕의 직접 지원 전문가 히람 윌리엄스^{Hiram Williams}는 회상했다. "뭔가 잘못된 게 있는 것 같아 대화를 시도했어요."라고 말했다. 히람은 그 남자에게 연필과 종이를 주고 그림을 그려 표현하도록 격려했다. 대신 그 남자는 연필을 집어 들고 단어를 쓰기 시작했다. "50대인 이 남자는 읽고 쓸 줄 알았는데, 아무도 그 사실을 몰랐어요." 오늘날 그는 가족에게 편지를 쓰고 자신의 아이패드에서 페이스타임을 사용한다. "그는 이제 의사소통을 할 수 있어요."라고 히람이 말했다. "그리고 누군가 일상을 따라가는 대신 그를 자리에 앉히고 이해하기만 하면 되었죠. 테크놀로지가 한 일이에요. 그래서 직접 지원 전문가인 것이 좋아졌어요." 15년 넘는 기간 동안, 히람은 IDD를 가진 사람들이 그들의 지역사회에서 완전하게 통합적인 삶을 사는 것을 지원해 왔다. 부계 돌봄모델^{paternal model of caregiving}을 통해 건강과 안전을 강조해 온 이 분야에서 중요한 단어는 '지원'이다.

직접 지원 인력의 기술과 지위 향상을 위해 헌신하는 단체인 전국 직접 지원 전문가 협회의 조 맥베스^{Joe Macbeth} 이사는 "오늘날 우리는 성과와 개인의 자율성에 초점을 맞추고, 사람들이 자신의 삶의 방향을 지시할 수 있도록 돕고 있어요."라고 말했다. 이는 역사적으로 지적·발달장애인에게 제공해 온 시스템 중심의 서비스에서는 180도 달라진 것이다.

히람은 "나는 스스로를 지원하기 위해 필요한 기술을 사람들에게 알려 주려고 해요."라고 말했다. DSP로서, 히람은 자신의 역할을 그가 지원하는 사람들이 자기 동네에서 의미 있게 참여할 수 있는 기회를 갖도록 보장하면서, 더 넓은 지역사회에서 관계를 촉진하는 '친구를 사귀고, 밖에 나가 영화를 볼 수 있고, 모든 사람이 즐기는 인생의 모든 것을 즐길 수 있게 하는' 것으로 보고 있다.

히람이 지원하는 1명은 나이 든 신사 존^{John}인데, 그는 말을 거의 하지 않고 활동적으로 지내는 것을 좋아한다. "그는 추상적인 의사소통 방법을 가지고 있지만 그와 충분한 시간을 함께 보내면서 당신은 그의 몸짓, 표정, 그런 성격의 것들을 통해 그가 말하고자 하는 것을 이해하게 되요. 그는 자신의 원하는 것과 요구를 분명히 표현하는 데 꽤 능하죠." 히람은 존의 말을 주의 깊게 듣고 그가 원하는 것과 요구를 충족시킨다. "결국 모든 사람은 자신의 삶이 어떠해야 하는지에 대한 의견을 가지고 있어요. 그리고 그것을 지원하고 각 개인에게 그 꿈이 실현되도록 노력하는 것이 우리의 일이에요."

히람의 업무는 약물 투여, 개인위생 보조, 건강한 식사의 계획과 준비, 교통수단 지원 등 많은 일상적인 것을 포함한다. 그러나 그의 역할을 성공적인 DSP로 규정하기 위해 지원하는 사람들의 말을 적극적으로 듣고 지역사회에 다리를 놓는 일은 더욱 미묘한 일이다. 히람은 '다른 사람의 삶을 책임지는 것은 힘든 일'이라고 강조했다. "그것은 누구나 할 수 있는 일이 아니에요." 히람은 직접 지원 전문가라는 직함을 인정하지만, 복지 서비스의 많은 외부 사람이 그가 하는 일에 대해 잘 이해하지 않고 있거나 감사하고 있지 않다는 것을 알게 되었다. "보통 사람들이 우리를 베이비시터처럼 생각하고, 그냥 놀러 다니고, 진짜 일을 하는 것은 아니라고 생각하는 것 같아요."

조 맥베스는 히람이 관찰한 것에 동의한다. "DSP는 사회에서 가장 취약한 사람들을 지원하는 역할을 담당할 때, 보호자, 즉 초보적인 일로 간주돼요." DSP가 관련 직업인 교사와 간호사만큼 가치 있고 인정받기까지는 아직 갈 길이 멀다. 맥베스는 "이것은 베이비시터가 아니에요."라며 "정책 입안자, 선출직 공무원, 유권자들에게 이 인력이 실제로 하는 일을 더 잘 알려야 해요."라고 말했다.

DSP가 되기 전에 히람은 다양한 직책에서 일했는데, 직접 지원보다 재정적으로 더 보상적이 있었지만, 오늘날 그가 느끼는 개인적 만족감을 주는 것은 없었다. "누군가의 삶에 변화를 준다는 느낌은, 매일 그런 느낌을 받는 거예요. 그리고 저에게 그것은 값을 매길 수 없는 일이죠."

미셸 머피Michelle Murphy는 웨스트체스터 카운티Westchester County의 보험회사에서 일하고 있었는데, 좋아하지 않는 직장으로 매일 긴 시간 출퇴근을 하고 있었다. 언니 크리시Chrissy는 미셸의 집에서 가까운 기관으로부터 직업훈련 지원을 받고 직접 지원 전문가로 지원하자고 제안했다. "그냥 네가 나를 안다고 해, 그러면 아마 너에게 그 일을 줄 거야."

미셸은 현재 얼스터 그린 아크The Arc of Ulster-Greene에서 DSP로 일하며, 한 집에서 8명의 개인을 지원하고 있으며, 이 중 2명은 결혼하여 부속 아파트에 살고 있다. 대학에서 사회복지와 상담심리학을 공부한 미셸은 "항상 내 마음과 가까운 것이었고 내가 잘한다고 느꼈던 거예요. 하루하루 사람들이 최고의 삶을 살 수 있도록 돕고 있는 거죠."라고 말했다.

자신의 교육, 기술과 경험을 사용하도록 도전을 받은 미셸은 복잡한 의학적 지원을 필요로 하는 많은 개인을 지원하는 일에 있어서 그녀의 일을 충분히 수행하고 있다. "의사, 보험사, 보건소와 정기적으로 소통하고 있어요."라고 하면서 사람들의 건강에 대한 염려를 확실하게 충족시키고 있다. 미셸은 일정을 관리하고 약속을 돕고 대화를 용이하게 하지만 그녀가 지원하는 사람들을 대변하지 않도록 조심한다. 그녀는 "그들이 자신의 건강과 매일 하는 일을 저보다 더 잘 알기 때문에 스스로 말하도록 격려하려고 해요. 그들이 첫 번째 접점이 되어야 한다고 생각해요."라고 말했다.

미셸에게 직접 지원은 단순한 일자리가 아니라 직업이다. 그녀는 자신의 시야를 넓히는 데 열심이었고 DSP가 직장에서 프로그램 국가 직접 지원 전문가 협회에서 제공하는 엄격한 최선의 실제와 증거 기반의 기술과 지식을 배우고 적용할 수 있도록 하는 1년 자격증 취득 과정을 수강했다. "저는 자격증 프로그램에서 내가 왜 이 일을 사랑하는지에 대해 더 많이 알게 되었다고 생각해요."라고 미셸은 말했다. "저는 개인이 자신의 삶을 향상시키고자 하는 방식으로 그들의 삶을 향상시키는 것을 돕기 위해 무엇을 해야 하는지 알게 되었어요."

대부분의 DSP와 마찬가지로, 미셸은 낮은 임금을 견디기 위해 고군분투하며 많은 초과근무를 한다. 하지만 그녀는 소명을 찾았다. "일하기 좋은 분야예요. 그리고 당신은 신이 나서 계속 일할 수 있게 하고, 자신이 될 수 있는 최고의 직접 지원 전문가가 되도록 격려하는 다른 많은 사람을 만나게 될 거예요."

사례 ▶ 니키타 스미스

"우린 그냥 찌꺼기만 받아요." 니키타 스미스[Nikeeta Smith]가 자신과 장애를 가진 사람들을 지원하는 다른 사람들이 받는 저임금을 묘사하는 말이다. "월마트와 맥도날드에서 일하는 사람들이 우리보다 더 많이 벌고 있는데, 그건 장애를 가진 사람들과 그 가족에 대한 모욕이라고 생각해요. 개인적으로는 그들이 그럴 가치가 없다고 말하는 것 같거든요."

그러나 진로를 선택하는 것은 경제적인 선택 그 이상이다. 니키타에게 있어서, 다른 사람들을 지원한다는 것은 매우 가치 있는 일이고, 그녀는 이것을 기념하는 직업을 원했다. 니키타는 19살에 공인 간호조무사가 되는 일을 준비했었다. 간호하는 것이 자신의 열망은 아니었지만 "많은 친구가 하고 있었죠."라고 회상했다. 그러던 중 누군가 그녀에게 발달장애인을 지원하는 주간 프로그램에서 일하자고 제안했고 그녀의 진로 방향이 바뀌었다. "저는 그 일에 매료되었어요. 정말 좋았어요."

직무의 다양성, 복잡성과 책임감은 니키타에게는 매력적이었다. "우리는 상담사, 치료사, 요리사, 운전사 등 직접 지원 전문가로서 너무나 많은 역할을 하고 있고, 약물 투약과 치료를 하고 있어요." 창의적인 문제 해결이 필요한 도전적인 작업은 니키타와 잘 어울렸고, 그녀에게 가장 중요한 것은 이 직업이 다른 사람들의 삶에 차이를 만들어 준다는 것이다.

혼자서 세 아이를 키우는 엄마로서 니키타는 DSP가 되는 것이 그녀의 삶에도 변화를 가져왔다는 것을 알게 되었다. "일 자체가 저를 성장하도록 도와줬고, 좀 더 양육적이며 개인중심적이 되었어요. 이 일은 전환되는데, 직장에서만 효과적인 것이 아니죠."

불행히도, 보수는 일에 상응하지 않고, DSP 임금으로 아이들을 기르는 것은 쉽지 않다. 많은 주의 장애인협회들은 임금 인상을 위해 싸우고 있지만 그 성과는 미미하다. 니키타는 "지적 발달장애를 가진 사람들을 사람으로 인식하고 있다면, 매일 함께 일하고 있는 그들의 목표, 위생, 투약과 이동을 돕는 전문가들을 전문가로서 대우하고 존중하며, 보상하는 것이 쉬운 결정이 되어야 해요."라고 말했다.

니키타는 자신의 전문적 발전을 위해 NADSP가 제공하는 DSP 자격증 취득 프로그램에 등록했는데, 이러한 투자는 새로운 지식과 기술뿐만 아니라 전문적 인정과 임금 인상을 가져왔다. "첫 번째 자격증 C1으로 1.50달러의 임금 인상을 받았고, 주거 부관리인Assistant Residence Manager로 승진하여 또 한 번의 임금 인상을 받았어요."

니키타는 모든 DSP가 전문성 개발과 발전을 위한 기회를 얻고 더 나은 보수를 받기를 원한다. "저는 제가 하는 일을 사랑해요. 그것은 매우 의미 있는 일이고 인정받을 필요가 있어요."

5. 결론

DSP가 IDD를 가진 사람들의 지역사회 생활과 참여를 지원하는 데 결정적인 역할을 한다는 것은 의심의 여지가 없다. DSP는 IDD를 가진 사람들이 최대한 지역사회 생활을 하고, 일하고, 사랑하고, 경험할 수 있는 기회를 제공하고 지원한다.

조직, 가족과 IDD를 가진 사람들은 가용 인력의 부족과 어려운 근로 조건 때문에 DSP를 찾고, 고용하고, 훈련하고, 유지하는 데 있어서 심각한 어려움에 직면하는 경우가 많다. 그러나 이러한 어려움을 극복하고 보다 안정적인 직접 지원 전문직과 인력을 산출하기 위해 실행할 수 있는 유망한 해법이 많이 존재한다.

토론 질문

• 어떻게 하이테크와 로우테크 모두를 인력난의 해결책으로 활용할 수 있는가? 이러한 테크놀로지의 몇 가지 예를 들어 보고, 어떻게 인력 문제를 해결하는 데 도움이 되는지 설명하시오.

• 안정적이고 전문적인 인력에 대한 가장 중요한 당면 과제는 무엇인가? 각 어려움을

완화하는 데 도움이 될 수 있는 유망한 해결방법은 무엇인가?

• 조직이 자격을 갖춘 직접 지원 전문가를 채용하기 위해 사용할 수 있는 세 가지 전략 은 무엇인가? 인력 위기를 해결하는 데 어떻게 도움이 될 수 있는지 각각 설명하시오.

• 조직이 양질의 DSP를 고용하고 유지하기 위해 사용할 수 있는 일반적인 전략은 무엇 인가? 그들은 이직률과 구인율을 줄이기 위해 어떻게 그리고 왜 일하는가?

• IDD를 가진 성인을 지원하는 DSP들 사이에서 직장 스트레스와 직무 요건은 이직 의 도에 어떤 영향을 미치는가? 이들이 조직의 구인율에 어떤 영향을 미치는가?

자원

• Direct Support Professional Workforce Development Toolkit: 서비스 제공기관들이 직접 지원 전문가를 고용하고 유지하는 과정에서 직면하는 어려움의 증가에 대응 하여, ANCOR는 미네소타 대학의 지역사회 생활 연구 및 교육 센터[RTC]와 협력하여 ANCOR 회원을 위한 직접 지원 전문 인력 개발 도구 키트를 만들었다. 이 도구 키트 에는 현실감 있는 직업 미리보기, 맞춤형 전단 및 공익캠페인, 구조화된 행동 면접 질문, DSP 및 일선 감독관을 위한 역량 세트 등 목표 마케팅과 채용을 위한 도구들이 포함되어 있다(http://www.nationaladvocacycampaign.org/welcome).

• National Alliance of Direct Support Professionals(NADSP): 이 국가 조직은 직접 지원 인력을 더 강하게 만들어 복지 서비스 지원의 질을 높이기 위해 노력하는 단체들의 연합체이다. NADSP의 임무는 IDD를 가진 사람들이 삶의 목표를 달성하도록 지원하 는 매우 유능한 복지 서비스 인력의 개발을 촉진하는 것이다(https://nadsp.org/).

• MySupport: 마이서포트는 직접 지원 전문가를 IDD를 가진 사람들과 연계하는 데 초점을 맞춘 온라인 도구이다. 이 도구는 특히 자기주도적 지원과 서비스를 사용하 는 IDD를 가진 사람들에게 유용하다(www.mysupport.com).

• DirectCourse: 다이렉트코스는 DSP와 일선 슈퍼바이저들을 대상으로 하는 교육 프로 그램 세트이다. IDD와 다른 장애를 가진 사람들에 대한 지원을 개발하는 최선의 실 제에 대한 최신 연구를 바탕으로 한 온라인 교육 프로그램이다. 그것은 교육 기록의

확인을 돕는 강력한 학습 관리 시스템과 함께 제공된다. DSP와 일선 슈퍼바이저의 기술과 역량을 개발하기 위해 고안되었다(http://directcourseonline.com/).

- Paraprofessional Healthcare Institute(PHI) Workforce Data Center: PHI의 자료 센터는 주 전역과 전국적으로 직접 지원 인력 임금과 고용 통계를 실행하는 곳이다. PHI는 빠르게 성장하는 이 인력에 맞춤화된 최신 현황을 제공한다(https://phinational.org/policy-research/workforce-data-center/).
- The ARC DSP Toolkit: Direct Support Professional (DSP) Workforce Development Toolkit은 The Arc의 장chapters, 장애를 가진 사람들과 가족이 인력 개발 실제를 개선하기 위해 사용할 수 있는 여러 자원을 다루고 있다(www.thearc.org/for-chapters/dsp-toolkit).
- 다이렉트코스(DirectCourse)는 지원 및 관리 전문가들이 다른 사람들을 자신의 지역사회에서 의미 있는 삶을 살 수 있도록 돕기 위해 고안된 온라인 교육 과정으로, 모든 과정은 그 분야의 사상가들과의 오랜 협업을 통해 일관되고 응집력 있는 틀 안에서 개발된다(http://directcourseonline.com).
- 렐리아스 러닝(Relias Learning)은 2002년부터 사회의 가장 취약한 구성원들과 그들을 돌보는 사람들의 삶을 눈에 띄게 개선해야 한다는 사명에 헌신하여 전문화된 요구를 가진 단체(급성기 및 급성기 이후 치료, 건강 및 복지서비스, 자폐와 응용행동분석, 공공 안전, 지불인과 보험사, 지적·발달장애 조직)에 온라인 교육 프로그램을 제공하는 기관이다(https://www.relias.com).
- 아크 브라우어드(ARC Broward)는 1956년부터 발달장애인과 삶의 도전을 수용하고 포함시키는 방법을 바꾸어온 비영리단체로, 장애인 자신의 잠재력을 최대한 실현할 수 있는 기회를 제공함으로써 지역사회를 변화시키려는 획기적인 노력을 수행하고 있다(https://www.arcbroward.com).
- 스타 서비스(STAR Services)는 복지서비스 분야의 변화하는 요구를 충족시키기 위해 1998년에 설립되었다. 장애를 가진 사람들을 위한 서비스의 향상을 위해 임시직원 지원, 강의실, 현장 및 온라인 교육, 프로그램 지원 및 컴플라이언스 컨설팅, 개인중

심계획, 건강 및 웰니스 서비스, HR, 재무 및 비즈니스 관리 요구에 대한 지원을 포함하는 다양한 지원과 솔루션을 제공한다(http://www.starsvcs.com).
- 열린미래학습(Open Future Learning)은 지적, 발달, 학습장애 인력에 100% 전념하는 혁신적인 온라인 학습 자원이다(http://www.openfuturelearning.org).

참고문헌

Administration on Community Living (2017) History of the DD Act. Administration on Community Living. Retrieved from https://www.acl.gov/node/105

ANCOR. (2017). Addressing the Disability Services Workforce Crisis of the 21st Century Retrieved from: https://cqrcengage.com/ancor/file/ZuL1zlyZ3mE/Workforce%20White%20Paper%20-%20Final%20-%20hyperlinked%20version.pdf

Anderson, L. L., Larson, S. A., & Wuorio, A. (2011). 2010 FINDS National Survey Technical Report Part 1: Family Caregiver Survey. Minneapolis: University of Minnesota, Research and Training Center on Community Living.

Application of the Fair Labor Standards Act to Domestic Service. (2013). Federal Register (National Archives & Records Service, Office of the Federal Register), 78(190), 60454-60557.

The Arc DSP Toolkit. Retrieved from www.thearc.org/for-chapters/dsp-toolkit

Bureau of Labor Statistics, U.S. Department of Labor (2017). Economic new release: Table 3. Total separations levels and rates by industry and region, seasonally adjusted. Retrieved from: https://www.bls.gov/news.release/jolts.t03.htm

Bureau of Labor Statistics, U.S. Department of Labor Occupational Outlook Handbook 2012-2013.

Bureau of Labor Statistics, U.S. Department of Labor. (2015r). Fastest growing occupations. Occupational Outlook Handbook. Retrieved from https://www.bls.gov/ooh/fastest-growing.htm

Bogenschutz, M., Hewitt, A., Nord, D., & Hepperlen, R. (2014). Direct support workforce supporting individuals with IDD: Current wages, benefits, and stability. *Intellectual and Developmental Disabilities, 52*, 317-329.

Bogenschutz, M., Nord, D., & Hewitt, A. (2015). Competency-based training and worker turnover in community supports for people with IDD: Results rrom a group randomized controlled study. *Intellectual & Developmental Disabilities, 53*, 182-195.

doi:10.1352/1934-9556-53.3.182

Centers for Medicare and Medicaid Services (2017) What is LTSS? Long-Term Services and Supports Technical Assistance Center.

Centers for Medicare and Medicaid Services. Retrieved from https://www.cms.gov/Outreach-and-Education/American-Indian-Alaska-Native/AIAN/ltss-ta-center/

Churilla, A., Smith, K., Potter, S. J., & Duncan, C. (2005). Is this a sustainable occupation? A profile of the direct dare giver workforce in the United States. Conference Papers-American Sociological Association, 1-7.

Congressional Budget Office(2013) The 2013 long term budget outlook. Congressional Budget Office. Retrieved from https://www.cbo.gov/publication/44521

DeCarlo, M., Hall-Lande, J. Bogenschutz, M. & Hewitt, A. (2017). State of the states in self-direction for individuals with intellectual and developmental disabilities. *Policy Research Brief, 26*, 1, Research and Training Center on Community Living at the University of Minnesota.

Department of Health and Human Services. Annual update of the HHS poverty guidelines. 80 Fed. Reg. 3236. (2015).

Developmental Disabilities Assistance and Bill of Rights Act of 2000. Pub. L. No. 106-402. (2000).

Frizzell, G. (2015). The direct support workforce crisis: A parent's perspective.

Espinoza, R. (2017) Immigrants and the direct care workforce. New York: Paraprofessional Healthcare Institute. Retrieved from https://phinational.org/sites/default/files/research-report/immigrants_and_the_direct_care_workforce_-_phi_-_june_2017.pdf

GAO (2016) Long-term care workforce. Better information needed on nursing assistants, home health aides, and other direct care workers. United States Government Accountability Office. Retrieved from http://www.gao.gov/assets/680/679100.pdf

Graham, J., (2017) Severe shortage of direct care workers triggering crisis. Kaiser Health News, Disability Scoop. Retrieved from https://www.disabilityscoop.com/2017/05/09/severe-shortage-care-crisis/23679/

Gray, J. A. & Muramatsu, N. (2013). When the job has lost its appeal: Intentions to quit among direct care workers. *Journal of Intellectual & Developmental Disability, 38*, 124-133. doi:10.3109/13668250.2012.760728

Green, A. E., Miller, E. A., & Aarons, G. A. (2013). Transformational leadership moderates the relationship between emotional exhaustion and turnover intention among community mental health providers. *Community Mental Health Journal, 49*, 373-9. doi: http://dx.doi.org.library.capella.edu/10.1007/s10597-011-9463-0

Hetzler, L (2016) Minimum wage and the revolving door: Poor pay and high turnover rates of direct support professionals. Retrieved from https://www.reliaslearning.com/blog/minimum-wage-and-the-revolving-door-poor-pay-and-high-turnover-rates-of-direct-support-professionals

Hewitt, A. (1998). Community residential core competencies: Necessary competencies for direct support staff working in community residential services for people with developmental disabilities. Minneapolis: University of Minnesota, Institute on Community Integration, Research and Training Center on Community Living.

Hewitt, A., Keiling, K., Sauer, J., McCulloh, N., & McBride, M. (2006). Find, choose, and keep great DSPs: A toolkit for individuals with disabilities and families. Minneapolis, MN: Research and Training Center on Community Living, University of Minnesota.

Hewitt, A. & Larson, S. (2007). The direct support workforce in community supports to individuals with developmental disabilities: Issues, implications, and promising practices. *Developmental Disabilities Research Reviews, 13*, 178-187. doi:10.1002/mrdd.20151

Hewitt, A., Larson, S., Edelstein, S., Seavey, D., Hoge, M.A., & Morris, J. (2008). A synthesis of direct service workforce demographics and challenges across intellectual/developmental disabilities, aging, physical disabilities, and behavioral health. Minneapolis: University of Minnesota, Institute on Community Integration, Research and Training Center on Community Living.

Hewitt, A., Nord, D., Larson, S., & Lakin, C. K. (2008). Building careers, supporting lives: Outcomes of a competency based national training program. *Journal of Intellectual Disability Research, 52*, p. 763.

Hewitt, A., Lakin, C., Macbeth, J., Kramme, J., & Benway, C. (2017). *President's Committee for People with Intellectual Disabilities Report to the President 2017: America's direct support workforce crisis: Effects on people with intellectual disabilities, families, communities and the U.S. Economy.* Washington D.C.: President's Committee for People with Intellectual Disabilities. Retrieved from: https://www.acl.gov/sites/default/files/programs/2018-02/2017%20PCPID%20Full%20Report_0.PDF

Hewitt, A., Taylor, M., Kramme, J., Pettingel, S., & Sedlezky, L. (2015). Implementing direct support professional credentialing in New York: Technical report. Minneapolis: University of Minnesota, Research and Training Center on Community Living. Retrieved from https://www.opwdd.ny.gov/opwdd_about/commissioners_page/DSP-CredentialingReport

Hiersteiner, D. (2016). National Core Indicators: 2015 Staff Stability Survey Report. Cambridge: Human Services Research Institute and The National Association of State Directors of Developmental Disabilities Services, Inc.

Larson, S. A. & Hewitt, A. S. (Eds.). (2005). *Staff recruitment, retention, and training strategies for community human services organizations*. Paul H Brookes Publishing Company.

Larson, S., Nord, D., Salmi, P., Doljanac, R., & Hewitt, A. (2008). Critical competencies and priority training needs for frontline supervisors. *Journal of Intellectual Disability Research, 52*, p. 763.

Larson, S. A., Eschenbacher, H. J., Anderson, L. L., Taylor, B., Pettingell, S., Hewitt, A., Sowers, M., & Bourne, M.L. (2017). In-home and residential long-term supports and services for persons with intellectual or developmental disabilities: Status and trends through 2015. Minneapolis: University of Minnesota, Research and Training Center on Community Living, Institute on Community Integration.

Leadership Council of Aging Organizations (2012) The direct care workforce: A report on practices to promote quality long term care. Leadership Council of Aging Organizations. Retrieved from http://www.lcao.org/files/2012/12/LCAO-LTSS-REPORT.pdf

MediSked. (2016). The Staffing Struggle is Real. Retrieved online from http://www.medisked.com/resources/the-staffing-struggle-is-real/

Marquand, A. & York, A. (2016). Squaring to the challenge: Who will bBe tomorrow's caregivers?. *Generations, 40* (1), 10-7.

National Alliance of Direct Support Professionals. (2018). Accredited education curricula. Retrieved from: https://www.nadsp.org/accredited-education-curricula/

National Association of State Developmental Disabilities Directors. (2016). 2015 Staff Stability Survey Report. Retrieved from https://www.hsri.org/files/uploads/publications/2015_Staff_Stability_Survey_Report_V2.pdf

National Association of Direct Support Professionals (NADSP). 15 NADSP competency areas (2017). Retrieved from https://nadsp.org/15-competency-areas/ .

National Association of Direct Support Professionals (NADSP). List of accredited curricula (2017). Retrieved from https://nadsp.org/list-of-accredited-curricula/ .

Ng, S. M., Ke, G. N., & Raymond, W. (2014). The mediating role of work locus of control on the relationship among emotional intelligence, organisational citizenship behaviours, and mental health among nurses. *Australian Journal of Psychology, 66*, 207-215. doi:10.1111/ajpy.12049

Olmstead v. L.C., No. 98-536, 527 581 (1999).

Paraprofessional Healthcare Institute (2017). Workforce Data Center. Retrieved from https://phinational.org/policy-research/workforce-data-center/

Paraprofessional Healthcare Institute. (2001). Direct-care health workers: The unnecessary crisis in long-term care. Retrieved from https://www.phinational.org/sites/phinational.org/files/clearinghouse/Aspen.pdf

Paraprofessional Healthcare Institute. (2011). Who are direct-care workers? PHI Facts. Washington, D.C.: Author. Retrieved from https://www.phinational.org/sites/phinational.org/files/clearinghouse/PHI%20Facts%203.pdf

Paraprofessional Healthcare Institute (2013). Fact #3, America's Direct-Care Workforce. New York: Paraprofessional Healthcare Institute. Retrieved from https://phinational.org/sites/phinational.org/files/phi-facts-3.pdf

Paraprofessional Healthcare Institute (2015). Paying the price: How poverty wages undermine home care in America. Washington, D.C.: Author. Retrieved from https://phinational.org/sites/phinational.org/files/research-report/paying-the-price.pdf

Rehabilitation Act of 1973. 29 U.S.C. § 701 et seq. (1973)

Robbins, E., Dilla, B., Sedlezky, L., & Johnson Sirek A. (2013). Coverage of direct service workforce continuing education and training within Medicaid policy and rate setting: A toolkit for state Medicaid agencies. Retrieved from https://www.medicaid.gov/medicaid/ltss/downloads/workforce/dsw-training-rates-toolkit.pdf

Taylor, M., Bradley, V., & Warren Jr., R. (1996). The community support skill standards: Tools for managing change and achieving outcome. Human Services Research Institute: Cambridge, MA.

U.S. Government Publishing Office (2003). Proceedings of Congress and General Congressional Publications. Congressional Direct Support Professional Recognition Resolution in 2003 S. Con. Res. 21/H. Con. Res. 94. 108 Congressional record Volume 148, Issue 158. H10297-10300

이 책은 부분적으로는 지역사회 생활 연구 및 훈련 센터Research and Training Center on Community Living에 대한 보조금(#90RT5019-01-01), 미국 보건복지부U.S. Department of Health and Human Services 산하 국립 장애, 자립생활 및 재활연구소 National Institute on Disability, Independent Living, and Rehabilitation Research의 가정 및 지역사회 기반 연구 훈련 센터Research and Training Center on Home and Community 보조금(#90RT5039-01-00) 그리고 미국 보건인적자원부 지역사회 생활 관리국 Administration on Community Living, U.S. Department of Health and Human Services 협약 (#90DN0297)을 통해 지원받아 집필하였다. 정부 후원 하에 사업을 하는 사업자 들은 그들의 조사 결과와 결론을 자유롭게 표현하도록 권장된다. 따라서 본 책 의 관점과 의견이 반드시 공식적인 NIDILRR 또는 ACL 정책을 나타내는 것은 아니다.

약어

ABLE Act	Achieving a Better Life Experience Act of 2014 (2014 더 나은 삶의 경험 성취법)
ACA	Affordable Care Act(지불가능한 돌봄법)
ACL	Administration on Community Living(지역사회 생활 관리)
ADA	Americans with Disabilities Act(미국장애인법)
ASAN	Autistic Self Advocacy Network(자폐인 자기옹호 네트워크)
ASD	Autism Spectrum Disorder(자폐범주성장애)
BLS	Bureau of Labor Statistics(노동통계청)
CBT	Competency-Based Training(역량 기반 교육)
CDC	Centers for Disease Control and Prevention(질병통제예방센터)
CFC-SDPAS	Community First Choice Self-Directed Personal Assistance Services (지역사회 퍼스트 초이스 자기주도 개인지원 서비스)
CFR	Code of Federal Regulations(연방정부규정집)
CLAS	Culturally and Linguistically Appropriate Services (문화적 · 언어적으로 적절한 서비스)
CMS	Centers for Medicare and Medicaid Services (메디케어 및 메디케이드 서비스 센터)
CQL	Council on Quality and Leadership(질적 성과와 리더십 협의회)
CRPD	Convention on the Rights of Persons with Disabilities (장애인권리협약)

DD Act   Developmental Disabilities Assistance and Bill of Rights Act
              (발달장애지원 및 권리장전법)

DD Council State Councils on Development Disabilities(발달장애 주협의회)

DSP   Direct Support Professional(직접 지원 전문가)

ESSA   Every Student Succeeds Act(모든 학생 성공법)

FAPE   Free Appropriate Public Education(무상의 적절한 공교육)

FBA   Functional Behavioral Association(기능적 행동 평가)

FM-CAT   Functional Model—Causal Agency Theory
              (기능적 모델-원인주체이론)

HCBS   Home and Community Based Services
              (가정 및 지역사회 기반 서비스)

IDD   Intellectual and Developmental Disabilities(지적·발달장애)

IDEA   Individuals With Disabilities Education Act(장애인교육법)

ICF/IID   Intermediate Care Facilities for Individuals with Intellectual Disabilities
              (지적장애를 가진 개인을 위한 중간돌봄시설)

IEP   Individualized Education Plan(개별화교육계획)

ILP   Independent Living Programs(독립생활 프로그램)

ISP   Individual Support Plan or Individual Service Plan
              (개별지원계획 혹은 개별서비스계획)

LRE   Least Restrictive Environment(최소제한환경)

LTSS   Long-Term Supports and Services(장기 지원 및 서비스)

MAPs Making Action Plans(실행 계획 수립)

MCO   Managed Care Organization(관리의료기관)

MR   Mental Retardation(정신지체)

NADSP   National Association of Direct Support Profesionals
              (전국 직접 자원 전문가 연합)

NCI   National Core Indicators(국가 핵심 지표)

NCI-AD   National Core Indicators-Aging and Disability
              (국가 핵심 지표 -노화 및 장애)

NCLB	No Child Left Behind(아동낙오방지법)
NQF	National Quality Forum(국가 품질 포럼)
OAA	Older Americans Act(미국 노인복지법)
P&As	Protection and Advocacy Organizations(보호 및 옹호 조직)
PATH	Planning Alternative Tomorrows with Hope (희망을 갖고 대안적 내일 계획하기)
PCT	Person-Centered Thinking(개인중심적 사고)
PHI	Paraprofessional Healthcare Institute(준전문 의료기관)
PL	Public Law(e.g. PL 132-294)(공법, 예: 공법 132-294)
PNS	Projects of National Significance(국가 주요 프로젝트)
RJP	Realistic Job Preview(현실감 있는 직업 미리보기)
SABE	Self Advocates Becoming Empowered (미국 자기권리옹호역량강화기관 '권한부여된 자기옹호자')
SAO	Self-Advocacy Online(자기옹호온라인)
SDLMI	Self-Determined Learning Model of Instruction (자기결정교수학습모델)
SDM	Supported Decision Making(지원된 의사결정)
SE	Supported Employment(지원고용)
TLCPCP	The Learning Community for Person Centered Practices (개인중심 실제 학습 공동체)
UCEDD	University Centers for Excellence in Developmental Disabilities (대학 발달장애 센터)
UGCOPAA	Uniform Guardianship, Conservatorship, and Other Protective Agreements Act(단일후견인제, 성년후견인제 및 기타 보호협정법)
UGPPA	Uniform Guardianship and Protective Proceedings Act (후견 및 보호 절차법 단일화)
VR	Vocational Rehabilitation(직업재활)
WIOA	Workforce Innovation and Opportunity Act(노동력혁신 및 기회법)

찾아보기

집필자 소개

Amy Gunty, MA
미네소타 대학교 지역사회 생활 연구 및 훈련 센터 지역사회 통합 연구소 연구원

Amy S. Hewitt, PhD, MSW
미네소타 대학교 지역사회 생활 연구 및 훈련 센터 지역사회 통합 연구소 디렉터

Anab A. Gulaid, MPA
미네소타 대학교 지역사회 생활 연구 및 훈련 센터 지역사회 통합 연구소 교육전문가

Angelra N. Amado, PhD
미네소타 대학교 지역사회 생활 연구 및 훈련 센터 지역사회 통합 연구소 연구원, 은퇴

Barbara A. Kleist, MEd, JD
미네소타 대학교 지역사회 생활 연구 및 훈련 센터 지역사회 통합 연구소 교육 프로그램 매니저

Bradley Goodnight, PhD
질병통제예방센터 박사후연구원

Brain H. Abery, PhD
미네소타 대학교 지역사회 생활 연구 및 훈련 센터 지역사회 통합 연구소 연구원

Claire Benway, MA
미네소타 대학교 지역사회 생활 연구 및 훈련 센터 지역사회 통합 연구소 교육전문가

Clifford L. Poetz
미네소타 대학교 지역사회 생활 연구 및 훈련 센터 지역사회 통합 연구소 지역사회 섭외담당

Ellie Wilson, MA
미네소타 자폐협회 이사

Erin Flicker, MSW, LICSW
미네소타 대학교 미네소타 화학 및 정신건강 센터 임상훈련가

Heidi Eschenbacher, PhD

미네소타 대학교 지역사회 생활 연구 및 훈련 센터 지역사회 통합 연구소 연구원

Jennifer Hall-Lande, PhD

미네소타 대학교 지역사회 생활 연구 및 훈련 센터 지역사회 통합 연구소 연구원

Jerry Smith, MPA

미네소타 대학교 지역사회 생활 연구 및 훈련 센터 지역사회 통합 연구소 비디오 및 미디어 감독

Jody Van Ness, MA

미네소타 대학교 지역사회 생활 연구 및 훈련 센터 지역사회 통합 연구소 교육전문가

Joe Timmons, MSW, LGSW

라이온스게이트 아카데미 사회복지사

John G. Smith

미네소타 대학교 지역사회 생활 연구 및 훈련 센터 지역사회 통합 연구소 코디네이터

Julie R.F. Kramme, MA

미네소타 대학교 지역사회 생활 연구 및 훈련 센터 지역사회 통합 연구소 연구원

Kelly M. Nye-Lengerman, PhD, MSW, LGSW

미네소타 대학교 지역사회 생활 연구 및 훈련 센터 지역사회 통합 연구소 연구원

Libby Hallas-Muchow, MA

미네소타 대학교 지역사회 생활 연구 및 훈련 센터 지역사회 통합 연구소 연구원

Lynda Lahti Anderson, MA, MPH

미네소타 대학교 지역사회 생활 연구 및 훈련 센터 지역사회 통합 연구소 연구원

Macdonald Metzger, MS

미네소타 대학교 지역사회 생활 연구 및 훈련 센터 지역사회 통합 연구소 교육전문가

Mark R. Olson
미네소타 대학교 지역사회 생활 연구 및 훈련 센터 지역사회 통합 연구소 교육전문가

Merrie Haskins, MS, LPCC
모닝스타 상담소 지역사회 정신보건 전문가

Nancy McCulloh, MS
미네소타 대학교 지역사회 생활 연구 및 훈련 센터 지역사회 통합 연구소 교육전문가

Rachel Freeman, PhD
미네소타 대학교 지역사회 생활 연구 및 훈련 센터 지역사회 통합 연구소 연구원

Rebecca Dosch Brown, MFA
미네소타 대학교 지역사회 생활 연구 및 훈련 센터 지역사회 통합 연구소 교육전문가

Renata Ticha, PhD
미네소타 대학교 지역사회 생활 연구 및 훈련 센터 지역사회 통합 연구소 연구원

Roger Stancliffe, PhD
호주 시드니 대학교 장애연구센터 지적장애 교수

Sandra L. Pettingell, PhD
미네소타 대학교 지역사회 생활 연구 및 훈련 센터 지역사회 통합 연구소 교육 프로그램 매니저

Sarah E. MapelLentz, JD, MPH
미네소타 공중보건 전문가

Sheryl A. Larson, PhD
미네소타 대학교 지역사회 생활 연구 및 훈련 센터 지역사회 통합 연구소 선임 연구원

Susan N. O'Nell
미네소타 대학교 지역사회 생활 연구 및 훈련 센터 지역사회 통합 연구소 교육 프로그램 매니저

역자 소개

김은하(Eunha Kim)

이화여자대학교 특수교육학 박사
현 강남대학교 초등특수교육과 교수
　　한국지적장애학회 이사
　　한국장애인평생교육 · 복지학회 이사

〈저 · 역서〉
특수교육요구 학습자 어떻게 가르칠 것인가: 증거기반 교수전략의 적용(공저, 2018, 교육과학사)
복지와 테크놀로지(공저, 2017, 양서원)
발달장애인 교육 프로그램 인문교양교육 영역 프로그램 안내서(2016, 교육부)
발달장애인 교육 프로그램 인문교양교육 영역 학습자용 교재(2016, 교육부)
장애학생의 일반교육과정 접근: 통합학급 수업참여 방안(공역, 2014, 학지사)

지적 · 발달장애인의
지역사회 생활과 참여

Community Living and Participation for
People with Intellectual and Developmental Disabilities

2021년 6월 20일 1판 1쇄 인쇄
2021년 6월 30일 1판 1쇄 발행

엮은이 • Amy S. Hewitt · Kelly M. Nye-Lengerman
옮긴이 • 김은하
펴낸이 • 김진환
펴낸곳 • (주) **학지사**
                 04031 서울특별시 마포구 양화로 15길 20 마인드월드빌딩
대표전화 • 02)330-5114   팩스 • 02)324-2345
등록번호 • 제313-2006-000265호

홈페이지 • http://www.hakjisa.co.kr
페이스북 • https://www.facebook.com/hakjisa

ISBN 978-89-997-2244-8 93330

정가 20,000원

출판 · 교육 · 미디어기업 **학지사**

간호보건의학출판 **학지사메디컬** www.hakjisamd.co.kr
심리검사연구소 **인싸이트** www.inpsyt.co.kr
학술논문서비스 **뉴논문** www.newnonmun.com
교육연수원 **카운피아** www.counpia.com